"十三五"国家重点出版物出版规划项目

面向可持续发展的土建类工程教育丛书

21世纪高等教育建筑环境与能源应用工程系列教材

数据中心节能技术与应用

第 2 版

编　　著	张　泉	李　震	郑　宏	翟志强
	王辅仁	余跃滨	黄公胜	陈　旭
	黄　翔	夏春华	罗志刚	吴晓晖
	袁晓东	康　楠	廖曙光	彭少华
	熊绍东	凌　丽	李国柱	刘金祥
	白雪莲	邵双全	周　峰	马国远
	黄冬梅	李　楠	赵　阳	李典林
	何　波	何继盛	王　未	

机械工业出版社

本书吸收了第 1 版的经典之处，全面介绍了碳达峰、碳中和背景下我国数据中心及绿色低碳数据中心的发展现状、发展趋势、能耗问题、高效冷却设备、气流组织、监控节能系统、规划设计与标准、数据中心节能案例及 5G 机房设计等。书中综合目前相关新产品、新系统、新思路、新方法、新标准，结合数据中心的具体情况，介绍数据中心的演变过程、传热过程、冷热源设备及系统设计、末端设备、气流组织、监控节能系统、节能规划设计与标准，以及国内外典型数据中心的节能设计思路及案例等，以降低能耗和节约资源为目的，促进数据中心的建设实现可持续发展。

本书也是作者多年从事数据中心节能技术研究和实践经验的总结。

书中部分彩图采用二维码链接，读者可用微信扫描二维码查看。

本书可作为高校建筑环境与能源应用工程专业的教材，也可供相关领域的设计人员、设备研发人员、系统运维人员、管理人员，以及相关政府部门的工作人员等学习和参考。

本书配有 PPT 电子课件，免费提供给选用本书作为教材的授课教师。需要者请登录机械工业出版社教育服务网（www.cmpedu.com）注册后下载。

图书在版编目（CIP）数据

数据中心节能技术与应用/张泉等编著 . —2 版 . —北京：机械工业出版社，2022.9

（面向可持续发展的土建类工程教育丛书）

"十三五"国家重点出版物出版规划项目　21 世纪高等教育建筑环境与能源应用工程系列教材

ISBN 978-7-111-71189-6

Ⅰ.①数…　Ⅱ.①张…　Ⅲ.①数据管理—高等学校—教材　Ⅳ.①F279.23

中国版本图书馆 CIP 数据核字（2022）第 122564 号

机械工业出版社（北京市百万庄大街 22 号　邮政编码 100037）

策划编辑：刘　涛　责任编辑：刘　涛　于伟蓉

责任校对：张　征　刘雅娜

责任印制：刘　媛

盛通（廊坊）出版物印刷有限公司印刷

2023 年 1 月第 2 版第 1 次印刷

184mm×260mm·25 印张·619 千字

标准书号：ISBN 978-7-111-71189-6

定价：98.00 元

电话服务　　　　　　　　　　网络服务

客服电话：010-88361066　　　机　工　官　网：www.cmpbook.com

　　　　　010-88379833　　　机　工　官　博：weibo.com/cmp1952

　　　　　010-68326294　　　金　书　网：www.golden-book.com

封底无防伪标均为盗版　　　　机工教育服务网：www.cmpedu.com

第 2 版　前言

随着信息技术的发展，物联网、云计算、大数据、人工智能、5G 及区块链技术迅速发展，电子商务、视频、游戏等行业客户需求持续稳定增长，人与人之间的信息交流呈现图文、视频等多元化形式。2020 年 3 月我国政府进一步强调，加快数据中心等新型基础设施建设进度。我国数据中心呈现稳定高速的增长。另外，《"十三五"国家信息化规划》指出：到 2018 年，新建大型云计算数据中心电能使用效率（PUE）值不高于 1.5；到 2020 年，形成具有国际竞争力的云计算和物联网产业体系，新建大型云计算数据中心 PUE 值不高于1.4。数据中心的快速发展和其数量规模的不断壮大将会引起巨大的能源消耗，如何提高数据中心的能效，实现数据中心走向高效、清洁、循环的绿色发展道路，保障数据中心持续健康发展成为相关研究人员的研究重点。

为了进一步总结数据中心相关安全和节能技术的发展现状，由来自高校、科研机构、设计院及企业的专家、学者组成的编写班子编写了《数据中心节能技术与应用》第 2 版，本版吸收了第 1 版的经典之处，修正了存在的问题，更加全面地总结了碳达峰、碳中和背景下我国数据中心及绿色低碳数据中心的发展现状、发展趋势、能耗问题、高效冷却设备、气流组织、监控节能系统、规划设计与标准、节能案例及 5G 机房设计等，以满足相关专业学生、相关领域的设计人员、设备研发人员、系统运维人员、管理人员，以及相关政府部门的工作人员等学习、建设运营和决策参考的需求。

第 2 版的修订内容主要有：第 1 章新增我国数据中心的发展现状与趋势及我国绿色低碳数据中心发展的主要内容；第 2 章对第 1 版内容进行了升华，对数据中心能耗模型做了全新的介绍；第 3 章保留了第 1 版的经典之处，并对回路热管冷却技术的基本原理、重力型回路热管、液泵辅助驱动回路热管、气泵（压缩机）驱动回路热管冷却系统做了详细介绍；新增了第 4 章内容，对数据中心蒸发冷却技术的原理、换热器类型、设备性能评价及系统应用形式进行了介绍；第 5 章新增面向建筑设计的 BIM 技术、面向环境控制的 CFD 技术与面向系统和建筑设备的能耗模拟技术的应用；第 6 章新增数据中心空调系统故障的种类、故障的基本概念以及故障检测与诊断的方法；第 8 章新增国家超级计算郑州中心、腾讯天津数据中心、华为智能预制模块化数据中心及海底数据中心的案例分析，为相关企业提供参考；第 9 章新增 5G 的供电技术和供冷技术的特点、设计理念、方式以及案例分析。

本书分为 9 章，第 1 章由张泉、郑宏、黄翔、李国柱、刘金祥、凌丽完成；第 2 章由张泉、白雪莲完成；第 3 章由李震、彭少华、袁晓东、张泉、邵双全、周峰、马国远完成；第 4 章由黄翔完成，第 5 章由翟志强、王辅仁、彭少华、廖曙光、黄冬梅、李楠完成；第 6 章由余跃滨、黄公胜、赵阳完成；第 7 章由夏春华、吴晓晖、熊绍东完成；第 8 章由罗志刚、凌丽、康楠、黄翔、李典林、何波、何继盛、李震完成；第 9 章由李震、陈旭、张泉、王未完成。

本书的编写得到了国家重点研发项目（项目号：2018YFE0111200、2016YFB0601600）、国家自然科学基金（项目号：51878254）、湖南省重点领域研发计划（2020WK2012）及湖南省高新技术产业科技创新引领计划（2020GK4057）资助，同时对参加本书部分编写整理工作的湖南大学研究生团队、重庆大学研究生金超强和西安工程大学研究生金洋帆表示感谢。

　　由于时间仓促，错误在所难免，希望广大读者与同行专家批评指正，便于再版时修正。

张泉　李震

第1版 前言

随着互联网+、大数据、云计算及人工智能技术的快速发展，以信息技术为代表的新一轮科技和产业革命正在萌发，为经济社会发展注入了强劲动力。随着建设网络强国、数字中国、智慧社会以及互联网、大数据、人工智能和实体经济的深度融合，数据的产生、存储、计算技术推陈出新，必将实现海量数据之间和设备之间的互联互通。数据中心是承载数据的基础物理单元，装载大量的 IT 设备，其能耗密度是传统建筑的几倍甚至数十倍。纵观全球，美国数据中心的能耗占其社会总能耗的 2% 左右，而 2015 年中国数据中心能耗也高达 1000 亿 kW·h，相当于三峡水电站全年的发电量。预计到 2021 年，我国数据中心的能耗将进一步高达 2500 亿 kW·h。我国早期建设、运营的数据中心能源效率与发达国家相比，能效指标还有较大的提升空间。安全性及能源利用效率是数据中心设计关注的热点问题之一，也是数据中心健康可持续发展的前置条件。

数据中心的能耗构成主要包括 IT 设备能耗、空调系统能耗、供电系统的输配损耗。随着计算机技术的发展，IT 设备运算能力快速提升，电子元件集成度及小型化趋势明显，导致其功率密度逐年提升。数据中心热负荷以显热为主，由于单位面积的散热量较大，需要全年 8760h 不间断冷却，而且冷却系统与传统建筑以人的热舒适、节能为目标的空调系统模式有着较大的区别。如何提高设备的效率，延长自然冷源的有效利用时间，以及研发更加贴近 IT 热源的新型冷却末端设备以提升冷源温度，是解决数据中心冷却高能耗、精准冷却难题的有效途径。

面对数据中心高散热量的现状以及全年冷却和安全的需求，需要构建具有冗余、可靠、容错、可扩展以及灵活等特点的系统。数据中心的节能技术与一般建筑有着本质上的不同：首先，在对围护结构的要求上，采用保温隔热技术的传统建筑的节能模式，不能直接应用于数据中心；其次，在系统上，要减少输配能耗，并应尽量直接或者间接地利用自然冷源；最后，应在适合的地区挖掘余热利用的潜力。在此背景下，出现了多种新型的设备、系统，也催生出新的设计思路、方法和标准。因此，有必要梳理数据中心的相关安全、节能技术，满足相关专业学生、相关领域从业人员（设计人员、设备研发人员、系统运维人员、管理人员）、相关政府部门工作人员等的学习、建设运营和决策参考的需要。

本书分为 8 章，第 1 章由张泉、郑宏、黄翔完成；第 2 章由张泉完成；第 3 章由李震、彭少华、袁晓东、张泉、黄翔完成；第 4 章由翟志强、王辅仁、彭少华、廖曙光完成；第 5 章由余跃滨、黄公胜完成；第 6 章由夏春华、吴晓晖、熊绍东完成；第 7 章由罗志刚、凌丽、康楠、黄翔完成；第 8 章由李震、陈旭、张泉完成。本书由大连理工大学刘明生教授主审。

本书的编写得到了国家重点研发项目（项目号：2017YFE0105800，2016YFB0601600）以及湖南省重点研发计划（2017SK2390）的资助，同时对参加本书部分编写整理工作的湖南大学研究生唐辉、雷奥君、梁新宇、肖湘武、易军、凌伟等和西安工程大学研究生耿志超表示感谢。

由于时间仓促，书中不足之处在所难免，希望同行专家批评指正，以便后期再版时修正。

张泉 李震

2018 年 1 月

目　录

1

中国社会正在进入大数据、云计算时代，随着智能终端、可穿戴设备、智能家居、物联网设备以及基因测序的快速普及，每个用户每天数据需求量持续上升，带动了数据存储和在线数据分析的需求呈现指数型爆发，从而使得对数据中心的需求不断增加。

数据资产将成为各类企业的核心竞争力，更多数据将会长期在线存储，而数据中心就是互联网领域的商业地产，商业模式也类似。数据中心的发展正处于起飞阶段，未来其估值将会不断提升。

数据中心耗能非常大，与一间同样大小的标准办公室相比，数据中心消耗的电力要多几十倍。并且随着数据中心的迅速发展，如果不加以控制，未来数据中心的能耗将直线上升，2~3 年的能耗成本将超过数据中心自身的建设成本。因此，以节能为目的的绿色数据中心成为数据中心的发展趋势。

下面将简述数据中心的发展历程，梳理未来数据中心的发展趋势，并通过分析现有数据中心的问题本源，解析目前数据中心节能的常用有效途径。

1.1 数据中心的前世今生

1.1.1 数据中心发展历程

在计算机和网络技术诞生后，数据中心就产生了。与早期的数据中心相比，现在的数据中心已经发生了翻天覆地的变化。数据中心的发展经历了一个漫长的过程。随着各种技术的完善，数据中心在建设规模、应用场合、普及程度等方面已经发生了根本性的变化。从技术因素的角度考虑，可以将数据中心的发展过程大致分为三个主要阶段，见表 1-1。

1. 第一阶段

1945—1971 年，计算机组成器件主要以电子管、晶体管为主，其体积大、耗电多，主要用于国防机构、科学研究等军事或者准军事机构。由于计算机消耗的资源过多，成本过高，因此与其相关的各种资源集中也就成为必然的选择。同时，也诞生了与之配套的第一代数据机房，不间断电源（Uninterruptible Power Supplies，UPS）、精密机房专业空调就是在这个时代诞生的。

（1）1960 年前：ENIAC 成为数据中心发展雏形　如果将数据中心定义为一个包含计算、存储、网络等完整功能且有着良好备份支持的小型基础设施中心，那么电子数字积分计算机

（Electronic Numerical Integrator and Computer，ENIAC）无疑是数据中心发展的鼻祖。

表1-1   数据中心的发展阶段

时　　间	第一阶段	第二阶段	第三阶段	
	1945—1971 年	1971—1995 年	1995—2005 年	2005 年至今
技术推动因素	计算机技术	服务器、网络、摩尔定律	互联网、宽带、高速链路	高密度
机房环境	大型机	个人计算机、局域网、广域网	网络互联带来 IDC、服务器等集中处理	中小数据中心向大型数据中心合并
对供电、散热和开关等产品应用的影响	催生了第一代大型 UPS 和空调	推动了中小 UPS 空调技术的发展	推动了大型 UPS 和空调的发展，2001 年网络泡沫达到巅峰	对更大容量系统和更高的系统可靠性提出要求

注：IDC——Internet Data Center，互联网数据中心。

　　ENIAC 是在 1946 年专为美国弹道研究实验室存储火力表而研制的，当时其他计算机均无法胜任此工作。该计算机内部安装了 17468 个电子管、7200 个二极管、70000 多个电阻、10000 多个电容和 1500 多个继电器，每秒可执行 5000 次加法或近 400 次乘法运算，其运算速度是机械式继电器计算机的 1000 倍、手工计算的 20 万倍。

　　1956 年，在周恩来总理的领导下，国务院成立了科学规划委员会，制定了我国的"12 年科技规划"，把开创我国的计算技术事业等项目列为四大紧急措施之一。1959 年 9 月，我国第一台通用大型电子管计算机 104 机研制成功。

　　（2）1960s：数据中心虚拟化技术商业化　　不同于电子管系统，首台晶体管计算机（TRADIC）于 1954 年研制成功，但更为高级的商业化系统则出现在 20 世纪 60 年代，它引领大型机（如 IBM System 系列大型机）实现了突破性发展。大型机主要为政府和军事用途而研制，对环境场地和安全系统有独特要求。随着对系统性能的要求越来越高，人们逐渐希望能在相同的系统中提供额外的性能支持和资源共享功能，这样一来，虚拟化技术就逐渐涌入了人们的视野。

　　虚拟化这一观念得到迅速普及，并使大型机中的多任务处理机制得到进一步完善。首项实现商业化应用的虚拟化技术于 1972 年被用在 IBM VM/370 OS 上。作为数据中心最为重要的技术之一，虚拟化技术的发展同样可以融入整个数据中心的发展历程当中。

　　1964 年，控制数据公司（Control Data Corporation）研制出了世界上首台超级计算机"CDC6600"，如图 1-1 所示。这台超级计算机也是超级计算数据中心的

图 1-1   首台超级计算机"CDC6600"

鼻祖，它是由西摩·克雷（Seymour Cray）为伦斯辐射实验室设计的。

"CDC6600"采用管线标量架构，使用西摩·克雷小组开发的 RISC 指令集。在这种架构中，一个 CPU 交替处理指令的读取、解码和执行工作，每个时钟周期处理一条指令。它自诞生起至 1969 年，在西摩·克雷设计出第二台超级计算机之前，一直是世界上运算速度最快的计算机。西摩·克雷也因此被称为超级计算机之父以及世界上最伟大的程序师之一。

2. 第二阶段

1971—1995 年，随着大规模集成电路的迅速发展，计算机除了向巨型机方向发展外，更多地朝着小型机和微型机的方向快速演进。1971 年末，世界上第一台微型计算机在美国旧金山南部的硅谷应运而生，其发明开创了微型计算机的新时代。在这个时代，计算的形态总体来说是以分散为主，分散与集中并存。因此，数据机房的形态也就必然是各种小型、中型、大型机房并存的态势，特别是中小型机房得到了爆炸式的发展。

（1）1970s：灾难备份中心横空出世　1973 年初，灾难备份中心开始在大型机环境中涌现，但确保此项服务持续性地实现真正部署的却是 SunGard 公司，它于 1979 年构建起世界上第一个灾难备份中心。

1）1973 年：个人计算机 The Xerox Alto 亮相。伴随着英特尔公司在 1971 年推出 4004 处理器，使得微计算机（个人计算机）的出现成为可能。1973 年，施乐公司推出了 The Xerox Alto，它是首台将计算机所有元素都结合在一起的图形界面操作系统，为后来的信息技术革命和数据中心的发展做出了巨大贡献。

2）1977 年：世界上首个商业局域网（LAN）——ARCNET 诞生。ARCNET 是 1977 年由 Datapoint 公司开发的一种安装广泛的局域网（LAN）技术，它采用令牌总线（token-bus）方案来管理 LAN 上工作站和其他设备之间的共享线路。ARCNET 是四项主要的 LAN 技术之一，其他三项为 Ethernet、Token Ring 和 FDDI。同时，ARCNET 也是现在工业控制中的通信方法之一。

（2）1980s：PC 时代兴起，虚拟化应用减少　大型机对于普通用户来说过于昂贵，而且需要占用巨大的场地。随着 IBM 在 1982 年推出首台真正意义上的 PC 5150，世界各地的公司都开始陆续生产和推广台式计算机。由于众多 PC 在 20 世纪 80 年代时都能提供多任务处理功能，因此在当时虚拟化应用并不受人们欢迎。这一状况直到 20 世纪 90 年代的时候才得到改善。

我国金融系统于此时开始引进国外公司的设备，用于满足金融信息化的需要。也就是在这个时期，我国发布了第一部关于机房建设的国家标准《计算机站场地技术条件》（GB/T 2887—1982），机房建设开始有了统一的规范和要求。

3. 第三阶段

1995 年至今，互联网的兴起被视为自发明计算机之后，计算机行业发展的第二个里程碑。互联网的兴起本质上是对计算资源的优化与整合，而对人类社会分散计算资源的整合，是计算本身发展的内在要求与趋势。本阶段计算资源再次集中的过程不是对第一阶段的简单复制，它有两个典型的特点：一是分散的个体计算资源本身的计算能力急速发展，比如摩尔定律和其后的多核技术就是典型的应用；二是个体计算资源被互联网整合，而这种整合现在也成了一个关键环节，它会不断地演进。当今热点，如 intel 和 AMD 的竞争、刀片服务器、互联网宽带、IPv6、虚拟化技术、云计算等均在上述思路覆盖之中。

（1）1990s：互联网出现　20世纪90年代中期，互联网出现并对市场产生了巨大影响，也为接下来十几年数据中心的部署提供了更多选择。随着公司对互联网业务应用的支撑需求，网络连接和协作服务成为企业部署IT服务的必备选择。网络提供商和主机托管商在成百上千个数据中心的创建中得到广泛发展，数据中心作为一种服务模式已经为大多数公司所接受。我国第一部机房设计国家标准《电子计算机机房设计规范》（GB 50174—1993）便是在这一时期发布的。

（2）2000s早期：能耗问题出现　PC的繁荣和数据中心的出现也带来了一系列问题，如需要占用更多的场地，使得能耗增加等。早在2002年，数据中心就已经消耗了美国1.5%的能源，且能源消耗量以每年10%的速度递增。每年有500万台新服务器被部署在数据中心中，并增加了成千上万个家庭的能源消耗。

为此，数据中心所有者也开始意识到这些问题的严重性，并开始部署更加经济高效、绿色环保的基础设施。2007年，大型数据中心运营商开始采用可再生能源技术（风能、太阳能等）来介入数据中心的日常运行。

2007年：模块化数据中心出现。近年来兴起了模块化数据中心这一新形式，它将通常数据中心的设备都部署在集装箱里面，因此又名集装箱数据中心，如图1-2所示。最有名的包括Sun Blackbox，该集装箱数据中心中的280个服务器以及供电系统都被部署在集装箱里面，并可被运往全世界各地。

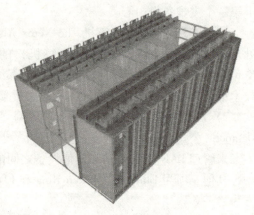

采用模块化结构大大降低了数据中心的建造成本，拥有灵活的机动性，而且能大幅缩短部署周期。

图1-2　模块化数据中心

（3）2010s：大规模数据中心建成　从2010年开始，随着位于内蒙古自治区的和林格尔县、河北省廊坊市、黑龙江省哈尔滨市等地的规模化数据中心产业园的开工，大规模数据中心项目在全国各地逐渐增多，大投资、专业化运营、产业聚集等特点突出。

1）2013年：云计算数据中心出现。随着IT技术的不断发展，以及各项业务与IT技术的联系日益密切，传统数据中心正面临着成本、速度、整合、安全、能源管理等方面的一系列挑战，并正经历着巨大的转变。云计算数据中心（简称云数据中心）中托管的不再是客户的设备，而是计算能力和IT可用性。数据在云端进行传输，云数据中心为其调配所需的计算能力，并对整个基础架构的后台进行管理。它从软件和硬件两个层面运行维护：软件层面不断根据实际的网络使用情况对云平台进行调试，硬件层面则保障机房环境和网络资源的正常运转及调配。云数据中心完成整个IT解决方案，客户可以完全不用关心后台，就有足够的计算能力可以使用。

2）2017年：T-block数据中心建成。当前互联网数据中心的需求是：超大规模、快速部署、低廉成本、高效可靠、自动运营、弹性配置、绿色节能等。比如在超大规模方面，要求支撑未来几百万台服务器的需求；在快速性方面，要求在半年内甚至几个月内快速交付满足业务的需求。同时，海量需求，也要求进一步降低数据中心的投资建设成本，以及希望实现更低 PUE 来降低庞大的电费支出，通过自动化运营来减少运维人力开销；还有未来的云数据中心希望能弹性满足不同场景、不同客户的需求；同时，绿色和环保也是不容忽视的"刚需"。

基于上述需求，传统的北上广深旧楼改造模式是很难再开展了。再加上现在核心城市严控能耗指标，数据中心成本居高不下。这就促使大的公司如腾讯去开拓网络条件良好、气候更为凉爽适宜、电费更加优惠、土地资源丰富且可扩展的资源；并且采用标准化、模块化的方式去建设新一代数据中心。目前，腾讯已经在环一线城市的河北怀来、广东清远、江苏仪征等地布局第四代 T-block 数据中心的建设。

T-block 数据中心主要有以下几个特点：

① PUE 达到国际领先水平，实测每日 PUE≤1.10。

② 离网光伏与高压直流（HVDC）并网。实验室顶部部署了光伏板，与高压直流（HVDC）直接并网，并且实现了两者的无缝对接，零延时切换。

③ 可视化 IDC 整体管控。通过腾讯定制开发的管控系统，实现了数据中心实时动态的可视化管理和远程操作，可以对数据中心的温湿度、机柜电力机位利用率等实现三维管控，并且可以实现远程电力单元的开关控制。

④ 国内首台间接蒸发自然冷却机组和全球首台直接及间接蒸发自然冷却机组的应用。

⑤ 试水 RFID 资产管理系统，实时管理用户的硬件及数据资产。

⑥ 全模块箱体拼接可整体移动扩展，可实现数据中心的快速部署、快速迁移、快速组装的需求，并且大大降低对场地的要求。

1.1.2 数据中心功能演进

从功能特征来看，随着技术的发展和应用以及机构对 IT 认识的深入，数据中心的内涵已经发生了巨大的变化。数据中心的功能演进经历了四个阶段：数据存储中心阶段、数据处理中心阶段、数据应用中心阶段和数据运营服务中心阶段。数据中心发展到成熟时期，各项功能彼此关联，相互支撑，其相互关系如图 1-3 所示。图 1-4 所示为数据中心功能演进路线示意图。

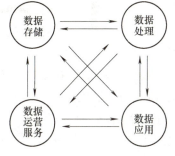

图1-3 数据中心各项功能之间的关系

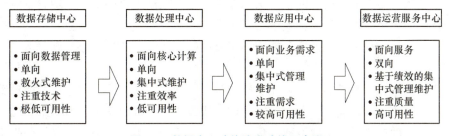

图1-4 数据中心功能演进路线示意图

1. 数据存储中心阶段

在数据存储中心阶段，数据中心的主要功能是数据存储和管理，在信息化建设早期，用来作为 OA 机房或电子文档的集中管理场所。此阶段的典型特征：数据中心的作用仅仅是便于数据的集中存储和管理；数据单向存储和应用；救火式维护；注重对新技术的应用；由于数据中心的功能比较单一，具有极低的可用性。

2. 数据处理中心阶段

在数据处理中心阶段，基于局域网的 MRP Ⅱ、ERP 以及其他的行业应用系统开始得到普遍应用，数据中心开始承担核心计算的功能。此阶段的典型特征：面向核心计算；数据单向应用；机构开始组织专门的人员进行集中式维护；开始关注计算效率及机构运营效率的提高；整体上可用性低。

3. 数据应用中心阶段

随着大型的基于机构广域网或互联网的应用开始普及，信息资源日益丰富，数据中心开始关注挖掘和利用信息资源。组件化技术及平台化技术得到广泛应用，数据中心承担着核心计算和核心业务运营支撑任务，需求的变化和满足成为数据中心的核心特征之一。这一阶段典型数据中心的叫法为"信息中心"。此阶段的特征：面向业务需求，提供可靠的业务支撑；提供单向信息资源服务；对系统的维护上升到管理的高度，维护内容包括从事后处理到事前预防；开始关注 IT 的绩效；具有较高的可用性。

4. 数据运营服务中心阶段

从现在的技术发展趋势分析，基于互联网的组件化、平台化的技术将在各组织中得到更加广泛的应用；另外，数据中心基础设施的智能化，使得组织运营可以借助 IT 技术实现高度自动化，组织对 IT 系统的依赖性加强。数据中心将承担组织的核心运营支撑、信息资源服务、核心计算、数据存储和备份任务，并负责确保业务可持续性计划等的实施。业务运营对数据中心的要求将不仅仅是支持，而是提供持续可靠的服务。在这个阶段，数据中心将演进成机构的数据运营服务中心。

数据运营服务中心的含义包括以下几个方面：机构数据中心不仅管理和维护各种信息资源，还负责运营信息资源，确保价值最大化；IT 应用随需应变，系统更具柔性，与业务运营融合在一起，实时互动，很难将业务与 IT 分开；IT 服务管理成为一种标准化的工作，并借助 IT 技术实现集中的自动化管理；IT 绩效成为 IT 服务管理工作的一部分；不仅关注 IT 服务的效率，IT 服务质量也成为关注重点；数据中心要求具有高可用性。

在这个视数据为生命的信息时代，信息爆炸引领着数据中心的变革。随着企业信息化的深入和新技术的广泛应用，传统数据中心已经无法满足数据中心时代高效、灵活、易维护的需求，而具备灵活、动态、快速服务能力等特点的新一代绿色数据中心，则是数据中心变革的未来。

新一代数据中心，就是通过自动化、资源整合与管理、虚拟化、安全以及能源管理等新技术的应用，解决目前数据中心普遍存在的成本快速增加、资源管理日益复杂、信息安全得不到保障等方面的严峻挑战，以及能源危机等尖锐的问题，从而打造与行业/企业业务动态发展相适应的新一代企业基础设施。新一代绿色数据中心所倡导的"节能、高效、低总体拥有成本和简化管理"理念，也已经成为众多数据中心建设时的参考标准，其与传统数据中心的对比见表 1-2。

表 1-2　新一代绿色数据中心与传统数据中心的对比

对比指标	传统数据中心	新一代绿色数据中心
能源消耗	能源消耗居高不下	绿色节能
硬件资源	服务器的疯狂蔓延造成资源浪费	虚拟化部署节省整体资源投入
管理成本	管理复杂，成本较高	自动化管理，成本降低
运维成本	运维效率低下，成本较高	降低运维成本，提升工作能效
性能	基础架构设计不合理，服务器宕机，导致业务稳定性和连续性遇阻	全面提升、优化系统性能，保证业务的持续性
模块化部署	非模块化，建筑为主	模块化部署，数据中心随需求增长

1.2　新基建数据中心发展趋势

1.2.1　数据中心的市场规模

随着云计算、大数据、物联网的发展，新一轮信息技术革命持续升温，数据呈现出了大规模的增长趋势。数据中心作为信息化的重要载体，提供信息数据存储和信息系统运行平台支撑，是推进新一代信息技术产业发展的关键资源，其承担着数据流通中心的关键作用，是网络数据交换最为集中的节点所在。2020 年 4 月，国家发改委关于"新基建"的概念做出了权威解读。"新型基础设施"是以新发展理念为引领，以技术创新为驱动，以信息网络为基础，面向高质量发展需要，提供数字转型、智能升级、融合创新等服务的基础设施体系。新型基础设施中的信息基础设施主要是基于新一代信息技术演化生成的基础设施，比如，以 5G、物联网、工业互联网、卫星互联网为代表的通信网络基础设施，以人工智能、云计算、区块链等为代表的新技术基础设施，以数据中心、智能计算中心为代表的算力基础设施等。

在"新基建"背景下，数据中心的产业发展将受益于云计算、AI、大数据应用的普及和互联网应用又一次爆发。互联网应用背后都需要数据中心提供相关的基础支持，因此数据中心的建设和发展又将迎来一次爆发式增长。

1. 全球数据中心发展市场规模

中国产业信息网《2018 年全球数据中心建设行业发展趋势及市场规模预测》指出，全球数据总量将从 2016 年的 16.1ZB 增长到 2025 年的 163ZB（约合 180 万亿 GB），十年 10 倍的增长，复合增长率

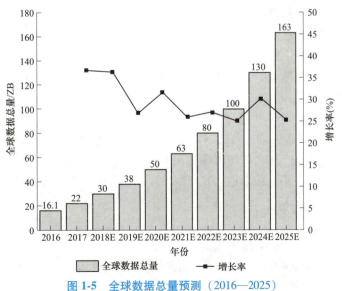

图 1-5　全球数据总量预测（2016—2025）

为26%，如图1-5所示。2016—2025年，全球数据总量总体平稳地增长，不过增速略有下降，从2017年的35%左右下降到2025年的25%左右。

中国产业信息网《2018年全球数据中心建设行业发展趋势及市场规模预测》指出，随着云计算的集中化趋势扩大，预计到2020年，超大规模数据中心的运算能力、数据存储量、数据传输量、服务器数量将分别占到数据中心的68%、57%、53%和47%[一]。

另外，华经情报网《2018年全球及中国数据中心建设情况分析，互联网发展驱动IDC市场规模增长》指出，到2021年，超大规模数据中心的服务器安装量、公共云服务器安装量、公共云服务器安装量、公共云负载总量将分别占全部数量中心的53%、85%和87%[二]。到2021年，超大规模数据中心内部流量或将增加4倍，占有所有数据中心内部流量的55%[三]。

而在2016年，超大规模数据中心的数据运算能力占全部数据中心的39%，数据储存量占全部数据中心的49%，数据传输量占全部数据中心的34%，服务器数量占全部数据中心的21%。数据中心的发展由普通服务器机房向超大规模数据中心演进，具备建设超大规模数据中心能力和需求的企业大多是互联网巨头，如亚马逊、谷歌、微软、百度、阿里巴巴、腾讯等数十家。随着云计算的集中化趋势扩大，预计到2020年，超大规模数据中心将占到全部数据中心服务器数量的47%，数据运算能力的68%，数据存储量的57%和数据传输量的53%[四]，如图1-6所示。

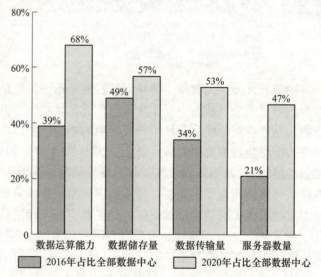

图1-6 2016年与2020年超大规模数据中心规模对比

全球数据中心的市场规模一直呈现增长趋势。《中国IDC行业市场前瞻与投资战略规划分析报告》指出，2014年全球IDC业务市场（包括托管业务、CDN业务及公有云IaaS/PaaS业务）整体规模2821.4亿元，2018年全球IDC业务市场整体规模增至6253.1亿元，同比增长23.6%；2014—2018年复合增长率22.0%，如图1-7所示。可以预见，在未来几年，全球数据中心市场规模仍将平稳增长。预计2024年全球IDC业务市场整体规模将突破11500亿元。

据智研咨询发布的《2019—2025年中国IDC行业市场发展态势及发展趋势研究报告》数据显示：全球IDC市场北美依旧占据半壁江山，占比47.73%，其次为亚太地区，占比29.64%，第三位西欧占比17.79%。但从增速上来看，亚太地区潜力大，连续三年增速超过

○ 暂无实际数据报告。

○ 暂无实际数据报告。

○ 暂无实际数据报告。

○ 数据来源于《2018年全球及中国数据中心建设情况分析，互联网发展驱动IDC市场规模增长》，暂无实际数据报告。

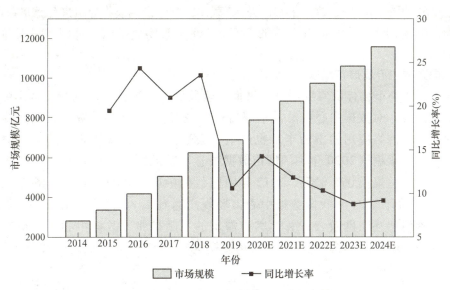

图 1-7　2014—2024 年全球 IDC 市场规模

30%，其中以中国、印度等国增长为迅猛，拉动了全球新一代基础设施建设进入高速期（图1-8）。亚太地区的 IDC 市场价值 120 亿美元，随着中国香港和新加坡等亚太地区金融中心的崛起，亚太地区的 IDC 市场规模将持续增长。

据观研天下发布《2017—2022 年中国互联网数据中心（IDC）市场产销调研及十三五投资商机研究报告》，2016 年全球 IDC 市场规模达到 451.9 亿美元，增速 17.5%。从存量来看，美国和欧洲地区占据了全球 IDC 市场规模的 50% 以上，亚太地区增速保持领先，尤以中国、印度和新加坡增长最快（图 1-9）。

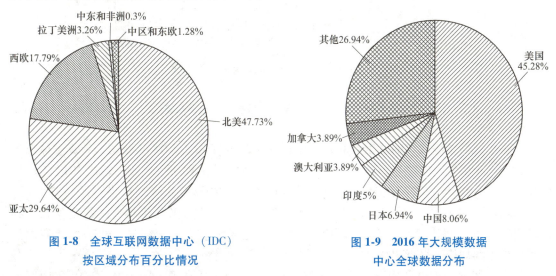

图 1-8　全球互联网数据中心（IDC）
按区域分布百分比情况

图 1-9　2016 年大规模数据
中心全球数据分布

另外，据第三届数据中心冷却节能与新技术应用发展高峰论坛指出，全球的数据中心总体建设发展速度放缓，区域分布主要在经济大国和人口大国，2020 年第二季度的数据显示，超大规模数据中心服务商分布中，美国占比 38%，中国占比 9%，日本占比 6%。

在全球 5G 投资热潮中，数据中心作为 5G 载体，其建设规模将会引来几倍倍率的增长。预计美国、中国的 5G 投资将占全球的 28%、24%，日本、德国、英国、韩国和法国占 25%，其他占 23%[1]。

2. 中国数据中心发展市场规模

中国数据中心市场伴随着互联网发展而迅速发展，一方面互联网行业客户由于自身业务发展的需要，对数据中心资源需求旺盛；另一方面 5G、云计算、大数据等网络架构的迅速演进和网络应用的不断丰富也产生了大量的 IDC 机房和带宽需求。中国数据中心市场方面，根据《2020 年中国城市数据中心发展指数报告》显示，2014 年中国数据中心业务市场总规模 372 亿元，2017 年中国数据中心市场总规模为 946 亿元，同比增长 32.4%。预计 2021 年我国数据中心市场规模达到 2486 亿元。未来，随着新基建政策的逐渐落地、互联网及云计算大客户需求的不断扩张，数据中心行业将实现高速增长，预计到 2025 年，我国数据中心市场规模达到 5952 亿元，如图 1-10 所示。

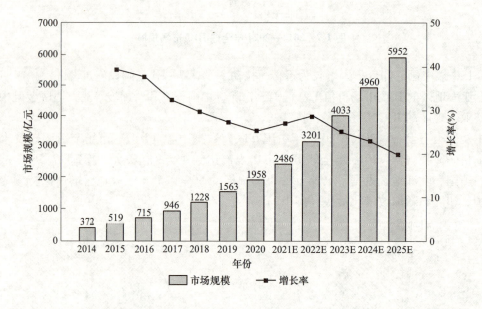

图 1-10 2014—2025 年中国数据中心市场规模

根据中国信通院发布的《云计算发展白皮书（2019 年）》，2018 年我国云计算整体市场规模达 962.8 亿元，增速为 39.2%。其中公有云市场规模达到 437 亿元，相比 2017 年增长 65.2%，预计 2019—2022 年仍将处于快速增长阶段，到 2022 年市场规模将达到 1731 亿元；私有云市场规模达 525 亿元，较 2017 年增长 23.1%，预计未来几年将保持稳定增长，到 2022 年市场规模将达到 1172 亿元。预计未来几年复合增速在 30% 左右，到 2022 年我国云计算整体市场规模将接近 3000 亿元。

根据《2018—2020 年中国 IDC 市场发展趋势分析》，从全国范围来看，2018 年中国大规模数据中心区域分布如图 1-11 所示，北京、上海、广东等数据中心资源最为集中，分别占比 9.6%、12.8% 和 20.8%。

另外，第三届数据中心冷却节能与新技术应用发展高峰论坛指出，2019 年中国数据中心的规模是 227 万架，其中中国发展最好的是"京三角""珠三角"和"长三角"，这三个地方占了中国近 60% 的市场。就国家区域发展而言，经济越发达地区，新增机柜数越多。华东、华北、华南三个区域的三年内规划新增总机柜数均冲击 50 万架，位居区域排名三甲，北上广深及周边区域继续领跑全国。就数据中心行业而言，第三方数据中心规划增量最多，规划新增机柜总数 120+万架，占比超过 50%；互联网企业和运营商分别位居第二和第三名。从投资情况看，

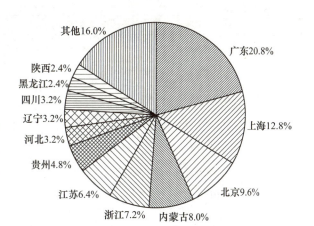

图 1-11　2018 年中国大规模数据中心区域分布

截至 2020 年已开工建设的部分大体量数据中心有：山东济南的中国移动（济南）数据中心，建设规模 1.6 万机架，总投资 36 亿元；重庆两江新区中国电信两江腾龙数据中心，建设规模 7000 机架，总投资 13 亿元；河北正定常山云数据中心，建设规模 2.4 万机架，总投资 50 亿元；浙江嘉兴长三角·平湖润泽国际信息港，建设规模 10 万机架，总投资 130 亿元。

目前，我国规模以上数据中心 1844 个。其中，超大型数据中心共计 36 个，机架规模达到 28.3 万架；大型数据中心共计 166 个，机架规模达到 54.5 万架；大型、超大型数据中心的规模增速达 68%。据中国数据中心工作组（China Data Center Committee，CD-CC）的统计研究分析，预计至 2022 年底，全国范围内，机柜数超过 2000 架的数据中心规划新增单体项目总数约 300 个，规划新增机柜总数约 220+万架。

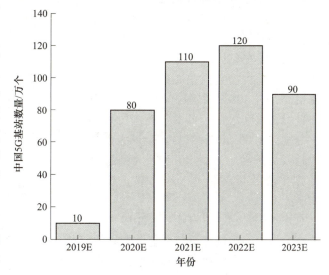

图 1-12　中国 5G 基站建设速度

数据中心作为 5G 的载体，中国 5G 基站建设速度：2019 年 10 万个、2020 年 80 万个、2021 年 110 万个（图 1-12）。对于 5G 投资 1.2 万亿元（4G 投资 7000 亿元）。

从数据中心投资主体分部看，中国电信、中国联通、中国移动三大运营商仍然占据主要份额，占比超过 62%（图 1-13），在政策、资金、人力方面都有较为显著的优势，其余的市场以第三方数据中心厂商为主，主要为满足核心城市的云计算、互联网、金融客户等需求，其中万国数据和世纪互联市场占比分别为 4.8% 和 4.5%（图 1-13），市场份额较为领先。

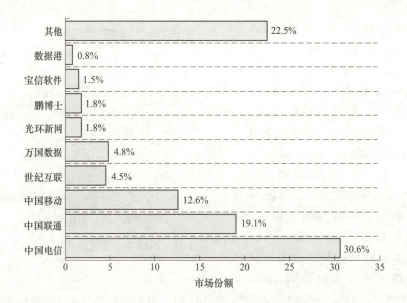

图 1-13　2019 年 IDC 市场份额测算
（数据来源中国信通院前瞻产业研究院整理）

1.2.2　数据中心的建设情况

1. 全球数据中心建设情况

据统计，在全球范围内，超大型数据中心数量保持年均 10% 的增长率，同时数据中心服务器在整体服务器出货量的占比逐渐升高。超大型数据中心数量中，美国占比最高，占 40%；中国占比 8% 位列第二并且增长速度很快；日本和英国位列第三，分别占比 6%（图 1-14）。全球大型数据中心发展趋势，预计 2021 年大型超大型数据中心数量达到 628 个，其占比约 53%（图 1-15）。

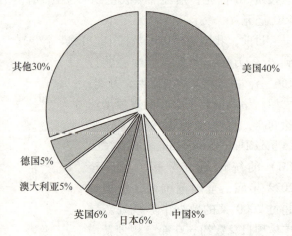

图 1-14　全球超大型数据中心分布

对于美国地区，图 1-16 为 2019 年美国主流数据中心市场存量与在建和规划情况分布，美国数据中心主要集中在北加州和北弗吉尼亚，在建和规划的数据中心分别约为 600 个和 400 个左右。

目前，主流数据中心都是大型或者超大型，机柜数量超过 3000 个的数据中心占比为 57%，小于 1000 个机柜的数据中心数量占比 19%，如图 1-17 所示。

2. 我国数据中心建设情况

从 2018 年 3 月工信部发布的《全国数据中心应用发展指引（2017）》来看，目前存量在用的数据中心，大型及超大型数据中心占比约 8%，而计划新建的市场中，大型及超大型数据中心占比达到 39%。其具体数据见表 1-3。部分省、自治区、直辖市在用和规划数据中心概况见表 1-4。

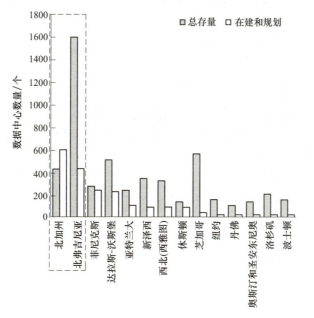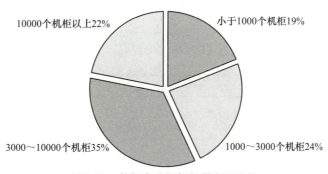

13

图 1-15　全球大型数据中心发展趋势

图 1-16　2019 年美国主流数据中心市场存量与在建和规划情况分布

图 1-17　数据中心机柜数量占比分析

表 1-3　在用和规划在建数据中心概况（2017 年）

规　模　分　类		在用数据中心	规划在建数据中心
数据中心 个数	超大	16	40
	大型	109	131
	中小型	1516	266
	总数	1641	437
标准机架规模 （万）	超大	14.1	49.6
	大型	35.2	56.2
	中小型	75.1	19.2
	总数	124.4	125
上架率 （%）	超大	29.01	—
	大型	50.16	
	中小型	54.67	
	平均	50.691	
直连骨干网比例 （%）	平均	47	55
能效水平 PUE （平均）	超大	1.5	1.45

表 1-4　部分省、自治区、直辖市在用和规划数据中心概况（2017 年）

省、自治区、直辖市	在用个数	规划个数
北京市	12	5
天津市	2	4
河北省	4	23
山西省	2	17
内蒙古自治区	10	8
辽宁省	4	0
吉林省	2	3
黑龙江省	3	3
上海市	16	2
江苏省	8	12
浙江省	9	13
安徽省	1	0
福建省	1	2
江西省	0	2
山东省	1	3
河南省	1	3
湖北省	2	2

（续）

省、自治区、直辖市	在用个数	规划个数
湖南省	1	2
广东省	26	12
广西壮族自治区	0	0
海南省	0	2
重庆市	2	2
四川省	4	10
贵州省	6	5
云南省	0	2
西藏自治区	0	1
陕西省	3	1
甘肃省	1	2
青海省	1	0
宁夏回族自治区	1	5
新疆维吾尔自治区	2	6
合计	125	71

1.2.3 数据中心单机柜功率现状分析与总体能效分析

目前，对于主流的数据中心中，单机柜功率以 4~6kW 为主，占比为 43%，但是高功率的机柜数量占比也不小，6kW 及以上的机柜数量占比为 32%，单机柜 10~12kW 的机柜较少，单机柜功率为 12kW 以上的机柜并不常见，如图 1-18 所示。

预计在未来 1~2 年内，仍然有大量的 4~6kW 机柜，但数据中心单机柜功率的主要值会由 4~6kW 向 6~8kW 提升，8~10kW 的机柜比例较现在有明显上升，甚至可能出现相当数目的 12kW 以上的机柜。随着数据中心节能技术的发展，未来数据中心单机柜功率未必能与预期完全一致，但是预计数据中心单机柜功率的总体发展方向为上升，且单机柜功率达到 6~8kW 的数据中心很有可能成为未来的主流数据中心。

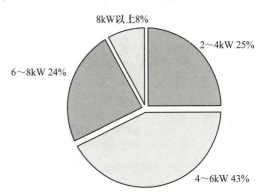

图 1-18 数据中心单机柜的平均功率现状

1. 全球数据中心总体能效分析

随着 5G 技术的快速发展，数据中心的数量规模不断壮大势必引起巨大的能源消耗。2020 年，美国西北大学和劳伦斯伯克利国家实验室（LBNL）的最新研究成果[2]表示，尽管对数据的需求在迅速增加，但在过去十年中数据中心的大量能效提升使能源使用保持了大致平稳的水平。图 1-19 所示为全球数据中心能耗趋势，2018 年全球数据中心的工作负荷和计算能力相比 2010 年增加 6.5 倍，然而全球数据中心的 IP 协议增加 11 倍。数据中心的储存能力也快速增加，相比 2010 年增加至 26 倍。然而，2018 年全球数据中心的平均 PUE 相比 2010 减少，大约为 2010 年的 0.75，这主要是由于服务器在空闲状态下的效率增加。另外，由于存储驱动器的密度和效率的提高，安装存储的功率为原先的 1/10。这些表明数据中心的能源使用保持了大

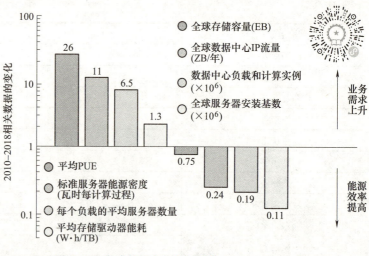

图 1-19 全球数据中心能耗趋势（2010—2018 年）

（微信扫描二维码可看彩图）

致平稳的水平。另外，2010 年与 2018 年的能耗以及在计算需求翻倍时的能耗预测如图 1-20

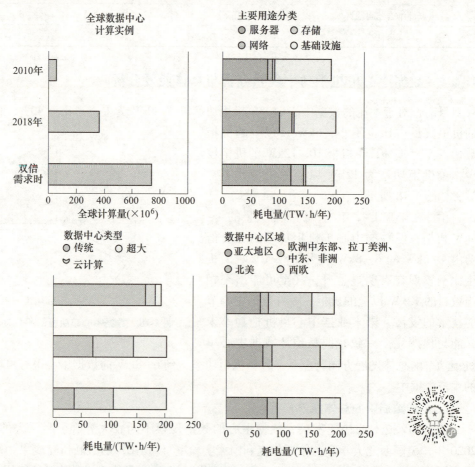

图 1-20 历史能耗以及在计算需求翻倍时的能耗预测（微信扫描二维码可看彩图）

所示，2018 年的耗电量为 205 亿 kW·h，相对 2010 年增加了 6%，但其计算能力增加了 550%。自 2010 年以来，全球数据中心的能源消耗量以每年 20% 下降，与其他能源主要需求部门（比如航空和工业）相比，每年度的能源效率有着明显的改善。其中，用于 IT 设备（服务器、存储、网络）的能耗从 2010 年 92 亿 kW·h 增加到 2018 年的 130 亿 kW·h。值得注意的是，用于公共基础设施（比如制冷和电源供应等）的耗电量逐年减少，其减少量大部分可以用来抵消 IT 设备能耗需求的增加。因此，在计算需求翻倍时的能耗时保持了大致平稳的水平。同时，研究成果也表明了全球不同区域数据中心能耗的变化趋势。

美国政府的一项最新的数据中心能源使用情况的调研结果显示，在 2014 年，全美国数据中心行业共计消耗了大约 700 亿 kW·h 的电力资源，占全美国能源消费总量的 2%。另外有研究指出能源效率的提高已经在控制整个数据中心行业的能源消费增长速度方面发挥了巨大的作用，并预测美国总的数据中心的能源消耗量将增长 4%，2020 年将达到月 730 亿 kW·h[3]。对于欧洲区域，欧盟委员会的科学和知识服务联合研究中心指出，2018 年欧洲 289 个数据中心的全年耗电量约为 3.736 亿 kW·h，平均 PUE 值为 1.8[4]。

另外，据统计，2018 年全球数据中心的电力消耗总量已经占据了全球电力使用量的 3%；有行业分析师认为，到 2025 年，全球数据中心使用的电力总量按现在的电力价格来估算的话，将会超过百亿美元，年均复合增长率将达到 6%。调研机构 Grand View Research 公司表示："预计未来数据中心的增长会直接带动数据中心的用电量需求，而北美地区是目前世界上最大的数据中心集聚地，占据了当前所有数据中心用电量总额的 35% 左右。由于中国、印度等国家互联网的高速发展，预计未来亚太地区将成为增长最快的地区。"以目前的研究来看，全球数据中心的用电量仍然为大规模以及超大规模的数据中心所驱动。

2. 我国数据中心总体能耗分析

数据中心的迅猛发展造成了数据中心的能耗问题。图 1-21 所示为我国数据中心耗电量及预测，2014 年，我国数据中心年耗电量为 829 亿 kW·h，占全国总用电量的 1.5%；2015 年我国数据中心年耗电量为 987 亿 kW·h，相当于三峡水电站的全年总发电量；2016 年我国数据中心耗电量持续增加，其值超过 1102 亿 kW·h，占全国总用电量的 2% 左右，和农业的总耗电量相当；2017 年我国数据中心耗电量达到 1222 亿 kW·h；2018 年我国数据中心耗电量达到 1500 亿 kW·h；2019 年我国数据中心耗电量达到 1748 亿 kW·h[5]。《2020—2026 年中国数据中心 IT 基础设施第三方服务行业市场竞争状况及投资风险预测报告》指出，工信部计划 2022 年数据中心 PUE 基本达到国际先进水平，因此假设数据中心耗电量年复合增长率在 2020 年达到峰值的 17%，之后增速逐渐下到 2025 年的 12%。在上述假设基础上，预计 2020 年国内数据中心年耗电量约为 2045 亿 kW·h，占全社会用电量的 2.7%，2025 年数据中心年耗电量约为 3950 亿 kW·h，占全社会用电量的 4.1%。我国数据中心设计的 PUE 值主要集中在 1.2~1.6，PUE 值大于 2.0 以上的数据中心极少，随着时间的推移，将会被逐渐淘汰。数据中心的总体能效如图 1-22 所示。《中日数据中心市场报告》指出数据中心 PUE 值未来两年的趋势，如图 1-23 所示。可以看出，71% 的数据中心 PUE 值为 1.2~1.4，只有 5% 的数据中心的 PUE 值为 1.5 以上。总体来看数据中心对能源的利用较为高效。

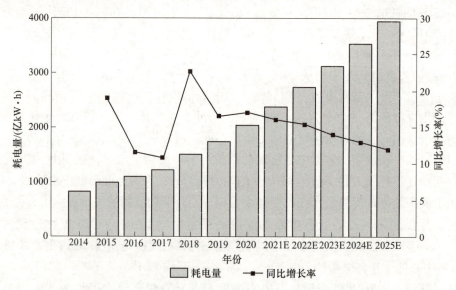

图 1-21　2014—2025 年全国数据中心耗电量及预测

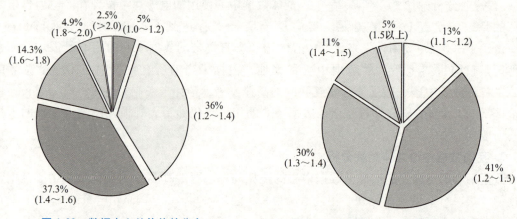

图 1-22　数据中心总体能效分布　　　　图 1-23　数据中心 PUE 值未来两年的趋势

另外，市场研究机构 IDC 在"中国首届绿色计算高峰论坛暨绿色计算应用成果发布会"上发布的《2019 中国企业绿色计算与可持续发展研究报告》指出，被调查的 200 家大型企业中有超过 50%的企业已大规模部署并使用模块化数据中心、液体冷却等"绿色计算"技术。我国企业能效管理调查受访企业数据中心的 PUE 值见表 1-5，从中可以看出中国企业数据中心 PUE 值有明显的降低。PUE 值大于 2.0 的企业从 2012 年的 34.6%下降到 2019 年的 2%，而 PUE 值小于 1.5 的企业从 3.7%上升到 12.9%，但仍然有并有 85%的数据中心的 PUE 值在 1.5~2.0 之间，未来仍然有很大的提升空间。

表 1-5　我国企业能效管理调查受访企业数据中心的 PUE 值

PUE	2012 年	2015 年	2019 年
<1.5	3.70%	8.10%	12.90%
1.5~1.8	23.40%	29.50%	39.10%
1.8~2.0	38.30%	37.20%	46%
>2.0	34.60%	25.20%	2%

数据中心的能耗问题涉及多个方面，主要有IT设备、照明系统、空调系统、新风系统、管理系统、供配电系统等。图 1-24 所示为某数据中心各部分的能耗分布。

由图 1-24 可以看出，空调制冷系统的能耗占数据中心总能耗的近三分之一，仅次于 IT 设备的能耗，是影响机房能耗的主要成分之一。美国电力转换公司 APC 最近的统计数据显示，数据中心的冷却成本大约占总能源成本的 50%[6]。传统制冷的设计观念可概括为"房间制冷"，而

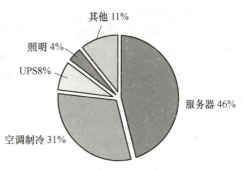

图 1-24 某数据中心各部分的能耗分布

导致其供冷能耗这么大的原因是数据中心环境运行参数要求很高，制冷设备的工作状态完全取决于机房空间的温度和湿度。另外，传统的设计理念和机房内气流组织技术也导致其制冷系统的效率低下。这种设计理念和建造技术已经不适合当代的数据中心，主要原因如下：

1）通过管道的输送，每一个机架所处的位置远近不同，所需带走的热量也不同，所需的送风量不一定能够按需分配。因此，难以满足高密度设备和高密度机架的散热要求，影响了 IT 设备的正常运行，阻碍了数据中心技术的发展。

2）冷热气流的输送阻力和严重的冷热气流混合造成了巨大的能源浪费[7]。Uptime Institute 研究发现，由于数据中心布局不合理，设计水平低下，有 60% 的制冷容量都浪费了[8]。

3）目前多数机房存在过度冷却问题，数据中心的过度冷却约达实际需求的 2 倍，相应的机房空调机组能耗也比设计工况增加了 50% 以上，最终造成了机房居高不下的高额运行费用[9]。因此，合理地设计空调系统能大大减少能耗，从而降低 PUE 值。

4）制冷设备的使用和控制缺乏整体优化考虑。

1.2.4 数据中心所存在的问题

数据中心仍然处于高速发展的阶段，对于我国来说，新建的数据中心较多，其规模也不断扩大，服务器散热密度日益增大。目前，数据中心普遍存在以下几个问题：

1. 规划设计与项目实施的差异性

（1）规划方面 目前全国性的数据中心主要集中在北京、上海和广东等地区，这些地区是全国主要金融机构总部的所在地，因此也成了数据中心的聚集地。建设和运营成本与当地规划及土地价格、资源成本、人力成本和消费水平等因素有关，选择北京、上海无疑会导致成本的显著提高。尤其是对于一些大型数据中心，其能源消耗问题非常突出，选择气候适宜的地区进行建设会节省大量能耗。根据前面的能耗分析，空调制冷系统能耗占数据中心总能耗的 31%，如果在制冷方面可以采用自然冷却，将会节省大量能源。例如，对于同样规模和配置的数据中心，空调制冷耗电量在广州比在哈尔滨多 79.3%，总能耗则多 24%~32%。

由于规划设计与实际实施服务器的规模存在不一致的问题，可能出现"大马"拉"小车"的现象。而有些数据中心随着单位业务量的发展，原有的设计容量不能满足现有的实际容量需求，出现"小马"拉"大车"的现象。这两种情况的产生都是由于规划设计与实际情形的不匹配，从而造成了系统的低效运行。

19

（2）设计方面 随着数据中心数量的增加和规模的扩大，对其进行合理的设计显得越来越重要。我国虽然出台了有关数据中心设计的相关规范，但早期电子信息系统机房规模较小、设计简单，加上初投资和运行费用不高，节能并不受重视。最近几年超过 3000 个机架的大型和超大型数据中心开始出现，且数量急剧上升，设计上的问题开始逐渐显现。主要体现在以下几个方面：

1）工程建设初期由于各种原因，项目可行性报告往往严重脱离实际，规模过大、机架功率偏高、设计 PUE 值过低、用户不落实、使用率预计过高等问题，极大地影响到数据中心运行后的经济性。

2）很多用户在机房建设上，根据厂商的推荐盲目采用了水系统的空调，然而只有大容量的冷冻机组的能效比才比较高，且水系统的安装、维护成本很高，对于中小型数据中心来说，只会增加其能耗[10]。

3）用户在设计数据机房时，普遍遇到的是服务器负载计算问题。购买服务器时，根据厂家给出的功耗累计，往往会得到一个很大的累计功率。如果按这样的累计功率配置空调系统，将会造成巨大的投资浪费[10]。

4）设备与系统耦合性差。由于先确定设备，后进行系统设计，结果是不同专业之间的配合出现问题，顾此失彼；而同一专业进行系统设计时，常发现设备选型不合理。

5）采用了不合理的机架设备布局。由于部分机柜的面板是左右流通式的，会形成热通道到冷通道的连接，造成不利影响。机架之间距离紧凑并采用了朝向一侧摆放的方式，会使得设备之间相互吸收排放的热量，形成冷热空气短路，降低了散热排风效果[11]。

（3）施工方面 数据中心的建设涉及方方面面，施工也是其中一个重要的环节。施工的不规范性、不合理性，加之设计人员对施工的不了解，容易给施工带来一些技术性的难题。例如，很多机房采用地板下送风、地板下走线的方式，但如果在规划过程中没有考虑到足够的地板高度，加之在应用过程中地板下的电缆不断增加，则会出现地板下送风不畅，送风气流组织不合理，甚至风流短路等问题。此外，当距离空调机远端的设备温度偏高时，为了保障其温度合理，将会显著增加空调能耗[12]。

（4）运维方面 数据中心的运维主要是对数据中心的各项管理对象进行系统的计划、组织、协调与控制，它是信息系统服务有关各项管理工作的总称，具体包括对机房环境基础设施部分的维护、系统与数据的维护、管理工具的使用、人员管理等方面。目前的数据中心与以往相比，规模更为庞大，结构也更加复杂。传统数据中心的运维管理水平普遍较低、专业化程度不高，显然已无法适应机构对数据中心合理性、可用性、经济性和服务性的要求，严重影响了数据中心的生命周期。调查结果显示，绝大部分企业的数据中心管理都存在相当大的问题。引入 IT 服务管理国际标准（如 ITIL 信息技术基础架构库等），并初步实施的机构只占极小的比例。多数机构的数据中心管理水平一般，整体架构存在缺陷，效率低下。因此，如何改进和提高现有的管理手段以达到专业化运维管理水平，借助国际上成熟的理论和标准进一步加强风险控制成为当务之急[13]。另外，由于运维人员一般不参与工程设计，因此运行过程中的经验教训不为设计人员所了解，导致系统投入运行后仍会出现一些本可避免的问题。所以不但要提高运维水平，而且要把运维与设计环节紧密联系起来。

2. 节能与成本的关系

近年来，随着数据信息技术的迅速发展和所涉及信息范围的不断扩大，数据中心的数量也在不断增加，随之而来的问题也越来越多，其中最为突出的问题之一就是数据中心节能与成本之间的关系。

数据中心成本分为建设成本和运营成本两大部分。建设成本又包括基础设施建设成本和网络建设成本；运营成本则包括基础设施和网络维护成本、营销成本、管理成本和其他成本。通过分析，建设成本可细分为土地购置成本、机房建设成本、机房的UPS成本、空调等机房基本配套设施系统建设成本。运营成本可以细分为电费、基础设施维护费和网络维护费等[14]。数据中心的收益主要包括机架出租等直接收益及带宽出租等间接收益。数据中心的节能主要是从采取各种措施降低数据中心的运营成本入手，以取得更大的收益，但是与此同时建设成本通常又会增加，这两者之间是相互矛盾的，因此需要仔细权衡，才能将收益最大化。

数据中心的节能与成本之间的矛盾体现在很多方面，如电源的选择、电源效率、与负载的关系和冗余等。例如，在为数据中心选择电源时，通常会基于最大的系统配置和负载需要选择电源，对于耗电量大的服务器而言，当然可以满足其需求，但是对于耗电量小的服务器来说却造成了极大的浪费。若为不同服务器提供不同的电源方案，则对于服务器的整个使用寿命来说，可以大大降低能耗，但却增加了建设成本。再如电源效率问题，假设电源效率为75%，则其中25%的电能转化成了热量，此时还需要采用制冷系统对其进行冷却；如果采用更高效的电源，则可以减少电能的浪费，降低运营成本，但是高效电源的单价更高，势必又会增加建设成本。所以如何权衡电源的节能与成本之间的关系，需要进行仔细的计算分析。

由以上分析可知，数据中心节能与成本之间的矛盾，本质上就是数据中心建设成本与运营成本之间的矛盾，节省运行过程中的耗电量也就是节省运营成本，但这往往又会增加建设成本。所以解决数据中心节能与成本之间矛盾的过程，本质上就是数据中心建设成本与运营成本之和最优化的过程，亦即寻求一个最佳的建设运营方案以最大限度地降低数据中心成本。

为此，必须对数据中心进行投资收益评估，主要方法有静态投资回收期法、动态投资回收期法、净现值法和内部收益率法[12]。四种评估方法的对比见表1-6。

表 1-6　不同评估方法的对比

评估方法	指标含义	主要优点	主要缺点	时间属性
静态投资回收期法	不考虑货币的时间价值，项目净现金流量覆盖原始投资现值所需要的时间	指标意义直观明确，计算简单	没有考虑货币的时间价值	静态
动态投资回收期法	考虑货币的时间价值，项目现金流量的现值覆盖原始投资现值所需要的时间	指标意义较为明确	折现率影响指标结果	动态
净现值法	在计算期内，按一定折现率计算的各年净现金流量现值之和与原始投资的差值	可以定量地体现项目绝对盈利情况	折现率影响指标结果，不能体现相对盈利能力	动态
内部收益率法	在计算期内，使净现值为零的折现率	无须设定折现率，可定量体现项目盈利能力	指标意义不够直观	动态

四种评估方法的计算公式见表 1-7。

表 1-7　四种评估方法的计算公式

评估方法	计算公式	参数含义	备　注
静态投资回收期法	$\sum\limits_{t=0}^{P_t}(CI-CO)_t=0$	P_t—静态投资回收期 CI—现金流入量 CO—现金流出量	—
动态投资回收期法	$\sum\limits_{t=0}^{P_t'}(CI-CO)_t(1+i_c)^{-t}=0$	P_t'—动态投资回收期 CI—现金流入量 CO—现金流出量 i_c—基准贴现率 t—年份	基准贴现率：投资者对资金时间的最低期望值
净现值法	$NPV=\sum\limits_{i=0}^{n}(CI-CO)_t(1+i_c)^{-t}$	NPV—净现值 CI—现金流入量 CO—现金流出量 i_c—基准贴现率 t—年份	NPV < 0 时，说明项目盈利水平达不到投资人所要求的最低投资收益水平，项目不可行 NPV > 0 时，NPV 越大，说明盈利能力越强
内部收益率法	$\sum\limits_{t=0}^{n}(CI-CO)_t(1+IRR)^{-t}=0$	IRR—财务内部收益率 CI—现金流入量 CO—现金流出量 t—年份	IRR$\geq i_c$ 时可行，反之不可行 在项目的整个计算期内，如果按 $i=$ IRR 计算，则始终存在未收回投资，并且仅在计算期终了时，投资才被完全收回，那么 i 便是项目的内部收益率

现以某楼宇式数据中心为例进行投资收益分析[15]。

某数据中心的运行功率为 4kW，单机架初始投资为 19.2 万元。单机架各方面具体投资如下：建筑工程 5.9 万元，楼宇设备 1.1 万元，空调系统 2.5 万元，变配电 2.3 万元，通信电源 2.1 万元，备用电源 1.2 万元，机房配套工程 2.9 万元，机柜及其他 1.2 万元。

此外，此数据中心单机架人工成本约为 0.51 万元/年，单机架维护成本约为 0.5 万元/年，单机架 IT 电费约为 2.1 万元/年［电价为 0.6 元/（kW·h）］，单机架环境电费为 1.68 万元/年。

此数据中心机架的出租收益约为 4.8 万元/年，增值业务（主要包括 IP 出租、域名解析、CDN 加速等）收益约为 0.66 万元/年，带宽收益约为 2 万元/年；单机架结算收益约为 0.36 万元/年，IT 电费间接收益约为 0.32 万元/年。试对其进行投资收益分析。

由以上信息可知，此数据中心的总建设成本约为 19.2 万元。而数据中心的运营成本包括固定成本和可变成本，固定成本包括各类资产折旧，可变成本主要包括人工成本、运维成本、环境电费和 IT 电费。固定资产参考财务折旧方法及实际使用情况确定折旧年限。建筑物折旧年限较长，按照 30 年计提，机房基础配套设施按照 10 年计提，电源设备根据不同种类分别按照 8 年、10 年、15 年计提。根据上述初始投资成本和折旧年限，得到单机架固定资产折旧总额为 1.82 万元，具体折旧情况如图 1-25 所示。

所以，此数据中心单机架运营成本＝固定成本＋可变成本＝固定成本（1.82 万元/年）＋

单机架人工成本（0.51万元/年）+单机架维护成本（0.5万元/年）+单机架IT电费（2.1万元/年）+单机架环境电费（1.68万元/年）=6.61万元/年。

数据中心单机架收益=机架出租收益（4.8万元/年）+增值业务收益（0.66万元/年）+带宽收益（2万元/年）+结算收益（0.36万元/年）+IT电费间接收益（0.32万元/年）=8.14万元/年。

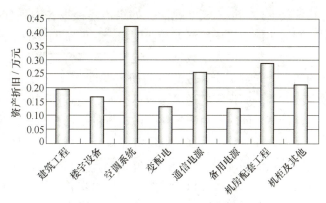

图1-25　某数据中心资产折旧情况

数据中心单机架现金流入量为

$$CI = 单机架收益(8.14万元／年) + 固定资产折旧(1.82万元)$$

数据中心单机架现金流出量为

$$CO = 单机架初始投资(19.2万元) + 运营成本(6.61万元／年)$$

根据以上成本收益分析数据，计算期取$t=10$年，折现率按照同期银行贷款利率$i_c=5.25\%$计算，并将以上所得数据代入表1-7中的公式，计算得到静态投资回收期为6.0年，动态投资回收期为7.9年，净现值为2.7万元，内部收益率为8.4%。对于大型投资项目而言，以上财务指标均属于可接受范围。

3. 设备节能与系统节能的关系

（1）数据中心的节能层次　当前数据中心既面临不断扩容的压力，又面临不断增长的能耗困境。因此，如何降低能耗成本，建设绿色节能的数据中心，成为如今数据中心建设者的普遍关注。

数据中心的节能在体系架构方面包含建筑和环境、设备节能、绿色管理三个层面：

1）建筑和环境层面，从基础建筑和环保角度为绿色数据中心提供选址、建筑布局、建筑节能设计、维护结构及其材料、机房规划与布局等方面的建设。

2）设备节能层面，从设备的角度对绿色数据中心提出各类耗电设备，包括IT设备、制冷设备、供电设备等的选型、使用、节能优化等的技术要求。

3）绿色管理层面，从管理的角度为绿色数据中心提出管理制度、工作人员、配套工具等的管理要求。

（2）设备节能与系统节能　从设备角度来看，数据中心设备节能主要包括IT设备、制冷设备、供电设备等的节能。当前设备节能方面的实践主要是选用高效节能设备。IT设备方面，采用能耗更低的处理器和刀片式服务器；制冷设备方面，采用具有更高能效比的空调产品，采用应用变频技术的水泵和风机；供电设备方面，选用更高效的配电柜和高频UPS等。

从系统层面来看，各种类型的设备节能系统不一定能相互影响并形成一个整体的节能系统。数据中心虽然采用了很多先进的节能设备，但是这些设备还不够智能，基本上处于"各自为政、孤军奋战"的阶段，不能很好地协同，它们之间缺乏联动协同机制，无法从系统和整体上实现高效节能。

对于空调系统而言，其作用是保证机房的热湿环境，但机房的冷湿负荷是随着设备的运行状况及室外环境不断变化的，如果不能根据各类外部条件对空调系统的运行状态加以控制，则无法保证机房的温度和湿度稳定，而空调节能也无法得到保证。

例如，很多中大型数据中心通常设有多台空调，负责对不同区域供冷。机房热湿环境的不均匀性会导致不同区域的空调回风温度差异较大，尤其是在冷热气流混合强度较高的区域。当空调按照设定的送风参数运行时，负责不同区域的空调的回风温度不同，从而导致空调能耗偏高。同时，由于这些分散布置的空调机组往往独立运行，相互之间缺乏通信，彼此不清楚对方在做什么。加上温度和湿度传感器对不同区域温湿度的反馈不同，往往会造成一部分空调在冷却除湿，而另一部分空调在加热加湿。不合理的运行控制策略不仅增加了机房空调能耗，甚至会恶化机房热环境，影响设备的安全运行。由此可见，要实现空调制冷系统的节能，选择高效节能的空调设备是必不可少的，但这还远远不够，而且空调设备节能并不意味着整个系统一定是节能的。

（3）设备节能对系统节能效应的影响　对于一个具有良好控制系统的数据中心而言，随着某一设备功率的变化，其他设备的运行功率也会随之调整。"能效逻辑"这一理念被引入来分析设备节能对系统节能效应的影响。这个理念描述了数据中心从终端主设备到基础设施的级联节能效应，不仅直观地揭示了数据中心各子系统在节能降耗方面的逻辑相关性，更提供了一种分析数据中心的思路和方法，为数据中心和 IT 部门的管理者提供了降低数据中心能耗的新方向。

具体而言，"能效逻辑"首先描绘了从终端主设备到基础设施的级联节能效应的瀑布模型，指出了数据中心主设备的节能对整个数据中心节能效应的影响。根据"能效逻辑"理念，在具有良好控制系统的情况下，单个设备能耗的变化可对其他设备的能耗造成影响。

此"能效逻辑"不仅可视化地揭示了数据中心各子系统在节能降耗方面的逻辑相关性，还提供了一种分析数据中心能耗的思路和方法。但"能效逻辑"是对节能措施进行优先级排序的定性的方法，而非定量的标准[16]。

"能效逻辑"级联节能的瀑布模型如图 1-26 所示[17]。当 IT 设备功耗降低 1W 时，下游的直流电源和交流电源设备的功耗就能分别降低 0.18W 和 0.31W，配电设备功耗则能够降低 0.04W，UPS 功耗能够降低 0.14W，散热设备功耗能够降低 1.07W，开关和转换设备功耗能降低 0.07W。也就是说，IT 设备功耗每降低 1W，系统总功耗就能降低 2.81W。

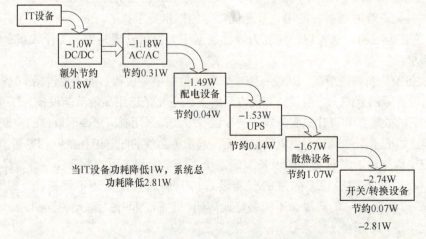

图 1-26　"能效逻辑"级联节能的瀑布模型

25

1.2.5　新基建数据中心技术路线

在新基建的背景下数据中心被赋予了新的内涵，在数字经济时代，数据是一种经济社会发展所必要生产要素，也是一种基础设施。物联网、车联网、工业互联网的推广应用带来数据指数级增长，海量的异构数据都将进入数据中心进行集中存储和处理，这对计算设施和数据中心都提出了更新更高的要求。不论是为生物医药、航空航天等科技创新提供的高性能计算，还是疫情期间为各大城市提供科技防疫、远程办公、远程教育和电商消费的城市计算，又或是支撑大数据、人工智能等新技术与实体经济融合应用场景的云计算，都离不开数据中心的重要支撑。在"新基建"背景下，数据中心不只是传统意义上的存放计算、存储及网络设备的机房场所，更多是体现创新、绿色等新发展理念的公共计算设施的组成部分，是促进 5G、人工智能、工业互联网、云计算等新一代信息技术发展的数据中枢和算力载体。

另外，"新基建"时代对数据中心提出新要求[6]：①大型数据中心对海量数据处理能力和能耗水平提出更高要求；②城市数据中心向实时性和弹性化发展；③边缘数据中心实现计算能力下沉；④我国数据中心须抓紧窗口机遇走向国际化。

近年来，多地纷纷投资建设数据中心，但这些数据中心大多各自为政、相互分离，缺乏一体化的战略规划，容易造成烟囱效应和重复浪费。在"新基建"时代背景下，数据中心建设应当加强统筹协调，立足国家战略层面，从全局角度进行顶层设计，为数据中心全国统筹布局提供战略性、方向性指引。同时，数据中心发展规划也要与网络建设、数据灾备等统筹考虑、协同布局，实现全国数据中心优化布局。主要表现在以下三个方面[6]：

1）各地因地制宜差异化规划布局数据中心。"新基建"浪潮下数据中心的建设不能简单重复传统基建的方式方法，避免毫无差异的"村村点火、户户冒烟"。各地需因地制宜找准自身定位，开展数据中心规划布局。对于仍存在较大需求缺口的北上广深等热点城市，综合考虑数据中心对计算能力提升效率和降低能耗之间的平衡，支持建设支撑 5G、人工智能、工业互联网等新技术发展的数据中心，保证城市基本计算需求，或在区域一体化的概念下在周边统筹考虑数据中心建设。对于各区域的中心城市，时延敏感、以实时应用为主的业务可选择在用户聚集地区，依据市场需求灵活部署大中型数据中心。对于中西部能源富集地区，可利用自身能源充足、气候适宜的优势建设承接东部地区对时延敏感不高且具有海量数据处理能力的大型、超大型数据中心。对于部分对时延极为敏感的业务，如 VR/AR、车联网等，需要最大限度贴近用户部署边缘数据中心，满足用户的极致体验需求。

2）加强数据中心和网络建设协同布局。构建基于云、网、边深度融合的算力网络，满足在云、网、边之间按需分配和灵活调度计算资源、存储资源等需求。实施网络扁平化改造，推动大型数据中心聚集区升级建设互联网骨干核心节点或互联网交换中心。推进数据中心之间建设超高速、低时延、高可靠的数据中心直联网络，满足数据中心跨地域资源调度和互访需求。根据业务场景、时延、安全、容量等要求，在基站到核心网络节点之间的不同位置上合理部署边缘计算，形成多级协同的边缘计算网络架构。

3）支持对外开放前沿地区试点探索建设国际化数据中心。面对全球广阔的市场前景，在自贸区、"一带一路"沿线地区等对外开放前沿地区试点探索国际化数据中心，面向亚太及全球市场，探索利用更优路由、更低时延、更低成本服务国际用户。鼓励我国数据中心企业加强云计算、人工智能、区块链、CDN 等能力建设，丰富服务种类，提高国际竞争能力，创新商业模式，积极拓展海外市场。

1.2.6 数据中心的冷却技术趋势

目前，数据中心的冷却系统中，传统的机房精密空调是最为广泛应用的制冷设备。该设备是利用制冷剂或者载冷剂通过管路循环把机房内的热量转移到室外环境的。尽管该设备目前已经非常普遍以及能够广泛适用于数据中心的制冷，但仍然存在以下几个问题：

1）为获得冷源而需要消耗大量电能。

2）为了保证数据中心一定的温度和湿度值，需要重复加湿、减湿、升温以及降温，从而造成大量的能源损耗。

3）管路系统的能源损耗。

4）抵消的气流组织和温度分布，易产生局部热点和气流短路等问题。

为了能够有效地减少数据中心的能源消耗和提高能源使用效率，以及满足数据中心安全和节能的需求，预计在未来1~2年内，业内备受关注的技术将会是智能管控、人工智能（AI）技术、清洁能源、液冷技术、间接蒸发冷却技术以及新风自然冷却技术等，其关注度如图1-27所示。但是预期值与实际值未必完全一致，数据中心可能会出现多种先进技术的融合。

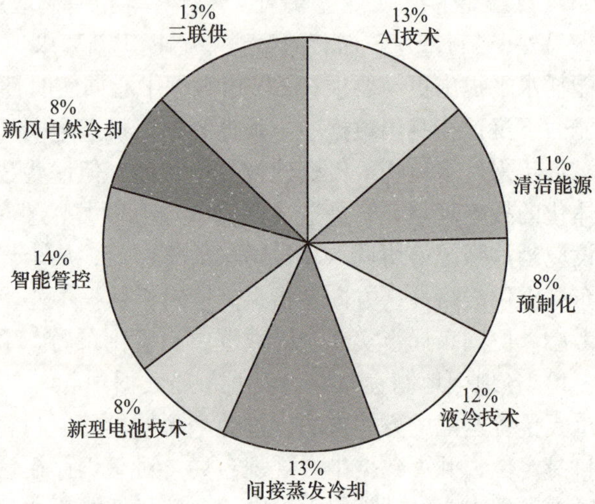

图 1-27 未来两年内数据中心的技术关注度

1. AI技术

人工智能（AI）技术不但能够加强冷却系统的温度控制，从而减少用于冷却的能量，还可以在冷却系统出现故障并造成停机之前识别出冷却系统的问题。另外，AI技术还可利用预测分析优化工作负载分配，进行声音图像及气味的识别、关键节点温度的预测、零件寿命的预测等。同时，AI技术能够对在线业务需求进行预测，通过在线业务及离线业务混布，闲时调度更多离线业务，跑离线计算、训练模型来提高服务器及机房的利用率。此外，AI技术能够通过机器人巡检、人脸识别门禁系统等来方便数据中心的运维和管理。总之，利用AI技术能够在保持数据中心理想温度的同时降低了其运营成本。2016年，谷歌公司对数据中心设施采用了人工智能技术，并随着时间的推移不断改进。谷歌公司采用的DeepMind的机器学习算法，该人工智能系统每五分钟从大量传感器收集一次数据，在不影响服务器性能的情况下，将用于冷却的能量减少了40%。2018年，华为提出了基于AI的数据中心能效优化解决方案，该方案通过机器深度学习，对大量历史数据进行业务分析，找出其中影响能耗的关键因素，获取PUE的预测模型。然后基于该模型计算出PUE的敏感特征值，进行相关业务训练。当训练完成之后，会形成完整的业务模型。最后以PUE预测模型、业务模型作为参照，利用寻优算法，获取调优参数组，下发到控制系统，实现制冷系统的控制，最终帮助数据中心降低能耗。华为的

iCooling@ AI 能效优化解决方案在廊坊云数据中心的 1500 个机架上应用，试点的年平均 PUE 从 1.4 优化到 1.3 以下，节省了 8% 的电力耗能。

根据 DCD 的研究显示，目前 AI 技术无论是在多租户数据中心还是在企业数据中心当中的渗透率都还比较低。特别是对于那些老旧一方而言，虽然合理部署 AI 可以在能耗和运营方面对其产生助益，但由于其机房建设较早，并无标准可言，很多设计上的问题不仅会导致 AI 技术的优势难以发挥，甚至还会反向影响其正常运转。

2. 预制化

数据中心预制化是一种预先设计、组装和集成，且事先测试过的数据中心物理基础设施系统（包括机柜、冷水机组、泵、制冷单元、UPS、PDU、开关柜、变压器等），它们作为标准化"即插即用式"模块被运至数据中心现场。预制化可以实现数据中心建设的"去工程化"，将传统的 18 个月以上的建设周期缩短为 8 个月左右，使投资者提前近一年见到收益。得益于预设计型预制化模块的运用，规划周期的重点已从现场施工转变为对预生产、预测试的供电和制冷模块的现场集成。这种转变带来了诸多裨益，即以总体相当的成本，加快部署速度，减少空间占用，提高预测性，增加灵活性，同时降低了数据中心现场施工所带来的人为失误，提高了数据中心的商业价值。相比传统方式，部署同一基础设施时，预制模块可加快部署速度 40%。同时，预制化数据中心具有无须分区、工厂预制、流水线生产、快速泊位、标准化安装、复制粘贴、所见即所得、高密度、低成本、一站式专业服务等特点。

国外的 IBM、微软、谷歌等互联网企业已率先采用预制模块化数据中心。比如谷歌对外展示的美国俄勒冈模块化数据中心，由 45 个集装箱组成，每个箱内装载了 1160 台定制服务器，总功率达到 100MW，PUE 值为 1.25。国内的腾讯、百度、阿里巴巴等互联网企业的数据中心也在沿着租赁—自建—定制的模式发展。2016 年 9 月 12 日，阿里巴巴张北数据中心一号、二号园区启用，这是阿里巴巴在张北规划的总计 200 亿元云基地投资中的一部分，也是阿里巴巴各项核心业务在北方最重要的基础设施。张北冬季气温低达 -38℃，长达半年不能施工，而阿里巴巴能在一年之内建起两座大型数据中心得益于采用了预制模块化建设模式。另外，腾讯第三代数据中心——深圳光明数据中心采用 TMDC（微模块数据中心），实测年度 PUE 值为 1.26（2018 年 1 月 1 日—2018 年 12 月 31 日）。最低的月均 PUE 值达到 1.23，最热月度 PUE 值控制在 1.29 以下。腾讯第四代数据中心采用了 T-block 技术使得土建建设周期缩短了 50%，机电交付周期缩短了 40%，这些都是得益于 T-block 高度模块化、标准化的设计理念。

与市场需求相适应，各大数据中心基础设施供应商也都推出模块化数据中心解决方案，比如华为的 FusionModule 系列、艾默生的 SmartAisle 系列、台达的 MDC 系列等。华为公司提出了预制化温控系统 AHU（FusionCol），该系统是将空气-空气换热器、机械制冷设备集成至 20 尺（约 6.666m）集装箱，辅以间接蒸发冷却技术，可实现三种热交换模式的自由转换，充分利用自然冷源，实现数据中心的高效换热（PUE 值最佳至 0.07），是数据中心 PUE<1.25 的典型产品。该系统具有工厂预制、就位即完成安装、模块化冗余设计、极少的现场工程等特点。

3. 自然冷却技术

数据中心的自然冷却技术主要包括风侧自然冷却和水侧自然冷却。

（1）风侧自然冷却　风侧自然冷却系统是室外空气直接通过滤网或者间接通过换热器

将室外空气冷量带入数据机房内，对 IT 的设备进行降温的冷却技术，可分为直接风侧自然冷却系统和间接风侧自然冷却系统。该技术可实现冷源与负荷中心直接接触，采用该技术的系统不再通过传统空调系统中制冷机组产生的低温冷媒对数据中心进行降温，可显著减少数据中心的空调系统能耗[18]。

在国外的研究中，Kuei-Peng Lee 等人[19]对全球气候进行分区，分析了可直接利用室外自然冷源的地区，得出半湿润性、海洋性气候区是节能潜力最大的地区。Meta⊖等互联网巨头在美国、欧洲等气候条件良好的地区建设的应用直接风侧自然冷却技术的数据中心，PUE 可接近 1.07。

从全球 PM2.5 的分布情况可以看出，空气污染严重地区，采用直接新风冷却方式对数据中心的设备腐蚀会有影响，甚至会威胁 IT 设备的安全运行。为解决该问题，可应用间接新风冷却技术。这种方案常被称为"京都制冷"，因为这种方式在日本东京的数据中心应用较多，它主要是通过转轮式换热器吸收室外冷空气的冷量，达到为数据机房降温的目的[20]。国内有学者对直接引入新风热交换系统和隔离式新风热交换系统这两种方式进行了分析比较，结果表明，这两种方式均能有效降低数据中心空调运行能耗，但对于大气污染严重的地区不建议采用直接引入新风方式，因为这样会增加维护费用[21]。

目前，数据中心常用的热管空调采用的是一种典型的间接新风冷却技术[22]。热管技术由于不需要直接引入大量新风，不会对数据中心内部的洁净度、湿度等环境参数产生影响，同时其维护费用较低，非常适合数据中心使用。热管是一种高效传热元件，以相变来强化换热，利用封闭在真空管内工作物质的反复沸腾或凝结来传送热量。

（2）水侧自然冷却 水侧自然冷却有两种形式：一种形式是冷却塔直接供冷，比如建在中国北方城市廊坊的华为数据中心，一年中电制冷、自然冷却、电制冷+自然冷却时间分别占 51%、32%、17%，年平均电能利用效率（PUE）值达到 1.35[23]；另一种形式是通过水泵直接抽取自然水源作为天然冷源，通过板式换热器与冷冻水回水进行热交换，而不通过制冷机或压缩机进行循环来散热，从而达到冷却目的。国际上采用水冷技术的典型代表是谷歌公司，其选择建设的数据中心基本以沿海地区为主，例如，芬兰哈米纳的数据中心利用附近波罗的海的海水对数据中心进行冷却，另外其 80%的冷却水来自循环再生水，这是世界上第一家采用海水冷却的数据中心。在国内，阿里巴巴千岛湖数据中心利用湖水进行自然冷却，其设计年平均 PUE 值低于 1.3。在湖南省资兴市也有直接利用湖水作为自然冷源的成功案例，该数据中心通过板式换热器与服务式回水进行换热，带走服务器的散热，电制冷方案作为在极端气候条件下，不能直接利用湖水进行冷却时的一种备份方案运行。据报道，其预期 PUE 值达到 1.17，是国内最节能的数据中心。

4. 高效制冷机组

制冷机组将数据中心内部 IT 设备及其他设备所产生的热量转移到室外环境中去，尤其当室外环境温度高于数据中心内部环境温度时，热量不能自动地从低温环境传递到高温环境中去，只能依赖于制冷机组这种主动制冷方式才能实现数据中心内部环境的冷却。接下来介绍目前用于数据中心的高效制冷机组：蒸发冷却技术、磁悬浮冷却技术和高效离心机组。

（1）蒸发冷却技术 蒸发冷却空调机组是利用直接蒸发冷却技术或间接蒸发冷却技术，

⊖ Meta 即 Facebook，其于 2021 年 10 月 28 日更名为 Meta。

在无压缩机条件下实现制冷的空气处理设备。蒸发冷却技术在数据中心的主要应用形式分为风侧蒸发冷却和水侧蒸发冷却这两种形式，见表1-8。

表1-8　几种蒸发冷却技术

蒸发冷却技术	分　　类		冷源温度	特点	使用范围
风侧蒸发冷却	直接蒸发冷却制取冷风		室外湿球温度	1. 影响机房湿度，带来灰尘 2. 风机能耗高	适用于空气质量好、干燥气候、中小型数据中心
	间接蒸发冷却制取冷风	一般的间接蒸发冷却（或湿球温度式间接蒸发冷却）	室外湿球温度		
		露点间接蒸发冷却	室外露点温度		
水侧蒸发冷却	直接蒸发冷却制取冷水		室外湿球温度	冬季存在结冰问题	大型数据中心；不适用于高湿度地区
	间接蒸发冷却制取冷水		室外露点温度	防冻、冷源温度低	

　　蒸发冷却不使用压缩机，相比传统电制冷空调可节能70%左右，蒸发冷却最大输入功率只有机械制冷空调的30%，可减少空调系统对电力容量的需求量，在同等电力容量下，可提高IT机柜的安装数量，在相同机柜数量下减少高低压供电系统的投资金额。比如，美国Sabey昆西数据中心采用间接蒸发冷却，直接膨胀式制冷系统作为冷量的补充，该系统在满载整体系统测试中年平均PUE值为1.16。法国巴黎COLT数据中心采用间接蒸发自然冷却机组，该数据中心实际运行PUE平均为1.101，设备PUE满载时为1.08～1.09，部分负荷时为1.1～1.09。英国伦敦TelehouseNorth Two数据中心是世界第一个部署垂直间接绝热蒸发冷却系统的多层数据中心，这一系统使数据中心的PUE达到1.16。我国的河北张家口怀来官厅湖新媒体数据中心采用间接蒸发冷却技术，与常规冷冻水系统相比，投资成本差别不大，全年85%以上的时间实现自然冷却，每年运行成本可节约60%以上。深圳百旺信数据中心采用间接蒸发冷却技术，在夏季最高温时机柜回风经过显热交换后温度可以降低到29℃以下，减少空调负荷30%。春秋季节机柜回风经过显热交换后温度可以降低到25℃以下，减少空调制冷负荷70%。冬季基本不需要冷水机组工作，减少空调负荷95%。EC风机和水泵在大部分时间工作在半载状态，功耗为额定负荷的十分之一左右。

　　（2）磁悬浮冷却技术　磁悬浮技术相对于传统的低压变频技术是一种变频新技术，主要采用永磁电机和磁悬浮轴承技术，该技术是利用由永久磁铁和电磁铁组成的径向轴承和轴向轴承组成数控磁轴系统，实现压缩机的运动部件悬浮在磁衬上无摩擦地运动，磁轴承上的定位传感器为电机转子提供超高速的实时重新定位，以确保精确定位。整个空调系统无须润滑油，如图1-28所示。磁悬浮冷机其特点是采用磁悬浮轴承，一般设计成两级压缩的离心式冷机，结合数字变频控制技术，压缩机转速可以在10000～48000r/min之间调节，从而磁悬浮冷机具有优异的部分负荷性能，其IPLV（综合能效系数）能到达0.41kW/t。目前有制冷量范围在100～1500冷吨（RT）（1冷吨＝3.517kW）之间磁悬浮冷机可供选择。比如，中兴网信江苏云计算中心采用某公司的磁悬浮制冷机组，实测结果表明制冷效率比传统机组提高35%左右，综合节能效果提高25%。海南电信的数据中心采用磁悬浮空调技术方案进行改造，改造后全年空调系统主机用电量为 253 万 kW·h 相比改造前全年耗电量 416 万 kW·h 节省了 163 万 kW·h，节省电费 128 万元，COP 值达到 7 左右，减少 CO_2 排放量达到 520t。

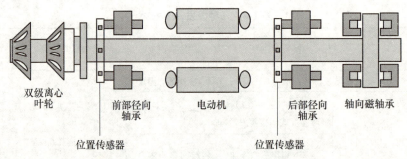

双级离心叶轮　　前部径向轴承　　电动机　　后部径向轴承　　轴向磁轴承

位置传感器　　位置传感器

图 1-28　磁悬浮压缩机结构示意图

（3）高效离心机组　由于数据中心显热负荷大，冷水机组相对常规的舒适性空调可以通过提高冷水出水温度，减少不必要的除湿来提高机组的性能以达到节能的目的。高效离心机组对压缩机气动部件进行优化设计，专门为小压缩比的高温工况设计了三元闭式叶轮、串列叶片回流器，改善制冷剂的流道，减少衰减，保证效率，更适用于数据中心空调系统的高温工况[5]。目前，永磁同步变频离心机冷量范围在 250~2500RT，冷水出水温度范围为 12~20℃。在额定工况下（冷水出水温度为 16℃，冷却水进水温度为 30℃，100%负荷）的 COP 可以达到 9.47，适用于数据中心、工艺流程、温湿度独立控制的空调系统。

5. 新型空调末端

研究表明，很大一部分空调制冷量都由于气流组织的不合理而被浪费掉[8]。目前，机房中普遍存在局部过热及冷热气流相混合的问题，这两种现象都极大地降低了制冷效率。合理的气流组织主要从送风方式、减少冷热空气的混合以及冷却级选择等方面进行考虑。

房间级制冷是实现数据中心冷却的传统方法。数据模拟和试验表明，当数据中心的平均功率密度为每台机柜 1~2kW 量级时，房间级制冷才有效。目前，有各种各样的末端节能技术可以用来提高房间级制冷系统所支持的功率密度，如地板下送风、冷热通道封闭等，但在实际应用中仍有限制。现代 IT 设备的功率密度正在将峰值功率密度推高至每台机柜 20kW 甚至更高，依靠房间级制冷已不能有效地起作用[24]，此时，人们逐渐开始采用高效的末端形式，如行级制冷、机柜级制冷以及目前普遍运用于高热流密度数据中心的服务器液体冷却方式。

（1）房间级制冷　传统数据中心都采用房间级制冷，机房常用送风方式有风管送风、地板下送风、上通道回风等。国外关于送风方式的研究层出不穷，其中有学者[25]对基站内部的不同气流组织形式进行了研究，发现地板下送风、上通道回风的气流组织形式优于其他气流组织形式。国内的研究也趋于成熟，有人对数据中心的不同空调送风方式进行了比较，指出地板下送风方式容易出现地板下走线拥堵、送风不畅的问题[26]。为了避免地板下走线拥堵的问题，需要保证选择合理的地板高度，或者可采用地板下送风+走线架上走线方式[12]，如图 1-29 所示。这种气流组织管理使送风效果及机房整体建设相较于自然送风模式有了进一步改善和提高，但是仍然存在混风问题，也会限制单机柜功率密度的布置。

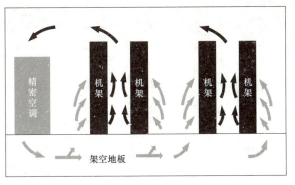

图1-29 地板下送风方式（微信扫描二维码可看彩图）

随着机房热流密度的增加，在传统房间级制冷方案中，为了减少冷热气流混合，提高空调制冷利用率，常采用冷热通道的布置形式，如图1-30所示。美国2005年4月发布的TIA-942《数据中心通信基础架构标准》[27]中要求机房计算机设备及机架采用冷热通道的安装方式。冷热通道的设备布置方式，是将机柜和机架交替排列，采用"面对面、背靠背"的摆放方式，这样就形成了冷热通道。冷通道内的冷空气流经设备后形成热空气，排放到机柜背面的热通道中，通过热通道上方回到空调系统中，使整个机房气流流动通畅，提高了机房精密空调的利用率，进一步提高了制冷效果。研究发现，采用冷热通道的设计，可以节省空调系统能耗5%~10%[28]。

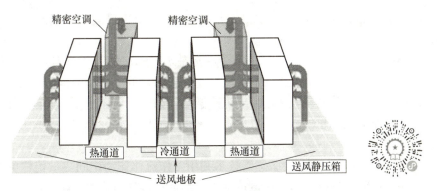

图1-30 冷热通道示意图（微信扫描二维码可看彩图）

冷热通道可有效地抑制冷热气流的混合，降低机柜的进风温度，提高冷却效率。另外，在"面对面、背靠背"的机柜布置方式下，为了更好地将冷热气流隔离开，可在冷通道或者热通道内布置一些挡板，或者完全将某一通道封闭起来，实现高效的冷气流利用的目的[29]，如图1-31所示。冷热通道封闭是当今新建和改建IT机房可以采用的最具前景的节能增效措施之一[30]。目前，该技术已相当成熟并被广泛地应用于国内外的数据中心。

（2）行级、机柜级制冷 在云计算和大数据应用背景的促进下，数据中心迎来了一个新的建设高潮。传统数据中心部署缓慢、密度小、很难扩展，且"牵一发而动全身"，人们逐渐认识到集中制冷的弊端和按需制冷的必要性，此阶段典型的制冷节能技术就是行级制冷空调的应用。

在行级制冷架构中，其气流通路比房间级制冷架构短，且制冷对象更为明确。此外，其气流可预测性较好，机房空调的全部额定制冷量均可得到利用，并可以实现更高密度的布局[24]。行级空调通过内部风机将封闭通道中的热空气输送至表冷盘管，实现冷却降温，IT设备根据自身需求将低温的冷通道空气引入，通过服务器风扇排至封闭的热通道中，实现水平方向的空气循环。行级空调系统因靠近负荷中心，输送冷空气至负荷中心的距离减小，设备维持制冷循环所需的能耗比传统方式少[18]。

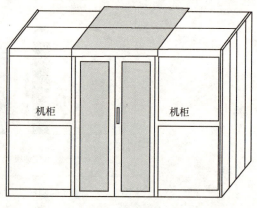

图1-31　冷热通道封闭

在机柜级制冷方式中，机房空调的设计以冷却制冷机柜为目的。空调机组直接安装在主设备机柜门上或其内部，如水冷前门、水冷背板及热管背板等。与房间级或行级制冷架构相比，机柜级制冷的气流路径更短且定义更为准确，使得气流完全不受任何设施变动或机房约束条件的影响。机房全部额定制冷量均可得到充分利用，并可实现最高的负载密度[24]。

（3）服务器液体冷却　数据中心最常用的制冷系统形式是风冷系统，随着IT设备相关技术的发展，风冷系统也在不断发展。为了满足日益增长的功率密度的散热需求，风冷系统从制冷单元和冷热气流的分离两方面发展改进[31]。而面对高热密度数据中心的发展，风冷系统由于空气的热容量小，不能保障机房的制冷需求，已经制约了服务器和数据中心的发展，因此，液冷服务器应运而生。

液体冷却技术是用管道将冷冻液（通常是水和乙二醇）输送到高架地板之上或者机柜内部，然后通过风和冷冻液之间的热交换达到降温目的。由于液体比空气的比热容大，散热速度也比空气快，其制冷效率远高于风冷散热，因此，液体冷却系统是未来高性能计算数据中心冷却产业的发展趋势。从系统模式上来说，液体冷却系统可分为间接冷却式（冷板式）和直接冷却式（浸没式）两种方式。

1）冷板式。冷板式液冷服务器技术利用工作流体作为中间热量传输的媒介，将热量由热区传递到远处再进行冷却。在该技术中冷却剂直接导向热源，相比空气散热，液体每单位体积的散热效率高要出1000倍，如图1-32所示。比如，美国研发出超高密度的液冷刀片，用上下两块扁平的冷板取代了传统的有一定高度的风扇，散热冷板刚好与4个CPU直接接触，散热能力优异。在国内，曙光TC4600E-LP冷板式液冷服务器可有效解决高密度服务器的散热问题，同时降低冷却系统能耗和噪声，在计算性能方面也有很大幅度的提高。其平均PUE值大致维持在1.2左右，大大减少了制冷功耗。

另外，两相流冷板具有更高的热传导效率，采用低汽化温度流体，与冷却器换热时发生汽化，可吸收CPU的大量散热量。比如中国移动（呼和浩特）数据中心[32]引入的"两级热管"液冷服务器与"水冷+热管"液冷服务器，其PUE值分别为1.08~1.17和1.05~1.09。同时，在排出相同热量的条件下，两相流冷却要比单相流冷却所需的工质循环量小很多，也会节省循环泵功率[33]。国外有学者对两相流冷却循环进行研究，利用三种不同的冷却剂对五种不同的状态进行模拟，结果表明，在使用HFC134a的情况下，单相流冷却消耗的循环泵功率是两相流冷却的 5.5 倍[32]。

2）浸没式。浸没式液冷顾名思义是将发热元件浸没在冷却液中，依靠液体的流动循环带走芯片运行产生的热量。浸没式液冷是典型的直接接触型液冷，目前比较流行的方式是将服务器浸没在特殊设计的箱体中。但是，这一架构降低了数据中心建筑空间利用率。部分厂商为服务器定制设计了一个外壳，外壳将每一个服务器和冷却液包裹起来，在不改变现有数据中心部署架构的前提下优化了空间利用率。

图 1-32 冷板式冷却

浸没式液冷由于发热元件与冷却液直接接触，散热效率更高，相对于冷板式液冷，噪声更低（完全没有风扇），可解决更高热密度的情形，且更加节能。比如，被动式两相浸没式冷却系统利用 3MNovec™ 7100 氟化液能够在 61℃ 蒸发变成气体吸取大量电子设备产生的热量，如图 1-33 所示。美国采暖、制冷与空调工程师学会（ASHRAE）研究发现，传统的空气制冷技术由于去热效率低、降温时间长等原因，会消耗数据中心的大部分电力。与之相比，采用 3M 氟化液的冷却技术比空调降温节省了超过 95% 的耗电量，能源节约实现质的飞跃。得益于氟化液的高效转化过程，数据中心电能利用效率 PUE 突破性地达到了 1.02，接近国际最佳标准 1.0。如此出色的能效表现为冷却行业树立了全新典范。凭借 3M 氟化液的高环保性，这种冷却技术可以降低二氧化碳等温室气体的排放量。

同时，相比于冷板式系统，浸没式冷却的效果更出色，其冷却系统 PUE 值可降低至 1.1 以下，机柜功率可达 200kW 以上，发展前景更广阔。浸没式冷却已经不是一个新的概念，IBM 公司早在几十年前就采用过这种形式[34]。在 2014 年美国 SC14 大会上，美国的几家公司就展出了浸没式的液冷服务器。

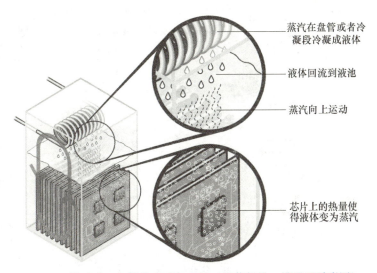

蒸汽在盘管或者冷凝段冷凝成液体

液体回流到液池

蒸汽向上运动

芯片上的热量使得液体变为蒸汽

图 1-33 被动式两相浸没式冷却系统（微信扫描二维码可看彩图）

6. 三联供蓄冷技术

三联供系统是指同时满足冷、热、电三种需求的能源供应系统，一般来说，典型的 CCHP（Combied Cooling, Heating and Power）系统是通过燃气轮机、微型燃烧发动机或者内燃机等燃气发电设备的运转，在使用天然气作为主燃料的情况下，满足用能末端的电力需求，并将发电后设备所产生的废热通过相应的余热回收技术供给用户进行冷却的系统。结合目标用户的冷、热和电需求，采用三联供技术能够在很大程度上使得系统的一次能源效率得到提高，并且有利于实现将不同等级的能量进行梯级利用。对于能够提供并网电力的三联供系统，通过配合电网的动态变化还能实现能源互补，在提高能效的同时使得供能系统的经济性得到提升。燃气冷热电三联产系统是以能量的梯级利用理念为基础而建立的，它的一些特点在很大程度上与数据中心负荷波动较小、用电用冷需求大、不间断运行等特征相匹配，CCHP 所产生的电能能够全部被数据机房所使用。这就使得数据中心区别于医院、商场、酒店等其他民用建筑，更加适合采用三联供技术，没有设备运行时间不统一或者设备间歇性运行的类似问题需要处理。数据中心采用三联供技术的优势在于，三联供技术与数据中心的用能特点相匹配，能够使得通信行业整体的运营成本得到降低，提高数据中心能源供应系统整体的经济效益和能源利用效率。同时，由于数据中心需要品质高、安全稳定的 UPS 作为其不间断运行的支撑，三联供系统使用燃气轮机产电，显然更加可靠。数据中心三联供系统的一般架构如图 1-34 所示，为了提高整体的产电效率，一般会选用天然气内燃机，规模较大的数据中心需要由电网补充不足的一部分电力需求。为了使得数据中心用电的可靠性得到保障，发电机组一般分为两组，设置在不同的地理位置作为物理分割，互为冗余，但是仍需要 UPS 来进一步提高数据中心的供电可靠性。回收内燃机产电余热以及数据中心余热等低品位热能通常选用吸收式制冷机组，在冬季自然冷量充足的情况下，可以依靠冷却塔来节约数据中心的运行成本。全自然冷数据中心冷量需求不需要吸收式制冷作为补充，数据中心余热一般采用区域能源的形式，利用分散热泵提高余热温度后用于区域供热。目前，分散热泵的数据中心余热利用在欧洲地区应用分非常广泛，对于热需求较大的地区，这种形式的数据中心余热利用具有充分的优势，其基本原理如图 1-35 所示。

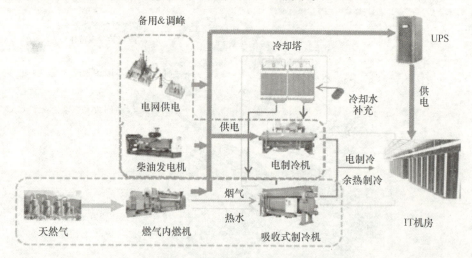

图 1-34　数据中心三联供系统架构原理图[35]

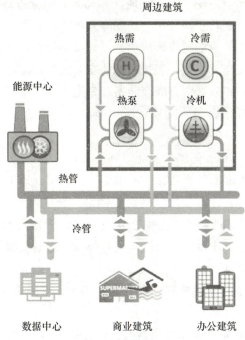

图1-35 数据中心余热利用与第五代区域供热网络[36]（微信扫描二维码可看彩图）

目前，国内数据中心采用三联供蓄冷技术的工程案例已经有了具体的参考，但是对于三联供技术在数据中心的大规模应用仍然处于初级阶段，对于三联供系统的经济性和可用性分析需要进一步研究，但是，结合数据中心用能特点和负荷特性，未来三联供技术的能源梯级利用将成为解决数据中心用能问题的重要手段。

1.2.7 我国数据中心发展的相关政策

我国先后推出多项政策支持云计算和大数据产业发展，推动互联网、大数据、人工智能和实体经济深度融合，形成新动能，加速科技创新，建设网络强国、数字中国、智慧社会。下文主要从国家和地方层面来说明我国数据中心发展的相关政策。

1. 国家层面

（1）规划类 2017年4月，《云计算发展三年行动计划（2017—2019年）》提出：云计算数据中心布局得到优化，使用率和集约化水平显著提升，绿色节能水平不断提高，新建数据中心PUE值普遍优于1.4。

2016年12月，《大数据产业发展规划（2016-2020年）》提出：到2020年，技术先进、应用繁荣、保障有力的大数据产业体系基本形成。大数据相关产品和服务业务收入突破1万亿元（基于现有电子信息产业统计数据及行业抽样估计，2015年我国大数据产业业务收入2800亿元左右），年均复合增长率保持30%左右，加快建设数据强国，为实现制造强国和网络强国提供强大的产业支撑。

2016年12月，《"十三五"国家战略性新兴产业发展规划》提出：充分利用现有设施，统筹规划大型、超大型数据中心在全国适宜地区布局，有序推进绿色数据中心建设。同时，加强信息网络基础设施国际互联互通合作。加强海外海缆、陆缆、业务节点、数据中心、卫星通信等设施建设，优化国际通信网络布局。另外，提出绿色计算、可信计算、数据和网络安全等信息技术产品的研发与产业化，加快高性能安全服务器、存储设备和工控产品、新型智能手机、下一代网络设备和数据中心成套装备、先进智能电视和智能家居系统、信息安全产品的创新与应用，发展面向金融、交通、医疗等行业应用的专业终端、设备和融合创新系统。

2016 年 12 月，《"十三五"国家信息化规划》提出：到 2018 年，云计算和物联网原始创新能力显著增强，新建大型云计算数据中心电能使用效率（PUE）值不高于 1.5；到 2020年，形成具有国际竞争力的云计算和物联网产业体系，新建大型云计算数据中心 PUE 值不高于 1.4。同时，提出统筹规划全国数据中心建设布局。优化大型、超大型数据中心布局，杜绝数据中心和相关园区盲目建设。加快推动现有数据中心的节能设计和改造，有序推进绿色数据中心建设。

2016 年 7 月，《工业绿色发展规划（2016—2020 年）》明确指出要加快绿色数据中心建设。

2016 年 6 月，《公共机构节约能源资源"十三五"规划》提出：加强机房节能管理，建设机房能耗与环境计量监控系统，对数据中心机房运行状态及电能使用效率（PUE）、运行环境参数进行监控，提高数据中心节能管理水平。开展绿色数据中心试点，实施数据中心节能改造，改造后机房能耗平均降低 8% 以上，平均 PUE 值达到 1.5 以下。组织实施中央国家机关 5000m^2 绿色数据中心机房改造。加大公共机构采购云计算服务的力度，鼓励应用云计算技术整合改造现有电子政务信息系统，实现数据信息网络互联互通，数据信息资源共享共用，减少数据信息资源浪费。

2015 年 5 月，《中国制造 2025》提出：积极引领新兴产业高起点绿色发展，大幅降低电子信息产品生产、使用能耗及限用物质含量，建设绿色数据中心和绿色基站，大力促进新材料、新能源、高端装备、生物产业绿色低碳发展。

2012 年 3 月，《2012 年工业节能与综合利用工作要点》提出：推动信息技术促进节能降耗。

2012 年 2 月，《工业节能"十二五"规划》提出：重点推广绿色数据中心、绿色基站、绿色电源，统筹数据中心布局、服务器、空调等设备和管理软件应用，选址考虑能源和水源丰富的地区，利用自然冷源等降低能源消耗，选用高密度、高性能、低功耗主设备，积极稳妥引入虚拟化、云计算等新技术；优化机房的冷热气流布局，采用精确送风、热源快速冷却等措施。到 2015 年，数据中心 PUE（数据中心消耗的所有能源与 IT 负载消耗的能源之比）值下降 8%。

（2）意见类 2020 年 5 月，《关于工业大数据发展的指导意见》部署了 3 项重点任务，推动全面采集、高效互通和高质量汇聚，包括加快工业企业信息化"补课"、推动工业设备数据接口开放、推动工业通信协议兼容化、组织开展工业数据资源调查"摸家底"、加快多源异构数据的融合和汇聚等具体手段，目的是为了形成完整贯通的高质量数据链，为更好地支撑企业在整体层面、在产业链维度推动全局性数字化转型奠定基础。

2019 年 2 月，《关于加强绿色数据中心建设的指导意见》明确提出要建立健全绿色数据中心标准评价体系和能源资源监管体系，打造一批绿色数据中心先进典型，形成一批具有创新性的绿色技术产品、解决方案，培育一批专业第三方绿色服务机构。到 2022 年，数据中心平均能耗基本达到国际先进水平，新建大型、超大型数据中心的电能使用效率值达到 1.4 以下，高能耗老旧设备基本淘汰，水资源利用效率和清洁能源应用比例大幅提升，废旧电器电子产品得到有效回收利用。

2017 年 4 月，《关于加强"十三五"信息通信业节能减排工作的指导意见》提出要着力推动国家绿色数据中心试点建设。到 2020 年，信息通信网络全面应用节能减排技术，高能耗老旧通信设备基本淘汰；电信基础设施共建共享全面推进；通信业能耗基本可比国际先进水平，实现单位电信业务总量综合能耗较 2015 年底下降 10%；新建大型、超大型数据中心的电能使用效率（PUE）值达到 1.4 以下；新能源和可再生能源应用比例大幅提升。

2016 年 12 月，《"十三五"节能减排综合工作方案》提出要加快发展壮大新一代信息技术、高端装备、新材料、生物、新能源、新能源汽车、节能环保、数字创意等战略性新兴产业，推动新领域、新技术、新产品、新业态、新模式蓬勃发展。进一步推广云计算技术应用，新建大型云计算数据中心电能使用效率（PUE）值优于 1.5。

2015 年 7 月，《国务院关于积极推进"互联网+"行动的指导意见》指出：到 2025 年，网络化、智能化、服务化、协同化的"互联网+"产业生态体系基本完善，"互联网+"新经济形态初步形成，"互联网+"成为经济社会创新发展的重要驱动力量。

2015 年 3 月，《国家绿色数据中心试点工作方案》提出：到 2017 年，围绕重点领域创建百个绿色数据中心试点，试点数据中心能效平均提高 8% 以上，制定绿色数据中心相关国家标准 4 项，推广绿色数据中心先进适用技术、产品和运维管理最佳实践 40 项，制定绿色数据中心建设指南。

2015 年 1 月，国务院印发《关于促进云计算创新发展培育信息产业新业态的意见》，指出到 2020 年，云计算应用基本普及，云计算服务能力达到国际先进水平，掌握云计算关键技术，形成若干具有较强国际竞争力的云计算骨干企业。同时，指出云计算数据中心区域布局初步优化，新建大型云计算数据中心电能使用效率（PUE）值优于 1.5。

2013 年 2 月，《工业和信息化部关于进一步加强通信业节能减排工作的指导意见》提出：到 2015 年末，通信网全面应用节能减排技术，高能耗老旧设备基本淘汰，通信业能耗基本可比国际先进水平，实现单位电信业务总量综合能耗较 2010 年底下降 10%；推进信息化与工业化深度融合，促进社会节能减排量达到通信业自身能耗排放量的 5 倍以上；新建大型云计算数据中心的电能使用效率（PUE）值达到 1.5 以下；电信基础设施共建共享全面推进，数量上有提高，范围上有拓展，模式上有创新；新能源和可再生能源应用比例逐年提高。同时，指出统筹部署绿色数据中心建设。落实《关于数据中心建设布局的指导意见》（工信部联通〔2013〕13 号），促进数据中心选址统筹考虑资源和环境因素，积极稳妥引入虚拟化、海量数据存储等云计算新技术，推进资源集约利用，提升节能减排水平；出台适应新一代绿色数据中心要求的相关标准，优化机房的冷热气流布局，采用精确送风、热源快速冷却等措施，从机房建设、主设备选型等方面降低运营成本，确保新建大型数据中心的PUE 值达到 1.5 以下，力争使改造后数据中心的 PUE 值下降到 2 以下。另外，指出加大绿色基站建设力度。结合实际采用分布式基站、软件无线电节能基站（SDR 软基站），采用智能调整等手段降低基站主设备能耗。推广以自然冷/热源和蓄电池温控为基础的空调温控技术，合理利用风、光等可再生能源，同时积极采用建筑保温等新技术对已建基站进行节能改造。

2013 年 1 月，《关于数据中心建设布局的指导意见》（工信部联通〔2013〕13 号）提出了全部关于数据中心建设的指导原则、要求和数据中心作用。

（3）会议类 2020 年 3 月，中央政治局常委会召开会议，提出加快 5G、数据中心等新型基础设施建设进度。据中国信息通信研究院预测，2025 年 5G 网络建设投资累计将达到1.2 万亿元，间接拉动投资累计超过 3.5 万亿元。

2. 地方层面

（1）北京 2018 年 9 月，《北京市新增产业的禁止和限制目录（2018 年版）》明确规定全市禁止新建和扩建互联网数据服务、信息处理和储存支持服务中的数据中心，PUE 值在1.4 以下的云计算数据中心除外；中心城区全面禁止新建和扩建数据中心。

2016 年 12 月，《北京市"十三五"时期信息化发展规划》指出共同推进信息基础设施互联互通。统筹规划新一代宽带无线移动通信网和下一代互联网试点建设，推动重点协同区域无线政务网互联互通。推进京津冀云计算数据中心统筹规划布局和共建共享，鼓励开展异地容灾备份。

（2）上海 2020 年 8 月，《上海市产业绿贷支持绿色新基建（数据中心）发展指导意见》指出以产业绿贷为抓手，引导新基建项目在建设过程中采用先进节能技术产品。数据中心是"新基建"的基础设施，数据、计算、网络的基石，以数据中心为切入点，为优质的数据中心项目提供精准的金融服务，提升新建数据中心绿色发展水平。

2019 年 6 月，《上海市互联网数据中心建设导则（2019 版）》严控本市互联网数据中心规模、布局和用能，坚持"限量、绿色、集约、高效"，在满足必须和限制增量的前提下，建设"存算一体，以算为主"的高水平 IDC，为推动高质量发展、创造高品质生活，提升城市能级和核心竞争力提供坚实有力的信息基础设施支撑。数据中心单项目规模应控制在3000~5000 个机架，平均机架设计功率不低于 6kW，机架设计总功率不小于 18000kW，PUE值严格控制不超过 1.3。

2019 年 1 月，《关于加强本市互联网数据中心统筹建设的指导意见》指出：有效控制互联网数据中心建设规模和用能总量，推动高质量发展，创造高品质生活，助力城市能级和核心竞争力的提升；到 2020 年，全市互联网数据中心新增机架数严格控制在 6 万架以内；坚持用能限额，新建互联网数据中心 PUE 值严格控制在 1.3 以下，改建互联网数据中心 PUE值严格控制在 1.4 以下。

2017 年 3 月，《上海市节能和应对气候变化"十三五"规划》指出：严格控制新建数据中心，确有必要建设的，必须确保数据中心电能使用效率（PUE）值优于1.5，从主设备选型、机房建设等方面降低能耗，推广机房冷热气流布局优化、精确送风、热源快速冷却等措施。全面推进既有数据中心节能改造。

2016年9月，《上海市大数据发展实施意见》指出：做好空间、规模、用能的统筹，重点打造若干保障城市基础功能及战略定位的数据中心集群；做好规划、建设、管理的统筹，严格控制政府部门新增数据中心建设，引导规范重点行业、大型企业数据中心建设；积极探索跨区域服务模式，进一步强化数据中心资源的异地调配能力。

（3）广东　2020年10月，《广东省推进新型基础设施建设三年实施方案（2020—2022年》指出：到2022年，全省数据中心平均上架率达65%，设计PUE值平均低于1.3。

2019年4月，《深圳市发展和改革委员会关于数据中心节能审查有关事项的通知》鼓励数据中心建设单位在"以高代低，以大代小，以新代旧"等减量替代方式的基础上，采用绿色先进技术提升数据中心能效。经过专家评审，对于PUE值为1.35~1.40（含1.35）的数据中心，新增能源消费量可给予实际替代量10%以下的支持；对于PUE值为1.30~1.35（含1.30）的数据中心，新增能源消费量给予实际替代量20%及以下的支持，对于PUE值1.25~1.30（含1.25）的数据中心，新增能源消费量可给予实际替代量30%及以下的支持；对于PUE值低于1.25的数据中心，新增能源消费量可给予实际替代量40%以上的支持。

2016年4月，《广东省促进大数据发展行动计划》指出：建成全省统一的电子政务数据中心，以及10个左右地市级政务数据分中心，形成布局合理、规模适度、保障有力、绿色集约的政务数据中心体系；建成10家以上大数据企业技术中心、工程（技术）研发中心、重点实验室和应用中心（其中国家级研究机构5家以上）；政务信息资源采集率达70%以上，建成全省统一的政务大数据库，基本形成公共机构数据资源统一汇聚和集中向社会开放的运行机制。

（4）浙江　2020年4月，《关于杭州市数据中心优化布局建设的意见》指出：依法依规做好新建数据中心的节能审查，严格落实国家有关新建数据中心PUE值不得高于1.4的规定；推动现有数据中心绿色化改造，2025年前达到PUE值1.6以下。

2018年7月，《关于开展"公共机构绿色数据中心"服务认证工作的实施意见》要求：充分运用质量认证先进标准和方法，提升全省公共机构数据中心能源利用效率，引领公共机构绿色发展。根据提高数据中心能源利用效率的目标要求，在省机关事务管理局等主管部门的指导下，由公共机构绿色数据中心认证联盟编制《公共机构绿色数据中心认证实施规则》，明确相关技术要求。引入数据中心专项能源审计机制。鼓励公共机构以自愿申报方式参与品牌创建。

2017年9月，《浙江省公共机构绿色数据中心建设指导意见》指出鼓励和支持公共机构以合同能源管理模式，对既有数据中心进行绿色改造。另外，鼓励和支持公共机构将数据中心托管给有能力的专业数据运营商。

2017年3月，《浙江省数据中心"十三五"发展规划》指出：坚持"创新、协调、绿色、开放、共享"五大发展理念，深入贯彻实施省委省政府关于发展信息经济的战略部署，以保障信息经济发展为目标，以完善信息基础设施服务为牵引，以科学布局、集约建设、绿色发展、安全可靠为着力点，逐渐形成技术先进、结构合理、供需匹配、资源节约、效益明显的数据中心发展格局，有效支撑"互联网+"发展，促进我省"两富""两美"现代化建设。

（5）天津　2018 年 8 月，《天津市加快推进智能科技产业发展总体行动计划》指出：建设完成全市政务服务大数据中心及"津云"政务云平台，为全市提供统一的政务信息资源服务；同时，加快推进市民卡"一卡通"建设，搭建集中统一的人力社保数据中心和数据库，实现业务信息共享和协同联动。

（6）贵州　2018 年 6 月，《贵州省数据中心绿色化专项行动方案》指出：科学规划布局数据中心，严格把关数据中心项目建设，加强产业政策引导，推动数据中心持续健康发展，新建数据中心能效值（PUE/EEUE）低于 1.4。

2017 年 10 月，《贵州省关于进一步科学规划布局数据中心大力发展大数据应用的通知》指出：实施现有数据中心节能设计、技术改造，大力提高实际装机利用率，提高运营管理水平，推进数据中心绿色化发展；优化大型、超大型数据中心布局，杜绝数据中心和相关园区盲目建设，避免数据中心建成后空置率过高。

（7）江苏　2016 年 8 月，《江苏省"十三五"信息基础设施建设发展规划》指出：打造超级数据中心，构建数据挖掘、商业分析等新型服务能力，到"十三五"期末，建成以万级计算的标准机架存储规模，满足长三角乃至整个华东地区海量数据资源集中存储的业务需求；实施重点领域物联网应用工程，实现物联网在智慧江苏各个领域应用的推广普及。

（8）河南　2018 年 11 月，《河南省促进大数据产业发展若干政策》指出：支持在河南省建设绿色数据中心，对符合规划布局、服务全省乃至全国的区域性、行业性数据中心，用电价格在现有基础上减半，控制在 0.34 元/kW·h 左右。为促进数据中心集中集约布局，原则上每个企业享受电价优惠政策的数据中心不超过 1 个。

1.3　我国绿色数据中心的发展

随着互联网的不断发展，各种类型的数据呈爆炸式增长。作为整合和处理多元化数据资源和业务系统的有效手段，数据中心已经被几乎所有大中型机构使用，并支撑着搜索、云计算以及社交网络等互联网服务的运转，成为现代商业和经济发展的重要基石。然而，随之发展，数据中心的建设量和建设规模也随之不断扩大，由此带来的土地、电、水、材料等社会资源消耗总量也逐年攀升，同时，数据中心在资源利用过程中也存在如空置率高、能源利用效率低下等诸多浪费问题。如何运用新技术、新工艺、新产品进一步降低数据中心能耗，实现数据中心的高性能、高可靠性和低碳环保方面表现的最佳平衡，已成为业界关注的热点问题。

2015 年，我国提出"创新、协调、绿色、开放、共享"的五大发展理念，"绿色"成为各行各业探索和发展的重要方向。数据中心迎来绿色发展新机遇，绿色数据中心成为当前数据中心建设的核心理念。同时，绿色数据中心发展也是一项新挑战，数据中心绿色化是一个系统性的工程，并非能耗或 PUE 等某几项指标降低了就达到了"绿色"，如何界定数据中心的"绿"，哪些技术和指标来支撑和衡量数据中心的"绿"，怎样系统化和合理化地将绿色技术应用于各类型数据中心，从数据中心项目的设计、施工到运行维护均能保持"绿"等诸多问题，都将是绿色数据中心发展过程中需要进一步探讨和解决的关键问题。

1.3.1　绿色数据中心内涵与定义

"绿色"概念较为宏观、抽象，其应用在不同领域具有不同内涵，例如绿色食品、绿色金融、绿色建材、绿色照明等。要建设和发展绿色数据中心，首先就要明确什么是绿色数据中心。在工程建设领域，冠之以"绿色"且与绿色数据中心相接近的理念有先例可循。我国于 2006 年发布了国家标准《绿色建筑评价标准》（GB/T 50378—2006），并于 2014 年和 2019 年分别发布了 2 次修订版，历经 10 余年的发展和实践，绿色建筑的内涵和理念已成熟，可供绿色数据中心参考。绿色建筑的最初定义为"在全寿命期内，最大限度地节约资源（节能、节地、节水、节材）、保护环境、减少污染，为人们提供健康、适用和高效的使用空间，与自然和谐共生的建筑"，在 2019 年发布的《绿色建筑评价标准》（GB/T 50378—2019）中，将绿色建筑定义进行了修改，为"在全寿命期内，节约资源、保护环境、减少污染，为人们提供健康、适用、高效的使用空间，最大限度地实现人与自然和谐共生的高质量建筑"。两个定义是基于绿色建筑发展和实践总结出来的。无论是哪个定义，都体现出了绿色建筑的全过程性（全寿命期）和使用空间功能性（健康、适用、高效），以及与资源节约（节能、节地、节水、节材）和环境保护（保护环境、减少污染、与自然和谐共生）的紧密关联性，缺少任何一个属性及其包含的元素，都不能称为绿色建筑。

对于数据中心，考虑的首要因素就是节能。美国对于数据中心节能策略的研究最早源于 1973 年开始实行联邦政府能源管理计划（Federal Energy Management Program，FEMP），并在劳伦斯伯克利国家实验室成立了专家中心，专门研究数据中心能效问题，通过发布相关技术导则、提供最佳实践案例和具体节能技术信息、组织相关培训等措施，为联邦数据中心节能提供帮助。1992 年，为了降低能源消耗、减少温室气体排放，美国环保署启动"能源之星"计划，旨在激励更多的企业让其数据中心变得更加节能。2010 年 2 月，为了扼制联邦政府数据中心急剧增长的势头，美国联邦政府开展了联邦数据中心整合计划，通过主动关闭不必要的、低能效的数据中心，来达到整合优化、提高能效的目的。该计划的目标是，到 2015 年至少关闭 800 个数据中心[37]。对于我国，国务院《"十二五"节能减排综合性工作方案》提出"推动信息数据中心、通信机房和基站节能改造"；各地将数据中心列为"节能减排"的重点考察对象，并且上升至地方政策层面。例如，北京于 2018 年 9 月发布了《北京市新增产业的禁止和限制目录（2018 年版）》，明确规定全市禁止新建和扩建互联网数据服务、信息处理和存储支持服务中的数据中心，PUE 值在 1.4 以下的云计算数据中心除外；中心城区全面禁止新建和扩建数据中心。

数据中心能源消耗大，清洁水消耗量也不容忽视。民用建筑集中空调系统的总耗水量不大，但数据中心全年供冷，耗水量居高不下，主要体现在冷却塔用水、蒸发冷却用水、加湿用水、日常用水等方面[38]。因此，除了节能之外，数据中心节水减排同样重要，节水不仅是环保的要求，也是节约运营成本的重要因素。除此之外，数据中心建设过程中对于土地的合理规划使用、对于环境的影响等，都是"绿色"所要考虑的范畴。

目前，不同部门归口编制的标准中对于绿色数据中心的定义见表 1-9，虽然不同机构站在各自领域角度对绿色数据中心给出了不同的定义，但各个定义中所包含的内涵是相似的，即数据中心全生命期的资源节约和环境保护。

表 1-9　绿色数据中心定义

序号	术　语	来　源	定义内容
1	绿色数据中心建筑	住房和城乡建设部《绿色数据中心建筑评价技术细则》	建筑全寿命期内，在确保信息处理及其支撑设备安全、稳定、可靠运行的条件下，最大限度地节约资源（节能、节地、节水、节材）、保护环境、减少污染，为设备和工作人员提供安全、适用和高效的使用空间，并与自然和谐共生的数据中心建筑
2	绿色数据中心	浙江省地方标准《公共机构绿色数据中心建设与运行规范》（DB33/T 2157—2018）	在全生命周期内，在确保信息处理及支撑设备安全、稳定、可靠运行条件下，最大限度地节约能源资源、保护环境、减少污染，提高能源利用效率，为设备和工作人员提供安全、适用和高效的使用空间，并与自然和谐共生的数据中心
3		《北京市绿色数据中心评价规范（试行）》	全生存期内，在确保信息系统及其支撑设备安全、稳定、可靠运行的条件下，能取得最大化的能源效率和最小化的环境影响的数据中心
4		中国电子学会标准《绿色数据中心评估准则》（T/CIE 049—2018）	
5		中国建筑学会标准《绿色数据中心评价标准》（T/ASC 05—2019）	在全生命期内，最大限度地节约资源、保护环境、减少污染，为电子信息设备运行和人员提供安全、可靠、健康、适用和高效使用空间的数据中心

1.3.2　政策支持推动绿色数据中心发展

我国绿色数据中心的发展得益于政策的推动。2011 年 8 月 30 日，国务院机关事务管理局印发了《公共机构节能"十二五"规划》，公共机构承担了"政府先行"的角色，提出"建立公共机构绿色数据中心标准，积极推进绿色数据中心建设"。

2012 年，工业和信息化部制定发布了《工业节能"十二五"规划》，开启了我国数据中心的绿色化建设。《工业节能"十二五"规划》将"两化融合促进节能减排工程"作为重点节能工程，具体提到"重点推广绿色数据中心、绿色基站、绿色电源，统筹数据中心布局、服务器、空调等设备和管理软件应用，选址考虑能源和水源丰富的地区，利用自然冷源等降低能源消耗，选用高密度、高性能、低功耗主设备，积极稳妥引入虚拟化、云计算等新技术；优化机房的冷热气流布局，采用精确送风、热源快速冷却等措施"。

2016 年 7 月，工业和信息化部于发布了《工业绿色发展规划（2016—2020 年）》，提出"加快绿色数据中心建设"。

2016 年 12 月 15 日，国务院印发《"十三五"国家信息化规划》，提出"加快推动现有数据中心的节能设计和改造，有序推进绿色数据中心建设"。

2016 年 12 月 18 日，工业和信息化部印发《信息通信行业发展规划（2016—2020年)》，提出"推动绿色低碳发展"，进一步指出"把低碳循环、绿色环保的理念贯穿于机房建设、设备购置、安装、网络运维等各环节。实现电路交换机全部退网，加快高耗能基站等网络设备和数据中心的绿色改造"。

2017 年 4 月，工业和信息化部发布《工业和信息化部关于加强"十三五"信息通信业节能减排工作的指导意见》（工信部节〔2017〕77 号），提出"创新推广绿色数据中心技术。推广绿色智能服务器、自然冷源、余热利用、分布式供能等先进技术和产品的应用，以及现有老旧数据中心节能改造典型应用，加快绿色数据中心建设；认真执行绿色数据中心相关标准，优化机房的油机配备、冷热气流布局，从机房建设、主设备选型等方面进一步降低能耗"，同时提出"进一步完善信息通信设备节能分级标准及绿色数据中心相关标准，充分发挥标准的引导和约束作用，加快构建信息通信业绿色供应链，有效支撑行业节能减排工作"。

2019 年 2 月，《工业和信息化部 国家机关事务管理局 国家能源局关于加强绿色数据中心建设的指导意见》（工信部联节〔2019〕24 号）提出"建立健全绿色数据中心标准评价体系和能源资源监管体系，打造一批绿色数据中心先进典型，形成一批具有创新性的绿色技术产品、解决方案，培育一批专业第三方绿色服务机构"的发展目标。

此外，为推进绿色数据中心的技术发展和应用，我国相关部门开展了绿色数据中心试点和绿色数据中心技术产品征集等工作。2015 年 3 月 18 日，工业和信息化部、国家机关事务管理局、国家能源局印发了《国家绿色数据中心试点工作方案》，决定开展绿色数据中心试点工作。2017 年 6 月 29 日，为总结推广绿色数据中心试点经验和做法，发布《工业和信息化部办公厅 国家机关事务管理局办公室 国家能源局综合司关于开展国家绿色数据中心试点单位评价工作的通知》（工信厅联节函〔2017〕384 号），三部门联合开展绿色数据中心试点单位评价工作，并于 2018 年 1 月 24 日发布公告，遴选出 49 家国家绿色数据中心。为引导数据中心积极采用先进节能环保技术，推动绿色数据中心建设，工信部组织开展了绿色数据中心先进适用技术评选工作，已先后于 2016 年、2018 年、2019 年分三批次遴选产生了《绿色数据中心先进适用技术推广目录》（《绿色数据中心先进适用技术产品目录》）。

1.3.3 我国绿色数据中心相关技术标准与主要内容

建设行业和 IT 行业都已意识绿色数据中心的重要性，围绕绿色数据中心引发了诸多的讨论[39-43]。在绿色数据中心发展初期，并没有针对绿色数据中心的衡量标准，行业从业者意识到"绿色数据中心的本质不是简单地购买新一代产品，最高效的数据中心不一定就是绿色的"[44]，但什么是绿色数据中心、绿色数据中心应该参照什么标准来设计等问题始终没有公认的答案。同时，我国工业和信息化部等相关部门发布了政策，提出建立健全绿色数据中心标准评价体系并实施绿色数据中心试点。在行业发展技术需求和政策支持等综合推进下，相关行业从业者和研究者通过研究论证，逐步明晰了绿色数据中心的界定，并形成了相关标准，为促进我国绿色数据中心规范化和标准化发展奠定了重要基础。下文对我国主要的绿色数据中心标准进行介绍，详细标准内容可进一步查阅标准原文。

1. 住房和城乡建设部《绿色数据中心建筑评价技术细则》[45]

（1）概况　建筑作为数据中心最重要的载体和基础设施，其规划、设计、选材、建造决定了数据中心后续节能技术的选用以及改建扩容能力，为此，2015 年 12 月住房和城乡建设部印发了《绿色数据中心建筑评价技术细则》（以下简称《细则》）。《细则》是国家标准《绿色建筑评价标准》（GB/T 50378—2014）的补充，延续了其指标体系与评价方法，设置了节地与室外环境、节能与能源利用、节水与水资源利用、节材与材料资源利用、室内环境质量、施工管理、运营管理 7 类评价指标，并设置加分项以鼓励数据中心建筑的提高与创新。《细则》通过控制项评价，对项目各类指标基本要求进行评定，通过评分项对各类指标水平进行评定打分，通过加分项对其性能提高和创新水平进行评定，最终通过各章得分加权汇总，计算出项目总得分，从而对绿色数据中心建筑星级进行评定。

（2）适用范围　在适用范围上，考虑到数据中心新建、改建、扩建的建设情况，以及《细则》的通用性，将适用范围定为新建、改建、扩建的数据中心建筑评价。同时，针对可能出现的功能混合型数据中心，由于当其他功能区域的资源消耗和环境影响高于数据中心功能区域时，采用《细则》评价将无法保证其结论的科学合理性，因此《细则》要求参评建筑中数据中心功能区域的比例应大于 60%。

（3）技术内容　《细则》的主要技术内容包括：总则、术语、基本规定、节地与室外环境、节能与能源利用、节水与水资源利用、节材与材料资源利用、室内环境质量、施工管理、运营管理、提高与创新。

1）节地与室外环境。出于安全性与经济性等方面考虑，数据中心建筑选址一般均选在远离城市中心的区域。针对数据中心建筑的选址特点，应对数据中心的雷电防治，电、水、通信等基础设施的稳定可靠性，自然冷源的利用，防止强磁场对自身的干扰和自身对外界的干扰提出要求。由于数据中心建筑的楼板间荷载与楼层间距均较高，不适宜开发高容积率数据中心建筑，故对其容积率的要求进行适当降低。由于数据中心建筑建设中，废旧仓库、厂房的改扩建情况较多，故对原有建筑改建为数据中心的项目提出要求。

2）节能与能源利用。数据中心建筑的主要用能设备为用于数据的存储、交流、计算的 IT 设备以及辅助其运行的 UPS、加湿、制冷等设备。因此，节能部分有如下特点：以国内外数据中心普遍接受和采用的 PUE 值与 EUE 值来反映数据中心 IT 设备和基础服务设施能耗的相对关系，并对数据中心的用能效率进行判定；由于大型数据中心建成后，从部分到全部投入运行的时间间隔较长，故对其部分负荷运行方案进行规定；在围护结构优化方面，不同于常规建筑，数据中心建筑需要对围护结构的隔热保温与散热进行综合权衡，以确定最优值；优化空调制冷效果，如对空调末端送风保冷措施、高热密度机房专项解决方案进行规定；采用谐波治理措施，防治谐波对电子元件和设备产生的干扰或破坏。

3）节水与水资源利用。数据中心建筑的主要用水量来自于冷却塔补水，因此对数据中心节水提出了要求。由于数据中心建筑内的大量电气设备对水尤为敏感，在控制项中强调了制冷、加湿、办公等用水的安全，以避免设备受到水渍侵蚀。

4）节材与材料资源利用。由于数据中心建筑的不规则形体设计不仅会增加建设成本，也会对围护结构的热平衡造成较大影响，故通过分值控制不规则建筑形体的设计；出于数据中心的功能需求，对数据中心的选材提出相应的要求，如合理选用防潮、防静电、防眩光的装饰装修材料，以及选用不易积灰、易清洁、耐磨的装饰材料等。

5）室内环境质量。常规建筑的主要服务对象为工作或生活在建筑内部的人，而数据中心建筑的室内空间以及室内环境主要服务对象为 IT 设备，故室内环境部分的指标要求与评价内容与常规建筑的差异性非常大。由于数据中心建筑内部环境对 IT 设备运行的安全性以及制冷、加湿能耗的经济性影响较大，故在控制项条文中对相应的室内环境指标提出的要求较多。在评分项中，对数据中心建筑内部的气流组织、空气质量、噪声控制三类指标分别提出要求，其中，气流组织部分主要通过对气流组织优化以提高空调制冷效率；空气质量主要为保证空气洁净度以保证各种设备能正常运行；噪声控制主要为减少数据中心设备运行的噪声对外界以及工作人员的影响。

6）施工管理。由于数据中心在正式投入运行前的带载测试对数据中心后续的稳定运行十分关键，故提出正式交付前的带载测试的要求。数据中心的施工绿色要求与常规绿色建筑相同，故相关要求沿用国家标准《绿色建筑评价标准》（GB/T 50378—2014）。

7）运营管理。数据中心内的各种设备能否安全且高效地运行与数据中心的运营管理的各项规章制度的制定和实施情况密切相关，数据中心的运行策略将在很大程度上影响数据中心的实际能耗。因此，对数据中心运行手册的制定，数据中心突发事件的应急预案，设备的定期调试优化等影响数据中心运营和管理的制度与措施做出了规定。

8）提高与创新。在性能提高中，为了能够更加直观地评价数据中心的实际运行能耗，增加了对 EUE 值的要求条文。为了降低电磁波辐射影响，增加了选用吸波材料的条文。

2. 中国电子学会标准《绿色数据中心评估准则》（T/CIE 049—2018）[46,47]

（1）概况 《工业和信息化部 国家机关事务管理局 国家能源局关于加强绿色数据中心建设的指导意见》（工信部联节〔2019〕24 号）中提出"建立自我评价、社会评价和政府引导相结合的绿色数据中心评价机制"，并"遴选绿色数据中心优秀典型"。为了落实该意见，为绿色数据中心评价提供标准依据，工业和信息化部节能与综合利用司提出并由中国电子学会组织，于 2018 年 5 月 5 日发布了中国电子学会标准《绿色数据中心评估准则》（T/CIE 049—2018）（以下简称《准则》）。

（2）适用范围 本《准则》规定了绿色数据中心在电能使用效率、节能措施、能源管理制度、水资源利用、资源循环利用、有害物质控制、可再生能源利用和基础设施环境方面应满足的要求。《准则》适用于绿色数据中心的评估，各类规模和业务领域的数据中心均可作为评估对象。绿色数据中心评估可以将位于一组建筑物、一幢建筑物或一幢建筑物的部分的数据中心作为评估对象。当被评估的数据中心位于一组建筑物或一幢建筑物的部分时，凡涉及系统性、整体性的部分，应基于该数据中心所属项目的总体进行评估。绿色数据中心评估对象为已经通过竣工验收并投入使用的数据中心。本《准则》还可用于数据中心运维服务方的自我评估、第三方评估机构的外部评估及咨询机构的诊断评估，以及用于指导绿色数据中心的建设、运维和改进。

（3）技术内容 《准则》的主要技术内容包括：范围、规范性引用文件、术语和定义、缩略语、绿色数据中心等级划分、等级评估、评估体系。

1）绿色数据中心评估体系。《准则》规定的绿色数据中心评估体系由单元、项目、条文三个层次组成。单元层面，阐述绿色数据中心能力的基本框架，单元共 8 个，包括电能使用效率、节能措施、能源管理制度、水资源利用、资源循环利用、有害物质控制、可再生能源利用、基础设施环境。项目层面，每个单元由若干评估项目组成，每个评估项目包括若干评估条文。为鼓励数据中心规划、建设及运维中绿色节能技术的应用、管理技能的提升和创新，评估体系还统一设置加分项。评分项和加分项的评定结果均为分值，评分项总分为 100 分，加分项为 10 分。绿色数据中心评估体系及分值比例见表 1-10。

表 1-10　绿色数据中心评估体系及分值比例

编号	评估单元	评估项目	分值比例（%）
1	电能使用效率	电能使用效率	30
2	节能措施	建筑节能	2
		信息系统节能	3
		空调系统节能	5
		供配电系统节能	3
		照明系统节能	1
3	能源管理制度	能源统计和分析	10
		运行管理	9
		宣传和培训	2
4	水资源利用	节水制度	2
		节水措施	4
		水资源分项计量	2
5	资源循环利用	废弃电器电子产品处理	1
		资源再利用	1
6	有害物质控制	电子电气产品中限用物质的限量要求	2
7	可再生能源利用	可再生能源利用	3
8	基础设施环境	机房环境	10
		供配电坏境	10
9	加分项	第三方测试	5
		有实效的节能技术	5

　　2）评价方法与等级划分。绿色数据中心评估对评估体系中的电能使用效率、节能措施、能源管理制度、水资源利用、资源循环利用、有害物质控制、可再生能源利用和基础设施环境 8 个单元及加分项全部进行评估，包括所有单元的所有项目和项目中的所有内容。

　　绿色数据中心评估总分的计算方法应符合下列规定：

　　a）每个评估内容得分应按评分标准直接赋值。

　　b）每个评估项目得分应按项目中每个评估内容的得分累加计算。

　　c）绿色数据中心评估总分为每个评分项的得分与加分项得分的累加值。

　　最终依据总得分，按表 1-11 规定的绿色数据中心等级进行判定。

表 1-11　绿色数据中心等级划分

绿色数据中心等级	对应分值范围
三级	60~75 分
二级	75~90 分
一级	90 分以上

3. 中国建筑学会标准《绿色数据中心评价标准》（T/ASC 05—2019）

（1）概况　为贯彻执行节约资源和保护环境的国家技术经济政策，推进数据中心的绿色化发展，中国建筑科学研究院有限公司牵头制定了中国建筑学会标准《绿色数据中心评价标准》（T/ASC 05—2019）（以下简称《标准》）。绿色数据中心评价应遵循因地制宜的原则，结合项目所在域气候、环境、资源等特点，对数据中心全生命期内基础设施和IT系统的资源节约和环境保护性能进行综合评价，体现经济效益、社会效益和环境效益的统一。《标准》将电能利用效率（EEUE）指标要求作为参与绿色数据中心评价的基本条件，即：超大型和大型绿色数据中心EEUE值应不高于1.4，中型绿色数据中心EEUE值应不高于1.6，小型绿色数据中心EEUE值应不高于1.8。

（2）适用范围　《标准》适用于新建、改建、扩建及既有数据中心绿色性能的评价。

（3）技术内容　《标准》的主要技术内容包括：总则、术语、基本规定、总体规划及设计、供配电系统、制冷系统、智能化系统与信息系统、数据中心运行维护管理、提升与创新。

1）总体规划及设计。提出设置在建筑物内部数据中心确定主机房位置时的技术经济综合分析比较，能源供应安全可靠，不得采用国家和地方禁止和限制使用的建筑材料和制品，数据中心造型要素简约且无大量装饰性构件，数据中心等级设定及容量规划合理等控制性要求。"总体规划及设计"的技术内容中设置了场地规划与建筑布局、材料利用与结构体系两方面的评分性技术要求，"场地规划与建筑布局"中对数据中心选址、场地生态系统、降低场地热岛强度等提出技术要求，"材料利用与结构体系"中对建筑结构体系、工业化建筑预制构件、本地化建筑材料等方面进行要求。

2）供配电系统。提出了缩短电源传输距离，不间断电源设置、低压配电系统功率因数和谐波畸变率、照明功率密度等方面提出控制性要求。在评分项中，对变压器设备容量利用率、变压器节能、UPS效率、高效开关电源设备、可再生能源、绿色电源等提出更高的要求。

3）制冷系统。对数据中心的制冷系统、高效制冷设备、水系统提出了技术要求。在制冷系统方面，对机房气流组织优化、数据中心余热回收及单机架功率大于8kW机柜专项解决措施等提出要求。在高效制冷设备方面，对空调系统冷热源机制能效比、循环水泵、送风保冷措施等提出更高要求。在水系统方面，对用水来源、管网漏损、水表设置、节水设备、非传统水源等方面提出要求。

4）智能化系统与信息系统。对数据中心用水进行监测和计量、空调系统运行状态参数监控和报警等监测方面提出控制性要求。在智能化系统方面，提出了智能照明、智能配电控制、智能空调控制及智能化硬件设备定期检查等方面的具体要求。在信息设备设施方面，对电子产品回收、提升数据传输效率、高效IT设备等方面提出具体要求。

5）数据中心运行维护管理。对数据中心的运行维护进行规定，对运行管理制度提出要求。具体地，对数据中心运维部门的管理认证体系、能效管理制度、能源资源管理机制、管理体系的完整完善性、运维策略、运维人员培训、污水处理、噪声管理、空气品质管理、数据中心园区环境管理等方面提出要求。

6）提升与创新。为了鼓励数据中心具有更高的节能性能和采用创新技术实现节约能源资源和保护生态环境，《标准》设置了提升与创新章节。

1.3.4　绿色数据中心发展趋势

当前，以信息技术为代表的新一轮科技革命方兴未艾，互联网日益成为创新驱动发展的先导力量，5G技术研发、标准及应用取得突破性进展。《国家信息化发展战略纲要》提出了我国信息化发展的战略目标，到2025年，新一代信息通信技术得到及时应用，固定宽带家庭普及率接近国际先进水平，建成国际领先的移动通信网络，实现宽带网络无缝覆盖；到21世纪中叶，信息化全面支撑富强、民主、文明、和谐的社会主义现代化国家建设，网络强国地位日益巩固，在引领全球信息化发展方面有更大作为。

在国家大力推进信息化发展和中国制造的背景下，数据中心作为重要的基础设施必将迎来更进一步的发展；加之国家提出的绿色发展理念，对数据中心的绿色化发展提出了更高的要求。现阶段，我国绿色数据中心经历了理念提出、政策推动、业界讨论、技术研究到现阶段的标准化发展等多个阶段，但总体看我国绿色数据中心的发展仍处在初级阶段。尚需要进一步统一绿色数据中心发展思想、构建绿色数据中心顶层发展标准体系、完善绿色数据中心全生命期专项技术标准、研究绿色数据中心性能提升关键技术、开发高性能设施设备、建立数据中心绿色长效机制、推广绿色数据中心项目经验等，以此引导和促进绿色数据中心及相关产业的向前发展。

思考题与习题

1-1　数据中心的发展过程包括哪三个主要阶段？

1-2　从数据中心的功能特征来看，其发展主要分为哪四个阶段？各阶段之间的联系是什么？

1-3　数据中心有哪些特点？

1-4　数据中心的能耗主要包括哪几部分内容？各部分所占比例如何？

1-5　数据中心的规划设计与项目实施的主要区别体现在哪些方面？

1-6　数据中心的成本主要包括哪几部分？

1-7　数据中心投资收益的分析方法主要有哪些？不同分析方法的优缺点分别是什么？

1-8　如何理解数据中心的能效逻辑？请举例说明。

1-9　数据中心常采用的供冷方式是什么？

1-10　数据中心节能技术的发展趋势是怎样的？

参 考 文 献

[1] CDCC, JDCC. 中日数据中心市场报告 [R]. 北京：[出版者不详], 2019.

[2] MASANET E, SHEHABI A, LEI N, et al. Recalibrating global data center energy-use estimates [J]. Science, 2020, 367 (6481)：984-986.

[3] SHEHABI A, SMITH S J, SARTOR D A, et al. United States Data Center Energy Usage Report [R]. [S. l.]：[s. n.], 2016.

[4] BERTOLDI P. The European Programme for Energy Efficiency in data centers: The Code of Conduct [Z]. [S. l.]：[s. n.], 2018.

[5] 中国制冷学会数据中心冷却工作组. 中国数据中心冷却技术年度发展研究报告 2019 [M]. 北京：中国建筑工业出版社, 2020.

［6］ 王青.“新基建”浪潮下的数据中心规划布局［J］.中国优秀数据中心，2020（1）：20-21.

［7］ 杨晓花.数据中心机房节能技术研究［C］//中国通信学会.中国通信学会通信电源新技术论坛暨2008通信电源学术研讨会论文集.［出版地不详］：［出版者不详］，2008：331-340.

［8］ 张广明.数据中心能耗现状与节能技术［C］//中国电源学会.中国电源学会2011年现代数据中心基础设施建设技术年会论文集.［出版地不详］：［出版者不详］，2011：99-120.

［9］ 于郡东.分析数据中心机房PUE值偏高问题及解决方案［J］.机房技术与管理，2010（4）：29-31.

［10］ 朱利伟.中型数据中心机房的规划与设计［J］.智能建筑与城市信息，2009（3）：58-63.

［11］ 高轶.数据中心空调设计问题解析［J］.中国新通信，2014（24）：8-9.

［12］ 钟景华.新一代绿色数据中心的规划与设计［M］.北京：电子工业出版社，2010.

［13］ 顾大伟，郭建兵，黄伟.数据中心建设与管理指南［M］.北京：电子工业出版社，2010.

［14］ 郝晓娟.互联网数据中心成本控制的研究［D］.北京：北京邮电大学，2012.

［15］ 杨军，孙志猛.数据中心投资收益分析［J］.邮电设计技术，2015（11）：84-87.

［16］ 佚名.艾默生网络能源能效逻辑和数据中心定量评价指标［J］.金融科技时代，2008，16（9）：2-3.

［17］ 曹播.能效逻辑和数据中心定量评价指标［J］.智能建筑与城市信息，2008（7）：15.

［18］ 朱永忠.数据中心制冷技术的应用及发展［J］.工程建设标准化，2015（8）：62-66.

［19］ LEE K P，CHEN H L. Analysis of energy saving potential of air-side free cooling for data centers in worldwide climate zones［J］. Energy & Buildings，2013，64（SEP.）：103-112.

［20］ 刘海静.带自然冷源的风冷冷水机组在数据中心空调系统中的应用［D］.北京：北京建筑大学，2015.

［21］ 张谦.自然冷却技术在数据中心的应用探讨［J］.科技资讯，2013（29）：36-37.

［22］ 李奇贺，黄虎，张忠斌.热管式机房空调性能实验研究［J］.暖通空调，2010，40（4）：145-148.

［23］ ZHANG Y，WEI Z，ZHANG M. Free cooling technologies for data centers：energy saving mechanism and applications［J］. Energy Procedia，2017，143：410-415.

［24］ DUNLAP K，RASMUSSEN N. The advantages of row and rack oriented cooling architectures for data centers［C］//American Power Conversion. White Paper 130.［S.1］：［s. n.］，2006：1-19.

［25］ HAYAMA H，NAKAO M. Air flow systems for telecommunications equipment rooms［C］//Telecommunications Energy Conference 1989. INTELEC' 89 Conference Proceedings.［S. l.］：［s. n.］，1989.

［26］ 易伶俐.不同空调送风方式在数据中心的应用［J］.制冷与空调，2016，16（3）：7-9.

［27］ ANSI.数据中心电信基础设施标准：TIA-942［S］.［出版地不详］：［出版者不详］，2004.

［28］ 李楠.浅谈新一代数据中心建设绿色节能策略［J］.城市建设理论研究，2014（12）：1-7.

［29］ 钱晓栋，李震.数据中心空调系统节能研究［J］.暖通空调，2012，42（3）：91-96.

［30］ ARGHODE V K，JOSHI Y. Cold Aisle Containment［Z］.［S. l.］：［s. n.］，2016.

［31］ CAPOZZOLI A，PRIMICERI G. Cooling Systems in Data Centers：State of Art and Emerging Technologies［J］. EnergyProcedia，2015，83：484-493.

［32］ 侯晓雯，杨培艳，刘天伟.液冷服务器在数据中心的研究与应用［J］.信息通信，2019（9）：48-51.

［33］ 蒋贤国.高热密度服务器机柜液冷系统的分析和实验研究［D］.北京：北京工业大学，2012.

［34］ 张双.数据中心用泵驱动两相冷却回路换热特性研究［D］.北京：北京工业大学，2015.

［35］ 郭丰.燃气冷热电三联供系统在数据中心的应用［J］.应用能源技术，2020（8）：5-9.

［36］ WIRTZ M，KIVILIP L，REMMEN P，et al. 5th Generation District Heating：A novel design approach based on mathematical optimization［J］. Applied Energy，2020，260：114-158.

［37］ 张军华，王娟.开展绿色数据中心建设的必要性［J］.信息技术与标准化，2018，406（10）：17-19.

［38］ 殷平.数据中心研究（8）：水资源利用［J］.暖通空调，2018，48（3）：1-7.

［39］ 黄错，钱杰，潘秀青.绿色数据中心 由概念到实现［J］.智能建筑，2008（7）：21-25.

［40］倪静，王振全，易久，等. 绿色数据中心能源效率评价研究［J］. 电气应用，2013，32（7）：78-84.

［41］吴军，王宇. 如何构建绿色数据中心［J］. 智能建筑电气技术，2016，10（6）：21-23.

［42］黄群骥. 绿色数据中心评价与评比［J］. 智能建筑，2017（7）：17-19；30.

［43］付晓翠. 绿色节能数据中心的建设研究［J］. 河北北方学院学报（自然科学版），2019，35（9）：60-64.

［44］吕天文. 标准缺失绿色数据中心如何构建［J］. 中国计算机用户，2009（16）：52-53.

［45］宋凌，李本强，张川.《绿色数据中心评价技术细则》编制及要点［J］. 建设科技，2015（6）：63-64；67.

［46］中国电子学会标准 T/CIE 049-2018《绿色数据中心评估准则》简介［EB/OL］.（2019-2-14）［2021-8-30］. http：//www.jifang360.com/news/2019214/n4871116349.html.

［47］孙勉，王娟，刘宇. 绿色数据中心的评估［J］. 信息技术与标准化，2018，406（10）：27-30.

第 2 章
数据中心传热过程、
负荷计算与能耗模型

2.1 数据中心的典型布局与传热分析

2.1.1 数据中心建设与分类

数据中心的含义本身是很广义的，从几十万平方米的大型云计算数据中心，到几十平方米的企业数据机房，都属于数据中心的范畴。不同规模与业务需求的数据中心对建设要求有很大的差别。对于企业级的小型数据中心，维护管理方便、安全等方面往往是考虑最多的因素；对于大型 IDC 业务公司建设的数据中心，政策支持情况、环境影响、能源供给、网络接入等方面则往往是考虑最多的因素。在考虑数据中心的基础建设要求之前，应该合理规划数据中心的建设规模。

1. 数据中心的分类

按规模大小，数据中心可以分为超大型数据中心、大型数据中心、中型数据中心和小型数据中心，甚至还有迷你数据中心。

1）超大型数据中心：通常面积大于 $10000m^2$，标准机架（功率 2.5kW 为一个标准机架）数量大于 10000 个。

2）大型数据中心：通常面积为 $2000 \sim 10000m^2$，标准机架数量为 $3000 \sim 10000$ 个。

3）中、小型数据中心：面积为 $200 \sim 2000m^2$，标准机架数量小于 3000 个。

以上规模划分是实际工作中的大致划分方法，并没有严格的划分标准与参照指标体系。划分的目的也仅仅是便于数据中心的规划、设计与建设等。

2. 数据中心的分级

数据中心根据不同的用途和需求被划分为不同的等级，关于数据中心的分级，国内外有两种划分方式。

我国在 2017 年制定了国家标准《数据中心设计规范》（GB 50174—2017），根据数据中心的使用性质、数据丢失或网络中断在经济上或社会上造成的损失或影响程度，将数据中心划分为 A、B、C 三级，见表 2-1，其中 A 级数控中心的要求最高。

国外划分标准则以美国 TIA 942 标准与 Uptime Institute 的定义为主流，将数据中心的可用性等级分为四级，见表 2-2。

表 2-1 数据中心的分类

等级	A 级	B 级	C 级
定义	电子信息系统运行中断将造成重大的经济损失或者造成公共场所秩序严重混乱的数据中心	电子信息系统运行中断将造成较大的经济损失或者造成公共场所秩序混乱的数据中心	不属于 A 级或 B 级的数据中心
性能要求	基础设施宜按容错系统配置，在电子信息系统运行期间，基础设施应在一次意外事故后或单系统设备维护或检修时仍能保证电子信息系统正常运行	基础设施应按冗余要求配置，在电子信息系统运行期间，基础设施在冗余能力范围内，不应因设备故障而导致电子信息系统运行中断	基础设施应按基本需求配置，在基础设施正常运行情况下，应保证电子信息系统运行不中断

表 2-2 TIA 942 对数据中心的分级

等级	4 级	3 级	2 级	1 级
冗余能力	有容错能力	可在线维护	有冗余	无冗余

从以上可以看出，两个标准对数据中心的可用性定义基本一致。数据中心空调系统的要求和配置也与机房的可用性等级直接相关。

2.1.2 数据中心选址分析

1. 数据中心可用性分析

过去单位和企业在数据中心选址时，更多地考虑企业自身的一些便利条件，往往忽略了数据中心是一项成本较大、人才密集、技术集中、要求具有高度可用性的系统工程。从选址的角度，一般认为数据中心的可用性会受到以下 7 方面要素的影响：

1) 社会经济人文环境（包括经济发展水平、人文发展水平）。

2) 当地的自然地理条件（包括地震、台风、洪水自然灾害记录，政治和军事、地域安全性等）。

3) 高科技人才资源条件（包括高校数据、IT 人员数量、其他科技教育机构数量等）。

4) 配套设施条件（包括交通、水电气供应、消防等）。

5) 成本因素（包括人力成本、水电气资源成本、土地成本、各种个人消费成本等）。

6) 周边环境（包括是否有粉尘、油烟、有害气体等，是否有存放腐蚀性、易燃、易爆物品的工厂，是否远离强振源和强噪声源、避开强电磁场干扰）。

7) 政策环境（包括土地政策、人才政策、税收政策等）。

结合德尔菲方法，业内专家对数据中心选址的 7 大要素按重要性进行了排序：自然地理条件、配套设施条件、周边环境、成本因素、政策环境、高科技人才资源环境、社会经济人文环境。按照上述 7 大要素再去评估现有数据中心选址，会发现以下问题：

1) 选择北京、上海会直接导致成本显著提高。

2) 选择成都则是没有认真评估成都地区的地震断裂带的影响。

3) 一些小型城市的人力资源可能成为瓶颈。

除了这些比较明显的问题，比较这些要素可以发现，现有数据中心选址中还存在大量的不足和潜在问题。例如：若自然地理条件较差，则数据中心将面临较高的地震等自然灾害的风险；若配套设施条件不足，则将导致水电等关联成本的提升；若周边环境恶化，则有可能导致高科技设备的可用性降低，以及危及运维人员的安全；选择成本较高的区域，将导致本来就投资大、效益低的数据中心的投入产出矛盾更为突出。从目前国内大多数数据中心的选址条件看，都或多或少地存在上述问题，这对数据中心而言蕴藏着巨大的投资风险。

2. 数据中心选址要求

经过前期的政策性选址考量，确定城市后，对于具体地址的选择，《数据中心设计规范》（GB 50174—2017）提出以下具体要求：①电力供给应充足可靠，通信应快速畅通，交通应便捷；②采用水蒸发冷却方式制冷的数据中心，水源应充足；③自然环境应清洁，环境温度应有利于节约能源；④应远离产生粉尘、油烟、有害气体以及生产或储存具有腐蚀性、易燃、易爆物品的场所；⑤应远离水灾、地震等自然灾害隐患区域；⑥应远离强振源和强噪声源；⑦避开强电磁场干扰；⑧A 级数据中心不宜建在公共停车库的正上方；⑨大中型数据中心不宜建在住宅小区和商业区内。对数据中心选址的其他要求见表 2-3。

表 2-3　对数据中心选址的其他要求

项　目	技术要求			备　注
	A 级	B 级	C 级	
与停车场的距离	不宜小于 20m	不宜小于 10m	—	包括自用和外部停车场
与铁路或者高速公路的距离	不宜小于 800m	不宜小于 100m	—	不包括各场所自身使用的数据中心
与地铁的距离	不宜小于 100m	不宜小于 80m	—	不包括地铁公司自身使用的数据中心
在飞机航道范围内建设数据中心与飞机场的距离	不宜小于 8.0km	不宜小于 1.6km	—	不包括机场自身使用的数据中心
与甲类、乙类厂房和仓库、垃圾填埋场的距离	不应小于 2.0km			不包括甲类、乙类厂房和仓库自身使用的数据中心
与火药炸药库的距离	不应小于 3.0km			不包括火药炸药库自身使用的数据中心
与核电站危险区域的距离	不应小于 40.0km			不包括核电站自身使用的机房
与住宅的距离	不宜小于 100m			—
有可能发生洪水的区域	不应设置数据中心		不宜设置数据中心	—
地震断层附近或有滑坡危险的区域	不应设置机房		不宜设置机房	—
从火车站、飞机场到数据中心的交通道路	不应少于 2 条道路	—	—	—

国际标准《数据中心电信基础设施标准》（TIA-942-8—2017）对数据中心的选址提出了如下要求：①数据中心不应靠近附近机场的飞行航线；②与铁路及高速公路的距离应大于

800m，以保证减少化学物质降落的危险；③与军事基地的距离应大于 800m，与核设施、国际设施的距离大于 1600m。数据中心选址的注意事项见表 2-4。

表 2-4　数据中心选址的注意事项

序号	选址注意事项	T3 级标准	T4 级标准
1	接近洪水危险区域	不在百年一遇的水灾危险区域内，或与五十年一遇的水灾危险区域之间的距离不小于 90m	与百年一遇的水灾危险区域之间的距离不小于 90m
2	接近海岸或者内陆水域	距离不小于 90m	距离不小于 800m
3	接近主要交通要道	距离不小于 90m	距离不小于 800m
4	接近机场	距离为 1.8~48km	距离为 1.8~48km
5	接近主要大城市	距离不超过 48km	距离不超过 48km

2.1.3　数据中心机房功能分区及其面积选取

1. 数据中心机房功能分区

通常将数据中心作为一栋单体建筑（为少数，如 IDC 或大型企业数据中心）或某一建筑中的一部分（为多数，占公共建筑物中的一个局部区域）的形式构建。一个数据中心通常主要包括主机房、辅助区、支持区和行政管理区等部分。

主机房是用于电子信息处理、存储、交换和传输设备的安装及运行的建筑空间。它主要包括服务器机房、网络机房、存储机房等功能区域。

辅助区是用于电子信息设备和软件的安装、调试、维护、运行监控和管理的场所，包括进线间、测试机房、监控中心、备件库、打印室、维修室等区域。

支持区是支持并保障完成信息处理过程和必要的技术作业的场所，包括变配电室、柴油发电机房、UPS 室、电池室、空调机房、动力站房、消防设施用房、消防和安防控制室等。

行政管理区是用于日常行政管理及客户对托管设备进行管理的场所，包括工作人员办公室、门厅、值班室、盥洗室、更衣间和用户工作室等。

在数据中心中，主机房一般安排在中间位置，并且尽量将主机房设计为规则的四方形。应尽量避免采用圆形、L 形以及过于狭长的长方形等布局，因为此类数据中心不利于机房内的设备布置以及气流组织分配[1]。

2. 数据中心机房功能区面积选取

数据中心机房功能区面积是根据功能区用途进行合理规划设计的，所设计的面积应该恰好满足机房功能区的需要。各机房面积的具体选取应参考《数据中心设计规范》（GB 50174—2017）中的规定[1]。

（1）主机房面积选取　主机房的使用面积应根据电子信息设备的数量、外形尺寸和布置方式确定，并预留今后业务发展需要的使用面积。主机房的使用面积可按下式确定：

$$A = SN \tag{2-1}$$

式中　A——主机房的使用面积（m^2）；

　　　S——单台机柜（架）、大型电子信息设备和列头柜等设备占用的面积（$m^2/$台），可取 2.0~4.0$m^2/$台；

N——主机房内所有机柜（架）、大型电子信息设备和列头柜等设备的总台数（台）。

（2）辅助区和支持区面积选取 辅助区和支持区的面积之和可为主机房面积的 1.5～2.5 倍。

（3）行政管理区面积选取 用户工作室使用面积可按 $4\sim5m^2$/人计算；硬件及软件人员办公室等有人长期工作的房间，其使用面积可按 $5\sim7m^2$/人计算。

对于在灾难发生时，仍需保证电子信息业务连续进行的单位，应建立灾备数据中心。灾备数据中心的组成应根据安全需求、使用功能和人员类别划分为限制区、普通区和专用区。

2.1.4 数据中心机房典型送回风方式布局

数据中心机房与传统建筑不同，由于 IT 设备的高发热密度，其布局必须考虑到机房传热过程。随着数据中心冷却技术和气流组织技术的发展，其布局方式也不断翻新。按照机房送回风方式的不同，可以分为硬地板送回风布局和架空地板送回风布局。

1. 硬地板送回风布局

由于机房层高的限制，早期的机房中一般采用硬地板送回风布局，其典型的布局结构如图 2-1 和图 2-2 所示。

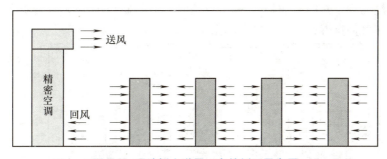

图 2-1 硬地板上送风、自然侧回风布局

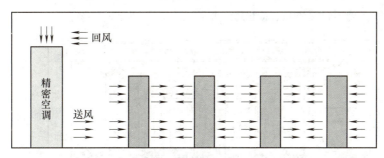

图 2-2 硬地板下送风布局

硬地板送回风布局结构简单、安装便利、整体成本较低。其中，上送风、自然侧回风布局容易出现气流掺混现象，造成局部热堆积，形成局部过热，因此，它仅适用于发热量不大且对气流组织要求不严格的区域，目前常见于电力机房中。下送风布局相对具有更好的气流组织，且可以在若干台空调机底部采用送风联箱连接，在机柜通道处设置送风风口，能达到更好的送风效果。

2. 架空地板送回风布局

典型的架空地板送回风布局如图 2-3 所示，架空地板高度一般为 20~100cm，冷气流送入地板下方形成静压箱，然后通过静压箱送风。该送风方式气流稳定、均匀，送风距离较远，并可将冷空气送至服务器机架附近，经信息设备出来的热空气从机房上部回收，可有效避免冷热气流的掺混，冷量利用效率高。目前新建的数据中心机房大多采用这种布局方式。

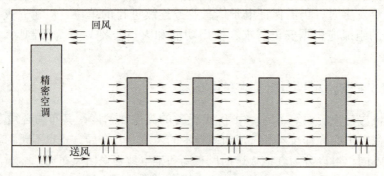

图 2-3　架空地板送回风布局

随着机房发热密度越来越高，传统的架空地板送回风布局已经不能满足高热密度机房的冷却要求，渐渐出现了封闭冷通道（图 2-4）和精确送风（图 2-5）等复杂的布局形式[2]，可有效遏制冷热气流掺混，提高了冷量利用率。

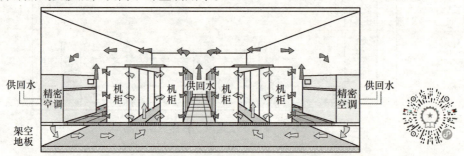

图 2-4　封闭冷通道布局形式（微信扫描二维码可看彩图）

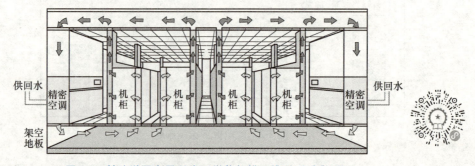

图 2-5　精确送风布局形式（微信扫描二维码可看彩图）

2.1.5　数据中心各类设备的布置原则

数据中心机房设备主要包括：①通信设备：机架；②配套设备：电力电池、机房空调、变配电设备、备用发电机、水泵；③辅助设备：各类管线、电缆。IDC 机房的核心内容就是通信设备，它由各种功能的机架组成。机架正常工作需要特定的环境条件，包括充足的电力保障以及一定的温度、湿度、空气洁净度等要求，所有其他设备及设施均服务于通信设备，它们之间需进行合理的分配及布局，使通信设备的工作效率最大化。数据中心都是由多个独立的机房组成的，要求机房的各功能分区要独立区分。核心网络、接入服务器，运营商接入位置都要明确隔离，值班室位置要与柴油发电机、高压配电房、冷机机房相邻近。每个机柜里的服务器都连接到机柜上的一个 TOR 交换机上面，通过 TOR 再连接到汇聚交换机上，然后所有的汇聚交换机都连接到核心网络设备上。所有的网络设备连线要通过布线系统或者跳线架、光纤架进行互联。

1. 数据中心机房设备布置原则

一般配电机柜、接地机柜都位于机房的一角，空调排列在所有机柜的两边，机柜、空调和配电箱之间都要有一定的距离。如果机房运行功率达到 5kW 以上，则地板的架空高度要达到 0.8m，以保证有效通风，冷通道宽度要达到 1.8m，热通道宽度为 1.5m，梁下层高要高于 4.1m。如果机柜的长度为 15m，则要求在两侧都放置空调进行通风，5kW 对应一块活动地板，8kW 对应 1.5 块活动地板。

关于数据中心机房内的设备布置，在《数据中心设计规范》（GB 50174—2017）中也有明确的规定：

1）数据中心的各类设备应根据工艺设计进行布置，应满足系统运行、运行管理、人员操作和安全、设备和物料运输、设备散热、安装和维护的要求。

2）容错系统中相互备用的设备应布置在不同的物理隔间内，相互备用的管线宜沿不同路径敷设。

3）当机柜（架）内的设备为前进风/后出风冷却方式，且机柜自身结构未采用封闭冷风通道或封闭热风通道方式时，机柜（架）的布置宜采用面对面、背对背方式。

4）主机房内和设备间的距离应符合下列规定：

a. 用于搬运设备的通道净宽不应小于 1.5m。

b. 面对面布置的机柜（架）正面之间的距离不应小于 1.2m。

c. 背对背布置的机柜（架）背面之间的距离不应小于 1m。

d. 当需要在机柜（架）侧面维修测试时，机柜（架）与机柜（架）、机柜（架）与墙之间的距离不应小于 1.0m。

e. 成行排列的机柜（架），其长度超过 6m 时，两端应设有出口通道；当两个出口通道之间的距离超过 15m 时，在两个出口通道之间还应增加出口通道；出口通道的宽度不应小于 1m，局部可为 0.8m。

但是，每个数据中心都有其自己的特点，承载的业务也各有不同，不能一概而论。所以在数据中心机房内部布局设计上，要因地制宜，活学活用。有时数据中心的机房空间是有限的，长宽高也有限制，这就需要在标准的基础上做些调整，达到空间布局上的合理化。

2. 机架的冷热通道布置原则

（1）冷热通道的概念　传统数据中心机房的机柜在摆放时，人们为了美观和便于观察会将全部机柜朝同一个方向摆放，如果按照这种方式摆放，机柜盲板阻挡冷热风混合的效果将大打折扣。正确做法应该是将服务器机柜按照面对面或背对背的方式布置，这样自然形成了冷风通道和热风通道，机柜之间的冷热风不容易混合在一起形成短路气流，从而大大提高制冷效果，减少不必要的能耗损失。常见的冷热通道系统形式如图 2-6 与图 2-7 所示。

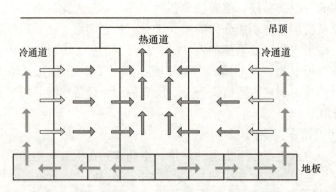

图 2-6　热通道隔离系统（微信扫描二维码可看彩图）

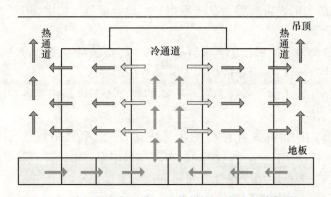

图 2-7　冷通道隔离系统（微信扫描二维码可看彩图）

　　（2）冷热通道设计分析基本原理　隔离冷（热）通道是来源于《数据中心电信基础设施标准》（TIA-942）中要求机房内计算机设备及机架采用"冷热通道"的安装方式，其核心指导思想就是"合理规划数据中心气流组织"，那么在现实的设计与实施过程中要以什么为基准来进行分析与处理呢？在实际的设计过程中常以容器原理和混合原理来分析处理冷热通道设计问题。

　　1）容器原理。

　　a. 名称定义：

　　把数据中心中的静电地板以下的部分静压仓定义为容器体积 M。

　　把经过气流组织规划后的冷通道区域定义为容器体积 M_1。

　　把精密空调送出的冷风量定义为 Q。

　　把单台机架所需的冷风量定义为 Q_1。

　　把静电地板下静压仓的送风速度定义为 S。

　　b. 原理阐述：当在机房中布置了冷（热）通道后，单台机架所需的冷风量 Q_1 是不变的，由于精密空调送出的冷风经过 M、M_1 两个静压仓，这时假设容器体积 M 及其送风速度 S 恒定不变，那么容器体积 M_1 的压力 P_{a1} 是否足够就取决于容器体积 M_1 的大小，也就是 P_{a1} 是与 M_1 的大小成反比；当假设精密空调的送风量 Q 恒定不变，那么容器体积 M_1 如果增加，就会得不到足够的压力，也就不能快速给机架散热。

c. 结论：通过以上分析，不难看出，冷通道容器体积 M_1 如果增加，机架就不能得到足够的冷风风量 Q_1，也就是说，在机柜高度相同的情况下，1200mm 宽的冷通道比 1800mm 宽的冷通道所得到的效果要好。

那为什么静压仓的高度会越来越高呢？其实静电地板的净空高度增加，是为了减小送风的压力对 IT 设备所产生的影响，因为压力越大，其送风速度越快，风经过 IT 设备后，只是简单地把热量带走，并没有对 IT 设备进行足够的冷却，还是没有达到满意的效果。

2）混合原理。

a. 名称定义：

把经过气流组织规划后的冷通道区域的冷气定义为 C_1。

把经过气流组织规划后的热通道区域的热气定义为 H_1。

把由于地板下开孔后流窜到热通道区域的冷气定义为 C_2。

把由于未在机架前面安装挡风板，从冷通道流窜到热区域的冷气定义为 C_3。

把由于未在机架前面安装挡风板，从热通道流窜到冷区域的热气定义为 H_3。

b. 原理阐述：大家都知道一个原理，就是在热水中加入冷水或者在冷水中加入热水，其水温都会变化成其二者的综合温度，数据中心气流变化也是同样的道理。当 C_1 与 H_1 与混合后，其 CH_1 的温度值就高于 C_1，为保证设备得到同样的冷量，在原来已经送出的制冷量基础上还需要增加冷量，这势必要增加空调的压缩机功耗。同理，当 C_2 流窜到 H_2，C_3 流窜到 H_3，H_3 流窜到 C_3 后都会出现这种情况。

c. 结论：合理的组织规划，主要是为了让冷热空气气流回归到属于自己的区域，防止冷热空气混合后，机房整体温度上升；同时为了降低数据中心的温度，需要增加空调的制冷功耗。

容器原理和混合原理的提出，不仅为冷热通道规划设计和实施提供了很好的分析基准，同时也为后面建筑平面布局设计和机柜间距分析提供了理论计算依据。

3. 高密度机架布置原则

目前，随着 IT 设备单机功耗的提升，数据中心平均功率密度大幅提升。对于数据机房中陆续出现的高功率机架（单机架平均运行功率超过 5kW），主要采用的机架布局策略有两种：分散法和整合法[3]。

分散法就是分散负载，即将高功率机架中的设备分散到多个机架中以降低机架功率密度，或将高功率机架分散到低功率机架列中。

整合法就是将高功率机架集中在一个区域，设置高密度区，为该区域单独提供合理的空调设备和气流组织形式。

图 2-8 为分散法和整合法高功率机架布置示意图。通常，在机房高功率机架数量较少（仅占整个机房机架的一小部分，小于 20%）的情况下，常采用分散法布置。采用此方法对空调制冷系统影响不大，其缺点是机房制冷和供电系统效率不高。采用整合法布置时，能为高密度区域提供可预测的高效率的制冷和供电，但需要对机房提前规划。建议按功率密度来

分区布置机架，设置高功率密度区、低功率密度区，对应不同的功率密度区，配置相应的空调、电力系统，这样可有效提高机房整体运行效率。例如，可按单位面积功耗划分 3 个区：小于 1kW/m 区域，1~1.6kW/m 区域，1.6~3kW/m 区域等。

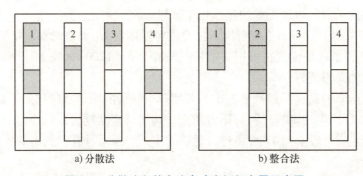

a) 分散法　　　　　　　　　　b) 整合法

图 2-8　分散法和整合法高功率机架布置示意图

注：图中阴影部分为高功率机架，非阴影部分为普通功率机架。

2.1.6　数据中心机房建筑设计与布局

数据中心建筑不同于一般的建筑，有其特定的功能性。因此，在对数据中心建筑进行规划设计时，应该根据设备布置进行合理规划[4]。

1. 机房建筑整体布局设计

为使设计更为合理，使用更为经济，机架应按其功率集中分层设置。一般机房可采用以下两种布置方式：

（1）通信机房与配套机房同层布置　这种布置方式适用于层数较多的机房。布置方式为机架按功率分层设置，每层设置相应的配套用房，包括变配电室、电力电池室及气体消防保护区等。

优点：供配电路由于较短，经济、使用效率高。

缺点：不能充分利用层高，不同功能用房楼面荷载不同，对结构设计较为不利。

（2）通信机房与配套机房分层设置　这种布置方式适用于层数较少的机房。其布置方式为配套用房集中设于机房楼下部，机架按不同功率于机房楼上部分层设置。

优点：根据不同功能设置相应层高，经济，楼层荷载统一，对结构设计有利。

缺点：考虑到供配电路的经济性，不适用于层数较多的机房。

在具体设计时，应根据实际情况综合考虑各方面因素，采用合适的机房布置方式，使机房设计更为合理。

2. 机房建筑平面布局设计

机房平面布置主要根据机架的排列方式进行，机架的排列方式则根据其功率及空调制冷效果的优劣而改变，同时根据柱网的大小选择合理的机架布置方式。每个机房的最大面积受气体消防保护区（简称气消保护区）的限制；机房大小又决定机架的排列方式及空调形式的选择。所以，机房平面排布受到多重因素的影响，它们之间又相互制约。

（1）机柜间距与空调的关系　不同类型的机架有着不同的功率，不同功率的机架，其发热量是不同的。因此，各类机架需根据空调所能提供的温湿度条件以及冷热通道输送能力进行布置。例如，在机柜尺寸相同的条件下，对于 4kW 机架区，根据机架发热量计算，机柜间距为 1200mm 时能满足空调制冷需求；对于 10kW 机架区，根据机架发热量计算，机柜间距达到 2400mm 时能满足空调制冷需求。因此，机架发热量与空调制冷效果决定机柜间距。其理论计算公式为

$$Q_1 = \frac{3600P}{c_p \Delta t} \tag{2-2}$$

式中　Q_1——单个机架所需的冷风量（kg/h）；

　　　P——机架的功率（W）；

　　　c_p——空气的比定压热容 [J/(kg·℃)]；

　　　Δt——机架进出口温差（℃）。

$$Q_2 = abv\eta \tag{2-3}$$

式中　Q_2——活动地板下送风量（m³/s）；

　　　a——机柜间距，即冷通道长度（m）；

　　　b——机架长度，即冷通道宽度（m）；

　　　v——活动地板下送风出口风速（m/s）；

　　　η——活动地板开孔率（%）。

对于 4kW 机架区，活动地板开孔率为 50%，活动地板下送风出口风速为 3~4m/s，根据前述容器理论，由式（2-2）可以计算出 1kW 发热功率在进出口温差为 11℃ 时所需风量为 270m³/h，则 4kW 机架所需风量为 1080m³/h（0.3m³/s），而为了能满足服务器散热要求，要求 $Q_1 = Q_2$，从而可以计算出机柜间距，即冷通道长度。

（2）机架布置与柱网的关系　柱网大小对机架排布有着较大的影响。就 4kW 机架区而言，在尽可能布置多排机架及满足空调制冷需求的前提下，不同尺寸的柱网，其机架摆放效率是不同的。如图 2-9 所示，在机柜间距相同的条件下，8400mm 柱网的局部结构柱占用了机架间的人行通道，机架布置效率降低；而 7200mm 柱网对 4kW 机架来说布置更为合理。故应根据不同功率的机架及其机柜间距来选择合适的柱网，以使机架布置效率更高。

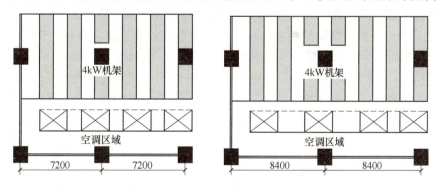

图 2-9　不同尺寸柱网的机架摆放图

（3）机架布置与气消保护区大小的关系　机架布置与机房大小有着直接的关系[4]，而机房大小受气消保护区大小的制约。一个气消保护区的大小为 3600m³，就一个层高为 5100mm 的机房而言，单个机房的最大面积约为 700m²。在需要设置 2 个气消保护区的情况下，分设大小机房，根据机架功率，小机房采用单侧空调送风，大机房采用双侧空调送风。

经合理配比，减少空调占用空间，多摆机架，提高使用效率。因此，根据气消保护区配以合理的空调送风方式来设定机房大小对提高机架布置效率尤为重要。

（4）机架布置与结构柱截面尺寸的关系 如今，IDC 机房进入了快速发展阶段，各通信运营商对机房设计的要求越来越高，如何提高机房使用效率已经成为机房设计的重要目标。在设计时于细节方面多加考虑可能会找到突破点。现 IDC 机房大多采用下送风的空调形式，因此走线架位于机架的上方。布置机架时，往往容易忽视走线架的排布及走向。机架根据柱网布置，尽量使结构柱位于机柜之间，留出走道空间，其优点是可保证冷热通道的通畅，而缺点是机架上方的走线架遇柱需绕行，无形中增加了走线的长度，造成了资源的浪费。如对结构柱进行优化设计，改变柱截面尺寸，一侧柱宽控制在 800mm 以内，留出走线空间，对于整个机房楼来说，各处走线架均能做到畅通无阻，无疑将大大提高机架的工作效率，对减小电阻及节省投资均有所帮助。

（5）机架布置与配套设备用房的比例关系 在相同条件下，尽可能多布置机架是设计的首要目标。但与此同时，与通信设备息息相关的配套设备的用量也在相应增加。对于 4kW 机架区来说，机房面积与电力电池室面积的比例约为 2∶1；对于 10kW 机架区来说，机房面积与电力电池室面积的比例则接近于 1∶1。由此看来，机架功率越高，配套设备用量越大，空调需求量也越大；而配套设备用房面积越大，机房面积越小，机架布置数量越少。两者为相互制约的关系。为此，需对机房进行合理分区及优化布局，找到设备配置平衡点，使机房利用率最大化。

（6）机房利用率与机房进深的关系 众所周知，机房面积越大，机架摆放数量越多。而机房大小与机房进深有直接关系。就 8400mm×8400mm 的柱网来说，三跨进深的房间尺寸约为 25200mm，只需在机房一侧设置疏散门及疏散走道即可满足现行规范要求 [《建筑设计防火规范》（GB 50016—2014）第 5.5.17 条第 3 款：房间内任一点至房间直通疏散走道的疏散门的直线距离，不应大于袋形走道两侧或尽端的疏散门至最近安全出口的直线距离]。当机房进深达到四跨时，需双向疏散，机房两侧均需设疏散走道。虽然后者机房面积大，摆放机架数量更多，但公共部位建筑面积较大，导致机房利用率降低。因此，机房利用率应与规范要求结合考虑，三跨进深的机房更符合目前 IDC 机房发展的需要。

（7）机房平面布局与结构的关系 根据现行规范的规定及工艺需求，IDC 机房内各设备用房楼面使用荷载标准值一般为：机房部分 10kN/m²，电池电力室部分 16kN/m²，空调机房部分 7kN/m²，走道部分 3.5kN/m²。楼面荷载与一般房屋建筑相比大得多，因此，进行平面布局时应非常严谨，对业主需求要考虑周全，各专业应加强沟通，避免因随意修改而造成不必要的土建造价的增加。同时应考虑今后的业务发展需求，为机房扩容预留一定的可能性。

3. 机房建筑剖面设计

（1）机房层高的影响因素 IDC 机房的层高设计有严格要求。就低功率机架区而言，常规机房层高至少需要 4800mm（其中包括架空地板 800mm，标准机柜 2200mm，双层走线架及安装空间 800mm，气消管道及安装空间 200mm，结构梁高 800mm）。下送风方式影响架空地板高度，机架功率越高，机架越密，架空地板越高（机架上部走线层数相应增加），层高也越高。所以，应根据不同功率的机架设计相应的层高。

（2）剖面优化设计 针对下送风的特点，可对机房进行进一步优化设计——机房区降板，如图 2-10 所示。

具体做法是根据空调送风要求计算出架空地板的高度，此高度即为降板高度，机房区楼板按此高度降下，上设架空地板。其优点是可以使机房区与走道及其他设备用房平接，无高差，使用更为方便，降板部分可兼作空调静压箱及水冷空调事故排水区。此设计对机房来说安全系数更高，适用性更强，与常规机房（图 2-11）相比，使用更方便。在 IDC 机房快速发展的今天，采用降板设计将成为一种必然。

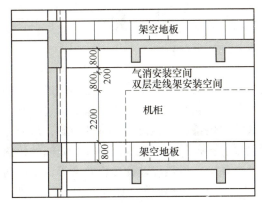

图 2-10　降板机房剖面

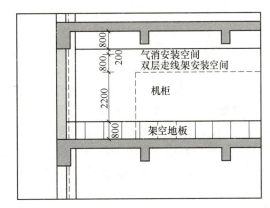

图 2-11　常规机房剖面

（3）指导原则　综上所述，通过对 IDC 机房在平面布置、剖面设计、节能措施方面的分析及对比，在机房建筑设计及其优化设计布局方面得出如下指导原则：

1）平面设计。

a. 空调制冷量决定机柜间距，影响机架摆放数量。

b. 根据机架功率确定机柜间距，选择合适的柱网尺寸。

c. 根据气消保护区配以合理的空调送风方式来设定机房大小。

d. 调整柱截面尺寸，让出走线空间，使走线更顺畅。

e. 根据需求对机房进行合理分区及优化布局，合理配比通信设备与配套设备。

f. 在满足现行规范的情况下，三跨进深机房的利用率优于大进深机房的利用率。

g. 机房楼面使用荷载应根据平面布置确定，并预留扩容可能。

2）剖面设计。机房降板处理能使机房与走道及其他设备用房平接，使用方便，降板部分可兼作空调静压箱及水冷空调事故排水区。机房安全系数更高，适用性更强。

3）布局设计。

a. 通信机房与配套机房同层布置适用于层数较多的机房。

b. 通信机房与配套机房分层设置适用于层数较少的机房。

2.1.7　数据中心传热分析

数据中心传热是经热量采集、热量传递和排热过程等环节，将室内热源（主要指服务器）散发的热量搬运到室外冷源（主要指大气环境）的过程。典型的机房传热过程以空气、冷水和制冷剂为热量传递的载体，涵盖从芯片（毫米量级）到机房空间（10m 量级）的流动和换热，是一个包含对流、辐射、导热和热功转换过程的复杂多尺度动态过程，其典型数据中心传热过程[5]如图 2-12 所示。

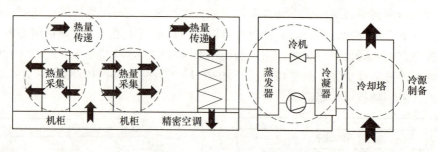

图 2-12　典型数据中心传热过程示意图

热量采集过程发生在服务器和机柜内部，通常采用冷空气或冷却液体带走芯片散发的热量，将服务器温度维持在允许的范围内，以保证服务器的安全稳定运行。热量传递过程是指利用空气、冷水、制冷剂等介质的流动将服务器散发的热量从机柜传递到室外冷源，从而完成热量从机房室内到室外的搬运。热量传递过程包含了各种载热介质的流动和介质间的传热过程，不仅决定输配能耗的大小，还直接影响机房内环境、传热温差和冷机效率等，是机房传热过程中非常重要的环节。冷源换热过程指的是将高温载热介质（如空调回风、冷机回水等）冷却到需求的低温（空调送风、冷机供水）状态的过程，有多种方式可以实现这一过程，如压缩机做功、直接利用室外冷空气或者冷却塔供冷等。不同冷源适用的地点、全年可用的时间长度以及能耗差别比较大，因此冷源的选择是影响数据中心能耗的关键环节。

上述三个环节通过载热流体的流动互相联系，共同构成了机房传热体系。其流动、传热过程遵循质量和能量守恒原理，其热功转换（压缩机做功）过程服从热力学第二定律，结合热力学第一定律，共同构成了机房传热过程基本控制方程和研究机房热环境控制系统的理论基础。

数据机房热过程的本质是在一定的温差驱动下，将热量从室内搬运到室外。定义机房热源（如服务器芯片）温度为 T_{chip}，机房室外冷源温度为 T_o。若使用室外空气直接供冷，则 T_o 表示室外空气干球温度；若使用直接蒸发冷却方式供冷，则 T_o 表示室外空气湿球温度；若使用间接蒸发冷却方式供冷，则 T_o 表示室外空气露点温度。温差 $\Delta T = T_{chip} - T_o$ 代表机房热量传递的全部可用驱动力。

在机房热量传递的各个环节，由于各种不可逆因素的存在，都会消耗掉一部分传热温差，当所有传热环节所消耗的总温差大于可用温差 ΔT 时，说明现有传热温差不足以克服传热阻力，必须通过某种方式来补充传热驱动温差。一般通过压缩功补充提供驱动热量传递的传热温差，帮助系统完成机房散热量的搬运。如果实际消耗温差小于可用温差 ΔT，则说明现有的传热驱动力足以克服所有传热环节的阻力来完成热量的搬运，此时不需要引入压缩功，不涉及热功转换过程，即可实现在可用温差 ΔT 下将机房热量搬运到室外。

2.2　建筑围护结构的冷负荷计算

2.2.1　传统通过围护结构传入热量的计算

数据中心建筑围护结构的热量取决于围护结构的位置和构造。由于数据中心全年不间断运行，服务器散发的热量需要时时刻刻向室外排放，因此数据中心应避免有外墙或窗户，以减少太阳辐射热量和避免潜在的结露现象。数据中心建筑围护结构的冷负荷可按下式计算[6]：

$$Q = KF(t_{zp} - t_n) \tag{2-4}$$

式中　Q——围护结构的冷负荷（W）；

$\quad\quad K$——围护结构的传热系数［$W/(m^2 \cdot ℃)$］；

$\quad\quad F$——围护结构的传热面积（m^2）；

$\quad\quad t_{zp}$——夏季室外计算日平均综合温度（℃）；

$\quad\quad t_n$——机房室内计算温度（℃）。

其中，夏季室外计算日平均综合温度可按下式计算：[7]

$$t_{zp} = t_{wp} + \frac{\rho j_p}{\alpha_w} - \frac{\varepsilon \Delta R}{\alpha_w} \tag{2-5}$$

式中　t_{wp}——夏季空调室外计算日平均温度（℃）；

$\quad\quad j_p$——围护结构所在朝向太阳总辐射强度的日平均值（W/m^2）；

$\quad\quad \rho$——围护结构外表面对太阳辐射热的吸收系数；

$\quad\quad \alpha_w$——围护结构外表面的表面传热系数［$W/(m^2 \cdot ℃)$］；

$\quad\quad \varepsilon$——围护结构外表面的长波辐射系数；

$\quad\quad \Delta R$——围护结构外表面向外界发射的长波辐射和由天空及周围物体向围护结构外表面发射的长波辐射之差（W/m^2），对于垂直表面，$\Delta R = 0$；对于水平表面，$\varepsilon \Delta R/\alpha_w = 3.5 \sim 4.0℃$。

由于太阳辐射强度因朝向而异，而吸收系数 ρ 与外围护结构表面的材料有关，因此，同一建筑物的屋顶和不同朝向的外墙表面有不同的综合温度值，故其冷负荷需要分别计算。

当数据中心安装有玻璃时，透过玻璃进入机房的太阳辐射也应计算为围护结构的冷负荷。透过玻璃进入机房的热量可按下式计算：[8]

$$Q = \lambda Fq \tag{2-6}$$

式中　Q——透过玻璃进入机房的热量（W）；

$\quad\quad \lambda$——太阳辐射热的透入系数，取决于窗户的种类，通常取 $0.36 \sim 0.4$；

$\quad\quad F$——玻璃窗的面积（m^2）；

$\quad\quad q$——太阳辐射强度（W/m^2），该参数随纬度、季节和时间而变化，且与太阳照射的角度有关，具体数值应查阅当地气象资料。

2.2.2　传统计算方法存在的问题

传统计算方法只可以大概地计算通过围护结构传入的热量，但并不能精确的计算，其原因在于 K 值的选取。目前，在数据中心建筑设计以及相关施工图审查过程中，都将数据中心建筑归类为公共建筑，并参照公共建筑相关标准进行围护结构保温的设计。然而不同于办公楼、宾馆等其他公共建筑，数据中心建筑为通信设备服务，通信设备对机房环境的要求是恒温恒湿，全年温度控制在 $18 \sim 27℃$，这就要求机房空调全年 24h 运行。数据中心这种特殊的热环境特点要求其围护结构在全年大部分时间均具备"散热"功能，而民用建筑中的办公楼、商场、酒店等均是为人提供舒适的环境而设置的，一般要求夏季制冷、冬季供暖，无论是冬季还是夏季，均具备"隔热保温"功能。正因为数据中心热环境的这种特殊性，在数据中心建筑设计过程中，不能照搬公共建筑的相关设计标准，否则在围护结构保温设置上，不仅浪费投资，在节能效果上还会适得其反[9]。因此，对于数据中心这种高热密度建筑，应该确定相应的最佳 K 值范围。

2.2.3　影响数据中心围护结构保温性的因素

1. 气候区域

不同类型的气候区域，全年室外温度的分布不同。当室外温度高于室内温度时，室外热量通过围护结构传入，形成空调冷负荷，此时通过降低围护结构传热系数可以有效减少室外热量的传入，进而降低空调冷负荷，减少空调运行能耗；当室外温度低于室内温度时，室内热量通过围护结构传出数据中心，此时通过提高围护结构传热系数可以有效增加室内热量的传出，进而降低空调冷负荷，减少空调运行能耗[10]。例如在寒冷地区，围护结构传热系数过小阻碍了对自然冷源的利用，增加了空调负荷；而在炎热地区，围护结构传热系数的降低，可以有效地减少室外向室内的传热量。因此，对于不同气候类型区域，相应地确定数据中心围护结构的传热系数显得尤为重要。

2. 数据中心的发热量

数据中心按功率密度的分类见表 2-5。

表 2-5　数据中心按功率密度分数

类　　别	低密度	中密度	高密度
单机柜功率/kW	≤4	>4 且≤9	>9
单位面积功率/(kW/m²)	≤1.3	>1.3 且≤3	>3

数据中心发热量的不同会直接影响围护结构的保温特性。例如，在寒冷地区低发热量的情况下，冬天围护结构的散热过多可能导致空调热负荷的增加。因此，对于寒冷地区低发热量的数据中心，可能需要加强围护结构的保温，不能一味强调散热；而对于夏热冬冷地区，无论是高功率密度数据中心还是低功率密度数据中心，外墙保温效果越好，数据中心全年空调系统的能耗越高。因此，围护结构 K 值的大小必须根据不同的数据中心发热密度来选取。

3. 数据中心的空调设计温度

数据中心的空调设计温度与数据中心的等级有关，见表 2-6。

表 2-6　各级电子信息系统机房环境要求（摘自 GB 50174—2017）

项　　目	技术要求			备　　注
	A 级	B 级	C 级	
冷通道或机柜进风区域的温度	18~27℃			
冷通道或机柜进风区域的相对湿度和露点温度	露点温度为 5.5~15℃，同时相对湿度不大于 60%			
主机房环境温度和相对湿度（停机时）	5~45℃，8%~80%，同时露点温度不大于 27℃			不得结露

（续）

项 目	技术要求			备 注
	A 级	B 级	C 级	
主机房和辅助区温度变化率	使用磁带驱动时<5℃/h 使用磁盘驱动时<20℃/h			
辅助区温度、相对湿度（开机时）	18~28℃，35%~75%			
辅助区温度、相对湿度（停机时）	5~35℃，20%~80%			
不间断电源系统电池室温度	20~30℃			
主机房空气粒子浓度	少于 17600000 粒/m³			每立方米空气中大于或等于 0.5μm 的悬浮粒子数

同样，数据中心的空调设计温度也会影响围护结构的保温特性。例如，上海属于夏热冬冷地区，随着机房空调设计温度的升高，未保温机房全年冷负荷减小量增加，且能耗降低的百分率逐渐增大[11]。因此，围护结构 K 值的大小应根据不同的数据中心等级来选取。

4. 数据中心的构造形式

数据中心的构造形式大体分为两种：一种是无内墙构造，另一种是有内墙构造。当数据中心不存在内墙构造时，热量将直接通过外墙与外界环境进行交换，此时外墙的保温特性将直接影响换热；而当数据中心存在内墙构造时，数据中心与外界环境的换热需要通过外墙和内墙两道屏障，因此，外墙的保温特性对换热的影响将有所减弱。可见，数据中心是否存在内墙，对外墙传热系数的确定有着重要的影响。

2.2.4 负荷模拟计算方法的选择

已知围护结构 K 值的影响因素后，需要对数据中心进行空调能耗模拟，从而确定最佳的 K 值范围。

目前，国内外常用的负荷模拟计算方法主要包括以下两种：稳态计算法和动态计算法。

1. 稳态计算法

稳态计算法即不考虑建筑物以前时刻传热过程的影响，只采用室内外瞬时或平均温差与围护结构的传热系数、传热面积的积来求取负荷值，即 $Q = KF\Delta T$。室外温度根据需要可能采用空气温度，也有可能采用室外空气综合温度。这种方法由于不考虑建筑的蓄热性能，所求得的冷热负荷往往偏大，而且围护结构的蓄热性能越好，则误差越大，因此造成了设备投资浪费。通常稳态计算法适用于在冬季室外温度的波动幅度远小于室内外温差的情况，计算热负荷的大小为

$$Q_{hl} = K_{wall}F_{wall}(t_{a,out} - t_{a,in}) \tag{2-7}$$

式中 Q_{hl}——计算热负荷（W）；

K_{wall}——围护结构的传热系数 [W/(m²·℃)]；

F_{wall}——围护结构的传热面积（m^2）；

$t_{a,out}$——冬季室外设计温度（℃）；

$t_{a,in}$——冬季室内设计温度（℃）。

但计算夏季冷负荷时不能采用日平均温差的稳态算法，否则可能导致完全错误的结果。这是因为一方面，尽管夏季日间瞬时室外温度可能比室内温度高很多，但夜间室外温度却有可能低于室内温度。因此与冬季相比，室内外平均温差并不大，但波动的幅度却相对比较大。如果采用日平均温差的稳态算法，则会导致冷负荷的计算结果偏小。另一方面，如果采用逐时室内外温差，忽略围护结构的衰减延迟作用，则会导致冷负荷的计算结果偏大[12]。

2. 动态计算法

稳态计算法是假设负荷与得热相等，且不随时间改变；但考虑到围护结构的蓄热及延迟现象，负荷模拟计算方法发展到动态计算法。动态计算法不仅考虑到延迟和衰减，还在计算过程中体现出了负荷与得热的区别。因此，相对于稳态计算法，用动态计算法计算通过围护结构的负荷更加精确。

随着计算机技术和计算方法的飞速发展，大量复杂的计算变为可行，基于动态计算法，产生了各种各样的用于建筑全年冷负荷计算的建筑能耗模拟软件，如 DOE-2、ESP、DeST，EnergyPlus 等。这些软件已经被用于建筑热过程分析、建筑能耗评价、建筑设备系统能耗分析和辅助设计等方面[12]。

综上所述，根据 IDC 机房围护结构的传热特点，为了便于计算求解，本书采用 DeST 能耗模拟软件分析评价在不同围护结构保温条件下数据中心的能耗变化情况，从而确定围护结构的最佳 K 值范围。

2.2.5 DeST 模型简介及其与其他模型的比较

DeST 最初是基于 IISABRE 仿真环境，由清华大学在 1989 年开发的，并与国际知名的热工模拟程序以及试验结果进行了比较验证。经过多年的发展，DeST 已成为一种可靠的建筑与暖通空调系统分析和辅助设计软件，广泛应用于许多国家的建筑设计和国家标准中。DeST 求解建筑热过程的基本方法是状态空间法。为了降低求解的难度，在建立建筑热过程基本方程的过程中，DsST 将墙体传热简化为一维问题进行处理，将室内空气温度集中为单一节点处理，同时假定墙体物性不随时间变化。状态空间法对房间围护结构、室内家具等在空间上进行离散，建立各离散节点的热平衡方程，并保持各节点的温度在时间上是连续的；然后求解所有节点的热平衡方程组，得到表征房间热特性的一系列系数；在此基础上，进一步求解房间的温度和负荷[12]。

模拟房间动态热过程的数学方法除了状态空间法，主要还有以下几种：反应系数法[13]、谐波反应法[13]、差分法[13]。

1. 各种方法对一面墙体的动态传热的处理

解决一面墙体动态传热问题的难点在于其传热方程的复杂性和边界条件随时间变化的不规律性，表 2-7 对各种方法在时间域、空间、边界条件、初值四方面的处理进行了比较，并对各种方法的特点进行了总结。

表 2-7　各种计算方法的比较

项　目	状态空间法	反应系数法	谐波反应法	差分法
时间域	直接处理	拉氏变换	周期	差分
空间	差分	直接处理	直接处理	差分
边界条件	积分	积分	周期	离散
初值	任意	外环境在之前很长一段时间内的值	周期性函数	初始温度分布
特点	可直接求得积分形式的解，不必计算温度场；解的稳定性及误差与时间步长无关；适宜作为系统分析中的建筑模型；不能处理非线性问题	时间空间均连续；反变换求根困难；可较方便地考虑房间热平衡，很难考虑建筑热平衡；不能处理非线性问题	需要预先知道各扰量的全过程；计算简单；物理概念清晰；适宜用于初步分析	研究细节，非线性，必须计算每个时间步长下的温度场；时间步长决定稳定性和误差

2. 各种方法对房间热平衡的处理

对房间热平衡的处理，关键在于对各围护结构内表面之间的长波互辐射的处理。

反应系数法和谐波反应法都先求出房间不透明围护结构的热特性系数，建立内外表面温度和热流之间的关系；然后考虑房间各围护结构内外表面的热平衡，这样就可以将各围护结构内表面的长波互辐射考虑进去；再写出室内空气温度的热平衡方程，与各表面的热平衡方程联立求解，即可得到房间的热状况。

差分法直接将房间离散为一系列节点，对每个节点列出热平衡方程，可以很方便地考虑房间各内表面之间的长波互辐射；联立求解这些节点的热平衡方程，即可得到房间的热状况。

状态空间法也是首先采用与差分法类似的离散方法，将房间离散为一系列的温度节点，然后求解所有节点的热平衡方程组以获得房间的热特性系数，最后通过这些热特性系数以及逐时变化的热扰量获得房间逐时的温度状况。与差分法相比，状态空间法同样可以灵活地考虑房间各内表面之间的长波互辐射，但它并不通过逐时求解所有节点的热平衡方程组来计算各房间的逐时温度状况，而是首先计算各个房间的热特性系数，然后再求解逐时变化的热扰作用在房间时房间的热状况，因此大大减少了计算量，提高了计算的速度。

3. 各种方法对建筑热平衡的处理

对建筑热平衡的处理，关键在于对相邻房间之间的传热和通风的处理。

反应系数法在考虑建筑热平衡时，所有房间内每个围护结构的内外表面的热平衡方程和室内空气的热平衡方程必须联立求解，计算量非常大。

差分法在考虑建筑热平衡时，必须将建筑中所有房间的节点联立求解，计算量比反应系数法考虑建筑热平衡还要大很多倍。

状态空间法在考虑建筑热平衡时，可以建立起建筑中各房间温度之间的直接关系式，精确考虑房间热平衡，且计算量小，可同时处理上千个房间的建筑热平衡问题[14]。

2.2.6　基于 DeST 软件的数据中心的全年负荷及能耗模拟

数据中心被安置在一个建筑物内，围护结构的热工性能将直接影响室内环境的温度、湿度状况。数据中心机房属于公共建筑的一种，与普通的公共建筑相比，数据中心内的 IT 设备全年运行，发热量大，对温湿度等环境参数要求高，运行电耗大。如果和普通公共建筑物一样，按照《公共建筑节能设计标准》（GB 50189—2015），以"保温隔热"的旧思维来设计建筑物的围护结构，反而不能达到节约能源的目的。

为掌握围护结构设计对全年能耗的影响，采用动态能耗模拟软件 DeST 对一典型数据中心机房进行全年能耗模拟分析。建立典型数据中心机房的 DeST 模型：尺寸为 20m×15m，面积为 300m²，四面均为外墙，层高 4.5m，层数为三层，如图 2-13 所示。IT 设备发热功率按照标准机柜 2kW 选取，机柜占地尺寸为 0.6m×2m，机柜容积率为 70%，则发热功率为 1167W/m²，属于低发热密度机房。室内环境等其他条件根据《数据中心设计规范》（GB 50174—2017）中 A 类机房标准设置，开机时，空调控制温度为 22~24℃，湿度为 40%~55%；停机时，温度为 5~35℃，湿度为 40%~70%。

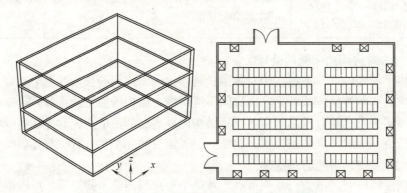

图 2-13 DeST 模拟图及机柜平面布置示意图

数据中心主机房不宜设置外窗，所以本文讨论的围护结构主要是外墙和屋面。本计算以五个热工气候分区中的夏热冬冷地区——长沙地区为例。

1. 外墙

由于机房常设在建筑物内的中间层，围护结构主要部分即是外墙。为了精准掌握外墙对机房全年能耗的影响，排除屋面因素的干扰，选取上述三层模型的中间层作为对象，即假设机房设置在第二层。在其他围护结构构造做法不变的情况下，将墙体传热系数设定为 $0.5 \sim 4.0\,\mathrm{W/(m^2 \cdot K)}$，分别模拟计算出机房的全年空调冷负荷，其计算结果见表 2-8。

表 2-8 全年累计冷负荷随 $K_{墙}$ 值变化情况

墙体传热系数 $K_{墙}/[\mathrm{W/(m^2 \cdot K)}]$	0.5	0.75	1.0	1.25	1.5	2.0	3.0	4.0
冷负荷/(万 kW·h)	305.95	304.68	303.37	302.17	301.01	298.60	294.27	290.52

由计算结果可知，随着墙体传热系数的增加，空调冷负荷逐渐下降。但是外墙传热系数 $K_{墙}$ 值增大时，室内通过围护结构的散热增加，会导致室内外墙的内表面温度不断降低，当外墙内表面温度过低时会引发结露问题。根据数据中心机房设计规范要求，空调运行时，室内空气状态控制范围为温度 22~24℃，湿度 40%~55%。但由于数据中心空调形式的多样性，室内不同点的状态也会有所不同，例如，冷热通道分离的气流组织形式，其热通道部分

的空气温度就比较高。根据《数据中心设计规范》（GB 50174—2017），室内状态点温湿度的最高限度可达到 35℃ 和 80%。为了防止结露，即取最不利状态点室内干球温度 35℃、相对湿度 80%，通过查取焓湿图，得到空调运行时最高的露点温度为 31.0℃。设计中围护结构热阻值应能满足防结露要求，即围护结构，内表面温度比室内空气露点温度高 1~3℃ 以上，此处取 3℃ 作为安全值。所以，任意内表面在一年中的最低温度应高于 34.02℃，这样才能满足不结露要求。

利用 DeST 软件中的"HB"模块，计算将墙体传热系数设定为 $0.5~4.0W/(m^2 \cdot K)$ 时外墙的内表面温度，即可求得在不结露条件下，外墙的最佳传热系数值，见表 2-9 和图 2-14。

表 2-9　外墙内表面温度随 $K_{墙}$ 值的变化情况

外墙传热系数 $K_{墙}$ /[W/(m² · K)]	0.5	0.75	1.0	1.25	1.5	2.0	3.0	4.0
外墙内表面温度/℃	39.72	39.01	36.23	34.60	33.03	29.71	23.15	17.54

外墙内表面恰好不产生结露现象时的 K 值，就是外墙传热系数 $K_{墙}$ 的设计最大限值。综上分析，外墙传热系数 $K_{墙} \leqslant 1.3$。

2. 屋面

当机房设置在顶层或者只有一层的建筑物中时，围护结构包括外墙和屋面。为了精准掌握屋面对机房全年能耗的影响，需要排除外墙因素的干扰。所以，选取 DeST 模型中第三层作为对象，并设定外墙传热系数 $K_{墙} = 1.3W/(m^2 \cdot K)$，在其他围护结构构造方法不变的情况下，将屋面传热系

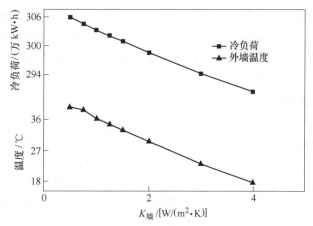

图 2-14　外墙内表面温度随 $K_{墙}$ 值的变化情况

数设定为 $0.25~4.0W/(m^2 \cdot K)$，分别模拟计算出机房的全年空调冷负荷及室内各内表面温度的最低值，其计算结果见表 2-10 和图 2-15。

表 2-10　全年冷负荷及围护结构内表面温度随 $K_{屋}$ 值的变化情况

屋面传热系数 $K_{屋}$/[W/(m² · K)]	0.25	0.5	1.0	2.0	3.0	4.0
冷负荷/(万 kW · h)	304.86	303.33	300.61	296.25	292.85	290.15
外墙内表面温度/℃	35.02	34.74	33.89	30.74	29.04	27.47
屋面内表面温度/℃	46.73	43.51	37.86	28.56	21.04	14.45

外墙和屋面内表面恰好都不产生结露现象时的 K 值，就是屋面传热系数 K 的设计最大限值。综上分析，屋面传热系数 $K_{值} \leqslant 0.8$。

《公共建筑节能设计标准》（GB 50189—2015）中规定，夏热冬冷地区甲类公共建筑围护结构热工性能限值，外墙传热系数 $K_{墙}$（围护结构热惰性指标 $D > 2.5$）$\leqslant 0.80W/(m^2 \cdot K)$，

屋面传热系数 $K_{屋}$（围护结构热惰性指标 $D>2.5$）$\leq 0.5\text{W}/(\text{m}^2 \cdot \text{K})$，全年冷负荷为 306.44 万 kW·h。根据上面的计算结果，当围护结构外墙传热系数 $K_{墙} = 1.3\text{W}/(\text{m}^2 \cdot \text{K})$，屋面传热系数 $K_{屋} = 0.8\text{W}/(\text{m}^2 \cdot \text{K})$ 时，通过围护结构散热最多，全年冷负荷最小为 301.13 万 kW·h。经过 DeST 模拟后，重新设计的围护结构与原来的设计相比，全年冷负荷可减少 5.31 万 kW·h，节能约 1.73%。

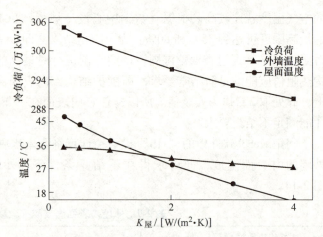

图 2-15　全年冷负荷及围护结构内表面
温度随 $K_{屋}$ 值的变化情况

因此，围护结构保温隔热性能越好越节能的观念，对于数据中心机房并不适用。相反，只要保证室内表面不结露，则围护结构散热性能越好越节能，这是室内热源及室外气象条件共同作用的结果。

上面计算说明的是长沙地区，室内机柜为 2kW 标准机柜条件下，围护结构的设计限值。当室外气象条件和室内热源发生变换时，围护结构的设计限值也会相应改变。采用上面的模型与计算模拟方法，分别计算出五个热工气候区室内机柜为 2kW、4kW、8kW 时的围护结构设计限值，计算结果见表 2-11。

表 2-11　五个热工气候区围护结构传热系数计算结果

地　区	围护结构	2kW	4kW	8kW
哈尔滨	外墙传热系数	$K_{墙} \leq 0.8$	$K_{墙} \leq 2.1$	$K_{墙} \leq 3.6$
	屋面传热系数	$K_{屋} \leq 0.5$	$K_{屋} \leq 0.8$	$K_{屋} \leq 1.0$
北京	外墙传热系数	$K_{墙} \leq 1.1$	$K_{墙} \leq 2.5$	$K_{墙} \leq 4.2$
	屋面传热系数	$K_{屋} \leq 0.7$	$K_{屋} \leq 0.9$	$K_{屋} \leq 1.1$
昆明	外墙传热系数	$K_{墙} \leq 1.4$	$K_{墙} \leq 3.1$	$K_{墙} \leq 4.8$
	屋面传热系数	$K_{屋} \leq 0.8$	$K_{屋} \leq 1.0$	$K_{屋} \leq 1.2$
长沙	外墙传热系数	$K_{墙} \leq 1.3$	$K_{墙} \leq 2.9$	$K_{墙} \leq 4.7$
	屋面传热系数	$K_{屋} \leq 0.8$	$K_{屋} \leq 1.0$	$K_{屋} \leq 1.2$
广州	外墙传热系数	$K_{墙} \leq 1.7$	$K_{墙} \leq 3.5$	$K_{墙} \leq 5.2$
	屋面传热系数	$K_{屋} \leq 1.0$	$K_{屋} \leq 1.1$	$K_{屋} \leq 1.3$

针对不同气候分区不同类型的新建数据中心机房和已有机房，上述计算结果具有实际的指导作用，并可为今后数据中心机房节能标准的制定提供理论依据与数据支持。值得注意的是，数据中心散热主要还是依靠机房内空调设备，通过围护结构散去的热量只是很小的一部分。另外，由于各气候分区的气象资料、地理条件不同，数据中心机房的平均全年总负荷与围护结构平均传热系数均不同。因此，在指导新建数据中心机房的围护结构设计时，应结合具体的情况而定。

2.3　新风及人体负荷计算

根据《数据中心设计规范》（GB 50174—2017），电子信息系统机房空调系统夏季冷负荷应该包括人体散热和新风冷负荷；空调系统湿负荷应该包括人体散湿和新风湿负荷[15]。

2.3.1　人体散热量计算

人体散热量与性别、年龄、衣着、劳动强度以及环境条件（温湿度）等多种因素有关。从性别上看，可以认为成年女子总散热量约为成年男子的 85%，儿童总散热量约为成年男子的 75%，为了计算方便，以成年男子为基础，乘以考虑了各类人员组成比例的系数（群集系数）。数据中心机房人员为轻体力工作人员，群集系数取 0.9[15]，人体负荷 Q_1 可按下式计算：

$$Q_1 = qnn' \tag{2-8}$$

式中　q——人体散热量，在数据中心典型温度 22~24℃ 下，每个轻体力劳动工作人员的显热与潜热之和约为 108W；

n——机房维护人员的数量；

n'——群集系数。

2.3.2　新风冷负荷计算

数据中心机房内空调系统的新风量主要考虑维持室内正压所需风量，以及为机房内的工作人员补充新鲜空气。因此，机房的新风量有两种计算方法：一种是计算保证工作人员健康所需的新风量；另一种是计算维持机房正压所需的新风量。实际计算中取两者的最大值作为机房所需的新风量。

维持机房人员健康所需的新风量可按 40m³/（h·人）乘以人数估算，维持机房正压所需的新风量则按表 2-12 估算[8]。

表 2-12　维持机房正压所需的新风量

围护结构情况	需要的换气次数/（次/h）
无外门、窗	0.25~0.5
无外门，一面外墙有窗	0.5~1.0
无外门，两面外墙有窗	1.0~1.5
无外门，三面外墙有窗	1.5~2.0

空调新风冷负荷按下式估算：

$$Q_2 = M(h_0 - h_R) \tag{2-9}$$

式中　Q_2——新风冷负荷（kW）；

M——新风量（kg/s）；

h_0——室外空气的焓值（kJ/kg）；

h_R——室内空气的焓值（kJ/kg）。

由上式可以看出，数据中心新风负荷大小与室外空气焓值有关，而室外空气焓值与室外温度又是直接对应的，从而可以看出，室外气候对新风负荷有显著影响。为了研究此影响，用 DeST 软件建立一个面积为 $300m^2$ 的简化数据中心模型，取机房维护人员数量 $n=1$，所对应新风量 $L_W = 40m^3/h$，室内温度设定为 23℃，在我国五大气候区域中各取一典型城市，分别计算其全年新风显热负荷和逐时新风显热负荷。

当数据中心室外温度比室内温度高时，送入室内的新风中的部分热量需要被除去，以维持室内设定温度，单位时间内除去的这部分热量即为新风冷负荷。同理，当室外温度比室内温度低时，送入的新风需要被加热以维持室内温度恒定，为此在单位时间内向室内送入的热量即为新风热负荷。计算得到的全年新风冷负荷与新风热负荷见表 2-13，不同城市的全年偏离设定温度时间及温差统计见表 2-14。逐时新风负荷如图 2-16~图 2-20 所示。从图中可以看出，处于严寒地区的沈阳和寒冷地区的北京一年之中室外温度低于室内设定温度的时间较长且温差较大，导致全年大部分时间为热负荷且热负荷值较大，分别为 1857.8kW 和 1421.5kW；而处于温和地区的昆明虽然全年低于设定温度的时间较长但温差小，导致全年几乎都为热负荷，但热负荷值比沈阳和北京小，全年冷负荷之和也最小，只有 5.9kW；对于夏热冬冷地区的长沙和夏热冬暖地区的广州，其全年室外温度高于室内温度的时间明显较其他城市长且温差较大，导致全年冷负荷比其他城市大，分别为 129.2kW 和 207.3kW。

表 2-13　不同气候区域中典型城市全年负荷表

气候区域	典型城市	全年新风冷负荷/kW	全年新风热负荷/kW
严寒地区	沈阳	46.4	1857.8
寒冷地区	北京	89.4	1421.5
夏热冬冷地区	长沙	129.2	940.5
夏热冬暖地区	广州	207.3	415.0
温和地区	昆明	5.9	808.5

表 2-14　不同气候区域典型城市全年偏离设定温度时间及温差表

气候区域	典型城市	全年高于设定温度（23℃）时间/h	冷负荷平均温差/℃	全年低于设定温度（23℃）时间/h	热负荷平均温差/℃
严寒地区	沈阳	1370	3.45	7381	17.80
寒冷地区	北京	2082	4.14	6672	14.88
夏热冬冷地区	长沙	2738	4.48	6016	10.69
夏热冬暖地区	广州	4662	4.27	4086	6.52
温和地区	昆明	639	1.68	8068	8.17

2.3.3　人体散湿量计算

数据中心计算时刻的人体散湿量 D_1（kg/h）可按下式计算

$$D_1 = 0.001 \varphi n_1 G \tag{2-10}$$

式中　φ——群集系数，由于进入数据中心的一般都为成年男子，所以 φ 取 1.0；

n_1——计算时刻进入数据中心的总人数；

G——一名成年男子的小时散湿量。

由于工作人员在数据中心属于轻体力劳动者，在数据中心典型温度 22~24℃时散湿量约为 86g/h。轻度劳动时不同温度下成年男子的散热散湿量见表 2-15[7]。

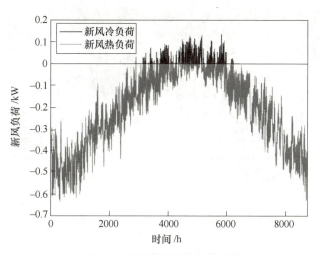

图 2-16　沈阳全年逐时新风负荷

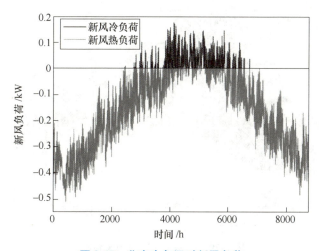

图 2-17　北京全年逐时新风负荷

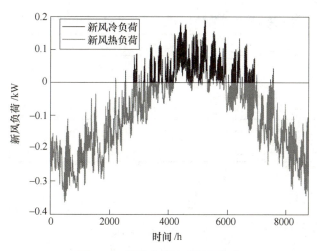

图 2-18　长沙全年逐时新风负荷

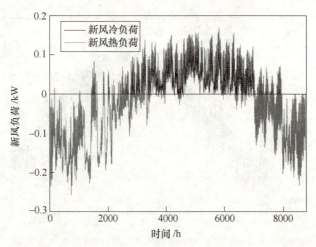

图 2-19　广州全年逐时新风负荷

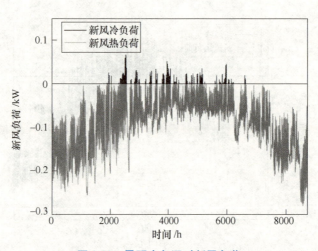

图 2-20　昆明全年逐时新风负荷

表 2-15　轻度劳动时不同温度下成年男子的散热散湿量

热湿量	室内温度/℃										
	20	21	22	23	24	25	26	27	28	29	30
显热量/W	93	87	81	76	70	64	58	51	47	40	35
潜热量/W	90	94	100	106	112	117	123	130	125	142	147
全热量/W	183	181	181	182	182	181	181	181	182	182	182
散湿量/(g/h)	134	140	150	158	167	175	184	194	203	212	220

2.3.4　新风湿负荷计算

数据中心新风带入的湿负荷 $D_2(\mathrm{kg/h})$ 可按下式计算：

$$D_2 = 0.001G(d_\mathrm{w} - d_\mathrm{n}) \tag{2-11}$$

式中　d_w——引入室外新风的含湿量（g/kg）；

　　　d_n——室内空气的含湿量（g/kg）；

　　　G——新风总量（kg/h），根据《数据中心设计规范》（GB 50174—2017），数据中心
新风量应取每人 40m³/h 和维持室内正压所需风量中的较大值。

2.4　IT 及转换设备热负荷估算与数据中心能耗模型

2.4.1　IT 及转换设备热负荷估算

一般数据中心的冷负荷计算方法是估算法，即根据数据中心的设备情况，依据以往的设
计经验估计散热密度（W/m²）。这样虽然做到了对设备散热的快速计算，但是所得的负荷
值往往与实际值相差甚远，将造成不必要的能源浪费。其主要原因是计算过程中忽略了数据
中心的设备散热特征，没有对设备发热进行详尽的描述，特别是占数据中心主体的 IT 设备，
更是与传统的 HVAC 处理对象不同。因此，有必要对数据中心设备发热特征进行分析研究，
为数据中心冷负荷的准确计算奠定理论基础。

数据中心设备的发热都是来自于电能的转换，图 2-21 所示为典型数据中心的配电与冷
负荷来源的构成[16]。

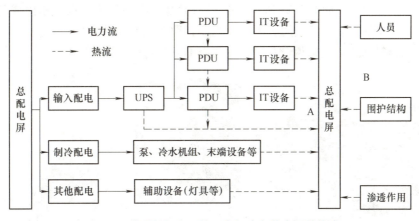

图 2-21　典型数据中心的配电与冷负荷来源的构成

从图 2-21 中可以看出，数据中心的总冷负荷 Q 由 A、B 两部分组成，即 $Q=Q_A+Q_B$。其
中，A 部分是由数据中心机房内设备引起的负荷，这正是数据中心负荷区别于其他建筑负荷
的本质部分；B 部分是由人员、围护结构、渗透所引起的负荷。本节重点研究的是 A 部分。

2.4.2　数据中心发热设备发热分析

如何预测数据中心内 IT 设备和其他设备（如 UPS 等）的发热量，是进行空调制冷规划
设计前首先要解决的问题。所有电子设备无一例外地都会产生热量，并且必须消除这些热
量，以避免设备温度上升到一个无法承受的高度。在对数据中心的热负荷进行计算时，需要
事先了解数据中心在封闭空间内的发热源和发热量。数据中心机房的热源远不止一种，它由
多种设备构成，从图 2-21 中的 A 部分可以看出，数据中心的发热设备主要包括 IT 设备、不

间断电源（UPS）、配电系统（电源分配单元 Power Distribution Unit，PDU 等）、制冷设备、辅助设备等。图 2-22 则描述了一个典型数据中心的上述各项热源发热量的比例[17]。

从图 2-22 中可以看出，在组成数据中心的发热设备中，IT 设备的发热量达到了 70% 以上，占据了绝大部分。UPS、照明的发热量分别占 13% 和 10%，而配电系统的发热量比较少，仅占 4%。所以对于一个数据中心而言，制冷系统所提供的冷量大部分消耗于冷却 IT 设备与 UPS，而且在数据中心的实际运行过程中，这两部分的发热与负载有关（尤其是 IT 设备），相对于其他组成部分具有动态特征，处于不断的变化中。

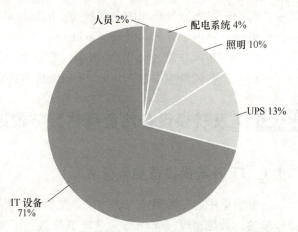

图 2-22　典型数据中心各项热源发热量的比例

1. IT 设备的发热分析

数据中心的 IT 设备指的是用于与外界进行数据交换，可以进行大量数据存储、运算、通信和网络服务的设备。如图 2-23 所示，IT 设备通常是由一个个数据机柜组成的，而数据机柜则是由服务器集中堆叠而成的。因此可以说，服务器是组成 IT 设备的基本单元，研究 IT 设备的发热特征从本质上来说就是研究服务器的发热特征。

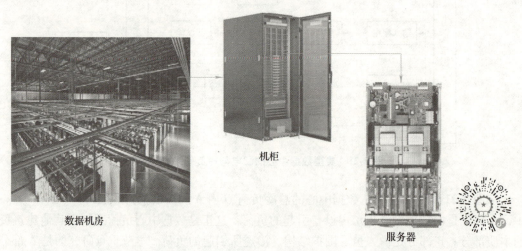

数据机房　　机柜　　服务器

图 2-23　数据中心 IT 设备的构成与基本单元（微信扫描二维码可看彩图）

2. 服务器的发热分析

（1）服务器的发热组成　服务器是实现数据中心功能的基本组成单位，图 2-24 所示为一个典型的服务器芯片和外壳组成[18]。服务器是由 CPU、存储单元、芯片组、冷却风扇、电源（PSU）和硬盘驱动器等组件组成的。

CPU 是整个服务器中的核心组件，而其发热量占了总发热量的绝大部分，其发热特征

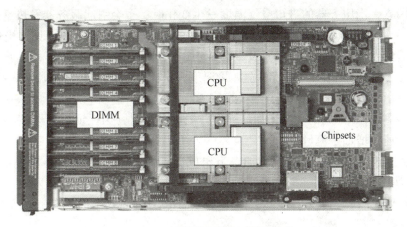

a) 典型服务器的内部芯片构成

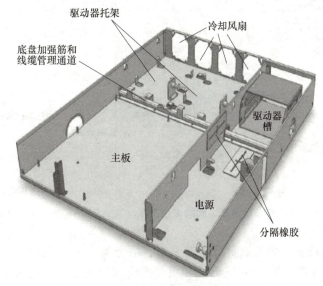

b) 典型服务器的外壳组成

图 2-24　典型服务器的芯片和外壳组成

具有高热密度特性，并且随着 CPU 性能的更加强大与架构的小型化，热密度越来越高，尤其是多核心 CPU，其满负载率下的发热密度高达 $100W/cm^2$ [19]。

内存模块、芯片组、电源（PSU）是 CPU 运行的支持模块，在服务器实际产生热的过程中，其发热量一般来说比较少且固定[19]。

冷却风扇的设计是为了保证 CPU 和其他组件的温度处于正常范围内，其发热量通常可以忽略不计。但是冷却风扇通过叶片转动带动空气流动，经过服务器内部组件时吸收热量，最后回到机房环境中，从能量转化角度来说，是将机械能最终转化为空气的热能。因此，冷却风扇消耗的电能应算作服务器的发热量。

（2）服务器发热量与进口温度的关系　当服务器核心组件 CPU 的核心温度升高时，往往会引起功耗的上升，从而引起服务器发热量的增加。如果服务器自带的冷却风扇是可调速的，则其在服务器运行过程中，会自动调整转速来保证服务器的核心温度在一定范围内。考虑以上两个因素，当服务器的进口空气温度发生变化时，也会引起服务器发热量的变化。

图 2-25 所示为服务器发热量与进口温度之间的定性关系[20]。由图可见，当进口温度提高时，服务器的发热量也随之增加。设定在 ASHRAE TC9.9 的 A2 环境下，服务器进口温度从 15℃升至 30℃，功耗增加 4%~8%；如果温度升至 35℃，则功耗将增加 7%~20%。这些功耗的增加是由三方面因素造成的[20]：

1）服务器中冷却风扇的功耗增加。当进口温度升高时，为保证服务器核心温度，冷却风扇会提高转速，增加了流量。

2）服务器中 CPU 的泄漏功率增加。当送风温度提高时，会使 CPU 的核心温度上升，导致 CPU 的泄漏功率增加。

3）转化效率下降。温度的提升会引起服务器电子组件效率的下降。从而引起能耗的增加。

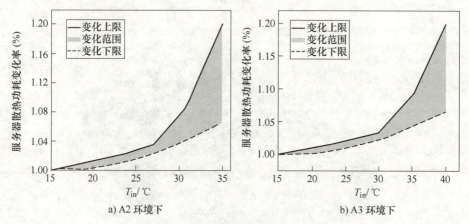

a) A2 环境下　　　　　　　　　　b) A3 环境下

图 2-25　服务器发热量与进口温度之间的定性关系（在 ASHRAE TC9.9 的 A2 和 A3 环境下）

（3）服务器发热量与服务器负载率的关系　服务器在实际运行时，其负载率处于动态变化的过程，而服务器中的 CPU 发热量和负载率有很大关系，致使服务器发热量往往不是一个固定值，而是具有动态特征。

这里需要提到一个与 CPU 散热有关的重要参数——散热设计功耗（Thermal Design Power，TDP）。为防止 CPU 出现"热致失效"现象，CPU 的制造商一般会对 CPU 进行热测试，即当 CPU 负载率为 100% 时，测得 CPU 的电流热效应以及 CPU 工作时产生的其他热量，两者的和就是 TDP 值。TDP 值反映的是 CPU 的最大散热量，因为很少出现满负载的情况，所以 CPU 实际发热量往往小于 TDP 值，并且考虑到 CPU 本身能正常工作在一定温度区间内，因此，以此为依据来计算冷负荷往往过于保守。

（4）服务器的传热特征　典型的服务器传热过程，涵盖从芯片到机房空间的流动和换热，是一个包含对流、辐射、导热和热功转换过程的复杂、多尺度的动态热过程。由上面的分析可知，服务器中的核心部件 CPU 是主要发热源，因此，为了分析问题的主要矛盾，去掉其他组件，简化服务器的构成，其传热模型[18]如图 2-26 所示。

服务器 CPU 的传热过程：CPU 的硅晶片（DIE）就是承担运算功能的芯片，CPU 所有的热量都是由此产生的。其产生的热量热传递路径有两条：一条是向下传递给印制电路板（PCB），这部分热量往往很少，可以忽略不计；另一条是向上首先从硅晶片经过整体散热

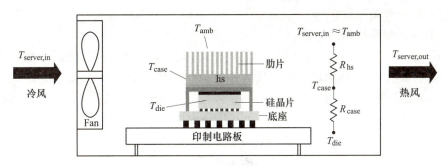

图 2-26　服务器传热模型示意图

片（IHS），中间途经热界面材料（TIM），之后传递给散热片（Heat Sink），这部分的传热机理是导热，最后由冷却风机送来的空气带走，这部分的传热机理则是热对流和辐射。

1）CPU 散热模型[21]。CPU 的功率由三部分组成[22]，即

$$P_{CPU} = P_d + P_s + P_0 \tag{2-12}$$

式中　P_{CPU}——CPU 的功率（W）；

$\quad\quad P_0$——CPU 的空载功率（W），即占用率 $u=0$ 时 CPU 消耗的功率，在恒定供应电压下，P_0 为一个常数；

$\quad\quad P_d$——动态功率（W）；

$\quad\quad P_s$——静态功率（W）。

其中，动态功率与三方面因素有关，即供应电压 V_{dd}、开关电容量 C_e 和时钟频率 f，其计算公式为

$$P_d = \frac{1}{2} C_e V_{dd}^2 f \tag{2-13}$$

对于供应电压恒定的 CPU，V_{dd} 是一个常数，开关电容量 C_e 一般来说也是常数[21]，时钟频率 f 的大小取决于 CPU 占用率 u。因此，式（2-13）可以简化为

$$P_d = c_1 u \tag{2-14}$$

式中　c_1——经验系数；

$\quad\quad u$——CPU 占用率。

P_s 指的是静态功率，其反映的是 CPU 中的泄漏电流导致的功率消耗，而泄漏电流的大小取决于硅晶片温度 T_d。Donghwa Shin 等人考虑了局部热点的影响，基于 RC 模型得出了以下表达式[23]：

$$P_s = \alpha \frac{(R_{h2a} + R_{d2h})(\beta + P_d + P_0) + T_d}{1 - \alpha(R_{h2a} + R_{d2h})} + \beta \tag{2-15}$$

式中　R_{h2a}、R_{d2h}——热阻；

$\quad\quad \alpha$、β——系数。

式（2-15）给出了 P_s 与 T_d 的关系式，但是式中系数 α 与 β 并不是常数，而且两个热阻值表达式和相关温度相互耦合，难以计算。Zapater[24] 用指数形式来拟合 P_s，这样比较适合计算：

$$P_s = c_2 e^{c_3 T_d} \tag{2-16}$$

式中　c_2、c_3——经验系数；

　　　　T_d——硅晶片温度。

综合式（2-12）~式（2-16），CPU 的功耗便可以计算出来。前面提到，服务器中除了 CPU，还有其他组件，这些组件在服务器工作时也会散发热量，但其相对 CPU 的散热量来说比较小，这里不考虑其变化，将其视为一个常数。那么，服务器的发热量可以写成

$$P_{server} = P_1 + P_2 \tag{2-17}$$

$$P_1 = a_0 + a_1 u + a_2 e^{a_3 T_d} \tag{2-18}$$

$$P_2 = P_{sfan} \tag{2-19}$$

式中　　　　P_1——服务器中的组件散热（W）；

a_0、a_1、a_2、a_3——拟合常数；

　　　　P_2——服务器中冷却风扇功耗（W）。

从 CPU 的硅晶片到空气的传热过程中，总热阻 R_{tot} 由导热部分热阻 R_{ds} 和对流部分热阻 R_{sa}（将辐射部分折算成对流）组成。在稳态条件下，如果 CPU 温度波动很小，导热部分的热阻 R_{ds} 变化不大，可以视为常数，而 R_{sa} 取决于来流空气流速 v，所以总热阻 R_{tot} 可以用下式计算[25]：

$$R_{tot} = a_4 + \frac{a_5}{n a_6} \tag{2-20}$$

冷却风扇的功耗取决于转速 n 的三次方，在这里，直接用多项式进行拟合[22]：

$$P_{sfan} = a_7 n^3 + a_8 n^2 + a_9 n^3 \tag{2-21}$$

$$V_{sfan} = a_{10} n \tag{2-22}$$

式（2-22）中的 V_{sfan} 即冷却风扇的流量，与此同时，由热阻的定义可知：

$$R_{tot} = \frac{T_d - T_{amb}}{P_1} \tag{2-23}$$

服务器的出口温度由能量守恒条件可得，绝大部分功率都转换为热量，其效率 $\eta = 0.99$，可由下式计算服务器出口温度：

$$T_{out} = T_{in} + \frac{\eta P_{server}}{c_{p,air} \rho_{air} V_{sfan}} \tag{2-24}$$

式中　$c_{p,air}$——空气的比热容；

　　　　ρ_{air}——空气的密度；

　　　　V_{sfan}——冷却风扇的流量。

考虑从服务器到 CPU 之间的组件发热量很小，因此认为服务器进口空气温度和到达 CPU 的空气温度相等，即

$$T_{amb} = T_{in} \tag{2-25}$$

由式（2-12）~式（2-25），便可建立关于服务器的准动态模型。该模型虽然在传热学上是稳态的传热过程，但是其考虑了 CPU 占用率（u）和 CPU 核心温度（T_d）的影响，在实际运行时，输入不同时段的 CPU 占用率，便可以得到动态的散热量，反映了服务器的动态发热特征。

2）服务器的动态模拟。模拟条件：下面根据建立的稳态模型，考虑一个带有变速冷却风机的开放式服务器，其主板构造及外壳构造如图 2-27 所示，其组件参数见表 2-16。在这

里，关于 CPU 的发热参照参考文献 [21]，实验数据见表 2-17，使用上述公式对这些数据进行拟合，得到的系数 $a_0 \sim a_{10}$ 见表 2-18。

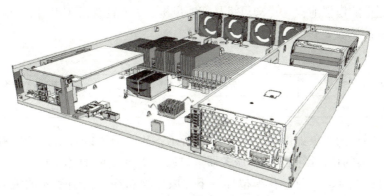

图 2-27　开放式服务器的外壳构造和主板构造（微信扫描二维码可看彩图）

表 2-16　开放式服务器组件型号及参数

元　　件	类　　型	散热设计功率（TDP）
处理器（CPU）	Intel Xeon 5600 CPU	95W
内存模块（DIIM）	—	0.81×6W
芯片组（ICH）	—	4.3W，27.1W
风扇（Fan）	Delta AFB series 4-pin	0.7~5.64W
电源（PS）	over 80 plus platinum rating	服务器电源功率的 4.5%
硬盘驱动器（HDD）	—	7.8W

表 2-17　单个服务器实验测试数据

$u(\%)$	$P_{\text{server}}/\text{W}$	$T_{\text{die}}/\text{℃}$	$T_{\text{amb}}/\text{℃}$	$n/(\text{r/min})$
10	113	54	22.5	1800
50	199	70	30	3000
50	199	71	35	3350
50	204	72	40	7200
70	209	72	30	3000
70	212	73	35	3600
70	214	73	40	8600
100	213	69	22.5	3200
100	222	70	30	3600
100	225	72	35	4050
100	227	72	40	9000

表 2-18　服务器模型拟合系数

a_0	a_1	a_2	a_3	a_4	a_5
−47.01	49.56	53.47	0.02	0.1352	17740

a_6	a_7	a_8	a_9	a_{10}	—
1.56	0.0012	-12×10^{-8}	28×10^{-12}	6.6829×10^{-6}	—

　　为研究服务器的发热特征，这里考虑影响服务器发热的三方面因素——占用率 u、CPU 核心温度 T_d、服务器的进口温度 T_{in}，应用上述模型对单个服务器的发热功耗进行模拟计算。需要说明的是，这里的模拟前提是冷却风机是变速风机，并且能保证 CPU 核心温度 T_d 相对稳定。模拟工况条件见表 2-19。

表 2-19　模拟工况条件

占用率 u	服务器进口温度 T_{in}	CPU 核心温度 T_d
0.2 ~ 1.0	15 ~ 35℃	60℃，70℃，80℃

　　结果及讨论：模拟的结果如图 2-28 ~ 图 2-30 所示，从图中可以看出，CPU 占用率 u 和核心温度 T_d 对服务器的功耗影响较大，服务器进口温度 T_{in} 也会对服务器功耗有一定影响。

　　图 2-28a 所示是 $T_{in} = 35℃$ 时，在模拟环境下，服务器功耗与占用率 u 的关系。可以看出，两者大部分呈线性关系，这样的关系也可以从式（2-14）中反映出来；$T_{in} = 25℃$ 时情形也类似。从图 2-29 中还可以看出，随着 u 增长，$T_{in} \geq 27℃$ 的功耗曲线间距 r 越来越大，甚至在 $u = 0.8$，$T_{in} = 35℃$ 时功耗曲线出现了明显的上扬，这表明服务器中冷却风机功耗增加越

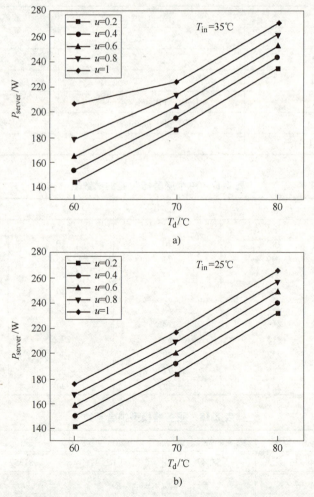

a)

b)

图 2-28　不同占有率 u 下的服务器功耗情况

来越明显，对服务器功耗增加贡献越来越明显。总的来说，在各种模拟条件下，当 u 从 0.2 上升到 1 时，服务器发热功耗大约增加 14%～44%。

图 2-30 所示为服务器功耗与核心温度 T_d 关系，可以看出，在给定服务器进口温度 T_{in} 为 25℃ 和 35℃ 情况下，CPU 核心温度 T_d 的提升同时会引起服务器功耗增加。CPU 核心温度 T_d 的提升表示对工作环境的要求放松了，但同时会导致 CPU 泄漏功率的增加。在式（2-18）中，是用指数形式对其进行描述的，拟合系数 $a_3 = 0.03$，按照数学上的近似关系，两者的关系可以用线性关系式来进一步简化，其他入口温度 T_{in} 下的情况也类似。图 2-29 中，在不同的占有率 u 下，服务器功耗曲线都近似平行，这表明服务器功耗的增加较为均匀，这与图 2-28 的结

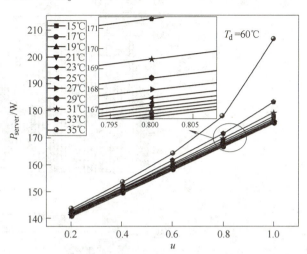

图 2-29　不同服务器进口温度 T_{in} 和
占用率 u 下服务器功耗情况

论是一致的。但在图 2-29 中，当 $T_d = 60℃$，$u = 1$ 时，服务器功耗出现了明显的增加，这是由于其中的冷却风机功耗出现了明显的增加。在模拟环境下，从 $T_d = 60℃$ 上升到 80℃，服务器的发热功耗增加了 8%～66%。

同时，服务器入口温度 T_{in} 对服务器发热功耗也有影响（图 2-29、图 2-30），当入口温度从 15℃ 变化到 30℃ 时，服务器发热功耗增加了 0.7%～18%。在 CPU 占用率 $u ⩽ 0.4$ 时，随着入口温度 T_{in} 的提升，服务器发热功耗的变化不太明显，这是因为在 CPU 占用率 u 比较低的情况下，CPU 本身的发热量不是很高，提升进口温度后，服务器所需增加的风量较小，因此服务器发热功耗的变化不明显。当 $0.4 < u ⩽ 1$，$T_{in} < 27℃$ 时，服务器发热功耗的增长比较平缓；在 $T_{in} > 27℃$ 后，其增长较为明显，并且随着 u 的增大，变化幅度也越来越大。

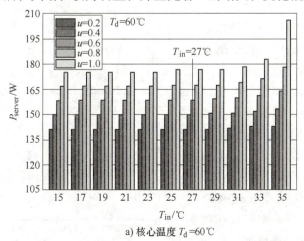

a) 核心温度 $T_d = 60℃$

图 2-30　不同的服务器入口温度 T_{in} 下服务器功耗情况

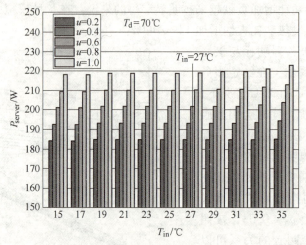

b) 核心温度 T_d=70℃

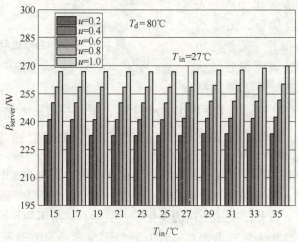

c) 核心温度 T_d=80℃

图 2-30　不同的服务器入口温度 T_{in} 下服务器功耗情况（续）

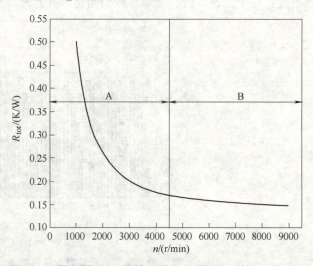

上述现象是由 CPU 的散热特性造成的。前面已经分析过 CPU 散热的主要机理是导热和对流，可以用总热阻 R_{tot} 来表征其散热性能。当服务器冷却风机的转速 n 增加时，即服务器进风流量增加时，总热阻 R_{tot} 的变化如图 2-31 所示。在图中的 A 部分，随着冷却风机 n 从 1000r/min 开始增加，R_{tot} 减小得很快，这是由于在这部分 CPU 散热中对流占主导，空气流速增加会使对流传热系数快速增加，即冷却空气流量的增加对 CPU 散热性能的

图 2-31　服务器 CPU 散热总热阻 R_{tot} 与风机转速 n 的关系

改善很明显；而在图中的 B 部分，即冷却风机 n 增加到 4500r/min 以后，R_{tot} 减小的速度比较平缓，因为在这部分 CPU 散热中对流散热已经达到极限，冷却空气流量的增加只是在改善与空气的导热传热，即对 CPU 散热性能的改善不太明显。

图 2-29 中服务器功耗曲线上出现的"突变点"也是由于此原因。图 2-29 中功耗曲线的间距之所以越来越大，正是由于 CPU 散热性能进入了图 2-31 中的 B 区附近，在 $u = 0.8$、$T_{in} = 35℃$ 时进入了 B 区的后半区，需要大幅度提升冷却风机转速；图 2-30a 中的 $T_d = 60℃$、$u = 1$ 点也是基于相同的原因。

综上所述，可将服务器的工作情况分为以下两种情形：

一是 u 很小或 T_d 较大时，服务器功耗与 CPU 核心温度 T_d、占用率 u 呈线性关系；服务器进口温度 T_{in} 从 15℃ 增加到 30℃，CPU 的总热阻变化处于图 2-31 中的 A 部分，即冷却风机不需要较大幅度地增加转速来维持 CPU 的核心温度，所以可以看到，服务器发热功耗增加得比较平缓。

二是 u 很大且 T_d 较小时，服务器功耗在这种情况下往往会出现"突变点"，当服务器进口温度 T_{in} 从 15℃ 增加到 27℃ 时，CPU 的散热性能变化处于图 2-31 中的 A 部分；当服务器进口温度 T_{in} 从 27℃ 增加到 35℃ 时，CPU 的散热性能变化接近或者进入 B 部分，即冷却风机需要较大幅度增加转速来维持 CPU 的核心温度，因此功耗大幅度增加。

3. UPS 及 PDU 的发热分析

不间断电源（Uninterrupted Power Supply，UPS），是数据机房的重要设备，当市电输入正常时，UPS 将市电稳压后供应给负载使用，此时的 UPS 就是一台交流市电稳压器，同时它还向机内电池充电；当出现事故停电时，UPS 立即将电池的直流电能，通过逆变向负载继续供应 220V 交流电。其功率损失即发热量由两部分构成：一部分是固定损耗，即空载损耗，另一部分是大小与其下游负载成正比的损耗。UPS 功率损失的计算式为[26]

$$P_{UPS_{LOSS}} = P_{UPS_{Idle}} + \pi_{UPS} \sum_{PDUs} P_{PDU} \tag{2-26}$$

式中　$P_{UPS_{Idle}}$——空载下 UPS 消耗的功率（W），$P_{UPS_{Idle}} = 5\%P_{UPS} = 5\% \times 9\% \times$
$\left(\sum_{PDUs} P_{PDU} + \sum_{server} P_{server} \right)$；

　　π_{UPS}——损失系数。

PDU 即电力分配单元（Power Distribution Unit），也就是机柜用电源分配插座，它将从上一级来的较高电压转化为合适的电压直接供给服务器，发热量与 UPS 相似，但与负载的二次方成正比，计算式为

$$P_{PDU_{LOSS}} = P_{PDU_{Idle}} + \pi_{PDU} \left(\sum_{server} P_{server} \right)^2 \tag{2-27}$$

式中　$P_{PDU_{Idle}}$——空载下 PDU 消耗的功率（W），$P_{PDU_{Idle}} = 1.5\%P_{PDU} = 1.5\% \times 3\% \times$
$\sum_{server} P_{server}$；

　　π_{PDU}——损失系数。

4. 其他设备的发热分析

（1）制冷设备的发热　制冷设备的发热指的是布置在机房内的制冷末端、风机、水泵、主机等在工作过程中的发热（机柜上的风机已经在服务器模型中考虑）。

这部分的计算需要知道详细的制冷系统布置设计资料，无详细资料时，此部分占室内设

备的发热较少，可以在最后保险系数值中综合考虑。

（2）灯具的发热 灯具的发热量和照明设计相关，这里认为，灯具的发热功率和电功率相等。照明设计计算比较复杂，这里使用一种简化的利用系数法进行估算，计算式为

$$\overline{E} = \Phi_单 N k_1 k_2 / S \tag{2-28}$$

式中 $\overline{E}$——空间 N 个灯具下，单位面积的照度（lx/m^2）；

$\Phi_单$——单个灯具内所含光源的裸光源总光通量（lm/W）；

k_1——空间利用系数；

k_2——维护系数；

S——单个灯盘所辐射的区域面积（m^2）。

其中，空间利用系数 k_1 是指从照明灯具放射出来的光束到达地板和作业台面的比例，它与照明灯具的设计、安装高度、房间的大小和反射率等相关。缺乏具体资料时，可以参考表 2-20 中所列值。

表 2-20 各类灯具空间利用系数参考值

灯具形式	灯盘	悬挂灯（铝罩）	筒灯类	光带支架类
安装高度/m	3	6~10	3	4
k_1	0.6~0.75	0.7~0.45	0.4~0.55	0.3~0.5

维护系数 k_2 是指伴随着照明灯具的老化，灯具对光的输出能力降低和光源使用时间的增加，光源发生光衰；或由于房间内灰尘的积累，使空间反射效率降低，导致照度降低而需要乘上的系数。数据中心是清洁场所，可以取 $k_2 = 0.7$。

例：在数据中心中，选用灯具为 600mm×1200mm 的荧光灯盘，两只 36W 的荧光灯，且呈矩形阵列分布。取荧光灯的光通量为 65lm/W，则单灯的光通量为（36×65）lm = 2340lm，主机房照度标准值为 500lx（参考平面为 0.75m 高的水平面）。取 $k_1 = 0.6$，则一个灯盘所辐射的区域面积为

$$S = \frac{N\Phi_单 k_1 k_2}{E} = \frac{2 \times 2340 \times 0.6 \times 0.7}{500} \text{m}^2 = 3.93\text{m}^2$$

则单位面积的照明功率为：36W×2/3.93m^2 = 18.32W/m^2。

2.4.3 数据中心发热设备的发热计算

1. 发热计算方法

前面已经建立了关于服务器的稳态模型，在估算数据中心冷负荷时，也可以利用此模型来计算数据中心的发热量。具体计算方法如下：

1）考虑单个服务器工作在最不利情形下，即满负载 $u = 1$，根据设计的环境计算单个服务器的散热功耗 Q_{server}。

2）向运维咨询每个机柜服务器的布置数量 n，针对单个机柜服务器 $n(j)$ 估算其发热量，估算时考虑到同个机柜中每个服务器不会都处于满负载状态，并且每个服务器可能都处于不同的负载率下，所以采用一个负载均匀系数 h_1；PDU 设备的发热也需考虑进去，计算式见式（2-27）。在无详细资料情况下，π_{PDU} 取 0.000075，空载功率取总功率的

$1.5\%^{[15]}$，则

$$Q_{rack}(j) = h_1 \eta_1 \sum_{i=1}^{n} P_{server}(i) + P_{PDU_{LOSS}} \tag{2-29}$$

3）向运维咨询数据中心机柜的数量 N，叠加所有机柜的发热量，得

$$Q_1 = \sum_{j=1}^{N} Q_{rack}(j) \tag{2-30}$$

4）估算 UPS 设备发热量 Q_2，计算式见式（2-26），无具体资料时 π_{UPS} 取 0.05，空载功率取总功率的 $5\%^{[15]}$。

5）灯具及其他辅助设备的发热量 Q_3 可参照相关设计规划图样进行计算。

6）将上面的所有发热量相加，并考虑一定的保险系数 h_2，便可得到数据中心总发热量 Q 为

$$Q_1 = h_2 \sum_{j=1}^{N} Q_{rack}(j) \tag{2-31}$$

2. 发热计算案例

假设数据中心机柜的服务器型号与上述模拟一致，服务器的详细信息见表 2-16，拟合系数采用表 2-18 中的数据，将 T_d 控制在 70℃，服务器进口温度为 28℃，数据机房主机房面积为 465m²，机房内有 150 个机柜。

（1）Q_1 的计算　取 $u=1$，代入式（2-18），则服务器内部组件消耗的功率为

$$P_1 = (-47.01 + 49.56 \times 1 + 53.47 \times e^{0.02 \times 75})W = 242.19W$$

按照热平衡式［联立式（2-17）~式（2-21）］，便可以确定所需的冷却风机转速 n 为 3236r/min，从而确定冷却风机的消耗功率 P_2，进一步便可以计算出 P_{server}。

$$\begin{aligned} P_2 &= (0.0012 \times 3236 - 12 \times 10^{-8} \times 3236 \times 3236 + 28 \times 10^{-12} \times 3236 \times 3236 \times 3236)W \\ &= 3.58W \end{aligned}$$

$$P_{server} = P_1 + P_2 = (242.19 + 3.58)W = 245.77W$$

服务器的机柜取 42U 型，服务器是 1.5U 型，即最多可摆放（42/1.5）台 = 28 台，考虑到实际中还需要预留空间供散热及摆放其他设备，这里取单个机柜 25 台服务器，并代入式（2-27），使用无详细资料情况下的典型系数，PDU 的功率便可以计算出来，即

$$P_{PDU} = 3\% \times \sum_{server} P_{server}$$

$$P_{PDU_{LOSS}} = 1.5\% \times P_{PDU} + [0.000075 \times (25 \times 245.77)^2]W$$

解得 $P_{PDU_{LOSS}} = 2834.15W$。

考虑到机柜内组件的电功率绝大部分转化为热，取发热效率 η 均为 0.99，并取负载不均匀系数 $h_1 = 0.8$，代入式（2-29）得

$$Q_{rack} = (0.8 \times 0.99 \times 245.77 \times 25 + 2834.15)W = 7700.396W$$

取数据中心机柜的数量 $N = 150$ 台，便可以将 Q_1 计算出来，即

$$Q_1 = 150 \times Q_{rack} = 150 \times 7700.396W = 1155059.4W$$

（2）Q_2 的计算　将 P_{PDU} 代入式（2-26），使用无详细资料情况下的典型系数，便可将 UPS 的功率计算出来，即

$$Q_2 = Q_{\text{UPS}} = 9\%\left(\sum_{\text{PDUs}} P_{\text{PDU}} + \sum_{\text{server}} P_{\text{server}} \right)$$
$$= [0.09 \times (0.03 \times 25 \times 245.77 + 25 \times 245.77) \times 150]\text{W}$$
$$= 85435.8\text{W}$$

（3）Q_3 的计算　按照前面的计算，照明功率密度为 18.32W/m^2，取为 19W/m^2，则
$$Q_3 = (19 \times 456)\text{W} = 8664\text{W}$$

考虑到还有其他散热设备，如制冷设备、电缆等，因此取一个综合保险系数 $h_2 = 1.2$，则

$$Q = 1.2(Q_1 + Q_2 + Q_3)$$
$$= 1.2 \times (1155059.4 + 85435.8 + 8835)\text{W}$$
$$= 1499196.24\text{W}$$
$$= 1499.196\text{kW}$$

2.4.4　数据中心能耗预测

1. 数据中心能耗预测的意义

随着产业数字化转型持续加快，以移动互联网、物联网、云计算、大数据、人工智能等为代表的新一代信息技术融合创新空前活跃，在驱动实体经济增长、提高劳动生产率、培育新增长点等方面发挥着日益重要的作用[25,26]。数据中心作为信息技术发展的基础设施，为社会及经济效益的提升提供了强有力的支撑。然而，伴随着信息计算、处理、存储需求的增大以及半导体技术的迅速发展，IT 设备越来越趋于高性能、高密度方向发展。与此同时，数据中心也趋于大型化、高能耗、高碳排放的方向发展。这不仅为电力系统及环境保护带来了巨大的压力，还为数据中心能源需求、效率分析以及现状描述提出了巨大的挑战。

IT 设备正常工作的基本保障在于电力供应与空气环境。如图 2-32 所示，服务器消耗电能，并最终转化为热能，从而影响空调系统的负荷，进而影响其能耗大小；而空调系统的运行参数及节能措施的应用也会影响服务器功耗，从而影响数据中心整体能耗的大小。随着高效节能技术的不断发展，数据中心通过这些技术所带来的节能变得十分有限。对此，准确的数据中心能耗模型可以有效地指导数据中心热管理与能源管理，这对进一步优化数据中心能源具有重大意义[27]。

此外，由于对现有数据中心的数量、建筑面积、功率密度以及能源使用情况等缺乏翔实准确的统计数据，因此，在估算国家、区域乃至全球数据中心能耗时，有相当大的不确定性[28]。对于试图提高数据中心能效的决策者和行业先行者们，能耗数据及其发展趋势分析是必不可少的理论基础。因此，切实有效的数据中心能源需求宏观预测方法对数据中心的绿色发展、城市电力系统的升级改造等方面起着至关重要的作用。

2. 数据中心的能耗构成

数据中心的能耗主要由四部分构成[29]：①电力设备能耗，包括发电机、变压器、不间断电源系统 UPS、蓄电池、配电单元 PDU 等；②冷却设备能耗，包括冷水机组、机房空调、冷却塔、水泵、自控系统等；③IT 设备能耗，包括服务器、存储器、交换器、工作站、用于监控的计算机等；④其他设备能耗，包括照明灯具、消防系统等。其中，IT 设备能耗和冷却设备能耗约占数据中心总能耗的 90%[30]。数据中心能耗构成及其占比如图 2-33 所示。

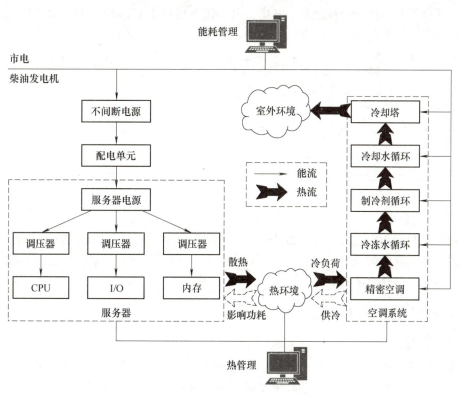

图 2-32　数据中心能流与热流图[3]

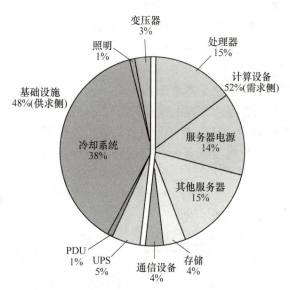

图 2-33　数据中心能耗构成及其占比[6]

2.4.5　数据中心能耗模型的建立

根据数据中心的能耗构成，数据中心的能耗可表示为 IT 设备能耗、制冷空调能耗、电力设备损耗以及其他设备能耗之和。其中，电力设备损耗主要为 PDU 损耗和 UPS 损耗；其他设备能耗主要为照明能耗。因此，数据中心的能耗计算公式可以表示为

$$E = \left(\sum_{server} P_{server} + \sum_{PDUs} P_{PDU_{LOSS}} + \sum_{UPSs} P_{UPS_{LOSS}} + P_{cooling} + P_{lighting} \right) \times T \tag{2-32}$$

式中　E——数据中心总能耗（kWh）；

　　P_{server}——服务器功耗（kW）；

　　$P_{PDU_{LOSS}}$——PDU 损耗（kW）；

　　$P_{UPS_{LOSS}}$——UPS 损耗（kW）；

　　$P_{cooling}$——制冷系统功耗（kW）；

　　$P_{lighting}$——照明功耗（kW）；

　　T——为数据中心运行时间，8760h。

在数据中心能耗模型中，服务器功耗不仅决定着自身能耗的大小，还影响着电力系统及空调系统等基础设施的能耗。因此，在建立数据中心能耗模型时，服务器功耗的准确与否直接关系着能耗预测是否准确。

2.4.6　服务器的功耗模型

1. 累加模型

在服务器各元器件中，CPU、内存、硬盘和风扇为主要硬件，其余硬件功耗往往很小，可以忽略不计。那么，服务器的功耗模型即可表示为主要硬件功耗之和[31]，其计算公式为

$$P_{server} = P_{CPU} + P_{memory} + P_{disk} + P_{fan} \tag{2-33}$$

式中　P_{CPU}——CPU 功耗（W）；

　　P_{memory}——内存功耗（W）；

　　P_{disk}——硬盘功耗（W）；

　　P_{fan}——风扇功耗（W）。

（1）CPU 功耗模型　计算方法见本章 2.4.2 节；

（2）内存功耗模型　内存是服务器中重要的部件之一，它是外存与 CPU 进行沟通的桥梁，主要用于暂时存放 CPU 中的运算数据，以及与硬盘等外部存储器交换的数据。只要服务器处于运行中，CPU 就会把需要运算的数据调到内存中进行运算，当运算完成后，CPU 再将结果传送出内存。

内存的功耗可分为两大类，即非寄存器内存功耗和寄存器内存功耗，而每类功耗均由空载功耗和运行功耗组成[31]。其计算公式为

$$P_{memory} = P_{memory_{idle}} + \gamma\alpha\beta \tag{2-34}$$

$$P_{memory_{idle}} = \sum_{i=1}^{n} s_i p \tag{2-35}$$

式中　n——内存条数量；

　　s——内存大小；

　　p——与内存条类型和厂商相关的修正系数；

　　α——不同规格型号内存系数，非寄存器内存 DDR2 取 1，寄存器内存 DDR2 取 2.3，非寄存器内存 DDR3 取 1.3，寄存器内存 DDR3 取 1.9；

　　β——常数，与内存大小数量无关，取 7.347；

　　γ——内存使用率，取值在 0~1 之间；当处理器处于空载状态时，取值为 0，当处理器工作时，使用内存越大，取值越大。

　　1）DDR2。在计算非寄存器内存 DDR2 的空载功耗时，不同厂商内存的 p 值计算见表 2-21。另外，寄存器内存的空载功耗往往与非寄存器的空载功耗成倍数关系。各厂家寄存器内存 DDR2 的功耗计算见表 2-22。

表 2-21　不同厂商 p 值计算表[13]

厂商	p 值
Kingston	$\dfrac{f}{1000}$
Samsung	$0.95 \times \dfrac{f}{1000}$
Hynix	$1.9 \times \dfrac{f}{1000}$
Generic	$1.45 \times \dfrac{f}{1000}$

表 2-22　不同厂家寄存器内存 DDR2 功耗计算表[13]

厂商	空载功耗
Kingston	2.2×非寄存器内存空载功耗
Samsung	4.26×非寄存器内存空载功耗
Hynix	1.65×非寄存器内存空载功耗
Generic	2.7×非寄存器内存空载功耗

　　2）DDR3。与内存 DDR2 不同，在计算内存 DDR3 的空载功耗时，p 值与厂商无关，只与输入频率有关。在计算非寄存器内存 DDR3 的空载功耗时，p 值的计算公式为

$$p = \frac{f}{1000} + a\sqrt{f(f_c - f)} \tag{2-36}$$

式中　f——输入频率（MHz）；

　　　a——常数，取 0.000026；

　　　f_c——参照频率，取 1600MHz。

　　对于寄存器内存 DDR3 的空载功耗，其值为非寄存器内存 DDR3 的空载功耗值的 2 倍。

　　（3）硬盘功耗模型　硬盘是服务器上最主要的存储设备，一般由磁头、碟片、电动机、主控芯片与排线等部件组成。一般地，硬盘的主要运行模式可以分为空闲、访问和启动模式。其中，空闲模式又可分为待机和休眠状态。当硬盘处于启动和访问状态时，其功耗值分别为空载状态额定功耗值的 3.7 倍和 1.4 倍；当硬盘处于待机和休眠状态时，其能耗大小相当，约为空载状态额定值的 0.1 倍。因此，硬盘功耗可用下式表达[31]：

$$P_{\text{disk}} = a \times 1.4 \times P_{\text{idle}} + b \times P_{\text{idle}}(\alpha + 0.2 \times \beta) + c \times 3.7 \times P_{\text{idle}} \tag{2-37}$$

式中　　　　P_{idle}——空载状态额定功耗（W），其取值来自厂商提供数据；

　　a、b、c、α、β——系数，取值在 0~1 之间。

　　当硬盘读写操作的平均数量为 0 时，硬盘处于空载状态。当硬盘读写操作的平均数量不为 0 时，采用概率性的方法对状态改变进行建模，具体计算如下：

1）当硬盘读写速率均大于 0 时，$a = \dfrac{\text{读的速率} + \text{写的速率}}{\text{读的最大速率} + \text{写的最大速率}}$。

2）当硬盘写的速率为 0 时，$a = \dfrac{\text{读的速率}}{\text{读的最大速率}}$。

3）当硬盘读的速率为 0 时，$a = \dfrac{\text{写的速率}}{\text{写的最大速率}}$。

此时，$b = 0.9 \times (1-a)$，$c = 0.1 \times (1-a)$。另外，空载状态下 α 和 β 的取值应根据以下条件进行取值：

1）若 $0 < b \leqslant 0.3$，那么 $\alpha = 0.9$，$\beta = 0.1$。

2）若 $0.3 < b \leqslant 0.6$，那么 $\alpha = 0.5$，$\beta = 0.5$。

3）若 $0.6 < b \leqslant 1$，那么 $\alpha = 0.1$，$\beta = 0.9$。

（4）风扇功耗模型　风扇是服务器散热设备，其功耗的大小取决于转速的大小。根据相似原理，风机功耗与转速的三次方成正比，因此，服务器风扇功耗模型计算公式为

$$P_{\text{fan}} = P_{\text{base}} \left(\frac{\text{RPM}_{\text{fan}}}{\text{RPM}_{\text{base}}} \right)^3 \tag{2-38}$$

式中　P_{base}——系统空闲时的功耗（W）；

　　　RPM_{base}——系统空载时风扇转速（r/min）；

　　　RPM_{fan}——系统风扇实时转速（r/min）。

2. "Base+Active" 模型

在上述服务器累加模型中，各元器件功耗模型基本上都可以表示为空载功耗和运行功耗，其中，空载功耗往往可被视为定值。因此，为了简便运算，服务器整体功耗模型即可表示为空载功耗和运行功耗之和，具体计算公式为

$$P_{\text{server}} = P_{\text{base}} + P_{\text{active}} + \text{Delta} \tag{2-39}$$

式中　P_{base}——服务器空载功耗（W）；

　　　P_{active}——服务器运行功耗（W）；

　　　Delta——因服务器进风温度不同所引起的功耗偏差修正值（W）。

对于空载功耗，美国能源之星[32]对 1 颗 CPU 和 2 颗 CPU 的服务器进行相应的划分，同时给出了最大空载功耗的计算公式，即

$$P_{\text{base}_{\max}} = P_{\text{idle}} + \sum_{i=1}^{n} P_{\text{add}_i} \tag{2-40}$$

式中　P_{idle}——基本的空载功耗（W），从表 2-23 中选取；

　　　P_{add_i}——当服务器配置发生变化时，需额外增加的功耗（W），相关取值见表 2-24。

表 2-23　服务器基本空载功耗[17]

种类	服务器 CPU 个数	是否有冗余电源且含管理控制	基本空载功耗/W
A	1	×	47.0
B	1	√	57.0
C	2	×	92.0
D	2	√	142.0
Resilient	2	√	205.0

表 2-24　服务器额外空载功耗[17]

所增加配置	特　　性		额外增加功耗
电源			20W/电源
硬盘（包括固态硬盘）			8W/硬盘
内存	大于 4GB		0.75W/GB
寄存器 DDR 通道	大于 8 通道（仅限 Resilient Servers）		4W/通道
I/O 设备	安装端口超过 2 个，且都 ≥1Gbit，支持以太网	<1Gbit	0W
		=1Gbit	2.0W/端口
		>1Gbit 且<10Gbit	4.0W/端口
		≥10Gbit	8.0W/端口

对于运行功耗，现有的研究大都通过数学拟合的方法来计算，主要可分为线性回归、多项式和幂函数三类。其中，线性回归又可分为一元线性回归和多元线性回归，多项式可分为二次多项式和三次多项式。

（1）线性回归

1）一元线性回归。由于 CPU 为服务器核心部件，其使用率直接影响其他元件的能源消耗，因此，在描述服务器运行功耗时，可简单地认为其与 CPU 使用率存在函数关系。Fan[33]等人通过一系列的变负载性能测试，得到了服务器运行功耗和 CPU 使用率存在一元线性关系，其表达式为

$$P_{\text{active}} = (P_{\max} - P_{\text{base}})u \tag{2-41}$$

式中　$P_{\max}$——CPU 满载时的功耗（W）；

　　　u——CPU 使用率。

与此同时，他们还提出了准确性更高的非线性功耗模型，其表达式为

$$P_{\text{active}} = (P_{\max} - P_{\text{base}})(2u - u^r) \tag{2-42}$$

式中　r——回归系数。

2）多元线性回归。随着信息技术与其节能技术的不断发展，单纯使用 CPU 使用率来回归服务器运行功耗已经不能满足现有需求。Alan[34]等人利用 CPU、内存、硬盘和网卡的使用率来表征其运行功耗，计算表达式为

$$P_{\text{active}} = C_{\text{cpu},n} \times u_{\text{cpu},t} + C_{\text{memory}} \times u_{\text{memory},t} + C_{\text{disk}} \times u_{\text{disk},t} + C_{\text{nic}} \times u_{\text{nic},t} \tag{2-43}$$

式中　$C_{\text{cpu},n}$、C_{memory}、C_{disk}、C_{nic}——回归系数；

$u_{\text{cpu},t}$、$u_{\text{memory},t}$、$u_{\text{disk},t}$、$u_{\text{nic},t}$——分别表示 CPU、内存、硬盘和网卡的使用率。

（2）多项式　对于一些服务器，在使用一元回归拟合运行功耗时，其准确性难以保证。Zhang[35]等人基于 CPU 使用率提出了二次和三次多项式功耗模型，具体表达式为

$$P_{\text{active}} = a \times u_{\text{cpu}} + b \times u_{\text{cpu}}^2 \tag{2-44}$$

$$P_{\text{active}} = a \times u_{\text{cpu}} + b \times u_{\text{cpu}}^2 + c \times u_{\text{cpu}}^3 \tag{2-45}$$

式中　a、b、c——拟合系数。

（3）幂函数　对 CPU 功耗为主导的服务器，CPU 的动态功耗与其供应电压 V_{dd} 的二次方和时钟频率 f 成比例关系。由于 CPU 的时钟频率随着其供应电压的变化而变化，因此，可用 CPU 的时钟频率来表征其供应电压的大小。那么 CPU 乃至服务器的运行功耗可以表示

为 CPU 时钟频率的函数[36]，具体计算公式为

$$P_{\text{active}} = P_f f^3 \tag{2-46}$$

式中　P_f——拟合系数。

在风冷服务器中，CPU 的核心温度升高，会导致 CPU 泄漏功耗的增加。与此同时，服务器自带的冷却风扇会通过调整自身转速来保证 CPU 核心温度在目标范围内。此时，若进风温度升高，会增加风扇高转速运行的时间，从而导致其能源消耗增大。因此，在服务器功耗模型中，需要考虑进风温度变化所带来的能源消耗[37]，其计算公式为

$$Delta = a_0 + a_1 T + a_2 T^2 \tag{2-47}$$

式中　　　T——进风温度（℃）；

a_0、a_1、a_2——拟合系数。

3. 服务器功耗模型的应用

随着信息技术的不断发展，IT 设备的功率密度及能耗不断攀升。与此同时，数据中心制冷需求及其能耗也不断增大。这使得数据中心的热管理与能源管理面临着巨大的挑战。服务器作为数据中心能流和热流的基本单元，其功耗模型可以用来预测数据中心能耗，并以此为基础通过相应的调控措施来实现数据中心流场及能耗的优化。目前，数据中心服务器功耗模型主要应用于 IT 领域和制冷空调领域。其中，在 IT 领域中，模型应用主要体现在服务器自身功耗优化和云计算任务分配及能耗优化两个方面；在制冷空调领域中，模型应用则主要体现在机房冷负荷计算以及制冷空调设备调控及气流管理两个方面[27]。

（1）服务器自身功耗优化　服务器作为数据中心能流的终端以及热流的始端，其功耗的大小直接影响了数据中心整体能源消耗。由于能源在传输过程中存在损耗，每节约 1W 的 CPU 功耗可以节约 1.5W 的服务器功耗和 3W 的数据中心整体能耗[38]。根据本书 2.4.2 节中的描述，服务器自身功耗的变化除了与工作负载有关外，还会受进风温度、风扇转速以及泄漏功耗的影响。因此，基于服务器功耗模型对进风温度、风扇转速以及泄漏功耗三者进行优化，可实现服务器自身的高效运行。有研究基于服务器功耗模型提出了多输入多输出的风扇控制模型，与传统的反馈控制相比，可节约 20% 风扇功耗[39]。另一项研究通过分析服务器功耗、温度、泄漏功率和制冷功耗之间的关系，通过设定最优的风扇转速来优化服务器功耗，在进风温度为 32℃ 时，可节约 10.3% 的服务器功耗[40]。

（2）云计算任务分配及能耗优化　云计算是网格计算、分布式计算、并行计算、效用计算、网络存储、虚拟化、负载均衡等传统计算机技术和网络技术发展融合的产物。狭义的云计算指的是通过分布式计算和虚拟化技术搭建数据中心或超级计算机，以按需付费租用方式向用户提供数据存储、分析以及科学计算等服务。广义的云计算指通过建立网络服务器集群，向各种不同类型客户提供在线软件服务、硬件租借、数据存储、计算分析等不同类型的服务[41]。

在云计算中，服务器等 IT 设备的运行状态会根据用户需求而改变。服务器运行状态可以分为启停、空载和运行三类，其中，当服务器从空载状态到运行状态时具有多种响应形式：①当有新的任务请求时，服务器必须立即做出响应；②服务器可以暂停运行一小段时间；③当服务器从空载状态到运行状态时，拥有足够时间来唤醒[42]。一般地，服务器处于空载状态时的功耗为其运行峰值功耗的 50%[43]。换言之，关闭空载状态后，服务器即可节约 50% 的能耗。然而，当服务器从关闭状态启动时，不仅需要消耗一定的功耗，而且有新

任务请求时不能做出立即响应。那么，当服务器处于空载状态时，使其处于睡眠状态为最佳选择，此时可以节约服务器能耗 140W[44]。此外，服务器虚拟技术可以使任务请求从一台服务器迁移到另一台服务器，实现服务器群组管理[45]。与此同时，配合使用相应的监测系统、负载预测模型以及服务器功耗模型，可以更好地管理低负载服务器，从而提高其能源利用效率，进而达到节能的目的。

（3）机房冷负荷计算　目前，数据中心机房冷负荷计算主要分为估算法和累加法。估算法是根据数据中心的设备情况，依据以往的设计经验来估计 IT 设备的散热密度（W/m²）。累加法则直接取 IT 设备的铭牌功率作为其散热量。特别地，对于估算法而言，服务器功率与机柜设计功率不能完全匹配，因此按照机柜散热密度进行估算的负荷值往往比实际值要大。例如，如果一个机柜设计的额定功率为 1kW，而服务器的铭牌功率为 300W，那么，一个机柜最多可放置 3 台服务器，此时机柜就存在 10% 的冗余[46]。对于累加法而言，大多数服务器的峰值功耗不会高于设备铭牌功率的 80%，况且服务器在运行过程中，几乎很少满载运行，故其实际功率应远远小于其铭牌功率的 80%；网络设备如路由器、交换器等的实际功耗约为铭牌功率的 30%[47]。上述负荷计算方法虽然能够快速计算数据中心设备的散热量，但是所得的负荷值往往与实际值相差甚远。这不仅使得电力系统和空调系统在设计中冗余过大，增大了设备初投资，还将造成不必要的冷量及能源浪费。Howard Cheung 等人[48]利用"Base+Active"模型中的一元线性回归模型对数据中心服务器能耗所产生的负荷进行评估，其平均百分比误差为 25.7%，而估算法的百分比误差为 282%，累加法的百分比误差为 154.3%，即该模型的百分比误差比估算法和累加法分别小 256.3% 和 128.6%。

（4）空调设备调控及气流管理　数据中心空调的作用目标是服务器，空调参数的确定应以满足服务器热湿环境的要求为依据，以保证 IT 设备处于限定的空气环境参数下，避免热点以防设备故障，同时避免冷点以节约能源。由于数据中心热环境的形成受诸多因素影响，如服务器的布置方式、工作负载、空调送风形式、送风参数等，因此，在对数据中心热环境进行实时管理时，应考虑多种因素的耦合作用。例如，Zapater 等人[49]基于"Base+Active"模型结合负载管理，通过控制每个机柜的进风温度和气流来优化数据中心冷却能耗，利用该方法可以节约冬季制冷能耗 1.2% 以及夏季制冷能耗 14.4%。

2.4.7　空调系统的能耗模型

1. 空调系统能耗的影响因素

数据中心空调系统是数据机房排热的重要组成部分，其能耗的大小主要取决于数据中心的冷负荷和空调系统形式及构成。其中，负荷的大小主要受外扰、内扰以及围护结构的影响。常规空调系统主要由冷热源、输配系统及末端构成，其能耗大小取决于用能设备的功率及其运行时间。

（1）外扰影响因素　我国地域广大、气候多样，自北向南大致分为 5 个建筑热工分区：严寒地区、寒冷地区、夏热冬冷地区、温和地区和夏热冬暖地区。不同类型的气候区域，全年室外温度的分布不同。当室外温度高于室内温度时，室外热量通过围护结构传入，形成空调冷负荷；当室外温度低于室内温度时，室内热量通过围护结构传出数据中心。一般建筑的空调设施需要考虑技术经济性，每年允许存在一定的不保证时间段，而数据中心的机房不能存在不保证时间段。制冷中断或不足，就有可能导致电子信息设备出现热点甚至故障或宕机。数据中心的冷却系统需要避免极端气象条件出现时，设备出现无法工作或无法提供足额冷量的运行场景。因此，《数据中心制冷与空调设计标准》（T/CECS487--2017）中规定，对于数据中心用来支持电子信息设备稳定运行的空调及其配套设施，在依照室外空气参数选型时，湿球温度、夏季和冬季的干球温度均宜采用有气象记录以来的极端温度[50]。此外，室外气象参数是制冷空调系统设计的重要输入参数，不同的气象参数直接影响制冷空调系统的设备容量配置、节能器类型的选择和运行能耗。不同的室外气候条件还决定了自然冷却技术的可利用程度，即使处于同一热工分区具有接近的气候条件，采用相同的制冷空调系统，冷冻水供、回水温度，机房空调送、回风温度的设定值，空调系统的能耗也未必一样。

（2）围护结构影响因素 数据中心建筑围护结构的传热量取决于围护结构的构造和材料。由于数据中心全年不间断运行，服务器散发的热量需要时时刻刻向室外排放，因此为了减少太阳辐射量和避免潜在的结露现象，数据机房常常设在建筑物内的中间层。特别地，当机房设置在顶层或者只有一层的建筑物中时，数据中心的围护结构则需考虑外墙和屋顶两个因素。

（3）内扰影响因素 数据中心机房的室内热源主要包括IT设备、UPS、PDU、照明灯具以及人员。从图2-22中可以看出，在组成数据中心发热设备中，IT设备的发热量达到了70%以上，占据了绝大部分。UPS、照明灯具的发热量分别占13%和10%，而PDU及人员的发热量比较少，分别占4%和2%[17]。因此，数据中心空调系统所提供的冷量大部分消耗于IT设备、不间断电源以及照明灯具。其中，IT设备和不间断电源在数据中心实际运行过程中又与数据中心负载有关（尤其是IT设备），相对于其他组成部分具有动态特征。

（4）空调系统形式及构成 风冷形式的数据中心机房往往采用传统的水冷式冷冻水系统，其制冷空调系统的主要耗能设备包括：①冷源：冷水机组和冷却塔；②输配系统：冷冻水泵和冷却水泵；③末端：机房空调。如图2-34所示，风冷形式主要利用循环空气带走机房内热源的散热，在机房空调中进行空气与冷冻水的热交换[51,52]。冷水机组通过制冷循环制备冷冻水，冷却塔最终将制冷空调系统的所有热量通过蒸发冷却散发到室外大气中。冷冻水泵和冷却水泵输配冷热介质，实现系统循环。在此过程中，冷水机组的制冷效率、冷却塔的散热效率、水泵的输配效率以及机房空调的能效对整个空调系统的能耗起着至关重要的作用。其中，冷水机组的制冷效率主要受回水温度和部分使用率的影响[54]。冷却塔的散热效率与室外空气温湿度、汽水比及填料等有关。特别地，冷却塔的出水温度与室外空气湿球温度正相关[54]，如图2-35所示。对于IT设备配置确定的数据中心机房，机房空调的能效与送风温度存在一定的函数关系[55]，如图2-36所示。

2. 空调系统功耗的构成

数据中心常规的水冷空调系统主要由冷源、输配系统和末端三部分组成。空调系统的功耗可表示为这三部分的总和，即

$$P_{\text{cooling}} = \sum P_{\text{CRAH}} + \sum P_{\text{chiller}} + \sum P_{\text{pump,CW}} + \sum P_{\text{tower}} + \sum P_{\text{pump,CD}} \quad (2\text{-}48)$$

式中 P_{CRAH}——机房空调功耗（kW）；

P_{chiller}——冷水机组功耗（kW）；

$P_{\text{pump,CW}}$——冷冻水泵功耗（kW）；

P_{tower}——冷却塔功耗（kW）；

$P_{\text{pump,CD}}$——冷却水泵功耗（kW）。

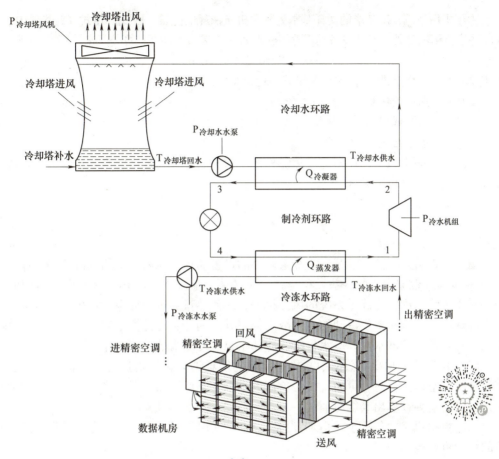

图 2-34　数据机房散热示意图[36]（微信扫描二维码可看彩图）

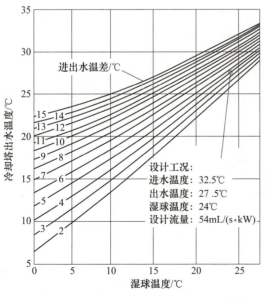

图 2-35　100%设计流量下冷却塔性能图[38]

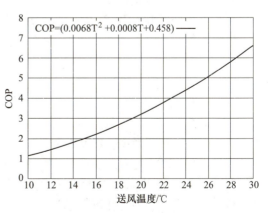

图 2-36　机房空调性能随送风温度变化图[39]

由于机房空调、冷却塔的功耗基本为其风机所消耗的能量，因此，在式（2-48）中，等式右边除冷水机组功耗外，其他设备功耗均可参照水泵与风机的功耗计算公式来计算[56]，即

$$P = (\Delta P \times V) / \eta \tag{2-49}$$

式中 P——机房空调、水泵或冷却塔功耗（kW）；

ΔP——水泵或风机的压降（N/m^2）；

V——水泵或风机的流体流量（m^3/s）；

η——水泵或风机的效率。

另外，水泵与风机的压损与流体流速的二次方成正比，那么除冷水机组外其他设备功耗计算式（2-49）又可表示为

$$P = \frac{C^2 V^3}{\eta} \tag{2-50}$$

式中 C——压损系数。

由式（2-50）可知，计算冷水机组以外的设备功耗，需要确定相应设备的流体流量。由图 2-34 可知，数据中心的冷却过程是在一定的驱动温差下，将热量从室内搬运到室外的过程。对于传统水冷式冷冻水系统的风冷机房，芯片热量通过循环空气从机柜服务器排出，最终由冷却塔采用直接蒸发冷却的方式散发到室外。因此，在计算空调系统各设备功耗时，可采用机房空调、冷冻水泵、冷水机组、冷却水泵、冷却塔的计算顺序。

（1）机房空调功耗　数据中心机房空调的能耗即风机为机房送风所消耗的电能，因此在计算机房空调能耗时，可通过机房负荷大小以及空调送回风温差来计算出空调的风量，再根据风机的特性计算出其能源消耗。

前述数据机房的负荷主要由 IT 设备、UPS、PDU 和照明灯具组成。因此，机房空调的总的负荷可以表示为

$$Q_{room} = P_{UPS_{loss}} + P_{PDU_{loss}} + P_{lighting} + \sum P_{server} \tag{2-51}$$

式中 Q_{room}——数据机房总负荷（kW）；

$P_{UPS_{loss}}$——不间断电源功耗损失（kW）；

$P_{PDU_{loss}}$——配电单元功耗损失（kW）；

$P_{lighting}$——照明功耗（kW）；

P_{server}——服务器功耗（kW）。

一般地，UPS 和 PDU 的损耗分别为其输入功耗的 9% 和 3%。因此，PDU 和 UPS 的能耗损失可表示为

$$P_{PDU_{loss}} = \frac{1 - \eta_{PDU}}{\eta_{PDU}} \sum P_{server} \tag{2-52}$$

$$P_{UPS_{loss}} = \frac{1 - \eta_{UPS}}{\eta_{PDU} \eta_{UPS}} \sum P_{server} \tag{2-53}$$

式中 η_{PDU}——PDU 效率，取 97%；

η_{UPS}——UPS 效率，取 91%。

照明灯具的散热根据单位面积的发热量计算。一般地，数据机房照明功率密度为 $21.53W/m^2$，那么照明功耗可表示为

$$P_{lighting} = 21.53A \tag{2-54}$$

式中 A——机房总面积（m^2）。

另外，在数据机房中的热交换中基本为显热交换，那么，机房空调的流量即可通过下式计算得出：

$$V_{CRAH} = \frac{Q_{room}}{\rho_{air} c_{p,air} (T_{air,hot} - T_{air,cold})} \tag{2-55}$$

式中 V_{CRAH}——空气流量（m^3/s）；

ρ_{air}——空气密度（kg/m^3）；

$c_{p,air}$——空气比热容 [$kJ/(kg \cdot ℃)$]；

$T_{air,hot}$——空调回风温度（℃）；

$T_{air,cold}$——空调进风温度（℃）。

再根据式（2-50），即可计算得到机房空调的功耗。

（2）冷冻水泵功耗 冷冻水泵是将冷水从制冷机房运至空调区域（房间）以满足其供冷要求，其所需搬运的热量为机房负荷以及热量在传递和换热中的损失，其表达式为

$$Q_{CW} = \sum Q_{room} + \sum P_{CRAC} \tag{2-56}$$

式中 Q_{room}——数据机房负荷（kW）；

P_{CRAC}——机房空调功耗（kW）；

再根据冷冻水侧的供回水温度，即可求得冷冻水泵的流量，即

$$V_{CW} = \frac{Q_{CW}}{\rho_{CW} c_{p,CW} (T_{CW,hot} - T_{CW,cold})} \tag{2-57}$$

式中 V_{CW}——冷冻水流量（m^3/s）；

ρ_{CW}——冷冻水密度（kg/m^3）；

$c_{p,CW}$——冷冻水比热容 [$kJ/(kg \cdot ℃)$]；

$T_{CW,hot}$——冷冻水回水温度（℃）；

$T_{CW,cold}$——冷冻水出水温度（℃）。

再根据式（2-50），即可计算得到冷冻水泵的总功耗。

（3）冷水机组功耗 冷水机组所提供的冷量是由系统冷量决定的，而系统冷量包括房间负荷、新风负荷和风机、水泵、管道等的温升损失。因此，冷水机组所提供的冷量计算公式可表示为

$$Q_{chiller} = Q_{CW} + P_{pump,CW} \tag{2-58}$$

式中 $P_{pump,CW}$——冷冻水泵总功耗（kW）。

若已知冷水机组的性能系数，即可求得冷水机组能耗，其计算式为

$$P_{chiller} = \frac{Q_{chiller}}{COP_{chiller}} \tag{2-59}$$

式中 $COP_{chiller}$——冷水机组性能系数。

（4）冷却水泵功耗 冷却水泵的作用是将从空调区转移至制冷机房的热量搬运至室外。其所需搬运的热量即为冷水机组的冷凝热，其表达式为

$$Q_{CD} = Q_{chiller} + P_{chiller} \tag{2-60}$$

式中 $Q_{chiller}$——冷水机组提供的总冷量（kW）；

$P_{chiller}$——冷水机组总功耗（kW）。

再根据冷却水的进出水温度，即可求得冷却水流量，其计算公式为

$$V_{CD} = \frac{Q_{CD}}{\rho_{CD} c_{p,CD}(T_{CD,hot} - T_{CD,cold})}$$ (2-61)

式中　V_{CD}——冷却水流量（m³/s）；

ρ_{CD}——冷却水密度（kg/m³）；

$c_{p,CD}$——冷却水比热容 [kJ/(kg·℃)]；

$T_{CD,hot}$——冷却水回水温度（℃）；

$T_{CD,cold}$——冷却水出水温度（℃）。

将其代入式（2-50），即可求得冷却水泵功耗。

（5）冷却塔功耗　冷却塔的作用是将制冷空调系统所需排除的总热量，以蒸发冷却的方式散入大气。综上所述，冷却塔所需处理的热量即为冷水机组冷凝热以及热量在传递和换热中的损失。计算公式可表示为

$$Q_{tower} = Q_{chiller} + P_{chiller} + P_{CD}$$ (2-62)

式中　P_{CD}——冷却水泵总功耗（kW）。

再根据冷却塔进出风焓值，即可求得冷却塔风量，计算式为

$$V_{Tower,air} = \frac{Q_{tower}}{\rho_{tower,air}(h_{ao} - h_{ai})}$$ (2-63)

式中　$V_{Tower,air}$——冷却塔风量（m³/s）；

$\rho_{tower,air}$——空气密度（kg/m³）；

h_{ao}——冷却塔出风焓值 [kJ/kg（干空气）]；

h_{ai}——冷却塔进风焓值 [kJ/kg（干空气）]。

冷却塔功耗即为其风扇所消耗的能量，可根据式（2-50）计算求得。

2.4.8　数据中心能耗的宏观预测

1. 宏观预测的方法

数据中心能耗的宏观预测可以追溯到 20 世纪和 21 世纪之交，主要被美国、荷兰、瑞士以及德国等国家用来评估一个国家整体的数据中心能源消耗。近年来，随着数据中心的迅猛发展，数据中心高能耗问题已引起业内的广泛重视，其能耗的宏观预测已从国家层面上升到地区层面，如美洲地区、西欧地区、亚太地区及其他地区。现有的数据中心能耗需求预测方法主要分为三类：单位面积能耗法、IT 设备分类统计法以及自下而上计算法[28,57]。

（1）单位面积能耗法　单位面积能耗法旨在通过将数据中心的面积、功率密度和使用时长相乘来得到数据中心年耗电量。其中，数据中心的面积来自国家统计数据，功率密度中包括 IT 设备和其相关的基础设施。当使用面积能耗法来预测数据中心能耗时，需要收集和监测典型数据中心面积和功率密度，然而，这些数据在实际运行过程中很难获取或者只能定期获取。另外，该方法适用于计算数据中心一年的数据，对于未来数据中心能耗预测只能通过统计历史数据来拟合其发展规律来获得。

（2）IT 设备分类统计法　IT 设备分类统计法是通过将 IT 设备按其种类及运行状态进行划分统计，然后将不同设备在不同运行状态下的功率乘以其相应的运行时长后进行累加来获

得数据中心整体能耗需求。该方法仅针对 IT 设备进行了能耗预测，未考虑 IT 设备相对应的基础设施能耗。

（3）自下而上计算法　自下而上计算法是在 IT 设备分类统计法的基础上考虑了 IT 设备相对应的基础设施能耗，为现阶段应用最广泛的数据中心能耗宏观预测方法。

2. 宏观预测的模型

自下而上的数据中心能耗宏观预测模型主要包含四个部分，即服务器能耗、外部存储设备能耗、网络能耗以及基础设施能耗，其计算表达式为[57]

$$E^{\mathrm{DC}} = \sum_j \left[\sum_i E_{ij}^{\mathrm{S}} + E_j^{\mathrm{ST}} + E_j^{\mathrm{N}} \right] \mathrm{PUE}_j \tag{2-64}$$

式中　E^{DC}——数据中心能耗需求（kW·h/年）；

E_{ij}^{S}——在 j 类区域中 i 类服务器所需能耗（kW·h/年）；

E_j^{ST}——在 j 类区域中存储所需能耗（kW·h/年）；

E_j^{N}——在 j 类区域中网络所需能耗（kW·h/年）；

PUE_j——在 j 类区域中 IT 设备电能使用效率 [(kW·h)/(kW·h)]。

在计算服务器能耗时，每一类服务器的安装数量设有一个基准值，即目前安装服务器的数量（基准期服务器数量）。当服务器数量因采用虚拟化、应用程序整合以及遗留服务器移除等措施而发生变化时，采用缩减比来表示。例如，当服务器的缩减比为 3 时，表征 3 台服务器被 1 台服务器所替代。因此，服务器能耗预测的计算公式为

$$E_{ij}^{\mathrm{S}} = \frac{\hat{N}_{ij}^{\mathrm{S}}}{\rho_{ij}^{\mathrm{S}}} e_{ij}^{\mathrm{S}} \tag{2-65}$$

式中　$\hat{N}_{ij}^{\mathrm{S}}$——在 j 类区域中 i 类服务器基准期数量；

ρ_{ij}^{S}——在 j 类区域中 i 类服务器数量缩减比；

e_{ij}^{S}——在 j 类区域中 i 类服务器年耗电量（kW·h/年）。

对于服务器年耗电量而言，需要考虑三类不同的节能措施：①使用高效的服务器硬件；②采用动态电压频率调整技术（Dynamic Voltage and Frequency Scaling，DVFS）；③减少物理服务器数量。采用高效硬件及启用 DVFS 的服务器数量占比可以在式（2-66）中体现，从而来表征服务器在采用不同节能措施情况下的能量消耗。

$$e_{ij}^{\mathrm{S}} = \hat{e}_{ij}^{\mathrm{S}} [\alpha_{ij}^{\mathrm{S}} (\gamma_{ij}^{\mathrm{S}} - 1) + 1][\beta_{ij}^{\mathrm{S}} \delta_{ij}' + (1 - \beta_{ij}^{\mathrm{S}}) \delta_{ij}''] \tag{2-66}$$

式中　$\hat{e}_{ij}^{\mathrm{S}}$——在 j 类区域中 i 类服务器年基准耗电量（kW·h/年）；

α_{ij}^{S}——在 j 类区域中 i 类服务器中采用节能硬件的服务器占比；

γ_{ij}^{S}——在 j 类区域中 i 类服务器中高效服务器与基准服务器的耗电比；

β_{ij}^{S}——在 j 类区域中 i 类服务器中采用 DVFS 技术的服务器占比；

δ_{ij}'，δ_{ij}''——DVFS 技术应用和 CPU 使用率因子，表征服务器减少后现有的设备数量、服务器 CPU 平均使用率及 DVFS 应用与否之间的关系。

图 2-37 描绘了在不同的 CPU 使用率下，采用 DVFS 与否和服务器平均能耗之间的关系。由此图可以看出，服务器的能耗随着 CPU 使用率的增加而增加，其增加的程度取决于 DVFS 技术的应用与否。对于 DVFS 技术应用和 CPU 使用率之间的关系因子可以通过图 2-37 中的关系来求得。计算表达式为

$$\delta'_{ij} = \frac{m_{ij}^{ON} u_{ij} + b_{ij}^{ON}}{m_{ij}^{OFF} \hat{u}_{ij} + b_{ij}^{OFF}} \qquad (2-67)$$

$$\delta''_{ij} = \frac{m_{ij}^{OFF} u_{ij} + b_{ij}^{OFF}}{m_{ij}^{OFF} \hat{u}_{ij} + b_{ij}^{OFF}} \qquad (2-68)$$

式中　m_{ij}^{ON}——在 j 类区域中 i 类服务器中采用 DVFS 技术后电能使用率的斜率，取 0.49；

　　　u_{ij}——在 j 类区域中 i 类服务器数量减少后的 CPU 使用率（%）；

　　　b_{ij}^{ON}——在 j 类区域中 i 类服务器中采用 DVFS 技术后电能使用率的截距，取 0.51；

　　　m_{ij}^{OFF}——在 j 类区域中 i 类服务器中未采用 DVFS 技术的电能使用率斜率，取 0.34；

　　　$\hat{u}_{ij}$——在 j 类区域中 i 类服务器数量未减少时的 CPU 使用率（%）；

　　　b_{ij}^{OFF}——在 j 类区域中 i 类服务器中未采用 DVFS 技术的电能使用率截距，取 0.67。

服务器 CPU 平均使用率有四个影响因素：①服务器缩减比；②服务器基准期 CPU 使用率；③遗留服务器移除的数量占比；④虚拟化软件所需的平均使用率。为了简化计算，认为所移除服务器的使用率非常低，可以忽略不计。因此，服务器 CPU 平均使用率的计算公式为

$$u_{ij} = \hat{u}_{ij} \rho_{ij}^{S} (1 - \hat{\theta}_{ij}^{S}) + \dot{u}_{ij}$$
$$(2-69)$$

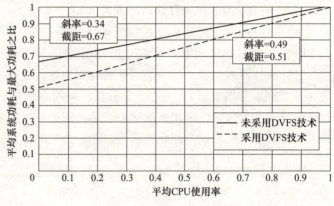

图 2-37　不同 CPU 使用率下 DVFS 应用
与否与服务器平均功耗关系图[41]

式中　$\hat{\theta}_{ij}^{S}$——在 j 类区域中 i 类遗留服务器在基准期服务器数量中的占比；

　　　$\dot{u}_{ij}$——在 j 类区域中 i 类服务器虚拟化软件所需的平均使用率（%）。

与服务器能耗相似，外部存储设备的能耗预测与基准期设备数量、设备缩减比、基准期设备耗电量及其所采用的节能措施有关。现有的外部存储设备的节能措施主要有：①高效设备及管理措施；②减少外部存储设备的数量。其中，高效设备及管理技术体现在使用高效的硬盘和数据管理上；而减少外部存储设备的数量则体现在重复数据删除、虚拟化和提高容量利用率方面。外部存储设备的能耗预测计算公式可表示为

$$E_j^{ST} = \frac{\hat{N}_j^{ST}}{\rho_j^{ST}} \hat{e}_j^{ST} (1 + \alpha_j^{ST} (\gamma_j^{ST} - 1)) \qquad (2-70)$$

式中　$\hat{N}_j^{ST}$——在 j 类区域中外部存储设备基准期数量；

　　　ρ_j^{ST}——在 j 类区域中外部存储设备的数量缩减比；

　　　$\hat{e}_j^{ST}$——在 j 类区域中外部存储设备年基准耗电量（kW·h/年）；

　　　α_j^{ST}——在 j 类区域中高效外部存储设备占比；

γ_j^{ST}——在 j 类区域中高效外部存储设备与基准期外部存储设备的耗电比。

与服务器能耗预测和外部存储设备能耗预测不同，网络设备的能耗预测主要通过 IT 设备电量需求占比来表示，具体计算公式为

$$E_j^{\text{N}} = \sum_j \left[\left(\sum_i E_{ij}^{\text{S}} + E_j^{\text{ST}} \right) \left(\frac{\varepsilon_j^{\text{N}}}{1 - \varepsilon_j^{\text{N}}} \right) \right] \tag{2-71}$$

式中 ε_j^{N}——在 j 类区域中网络设备与 IT 设备的耗电比。

基础设施包括电力变压器、UPS、制冷系统以及照明设备，其能耗主要通过每一类区域的假定 PUE 来估算。特别地，由于制冷设备的类型和配置在不同数据中心有较大的差异，为了简化计算，其耗电量根据不同区域进行计算。基础设施能耗的计算公式为

$$\text{PUE}_j = 1 + \sum_k e_{jk}^{\text{I}} \tag{2-72}$$

式中 e_{jk}^{I}——在 j 类区域中 k 类基础设施能耗与 IT 设备能耗的比值 $[\text{kW} \cdot \text{h}/(\text{kW} \cdot \text{h})]$。

Arman Shehabi 等人[58]利用上述方法对美国 2000—2020 年的数据中心能耗需求进行了评估，如图 2-38 所示。结果表明，美国数据中心的电力需求从 2000 年的约 290 亿 $\text{kW} \cdot \text{h}$ 增加到了 2020 年的近 730 亿 $\text{kW} \cdot \text{h}$。其中，2005 年数据中心的电力需求比 2000 年翻一番，约为 560 亿 $\text{kW} \cdot \text{h}$。若数据中心维持 2010 年的负载率及运行状态，随着数据中心规模不断扩大，服务器数量不断攀升，那么 2020 年数据中心的能耗值约为 2000 年的 4 倍。但是，若采用高效设备并采取绿色管理措施，2020 年数据中心能耗值将与 2000 年相当。

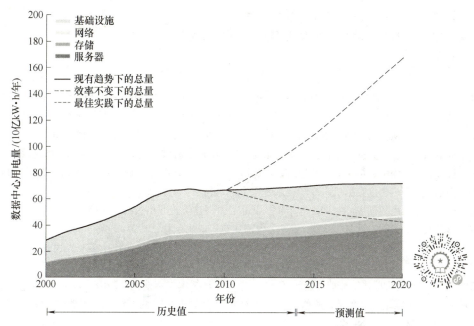

图 2-38 2000—2020 年美国数据中心能源需求发展趋势[42]（微信扫描二维码可看彩图）

思考题与习题

2-1 数据中心根据规模大小可以分为哪几类？

2-2 根据《数据中心设计规范》（GB 50174—2017），数据中心可以分为哪几类？其定

义和性能要求分别是什么？

2-3　数据中心的选址主要受哪些因素的影响？

2-4　根据《数据中心设计规范》（GB 50174—2017），对数据中心选址的具体要求是什么？

2-5　数据中心主要有哪些功能分区？

2-6　数据中心主机房、辅助区和支持区以及行政管理区面积选取的主要依据是什么？

2-7　数据中心的送回风方式主要包括哪些？

2-8　数据中心机房设备布置的原则是什么？

2-9　对高热密度机架的布置主要采用什么方法？

2-10　典型数据中心的传热过程是怎样的？传热各过程的相互关系如何？

2-11　对于数据中心，传统计算方法存在什么问题？

2-12　对于数据中心，影响围护结构保温性的因素主要包括哪些？

2-13　国内外采用的负荷计算求解方法有哪些？

2-14　模拟房间动态传热过程的数学方法主要包括哪些？这些方法之间的区别和特点主要体现在哪里？

2-15　数据中心中服务器、UPS及PDU的发热如何计算？

2-16　湿负荷包括哪些内容？如何计算？

2-17　服务器功耗模型主要有哪些？

2-18　空调系统能耗主要的影响因素有哪些？

2-19　空调系统的功耗主要由哪几个部分组成？

参 考 文 献

[1] 中华人民共和国住房和城乡建设部. 数据中心设计规范：GB 50174—2017 [S]. 北京：中国计划出版社，2017.

[2] 陈巍. 数据通信设备功率趋势与冷却应用 [M]. 北京：中国建筑工业出版社，2010.

[3] 孙丽玫，刘洪. 数据中心机房规划与布局 [J]. 电信工程技术与标准化，2012，25（4）：59-62.

[4] 许俊杰. 互联网数据中心机房建筑设计探讨 [J]. 城市建设理论研究（电子版），2013（14）.

[5] 田浩. 高产热密度数据机房冷却技术研究 [D]. 北京：清华大学，2012.

[6] 彭殿贞. 绿色数据中心空调设计 [M]. 北京：中国建筑工业出版社，2015.

[7] 赵荣义. 空气调节 [M]. 3版. 北京：中国建筑工业出版社，1994.

[8] 钟志鲲，丁涛. 数据中心机房空气调节系统的设计与运行维护 [M]. 北京：人民邮电出版社，2009.

[9] 何熙. 关于数据中心围护结构热适应性的研究 [J]. 经营管理者，2015（7）：12-13.

[10] 金刚. 通信机房建筑外墙节能设计 [J]. 电信工程技术与标准化，2010，23（1）：44-46.

[11] 刘成，蒋雅靖，孙甜甜. 通信建筑围护结构保温对机房空调系统能耗的影响研究 [J]. 建筑科学，2012，28（10）：68-72.

[12] 朱颖心. 建筑环境学 [M]. 3版. 北京：中国建筑工业出版社，2010.

[13] CLARKE J, ATHIENITIS A K, SANTAMOURIS M, et al. Energy simulation in building design [M]. Oxford：Hilger，1985.

[14] 谢晓娜，宋芳婷，燕达，等. 建筑环境设计模拟分析软件DeST：第2讲　建筑动态热过程模型 [J]. 暖通空调，2004，34（8）：35-47.

[15] HAM S W, KIM M H, CHOI B N, et al. Energy saving potential of various air-side economizers in a modu-

lar data center ［J］. Applied Energy, 2015, 138 （C）: 258-275.

［16］ 中华人民共和国工业和信息化部. 通信局站动力和环境能效评测要求和评测方法: YD/T 3032—2015 ［S］. 北京: 人民邮电出版社, 2015.

［17］ RASMUSSEN N. Calculating total cooling requirements for data centers ［Z］. White Paper, 2011.

［18］ PANDIYAN V. Development of detailed computational flow model of high end server and validation using experimental methods ［Z］. 2013.

［19］ SHAH A J. Exergy-based analysis and optimization of computer thermal management systems ［D］. Brkely: University of California, 2005.

［20］ ASHRAE Technical Committee. Thermal guidelines for data processing environments: expanded data center classes and usage guidance ［R］. ［S. l.］: （s. n.）, 2011.

［21］ HAM S W, KIM M H, CHOI B N, et al. Simplified server model to simulate data center cooling energy consumption ［J］. Energy & Buildings, 2015, 86: 328-339.

［22］ WANG Z, BASH C, TOLIA N, et al. Optimal Fan Speed Control for Thermal Management of Servers ［C］ // Proceedings of the ASME Inter PACK Conference Collocated with the ASME 2009 Summer Heat Transfer Conference & the ASME 2009 International Conference on Energy Sustainability. ［S. l.］: ［s. n.］, 2009.

［23］ SHIN D, CHUNG S W, CHUNG E Y, et al. Energy-Optimal Dynamic Thermal Management: Computation and Cooling Power Co-Optimization ［J］. IEEE Transactions on Industrial Informatics, 2010, 6 （3）: 340-351.

［24］ ZAPATER M, AYALA J L, MOYA J M, et al. Leakage and temperature aware server control for improving energy efficiency in data centers ［C］ // Proceedings of the Design, Automation & Test in Europe Conference & Exhibition. IEE, 2013: 266-269.

［25］ 中国信息通信研究院, 中国人工智能产业发展联盟. 人工智能发展白皮书: 产业应用篇 ［R］. 北京: 中国信息通信研究院, 2018.

［26］ 中国信息通信研究院. 中国互联网行业发展态势暨景气指数报告 ［R］. 北京: 中国信息通信研究院, 2019.

［27］ JIN C, BAI X, YANG C, et al. A review of power consumption models of servers in data centers ［J］. Applied Energy, 2020, 265: 114806.

［28］ DITTMAR L, SCHAEFER M. Electricity demand modeling of German data centers: Dealing with uncertainities ［R］. Berlin: Schriftenreihe Innovationszentrum Energie, 2009.

［29］ DAI J, OHADI M M, DAS D, et al. Optimum Cooling of Data Centers ［M］. New York: Springer, 2014.

［30］ VASQUES T L, MOURA P, ALMEIDA A. A review on energy efficiency and demand response with focus on small and medium data centers ［J］. Energy Efficiency, 2019, 12 （5）: 1399-1428.

［31］ BASMADJIAN R, ALI N, NIEDERMEIER F, et al. A methodology to predict the power consumption of servers in data centres ［C］ // ACM. Proceedings of ACM Sigcomm International Conference on Energy-efficient Computing & Networking. ［S. l.］: ［s. n.］, 2011.

［32］ ENERGY STAR® Program Requirements for Computer Servers-Partner Commitments V2. 1 ［Z］. 2016.

［33］ FAN X B, WEBER W D, BARROSO L A. Power Provisioning for a Warehouse-sized Computer ［C］ // Proceedings of the 34th Annual International Symposium on Computer Architecture. San Diego, CA, USA: ACM, 2007, 13-23.

［34］ ALAN I, ARSLAN E, KOSAR T. Energy-Aware Data Transfer Tuning ［C］. // Proceedings of the 14th IEEE/ACM Internatinal Symposium on Cluster, Cloud and Grid Computer （CCGid）. ［S. l.］: ACM, 2014.

［35］ ZHANG X, LU J J, QIN X, et al. A high-level energy consumption model for heterogeneous data centers ［J］. Simulation Modelling Practice and Theory, 2013, 39: 41-55.

107

［36］ CHEN Y, DAS A, QIN W, et al. Managing server energy and operational costs in hosting centers ［J］. ACM SIGMETRICS Performance Evaluation Review, 2005, 33 （1）: 303-314.

［37］ WANG Y, RTERSHUSER N D, MASSON S L, et al. An Empirical Study of Power Characterization Approaches for Servers ［C］ //Proceedings of The Ninth International Conference on Smart Grids, Green Communications and IT Energy-aware Technologies. Athens, Greece: ［s. n.］, 2019: 1-6.

［38］ GOUGH G, STEINER I, SAUNDERS W A. Energy Efficient Servers: Blueprints for Data Center Optimization ［M］. ［S. l.］: ［s. n.］, 2015.

［39］ WANG Z, BASH C, TOLIA N, et al. Optimal fan speed control for thermal management of servers ［C］ //Proceedings of the ASME 2009 InterPACK Conference collocated with the ASME 2009 Summer Heat Transfer Conference and the ASME 2009 3rd International Conference on Energy Sustainability. San Francisco, California, USA: ASME, 2009.

［40］ ZAPATER M, TUNCER O, AYALA J L, et al. Leakage-Aware Cooling Management for Improving Server Energy Efficiency ［J］. IEE Transactions on Parallel and Distributed Systems, 2015, 26 （10）: 2764-2777.

［41］ 林予松, 李润知, 刘炜. 数据中心设计与管理 ［M］. 北京: 清华大学出版社, 2017.

［42］ ASHRAE. Server Efficiency-metrics for computer server and storage ［S］. Peachtree Corners, G. A, US: ASHRAE, 2015.

［43］ DHIMAN G, MIHIC K, ROSING T. A System for Online Power Prediction in Virtualized Environments Using Gaussian Mixture Models ［C］ //Proceedings of Design Automation Conference. Anahetm, CA, USA: IEE, 2010: 807-812.

［44］ GANDHI A, GUPTA V, HARCHOL-BALTER M, et al. Optimality analysis of energy-performance trade-off for server farm management ［J］. Perform Evaluation, 2010, 67 （11）: 1155-1171.

［45］ PERUMAL V, SUBBIAH S. Power-conservative server consolidation based resource management in cloud ［J］. Net works, 2014, 24 （6）: 415-432.

［46］ PANDA P R, SHRIVASTAVA A, SILPA B V N, et al. Power-efficient system design ［M］. New York: Springer, 2010.

［47］ MITCHELL-JACKSON J, KOOMEY J G, NORDMAN B, et al. Data center power requirements: measurements from Silicon Valley ［J］. Energy, 2003, 28 （8）: 837-850.

［48］ CHEUNG H, WANG S W, ZHUANG C Q, et al. A simplified power consumption model of information technology （IT） equipment in data centers for energy system real-time dynamic simulation ［J］. Applied Energy, 2018, 222: 329-342.

［49］ ZAPATER M, TURK A, MOYA J M, et al. Dynamic Workload and Cooling Management in High-Efficiency Data Centers ［C］ //Proceedings of 2015 Sixth International Green and Sustainable Computing Conference （IGSC）. Las Vegas, NV, USA: IEEE, 2015.

［50］ 殷平. 数据中心研究 （7）: 自然冷却 ［J］. 暖通空调, 2017, 47 （11）: 49-60; 124.

［51］ GIANG T V, VINCENT D, SEDDIK B. Data center energy consumption simulator from the servers to their cooling system ［C］ // Proceedings of 2013 IEEE Grenoble Conference. Grenoble, France: Power Tech, 2013.

［52］ BREEN T J, WALSH E J, PUNCH J, et al. From Chip to Cooling Tower Data Center Modeling: Chip Leakage Power and Its Impact on Cooling Infrastructure Energy Efficiency ［J］. Journal of Electronic Packaging, 2012, 134 （4）: 041009. 1-041009. 8.

［53］ GOZCU O, OZADA B, CARFI M U, et al. Worldwide Energy Analysis of Major Free Cooling Methods for Data Centers ［C］ //Proceedings of 2017 Sixteenth IEEE Intersociety Conference on Thermal and Thermomechanical Phenomena in Electronic Systems （ITherm）. Orlando, FL, USA: IEEE, 2017: 968-976.

108

［54］ASHRAE. 2016 ASHRAE handbook-HVAC systems and equipment ［Z］. 2016.

［55］MOORE J, CHASE J, RANGANATHAN P, et al. Making scheduling "cool": Temperature-aware workload placement in data centers ［C］// Proceedings of 2005 USENIX Annual Technical Conference. Anaheim, CA, USA: DBLP, 2005: 61-74.

［56］SCHMIDT R, IYENGAR M. Thermodynamics of information technology data centers ［J］. IBM Journal of Research and Development, 2009, 53 (3): 9: 1-9: 15.

［57］MASANET E R, BROWN R E, SHEHABI A, et al. Estimating the Energy Use and Efficiency Potential of U. S. Data Centers ［J］. Proceedings of the IEEE, 2011, 99 (8): 1440-1453.

［58］SHEHABI A, SMITH S J, MASANET E, et al. Data center growth in the United States: decoupling the demand for services from electricity use ［J］. Environmental Research letters, 2018, 13 (12).

第 3 章
数据中心机房侧冷源
设备及系统设计

数据中心全年不间断高效冷却的主要途径有过渡季节和冬季时冷源侧自然冷源的综合利用，以及高品位余热（如电厂的余热）驱动溴化锂主机制冷。

3.1 数据中心冷源系统介绍

随着节能技术在数据中心越来越受到重视，数据中心基础设施的节能设计及节能技术得到了前所未有的高速发展，数据中心的冷源形式也在传统冷源形式的基础上得到了极大的丰富。不同的数据中心容量、建筑结构、选址的气候条件及自然资源，不同的成本及节能目标诉求，不同的建设水平及运维能力，均有不同的最佳冷源形式与之对应。不同的冷源形式均具有不同的价值及适应性，不存在绝对好的冷源形式，"适合的就是最好"是选择数据中心冷源形式的最佳标准。

数据中心冷源系统的任务是提供一定的传热温差，将 IT 设备散发的热量从室内搬运到室外。数据中心的服务器需长期可靠运行，数据中心空调系统必须具备常年不间断制冷的能力，因此，空调系统可靠、稳定地运行尤为重要。机房空调系统的可靠性、稳定性主要取决于空调冷源系统的可靠性，而空调冷源系统的可靠性又主要取决于制冷系统，特别是其中的运动部件，如压缩机等的性能。

目前，数据中心冷源系统按照其冷凝方式可分为风冷系统、水冷系统和蒸发冷却系统。从冷源来源上可分为机械制冷系统和自然冷源系统：机械制冷主要是指通过机械制冷设备提供冷量；自然冷源主要是指利用自然界的天然冷源来提供冷量。冷源可分为集中式冷源和分布式冷源：集中式冷源是指冷源设备集中设置，然后通过管道输送系统按需输送到负荷区域；分布式冷源是指冷源设备按区域进行分散布置。从冷源的应用价值上可分为传统型冷源和创新型冷源；传统型冷源是多年来广泛应用于数据中心并经过实际应用检验的已投入规模化生产的冷源，具有普遍应用价值，在稳定性和普遍性方面有优势；创新型冷源是为了满足少数数据中心的特定需求而定制的冷源，具有个性化应用价值，在个性化和客户定制化方面有优势，而在普及推广方面有一定的劣势。一般来说，水冷系统 COP 大于风冷系统 COP，自然冷源系统的能耗低于机械制冷系统的能耗。

数据中心冷源形式的分类见表 3-1。

表 3-1　数据中心冷源形式的分类

分类维度	类　别		代表性产品及方案
冷源来源	机械冷源	冷水机组	风冷冷水机组、带自然冷风冷冷水机组、水冷冷水机组、模块化风冷冷水机组
		单元式直膨制冷空调机组	风冷机房空调、水冷机房空调、风冷冷冻水双冷源机房空调、水冷冷冻水双冷源机房空调
		带自然冷单元式直膨制冷空调机组	风冷自然冷机房空调、水冷自然冷机房空调、氟泵自然冷机房空调、乙二醇自然冷机房空调
	自然冷源	风侧自然冷源	新风空调一体机、智能新风机组、间接蒸发冷却机组、直接蒸发冷却机组、风墙 AHU（Fanwall）、组合式新风空调风柜（SupperNap）、热转轮换热机组
		水侧自然冷源	带自然冷风冷冷水机组、冷却塔自然冷供冷
		氟侧自然冷源	氟泵自然冷机组、热管机组
		自然水冷源	自然水冷源直接冷却方案、自然水冷源间接冷却方案
		土壤及岩洞冷源	岩洞冷却方案、地源换热冷水方案
冷源区域	集中式冷源	冷水机组集中制冷站	冷水机组、冷却塔、冷冻水泵、冷却水泵、板式换热器、蓄冷装置
		自然水冷源集中供冷站	水泵泵站、水净化系统、热回收系统、DDC 智能控制系统等
	分布式冷源	单元式直膨制冷空调机组	风冷机房空调、水冷机房空调、风冷冷冻水双冷源机房空调、水冷冷冻水双冷源机房空调
		模块化分布式制冷机组	模块化冷水机组、模块化氟冷机组
		自带冷源分布式空气处理单元	空气处理单元 AHU（DX）、间接蒸发冷却模块（DX、热管）、直接蒸发冷却模块（DX、热管）、组合式新风空调风柜（DX、热管）、热转轮换热机组
		天然气分布式能源系统	天然气内燃机
应用价值	传统型冷源	机械冷源	冷水机组、带自然冷冷水机组、单元式直膨制冷空调机组、带自然冷单元式直膨制冷空调机组
		部分自然冷源	新风空调一体机、智能新风机组、智能新风换热机组、湿膜/水帘新风机组、冷却塔自然冷供冷、热管机组
	创新型冷源	风侧自然冷源	间接蒸发冷却机组、直接蒸发冷却机组、风墙 AHU（Fanwall）、组合式新风空调风柜（SupperNap）、热转轮换热机组
		氟侧自然冷源	模块化氟泵自然冷机组
		自然水冷源	自然水冷源直接冷却方案、自然水冷源间接冷却方案
		土壤及岩洞冷源	岩洞冷却方案、地源换热冷水方案

3.1.1　机械制冷系统

机械制冷系统是依靠压缩机做功提供额外的传热温差来完成数据机房热量的搬运的。常见的机械制冷系统包括风冷机组和水冷机组，其特点如下[1]。

（1）风冷机组　系统简单紧凑，控制方便，但效率较低，其运行状况与环境的干球温度相关度比较大，而且性能变化受环境温度的影响较大。

（2）水冷机组　系统效率较高，但系统较复杂，需配置冷却水系统，适用于大中型数据中心。其运行状况与环境的湿球温度和冷却水系统的换热相关，因此需要将水冷机组与其配套的水泵、冷却塔以及相应的连接管路一起考虑；并要考虑冷却塔、冷却水泵的匹配选型和运行控制；同时，需要设计低温工况制冷的运行方式和防冻措施。

3.1.2　自然冷源系统

自然冷源系统是利用温度低于室温的空气、水或者其他介质（称为自然冷源）带走 IT设备散发的热量。这种空调方式不需要起动压缩机，通常依靠输配部件（泵、风机）即可完成机房排热，节能高效。一般情况下，在自然冷源系统无法满足机房制冷需求时，需和其他系统（如机械制冷系统）共同为机房提供冷量。常见的数据中心自然冷源系统包括直接通风系统、热回收装置和蒸发冷却系统等，其主要特点如下。

（1）直接通风系统　效率高，但受空气品质的影响较大，难以保证室内湿度和空气洁净度，一般需要额外配置湿度处理设备和过滤设备，如图 3-1 所示。直接通风系统通常用于自然环境较好的地区。

（2）热回收装置　机房室内空气与室外空气间接换热，避免室内外空气直接接触，不受室外空气品质的影响。目前常

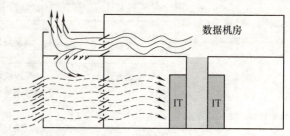

图 3-1　直接自然冷源利用技术示意图

见的热回收装置包括间壁式换热器（图 3-2a）、转轮式换热器（图 3-2b）和热管换热器（图 3-2c）等。其中，间壁式和转轮式属于空-空换热器，换热面积较大，占用空间较多，换热效率较低，换热器易堵塞，日常清理维护工作量较大；热管换热器结构紧凑，占用空间小，换热效率高，且日常清理维护较为简易。

（3）蒸发冷却系统　以水作为制冷剂，利用干空气能来实现制冷，减少甚至避免了对电能的消耗[2]。根据被冷却介质的不同，蒸发冷却可以分为风侧蒸发冷却和水侧蒸发冷却；根据被冷却介质是否与水发生直接接触，其又可以分为直接蒸发冷却和间接蒸发冷却。风侧直接和间接蒸发冷却在数据中心的应用形式如图 3-3 所示。目前在数据中心冷却系统中采用的水侧直接和间接蒸发冷却设备为开式和闭式冷却塔，其在数据中心的应用形式如图 3-4 所示。值得注意的是，风侧直接蒸发冷却产出空气的湿度会增加，风侧间接蒸发冷却一般需要与直接膨胀式制冷结合使用，而水侧蒸发冷却需要在环境空气湿球温度较低的条件下运行。

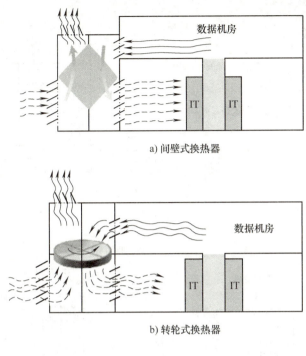

a) 间壁式换热器

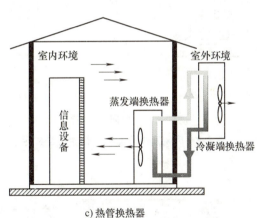

b) 转轮式换热器

c) 热管换热器

图 3-2 热回收间接自然冷源利用技术

3.1.3 分布式能源系统

数据中心不同于一般的民用建筑，电子信息设备及其他辅助设备的发热量大，且全年不间断运行，IT 设备的散热量约占总热量的 70% 以上。因此，IT 设备在运行时不仅自身消耗大量电力，同时还需要空调系统带走其散热量，这就需要配电系统为其不间断地供电。主机房属于建筑内区，新、排风量很少，因此受外界气候等条件影响较小，主机房的冷负荷全年变化幅度小。数据中心建筑总冷负荷受围护结构的影响小，全年冷负荷波动范围统计为 0.8~1。而且数据中心对制冷的可靠性要求也不同于一般的民用建筑，数据中心内制冷设备须严格按照标准配置冗余。数据中心同时用电、用冷负荷较大，且要求严格。基于以上特点，数据中心应用天然气分布式能源系统具有得天独厚的优势。

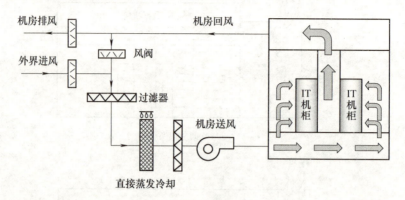

a) 直接蒸发冷却

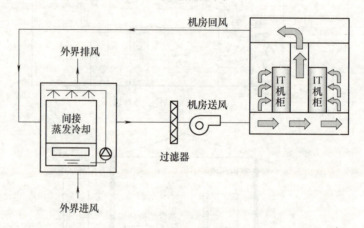

b) 间接蒸发冷却

图 3-3　风侧蒸发冷却在数据中心的应用形式

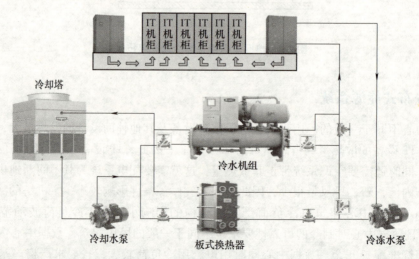

图 3-4　水侧蒸发冷却开式冷却塔在数据中心的应用形式

1. 天然气分布式能源系统在数据中心的应用

目前，对于天然气分布式能源冷热电三联供系统的发电量多余部分，电力能源政策基本为"并网不上网"。数据中心的冷负荷需求，主要是由 IT 设备等耗电设备散热产生的，因此，冷负荷需求略小于电负荷需求。根据目前数据中心的用能需求，数据机房的电冷比常年约为 1.1，燃气内燃机所发电量与对应配套的烟气热水型溴化锂吸收式制冷机组产生的冷量之比约为 1.0。因此，若在数据中心内采用天然气分布式能源冷电联供系统，将极大地发挥系统优势。分布式能源系统流程图如图 3-5 所示。

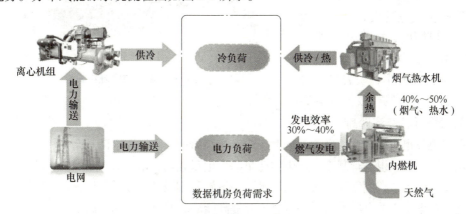

图 3-5　分布式能源系统流程图

数据中心采用天然气分布式能源系统，在燃气发电机组可获得 40% 左右的电力，可满足数据中心运行的基本用电负荷，同时，可使燃气发电机组产生的烟气、热水等余热进入烟气热水型溴化锂吸收式制冷机用于制冷，这样可以获得与电力相当的冷量，基本可以满足数据中心的冷负荷需求，且常年系统运行稳定，系统匹配可以达到最佳效果，系统的能源综合利用率高达 80% 以上。相比电制冷机组，在制冷量相同的情况下，烟气热水型溴化锂吸收式制冷机组的耗电量非常微小，只有为溴化锂溶液提供循环动力的屏蔽泵耗电，且此电力可以忽略不计。这样可以大幅减少制冷设备的耗电量，从而可以大幅缩小 PUE 值，使其基本在 1.5 以下。在必要时采用电网及电制冷机组作为备用系统，可以满足整个数据中心的电负荷及冷负荷需求，可以提高系统设备使用率，就经济性而言也可节省巨大的运行费用。尤其是在峰谷电价差异明显的地区，系统运行时，可简单计算出相应燃气价格下的发电成本，在发电成本低于市网电价时选择采用分布式能源系统发电，自发自用，用燃气发电机的余热驱动溴化锂机组制冷，用于机房降温；在发电成本高于市网电价时采用市电供电，电网驱动电制冷机组制冷，系统节能性和经济性效果将更加明显。

针对具有峰谷电价差异的地区运行模式如下：

1）峰电时，采用燃气发电机组供电，节省运行费用，同时采用烟气热水型溴化锂冷水机组利用发电机组余热制冷，进一步降低运行费用。

2）谷电时，利用市电为系统供电，同时驱动离心式/螺杆式冷水机组为系统供冷，节省运行费用。

2. 发电机组形式的选择

在天然气分布式能源系统中，常见的发电机组主要有四种形式，即燃气轮机、微型燃气轮机、燃气内燃发电机组和柴油发电机组。其中，燃气内燃发电机组适合作为数据中心发电机组。

燃气内燃发电机组（图3-6）是一种以天然气、沼气等可燃气体为能源，使其在气缸内燃烧，将化学能转化为机械能，通过曲轴输出并驱动发电机发电的设备。燃气内燃发电机组单机发电功率一般为35～9500kW；发电效率较高，一般在40%以上；体积小，安装灵活方便；充分利用了天然气或沼气等燃料，排放污染低，经济性高。

图3-6　燃气内燃发电机组

燃气内燃发电机组在产生电力的同时，会产生高温烟气和缸套水两种余热，它们可以驱动烟气热水型溴化锂机组进行制冷，产生的冷量与发电量相当，电冷比约为1.0，非常符合数据中心的电冷用能需求。燃气发电机组起动迅速，运转稳定可靠，配套烟气热水型溴化锂机组，可同时满足数据中心的电冷需求，并可以大幅提高能源的综合利用率，满足了数据中心的节能需求。目前，先进节能的数据中心均配置燃气内燃发电机组和烟气热水型溴化锂机组。

配置燃气内燃发电机组与烟气热水型溴化锂机组时，为避免燃气内燃发电机组之间排烟相互干扰、缸套水进回水温度不同及流量分配不均匀等问题，应按照燃气内燃发电机组与烟气热水型溴化锂机组一对一配置。这样，整个系统运行简单可靠，控制方便，有利于保障数据中心的正常工作。

3. 天然气分布式能源系统在数据中心的应用案例

某数据中心位于江苏省南京市某创意产业园，建筑面积2.5万 m^2，可承载3000个服务器机架和6万台服务器，是华东地区单体规模最大的云计算中心，如图3-7所示。该数据中心按照国际T4标准建设，符合国内5星级数据中心标准，建筑物抗震等级为9级，楼板承重为2.5t/ m^2，电力接入来自不同的变电站，配电系统全程采用2N架构，配置全容量、高标准的UPS、发电机机组、不间断冷源系统，完全满足最高等级的使用需求。

图3-7　南京某数据中心

该数据中心配置天然气分布式能源系统为机房提供稳定的电、冷能源服务，系统共配置3 台燃气内燃发电机组，3 台烟气热水型溴化锂吸收式冷水机组及冷却塔、水泵，另外配置离心式冷水机组作为冷量补充系统。数据中心正常运行时，优先利用燃气内燃发电机发出的电力和烟气热水型溴化锂吸收式制冷机制出的冷量。满负荷运行时，3 台烟气热水型溴化锂机组的制冷量不足，还需要开启 1 台离心式制冷机才能满足整个数据中心的冷量需求。当燃气内燃发电机停机检修时，数据中心由国家电网供电，冷量由离心式制冷机提供。

该数据中心天然气分布式能源站自投入运营以来，运行效果良好。燃气内燃发电机组采用并网上网模式，发电机组一直处于满负荷运转状态，优先满足数据中心的电力需求，多余的电力可以卖给国家电网。该数据中心申请到了非常优惠的燃气价格，仅发电就可以取得较好的经济效益，配套的烟气热水型溴化锂机组制冷还会额外产生经济效益，整个数据中心天然气分布式能源系统产生的经济效益十分可观。

该数据中心分布式能源系统的能源综合利用率达 80% 以上，大大降低了能源消耗。整个系统采取了严格的脱硝降噪措施，对数据中心周围居民的生产生活不造成影响，且排放烟气中的 NO_x 排放量在 $50mg/m^3$ 以下，达到了非常严格的环保标准，无灰渣排放，可有效减轻环境负担，并减少雾霾的发生，取得了良好的环保效益。

3.2　制冷设备原理与性能

3.2.1　压缩式制冷设备

制冷压缩机[3-5]是制冷系统中最主要的设备，是决定制冷系统性能优劣的关键部件，对系统的运行效率、噪声、振动、维护和使用寿命等有着直接影响，相当于制冷系统中的"心脏"，常被称为制冷系统中的"主机"，而蒸发器、冷凝器、膨胀阀、储液罐等设备则被称为"辅机"。制冷压缩机的作用：从蒸发器中抽吸制冷剂蒸汽，提高制冷剂压力和温度后将其排向冷凝器，并提供制冷剂在制冷循环中的流动动力。压缩机的种类繁多，总的来说可以分为两大类：容积型和离心型。容积型压缩机是靠工作腔容积的改变来实现吸气、压缩和排气过程的（如活塞式压缩机和螺杆式压缩机）；离心型压缩机是靠高速旋转的叶轮对蒸汽做功，从而提升压力，并完成输送蒸汽的任务的（如离心式压缩机）。

1. 离心式压缩机

离心式压缩机[1]是依靠动能的变化来提高气体的压力，它由转子与定子等组成。转子是指离心式压缩机的主轴（工作轮），它用来传递动能；定子包括扩压器、弯道、回流器、蜗壳等，它们是用来改变气流的运动方向及把动能转变为压力能的部件。汽轮机或者电动机带动压缩机主轴叶轮转动时，叶片带动气体运动，把功传递给气体，使气体获得动能，在离心力的作用下，气体被甩到工作轮后面的扩压器中。气体因离心作用增加了压力，同时经扩压器逐渐降低速度，动能转变成静压能，进一步增加压力。如果一个工作叶轮得到的压力不够，可通过使多级叶轮串联工作的方法来达到对出口压力的要求，级间的串联通过弯通、回流器来实现。

空调用离心式制冷机组一般在制取 4~9℃ 的冷冻水时，采用单级离心式制冷压缩机。单级封闭式离心制冷压缩机主要由叶轮、增速齿轮、电动机、油泵和导叶构成。电动机放置在封闭壳体中，电动机定子和转子的线圈都用制冷剂直接喷液冷却。进口导叶的作用是对离心式制冷机组的制冷量进行连续控制。导叶的旋转会改变气体进入叶轮的入角，从而减少叶轮做功。齿轮采用螺旋齿轮（斜齿轮），在增速箱上部设置有油槽。

压缩机的强制润滑油系统在停机时为防止油温下降而溶解制冷剂，须用电加热使油温保持在一定温度。润滑油自油泵经调压阀、油冷却器和过滤器，送至各轴承和增速齿轮进行强制循环。系统外部接有真空压力表，方便检测。

单级离心式制冷压缩机（图 3-8）的工作原理是依靠高速旋转的叶轮对气体做功，以提高气体的压力，叶轮进口处形成低压，气体由吸气管不断吸入，蜗壳处形成高压，最后引出压缩机外，完成吸气、压缩、排气过程。

离心式制冷压缩机是离心式制冷机组的关键部件。根据制冷装置所需的低温要求，可以确定所需的冷凝温度和蒸发温度，从而得出所需的能量。在压缩机叶轮吸入无预旋的情况下，一级叶轮的能量头和叶轮圆周速度有关。随着圆周速度的增大，叶轮通道的气流速度也增大，某些局部可能出现声速或超声速。在这种情况下，由于冲击波的影响，气流损失急剧增加，效率下降。一般来说，制冷剂的沸点越低，所能达到的蒸发温度越低。

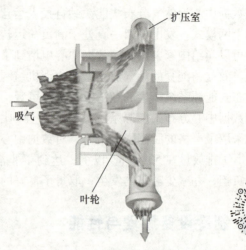

图 3-8　单级离心式制冷压缩机
（微信扫描二维码可看彩图）

当单级压缩所产生的最大能量不能满足所需能量时，应采用多级压缩。多级压缩机组也可以实现降低压缩机的主轴转速、提高压缩机效率等目的。但当压缩机负荷过小时，并不适合使用多级压缩，因为这会导致能效的浪费并降低压缩机的寿命。图 3-9 所示是一台双级离心式制冷压缩机。

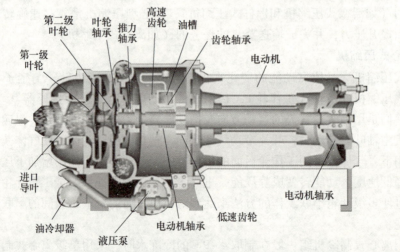

图 3-9　双级离心式制冷压缩机（微信扫描二维码可看彩图）

（1）离心式压缩机的优点

1）离心式压缩机无往复运动部件、动平衡特性好，振动小，基础要求简单。

2）结构简单，无进排气阀、活塞、气缸等易磨损部件，故障少，工作可靠，因此经久耐用，修理运转费用较低。

3）机组的质量和尺寸小，占地面积少。在相同制冷量的情况下（特别是在制冷量大时），离心式压缩机包括增速齿轮箱在内的质量只有活塞式压缩机的 1/8～1/5，价格也相对便宜。

4）机组的运行自动化程度高，制冷量调节范围广，且可连续无级调节，经济方便。

5）易于实现多级压缩和节流，制冷剂蒸汽在引入压缩机中间级时可得到完全的中间冷却，并可在各蒸发器中得到几种蒸发温度。

6）润滑油与制冷剂基本上不接触，从而提高了冷凝器和蒸发器的换热性能。

（2）离心式压缩机的缺点

1）单机容量不能太小，否则会使气流流道太窄而影响流动效率。

2）因依靠动能转化成压力能，速度又受到材料强度等因素的限制，故单级压缩机的压力比不大。为了得到较高的压力比需要采用多级压缩机，同时一般需要增速传动，对开启式机组还要有轴端密封，这些均增加了结构上的复杂性和制造上的困难。

3）当冷凝压力太高或制冷负荷太低时，机器会发生喘振而不能正常工作。

4）由于一般离心式压缩机的效率比活塞式压缩机低，为了保证叶轮有一定的出口宽度，制冷量不能太小，否则还会大大降低机器的效率。

2. 高压离心式压缩机

随着我国电力系统的不断发展，越来越多的中高压设备被应用到了各种大型项目中。因机组的输入电压与供电系统电压一致，所以可直接接入供电系统，省去了供配电系统的设备投资。同时，由于机组的输入电压高、运行电流小、起动电流低，在供电系统允许的条件下，10kV 封闭式高压离心式水冷冷水机组可以采用直接起动的方式进行起动。常见的 50Hz 中高压电压等级有 3kV/3.3kV、6kV/3.3kV/6.6kV、10kV/11kV 等。

高压离心式水冷冷水机组[1]与低压离心式水冷冷水机组的主要区别在电动机上，其余部分均相同。高压离心式压缩机也分为封闭式和开启式。由于设计的不同，开启式高压离心式水冷冷水机组电动机的堵转电流为其额定电流的 7～8 倍，而封闭式高压离心式水冷冷水机组电动机的堵转电流仅为其额定电流的 4～5 倍。因此，如采用同一种起动方式，封闭式高压离心式水冷冷水机组电动机的起动电流会比开启式高压离心式水冷冷水机组电动机的起动电流小很多。

高压离心式冷水机组的常用起动方式有直接起动、一次侧电抗起动、自耦变压器起动和固态软起动。

（1）直接起动　直接起动是最简单的起动方式。当电动机起动时，全电压施加在电动机上，起动时间很短，通常只有几秒钟。这种起动方式的特点是非常可靠，设备维护简单，因此常用于 10kV 封闭式高压离心式水冷冷水机组的起动。相对于其他降压起动方式，直接起动的起动电流相对较大，对电网的容量有一定的要求。但对于封闭式高压离心式水冷冷水机组来说，由于封闭式电动机本身的堵转电流较开启式电动机要小得多，因此即使采用了直接起动方式，其起动电流仍小于或相当于开启式电动机采用降压起动方式时的起动电流。对于使用者来说，能够采用直接起动方式的应尽量选用这种起动方式，这不但降低了初投资费用，而且今后的维护费用也相对较低。

（2）一次侧电抗起动 对于不能采用直接起动方式的项目，如对电网压降有较高要求或采用开启式电动机等情况，可采用一次侧电抗起动的方式。这种起动方式的特点是有一组或多组电抗器。串接的电抗器起限流作用，但同时降低了电动机的起动转矩。当电动机增速至全速后，旁路接触器将电抗器旁通。一次侧电抗起动柜一般具有 50%、65% 和 80% 的抽头来满足不同负荷的需要。由于需要通过两个接触器来执行，其电路要比直接起动方式复杂，常被用于 3~6kV 封闭式高压离心式冷水机组的起动或 10kV 开启式高压离心式冷水机组的起动。

（3）自耦变压器起动 对于采用一次侧电抗起动仍不能满足起动要求的项目，可采用自耦变压器起动的方式。这种起动方式的特点是有一组或多组自耦变压器，自耦变压器可降低加在电动机上的电压。自耦变压器起动柜一般具有 50%、65% 和 80% 的抽头来满足不同负荷的需要。由于需要通过三个接触器来执行，其电路要比一次侧电抗起动方式复杂，常被用于 3~10kV 开启式高压离心式冷水机组的起动。

（4）固态软起动 随着电子技术的不断成熟，高压固态软起动逐渐被应用在高压离心式水冷冷水机组中。这种起动方式的特点是采用晶闸管交流调压器，通过改变晶闸管的触发角来调节输出电压。它的输出是一个平滑的升压过程，具有限流功能。限流值高时，加速时间短；限流值低时，则加速时间长。这种起动方式没有切换过程，不存在电流或转矩的冲击。在实际应用中，负荷增加，加速时间就会变长；负荷减小，加速时间就会缩短。

3. 磁悬浮变频离心式压缩机

在传统的离心式压缩机中，机械轴承是必需的部件，并且需要有润滑油及润滑油循环系统来保证机械轴承的工作。磁悬浮轴承是利用磁力作用将转子悬浮于空中，使转子与定子之间没有机械接触。与传统的轴承相比，磁悬浮轴承不存在机械接触，转子可以以很高的转速运行，具有机械磨损小、噪声小、寿命长、无须润滑、无油污染等优点，特别适用于高速场合。

磁悬浮压缩机（图 3-10）大致可分为压缩部分、电动机部分、磁悬浮轴承及控制器、变频控制部分。其中压缩部分由两级离心叶轮和进口导叶组成，两级叶轮中间预留补气口，可实现中间补气的两级压缩。

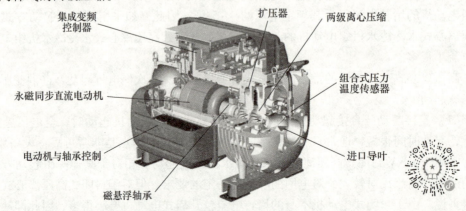

图 3-10　磁悬浮离心式冷水机组压缩机原理图（微信扫描二维码可看彩图）

磁悬浮变频离心式压缩机的核心部件是数字控制的磁悬浮轴承系统，如图 1-28 所示。磁悬浮轴承包括 2 组径向轴承和 1 组轴向轴承，其中径向轴承使转轴和离心叶轮保持悬浮状态，而轴向轴承则用于平衡转轴和叶轮的轴向位移。在任何时候，数字控制的磁轴承系统都可确保转轴和叶轮与周围的机械结构不会发生直接接触。

磁悬浮技术的优势[1]如下：

1）变频驱动的高效磁悬浮无油离心式压缩机：无油润滑磁悬浮轴承，无任何接触，无须润滑油系统，无换热器油膜热阻，可提高蒸发、冷凝换热效率，提升机组运行效率，增加机组可靠性，保养简单方便。

2）内置变频器，使压缩机可在部分负荷下实现变速运行，从而实现部分负荷时高效运行，降低了运行费用；自带软起动功能，降低了机组起动电流，减少了对电网的冲击。

3）永磁同步电动机采用液态制冷剂喷淋冷却，运行效率高。

4）磁悬浮离心压缩机的质量只有同规格螺杆式压缩机的 1/5。

5）转速调节范围为 2000~48000r/min。

6）无喘振问题。

7）超低噪声及振动。磁悬浮压缩机主轴高速运转，其与轴承不发生机械接触，故机组无论是处于部分负荷还是满负荷状态下，机组噪声及振动都非常低。

8）压缩机转子和叶轮在运行时悬浮在磁性系统中，安装在磁性轴承上的传感器不断地把实时情况反馈给轴承控制系统，适时调整轴承，确保转子实时精确定位并保持在中心位置，使其始终运行在最佳状态下，实现无油运行。

9）无油润滑磁悬浮轴承使压缩机运行安静、可靠，无油运行消除了复杂的油路系统，减少了运行问题，降低了维护费用，提高了机组的可靠性和经济性。

4. 螺杆式压缩机

螺杆式压缩机是依靠容积的改变来压缩气体的，它主要由两个啮合的转子（螺杆）、吸排气端座、平衡活塞、能量调节机构、轴承、联轴器、壳体等部件组成。其中两个啮合的转子是核心部件，也称阴阳转子，具有凸形齿的转子叫阳转子，具有凹形齿的转子叫阴转子。转子齿形均沿螺杆轴向成螺旋形。当两个转子反向回转时，像一对螺旋齿轮一样互相啮合，使两螺杆形成的齿空间随螺杆回转，沿轴向产生容积和位移的变化，从而将气体制冷剂从一端吸入，经过压缩机后再从另一端排出而完成压缩过程。整个工作过程可分为吸气、压缩和排气三个阶段。

阴阳转子各有一个基元容积共同组成一对基元容积，当该基元容积与吸入口相通时，气体经吸入口进入该基元容积对。由于螺杆回转，使得齿间基元容积不断扩大，自蒸发器来的制冷剂气体由入口不断地被吸入，这一过程称为吸气过程。随着螺杆继续转动，齿间基元容积达到最大值，并超过吸入孔口位置，与吸入孔口断开，吸气过程结束，压缩过程开始。之后螺杆继续回转，两个孤立的齿间基元容积相互联通，随着两转子的相互啮合，基元容积不断缩小，气体受到压缩，直到基元容积与排气孔口相通的一瞬间为止，完成压缩过程，排气过程开始。基元容积对内被压缩的气体通过排气口逐渐进入排气管道，直至两个齿完全啮合、基元容积对的容积为零为止，完成排气过程。

一对转子可以组成多个基元容积对，彼此由空间封闭的啮合接触线隔开。每一对基元容积内的压力不同，各自完成自己的吸气、压缩和排气过程，如此往复循环。由于螺杆压缩机的转速较高，其工作过程可近似为连续的工作过程。

螺杆式压缩机就气体压缩的原理而言，属于容积型压缩机，但其运动形式与离心式压缩机类似，转子做高速旋转运动。

（1）螺杆式压缩机的优点

1）单位制冷量的体积小、质量小、占地面积小、输气脉动小。

2）没有吸、排气阀和活塞环等易损部件，结构简单，运行可靠，使用寿命长。

3）因向气缸中喷油，可起到冷却、密封和润滑作用，故排气温度低（不高于 90℃）。

4）没有往复运动部件，不存在不平衡质量惯性力和力矩，对基础要求低，可提高转速。

5）输气量几乎不受排气压力的影响。

6）对湿行程不敏感，易于操作管理。

7）没有余隙容积，也不存在吸气阀片及弹簧等的阻力，容积效率较高。

8）输气量调节范围广，小流量时也不会出现喘振现象。

（2）螺杆式压缩机的缺点

1）需要油泵供油，油路系统复杂。

2）内压比固定，存在压缩不足或过度压缩的可能性。

3）转子加工精度要求高，加工难度大。

5. 活塞式压缩机

活塞式压缩机又称往复式压缩机，由气缸体和曲轴箱体组成。气缸体中装有活塞，曲轴箱中装有曲轴，通过连杆连接曲轴和活塞，在气缸顶部装有吸气阀和排气阀，分别通过吸气腔和排气腔与吸气管和排气管相连。原动机带动曲轴旋转，通过连杆传动带动活塞在气缸内做上下往复运动，完成吸气、压缩、排气和膨胀等过程。

活塞式压缩机的工作循环可分为四个过程，分别是吸气过程、压缩过程、排气过程和膨胀过程。活塞向下移动，气缸内气体的压力降低，其与吸气腔内气体的压力差推开吸气阀，吸气腔内的气体进入气缸，直至活塞运动到下止点时吸气过程结束。活塞在曲轴-连杆机构的带动下开始向上移动，此时吸气阀关闭，气缸工作容积逐渐减小，气缸内的气体被压缩，温度和压力逐渐升高，当活塞向上移动到一定位置时，排气阀打开，压缩过程结束，排气过程开始。活塞继续向上运动，气缸内气体的压力不再升高，气体不断通过排气阀进入排气腔经排气管流出，直到活塞运动至上止点时排气过程结束。当活塞运动到上止点时，由于压缩机的结构及制造工艺等原因，气缸中仍有一些空间，该空间的容积被称为余隙容积。排气过程结束时，余隙容积中的气体为高压气体，此时活塞向下移动，排气阀关闭，吸气腔内的低压气体不能立即进入气缸，此时余隙容积中高压气体由于膨胀压力而逐渐下降，直至其压力低于吸气腔内气体的压力时，吸气阀打开，直到即将进行吸气过程为止，该过程称为膨胀过程。

（1）活塞式压缩机的优点

1）热效率较高，单位制冷量耗电量较少，特别是在偏离设计工况运行时更为明显。

2）系统装置简单，对材料要求低，多为普通钢铁材料，加工比较容易，造价低廉。

3）能适应较广的压力范围和制冷量要求，技术上较为成熟，生产使用上积累了大量丰富的经验。

（2）活塞式压缩机的缺点

1）转速受到限制，单机输气量大时，机器十分笨重，且电动机体积也相应增大。

2）含有吸排气阀、活塞等活动部件，易损件较多，维修工作量大。

3）机组运行时振动较大。

4）受工作模式的限制，输气不连续，气体压力存在波动。

6. 涡旋式压缩机

涡旋式压缩机是由两个具有双函数方程型线的动、静涡盘相互咬合而成的。在吸气、压缩、排气的工作过程中，静盘固定在机架上，动盘由偏心轴驱动并由防自转机构制约，围绕静盘基圆中心，做半径很小的平面转动。气体通过空气滤芯吸入静盘的外围，随着偏心轴的旋转，气体在动、静盘啮合所组成的若干个月牙形压缩腔内被逐步压缩，然后由静盘中心部件的轴向孔连续排出。

（1）涡旋式压缩机的优点

1）容积效率高。因为涡旋式压缩机没有吸气阀，也无余隙容积，所以吸入的气体能够被完全排出。一般来说，涡旋式压缩机的容积效率可以达到 90%～98%。

2）工作平稳。涡旋式压缩机工作时，数个不同相位的工作循环在同时进行，前一个工作循环的波峰与后一个工作循环的波谷相叠合，所以总的负载变化很小，压缩机工作非常平稳。

3）噪声低，振动小。压缩机的噪声主要来源于吸、排气阀的机械撞击和气流脉动。涡旋式压缩机不像往复式压缩机，它没有吸气阀，所以消除了由吸气阀引起的噪声。

4）零部件少，可靠性高。涡旋式压缩机的关键零部件数量仅为传统活塞式压缩机的 10% 左右。涡旋结构与性能卓越的材料使压缩机最高工作转速达到了 10000r/min，而主要部件涡旋盘的相对运动速度只有 0.4～0.8m/s，磨损很少，可靠性大为提高。

（2）涡旋式压缩机的缺点

1）精度要求高，几何公差都在微米级。

2）无排气阀，变工况性能欠佳。

3）工作腔不易实施外部冷却，压缩过程中的热量难以排出，因此只能够压缩绝热指数小的气体或者进行内冷却。

4）大排量涡旋式压缩机难以实现。受齿高限制，排量大，则直径大，不平衡旋转质量随之增大，结构将极其不紧凑且质量会增加。

3.2.2　换热设备及辅助设备的原理与性能

在制冷系统中除了需要压缩机以外，还需要换热设备及其他辅助设备[5]，它们包括冷凝器、蒸发器、膨胀阀和冷却塔等。

1. 冷凝器

冷凝器的作用是使制冷压缩机排出的过热蒸汽冷却、冷凝为高压液体。按其冷却方式，可以分为空气冷却式、水冷式和蒸发式。

数据中心中，空气冷却式冷凝器通常为空气强制对流型翅片管式冷凝器，它由一组或几组蛇形管组成，管外套有翅片，制冷剂在管内凝结，空气在轴流风机的作用下横向流过翅片管，带走制冷剂放出的热量。

在水冷式冷凝器中，制冷剂放出的热量由冷却水带走，包括壳管式、套管式、波纹板式等几种形式。其中壳管式一般为卧式壳管式，适用于大中小型氟利昂制冷装置；套管式一般适用于小型氟利昂制冷装置（制冷量小于 40kW）；波纹板式广泛适用于模块式冷水机组。与空气冷却式冷凝器相比，水冷式冷凝器结构紧凑，传热系数高。

蒸发式冷凝器利用水的蒸发吸收热量，使管内的制冷剂蒸汽凝结。一般适用于中型氟利昂制冷装置。

2. 蒸发器

蒸发器在制冷系统中和冷凝器同等重要，制冷剂液体在蒸发器中以一定的压力和温度汽化吸收被冷却介质的热量，从而降低被冷却介质的温度以达到制冷的目的。为了使蒸发器效率高、体积小，蒸发器应具有高的传热系数。制冷剂离开蒸发器时不允许有液滴，以防止压缩机出现液击现象。在实际系统中，有时在蒸发器出口处安装气液分离器，以进一步保护压缩机。根据冷却介质的特性，蒸发器可分为冷却液体载冷剂的蒸发器和冷却空气的蒸发器。

冷却液体载冷剂的蒸发器可进一步分为沉浸式和干式蒸发器以及满液式蒸发器。其中沉浸式和干式蒸发器中，制冷剂在管内完成蒸发过程，吸热而使管外壳程的载冷剂降温；满液式蒸发器与此相反，载冷剂在管内流动，制冷剂在管外壳程完成蒸发，吸走管内载冷剂的热量而使其降温。这类蒸发器均广泛应用于大中型制冷机组。

冷却空气的蒸发器在数据中心的应用也十分广泛，通常为强制对流式空气冷却器，一般为蛇形管式空气冷却器。其在精密空调中应用较多，管内为氟利昂制冷剂，蒸发管外空气为强制对流，管内制冷剂蒸发吸走管外空气的热量，从而降低空气的温度。

3. 膨胀阀

膨胀阀是目前制冷系统中使用最为广泛的节流机构，它位于冷凝器（储液器）与蒸发器之间，阀的感温包安装在蒸发器制冷剂的出口处。膨胀阀根据其工作原理不同，可分为热力膨胀阀、电子膨胀阀、热电膨胀阀和双向热力膨胀阀等。膨胀阀在制冷系统中的作用主要体现在以下三个方面：

（1）节流降压 制冷剂液体在膨胀阀中经历的是一个等焓膨胀的过程，使高压常温制冷剂液体变成低压低温制冷剂湿蒸汽，其中制冷剂蒸汽量约占制冷剂总量的 10%~30%，并进入蒸发器蒸发，实现向外界吸热的目的。

（2）控制流量 膨胀阀可通过感温包感受蒸发器出口处制冷剂的过热状态，通过监测过热度的变化来控制阀的开度，调节进入蒸发器的制冷剂流量，以适应蒸发器冷负荷的变化。

（3）控制过热度 控制蒸发器出口处制冷剂的过热度，保证蒸发器传热面积得到充分利用，同时防止压缩机出现液击现象。

4. 冷却塔

冷却塔的作用原理是使水、空气上下对流，在对流过程中，部分水汽化吸热和汽水对流换热使循环水冷却。冷却塔主要由塔体、风机、布水器、淋水装置等组成，按功能可分为闭式冷却塔和开式冷却塔。

闭式冷却塔也称为蒸发式冷却塔，它采用间接蒸发冷却技术。其间接蒸发冷却与换热器的结合，导致水汽边界层发生传热传质，并利用水的蒸发带走热量，通过非接触式换热器传递给被冷却介质。由于闭式冷却塔中空气或水不与被冷却介质直接接触，保证了运行水质的安全，洁净的循环水路可使机组运行效率保持在较高的水平，系统维护量少，使用寿命长。

在冬季室外温度较低的情况下，需要在被冷却水中加入防冻剂，以防止结冰。

开式冷却塔通过空气与冷却水直接接触，通过接触传热和蒸发散热把水中的热量传递给空气，再由塔内风机带动空气流动，将与水换热后的热气流带出，从而达到冷却的目的。由于冷却水与空气直接接触，空气中的污染物易进入冷却水系统中而污染水质。同时随着冷却水的不断蒸发消耗，水中盐分浓度逐渐增大，水中微生物繁殖增多，水质恶化。通常为了维持水质干净，可采用化学药剂法、物理水处理法或排水法，系统维护较为频繁。此外，在冬季室外气温极低的情况下，开式冷却塔应采取相应的措施防止结冰。

3.2.3　溴化锂机组的原理与性能

溴化锂机组以热能为动力，与利用电能作为动力的压缩式制冷机相比，可以明显降低电耗。ASHRAE 提出的对吸收式制冷用于热回收系统的应用导则中指出：用任一过程或热机循环中回收的热量驱动吸收式制冷机组，比直接用初始燃料驱动吸收式制冷机组有着明显的经济效益。所以，目前溴化锂机组主要应用在分布式能源中[6]。

数据中心冷、电需求较大，总负荷具有一定的峰谷差，适合采用溴化锂机组制冷的分布式能源综合供应系统进行冷、电联合供应，这样既能达到节能减排的效果，又能减轻电网压力[7]。

125

1. 溴化锂机组的原理及分类

与压缩式制冷机不同，吸收式制冷机的工质除了制冷剂外，还要有吸收剂。制冷剂用来产生冷效应，吸收剂用来吸收产生冷效应后的冷剂蒸汽，以实现对制冷剂的"热化学"压缩过程。制冷剂和吸收剂组成工质对。

溴化锂机组采用水作为制冷剂，溴化锂溶液作为吸收剂，利用水在高温真空下蒸发吸热达到制冷的目的。图 3-11 所示为溴化锂机组基本原理图。

溴化锂吸收式制冷装置由发生器、冷凝器、蒸发器、吸收器、溶液换热器及溶液泵等设备组成。其工作流程如下：在发生器中，利用蒸汽（或热水）通过管路对浓度较低的溴化锂溶液进行加热，输入热量为 Q_1，由于溶液中水的蒸发温度比溴化锂的蒸发温度低得多，所以稀溶液被加热到一定温度后，溶液中的水首先蒸发为水蒸气，使容器中剩余的溴化锂浓度增加，浓溶液在重力及压差的作用下，经换热器放出热量后，与吸收器中的稀溶液混合，组成中间溶液，发生器中产生的水蒸气进入冷凝器，经冷凝器中的冷

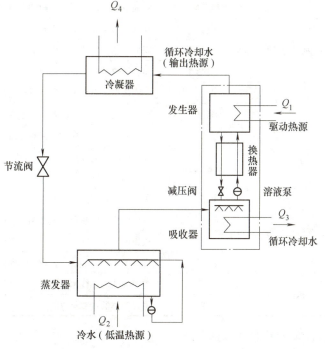

图 3-11　溴化锂机组基本原理图

却水管，使进入冷凝器的水蒸气不断冷却，水蒸气放出汽化热 Q_4 而冷凝为液体，成为冷剂水，然后通过节流装置降压后，进入蒸发器中不断蒸发；蒸发时通过冷水管的管壁吸收冷冻水回水的热量 Q_2，使回水得到冷却，成为空调用的冷冻水送至用户并循环使用；蒸发后的制冷剂水蒸气进入吸收器，被正在喷淋的中间溶液所吸收，重新变为稀溶液，吸收过程中放出的溶解热 Q_3 则由在吸收器管内流动的冷却水带走。溴化锂吸收式制冷机利用这个原理，不断进行循环以达到制冷的目的。

　　溴化锂吸收式制冷机种类繁多，可以按其用途、驱动热源及其利用方式、低温热源、溶液循环流程，以及机组结构和布置等进行分类，见表 3-2[6]。

表 3-2　溴化锂机组的分类

分类方式	机组名称	分 类 依 据
按用途	冷水机组	供应冷水
	冷热水机组	交替或同时供应冷水和热水
	热泵机组	向低温热源吸热，供应热水或蒸汽
按驱动热源	蒸汽型	以蒸汽的潜热为驱动热源
	直燃型	以燃料的燃烧热为驱动热源
	热水型	以热水的显热为驱动热源
	余热型	以工业余热为驱动热源
	复合热源型	以热水与直燃型复合、热水与蒸汽型复合、蒸汽与直燃型复合为驱动热源
按驱动热源的利用方式	单效	驱动热源在机组内被直接利用一次
	双效	驱动热源在机组内被直接和间接地二次利用
	多效	驱动热源在机组内被直接和间接地多次利用
	多级发生	驱动热源在多个压力不同的发生器内依次被直接利用
按低温热源	冷水机组	向低温热源吸热，输出冷水
	第一类热泵	向低温热源吸热，输出热的温度低于驱动热源
	第二类热泵	向驱动热源吸热，向低温热源放热，输出热的温度高于驱动热源
按溶液循环流程	串联	溶液先进入高压发生器，再进入低压发生器，然后流回吸收器
	倒串联	溶液先进入低压发生器，再进入高压发生器，然后流回吸收器
	并联	溶液同时进入高压发生器和低压发生器，然后流回吸收器
	串并联	溶液同时进入高压发生器和低压发生器，流出高压发生器的溶液再进入低压发生器，然后流回吸收器
按机组结构	单筒	机组的主要换热器布置在一个筒体内
	双筒	机组的主要换热器布置在两个筒体内
	三筒	机组的主要换热器布置在三个筒体内
	多筒	机组的主要换热器布置在多个筒体内
按机组布置	卧式	主要筒体的轴线水平布置
	立式	主要筒体的轴线竖直布置

2. 溴化锂机组的性能

（1）溴化锂机组的性能指标

1）热力系数。溴化锂机组运行时，所获得的冷量和消耗热量之比，称为热力系数或性能系数，用符号 ζ 表示[6]。表 3-3 所列为不同类别溴化锂机组热力系数的表达式。

表 3-3　不同类别溴化锂机组热力系数的表达式

机组类别	热力系数的表达式		备　注	热力系数范围
单效	$\zeta = \dfrac{Q_o}{Q_g}$	(3-1)	Q_o——蒸发器中加入的热量（即制冷量）（kJ/h） Q_g——发生器中加入的热量（kJ/h）	$0.75 \sim 0.8$[8]
双效	$\zeta = \dfrac{Q_o}{Q_{g1} + Q_{t3}}$	(3-2)	Q_{g1}——高压发生器中加入的热量（kJ/h） Q_{t3}——凝水换热器中加入的热量（kJ/h）	$1 \sim 1.4$[8]
直燃型	$\zeta = \dfrac{Q_o}{BH}$	(3-3)	B——直燃发生器的燃料消耗量（kJ/h） H——燃料的热值（kJ/h） Q_{exh}——1kg 燃料燃烧生成物带走的热量（kJ/h）	$\geqslant 1.1$[9]
	$\zeta = \dfrac{Q_o}{BH - Q_{exh}}$	(3-4)		

注：对于直燃型机组，式（3-3）与式（3-4）的区别为不考虑排出烟气带走的热量，过去两种计算热力系数的方法都可采用，但根据最新国外标准，直燃机组的热力系数主要用式（3-3），即不考虑排出烟气带走的热量来计算[6]。

2）热源单耗。对于蒸汽加热的溴化锂机组，常用蒸汽单耗作为经济指标；对于热水加热的溴化锂机组，则用热水单耗；对于直燃机组，则用燃料单耗。热源单耗表示制取单位冷量（1kW）所消耗的驱动热源数量，单位为 kg/(kW·h)。

$$d = \frac{3600q_{mg}}{Q_o} \tag{3-5}$$

式中　d——单位冷量所消耗的驱动热源数量 [kg/(kW·h)]；

　　　q_{mg}——发生器中的加热蒸汽量、加热热水量或燃料消耗量（kg/h）；

　　　Q_o——蒸发器中加入的热量（即制冷量）（kJ/h）。

热力系数和热源单耗是比较机组经济性的主要指标。但在比较热源单耗时，应在相同品位的热源条件下进行。如对于蒸汽型机组，应在加热蒸汽压力相同的条件下进行比较；对于热水型机组，应在热水进水温度相同的条件下进行比较；对于直燃型机组，应在相同燃料热值的条件下进行比较[6]。表 3-4 所列为蒸汽型溴化锂机组的热源单耗参考值[10]。

表 3-4　蒸汽型溴化锂机组的热源单耗参考值

形式	名　义　工　况					性能系数
	饱和蒸汽压力 /MPa	冷水出口温度 /℃	冷水进出口温差 /℃	冷却水进口温度 /℃	冷却水出口温度 /℃	热源单耗 /[kg/(kW·h)]
蒸汽单效型	0.1	7			35（40）	2.35
蒸汽双效型	0.25	13	5	30（32）	35（38）	1.40
	0.4	7				
		10				1.31
	0.6	7				
		10				1.28
	0.8	7				

注：1. 蒸汽压力是指发生器或高压发生器蒸汽进口管处的压力。

　　2. 表中括号内的参数值为应用名义工况值。

3）一次能源利用率。一次能源利用率[11]是获得的能量与获得该能量所消耗的一次能源的比值。以制冷为目的的一次能源利用率为

$$PER = \frac{Q_c}{Q_p} \qquad (3-6)$$

式中　PER——一次能源利用率；

Q_c、Q_p——系统的制冷量和消耗的一次能源量（W）。

溴化锂机组消耗的能源有热量和电量，但耗电量和耗热量相比可忽略不计。直燃型机组的一次能源利用率为其热力系数 ζ；热水型和蒸汽型机组的一次能源利用率为

$$PER = \frac{Q_c}{Q_p} = \frac{Q_c}{Q_r}\frac{Q_r}{Q_p} = \zeta\eta_b \qquad (3-7)$$

式中　Q_r——溴化锂机组耗热量（W）；

η_b——锅炉效率（%）；

ζ——溴化锂机组的热力系数。

不同类别溴化锂机组的一次能源利用率见表 3-5。

表 3-5　溴化锂机组的一次能源利用率

机组类别	单效型	双效型	直燃型
一次能源利用率	0.553	1.063	1.25

（2）溴化锂机组性能的影响因素　溴化锂机组在实际运行时，往往由于气候、负荷和热源参数等外界条件的变化，以及机组本身内部条件的改变等，使制冷机不能在名义设计工况下工作，并引起制冷机的制冷量、热源消耗量和热力系数等性能指标发生变化。不同运行工况条件分为外界条件和内部条件：①外界条件通常是指冷水出口温度、热源温度（主要以加热蒸汽及热水为热源进行分析）、冷却水进口温度、冷却水与冷水量以及传热管的结垢情况等；②内部条件通常是指溴化锂溶液循环量的变化、不凝性气体的存在、冷剂水的污染以及表面活性剂的添加等[6]。

1）冷水出口温度的影响。溴化锂机组的制冷量 Q_o(kW) 为

$$Q_o = q_o D = q_o q_{ma} \frac{\xi_r - \xi_a}{\xi_r} \qquad (3-8)$$

式中　q_o——单位制冷量（kJ/kg）；

D——冷剂水循环量（kg/h）；

q_{ma}——稀溶液流量，即溶液循环量（kg/h）；

ξ_r——浓溶液质量分数（%）；

ξ_a——稀溶液质量分数（%）。

式（3-8）中单位制冷量 q_o 在蒸发温度 0~10℃ 范围内的变化数值为 1% 左右，可近似认为不变；制冷量 Q_o 和冷剂水循环量 D 成正比。如果溶液调节阀位置不变，q_{ma} 也不变，则 Q_o 与 $(\xi_r-\xi_a)/\xi_r$ 成正比。冷水温度升高后，由于蒸发温度随冷水出口温度的升高而升高，则蒸发压力上升使吸收器的吸收能力加强，稀溶液的质量分数下降，制冷量增加。冷水出口温度与制冷量的关系如图 3-12 所示。当其他外界条件、内部条件不变时，在一定范围内，冷水出口温度每升高 1℃，制冷量提高 4%~7%[6]。冷水出口温度不能超过生产装置的工艺要

求，但也不是越低越好，温度过度降低，会使溶液浓度升高，出现结晶的危险；蒸发温度随之降低，制冷量急剧下降，而引起蒸发器液囊冷剂水冻结[12]。

2）冷却水进口温度的影响。循环冷却水主要的作用还在于使溶液温度降低，使吸收效果增强，吸收大量的冷剂蒸汽，使制冷量增加。因此在其他条件不变时，机组的制冷量随着冷却水进口温度的降低而提高。

冷却水进口温度降低 1℃，制冷量增加 3% 左右，如图 3-13 所示[6]。但是，冷却水温度过低，将引起稀溶液浓度过低与浓溶液浓度过高，两者

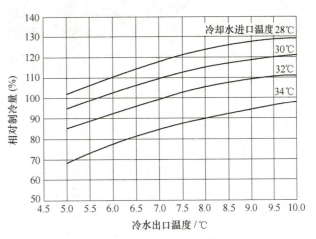

图 3-12　冷水出口温度与制冷量的关系
注：加热蒸汽压力为 0.6MPa（表），冷水流量为 100%，
冷却水流量为 100%，污垢系数为 0.086m² · K/kW。

都会增加浓溶液产生结晶的危险。同时还因稀溶液浓度过低，发生器溶液将剧烈沸腾，使溶液液滴极易通过发生器挡板进入冷凝器中，造成冷剂水污染。反之，冷却水进口温度过高，吸收效果将大幅度下降，制冷量降低，严重时将引起结晶的危险，所以也应加以控制[13]。

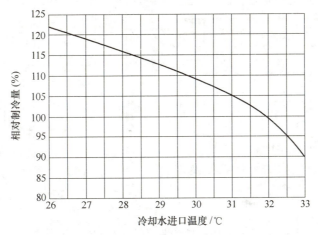

图 3-13　冷却水进口温度与制冷量的关系
注：冷水温度为 7~12℃，冷却水进口温度差为 5.5℃。

3）冷却水量的影响。冷却水量变化对制冷量的影响，与冷却水进口温度变化对制冷量的影响相似，其变化曲线如图 3-14 所示。我国标准规定实际运行中冷却水量不超过名义值的 120%，不低于设计值的 80%[6]。

4）冷水量的影响。当蒸发器冷水温度恒定时，冷水量变化对制冷量的影响，比冷却水量对制冷量的影响要小。图 3-15 所示为冷水进出口温度差与相对制冷量的关系，即冷水量变化与制冷量的关系。当冷水量减少时，冷水进出口温度差增大。若冷水出口温度恒定，冷水进出口平均温度差上升，则会使传热温差增大；蒸发器管内冷水流速下降，致使传热系数

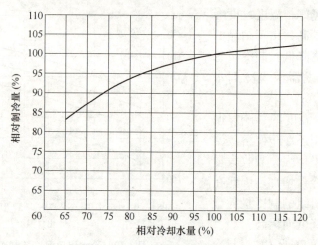

图 3-14　冷却水量与制冷量的关系

注：冷水温度为 7~12℃，冷却水温度为 32℃。

下降。

冷水量在一定范围内变化，当温差上升值与传热系数下降值相差不大时，则制冷量变化不大或几乎不变，如图 3-16 所示[6]。

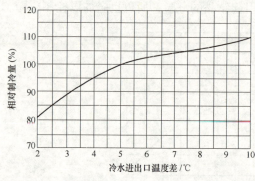

图 3-15　冷水进出口温度差与相对制冷量的关系

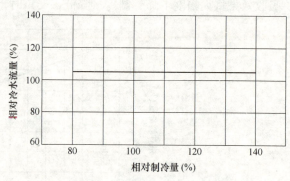

图 3-16　冷水量与制冷量的关系

5）热源温度的影响。

a. 蒸汽型机组。图 3-17 所示为加热蒸汽压力与制冷量的关系。当外界条件、内部条件不变时，对于单效机组，加热蒸汽压力提高 0.01MPa，制冷量增加 3%~5%；对于双效机组，加热蒸汽压力降低 0.1MPa 时，制冷量降低 9%~11%[6]。

b. 热水型机组。对于热水型溴化锂机组，热源温度对机组性能的影响主要是热水温度对制冷量的影响，其与蒸汽型机组中蒸汽压力对制冷量的影响相同。图 3-18 所示为热水进口温度与机组性能的关系。由图可知，若其他条件不变，则热水进口温度降低 5℃，制冷量下降 10%~15%[6]。

c. 直燃型。直燃型溴化锂机组影响加热量的主要因素是燃料的消耗量与直燃式发生器的热效率。燃料消耗量与制冷量的关系如图 3-19 所示。但是，对于一定型号的直燃式机组，燃料消耗量受燃烧器结构的影响无法增加，因而制冷量增加的幅度就受到了限制[6]。

6）污垢系数的影响。溴化锂机组运转一段时间后，会在传热管内壁与外壁逐渐形成一层污垢。污垢的影响常用污垢系数来度量。污垢系数越大，则热阻越大，传热性能越差，机组制冷量下降。表 3-6 所列为污垢系数对制冷量的影响[6]。

7）不凝性气体的影响。不凝性气体是指在溴化锂机组的工作温度、压力范围内，不会冷凝且不被溶液吸收的气体。其来源主要是泄入的外部空气和机组内溶液腐蚀金属表面所释放的氢气等。这类气体即使数量极微，也将对机组的性能产生很大的影响，会降低机组的制冷量[13]。

8）溶液循环量的影响。由式（3-8）知，当其他条件一定时，机组的制冷量与溶液循环量成正比。但是，若因调整不当而使溶液循环量过大，则发生器的传热面将不胜负担，产气率降低，放气范围（$\zeta_r - \zeta_a$）缩小，单位耗气量增加，热力系数下降，使制冷机的效率及经济性均下降。若溶液循环量调得过小，则结果正好相反，但浓溶液出口浓度势必增加，易引起结晶的危险。因此，在一定的外界加热条件下，溶液循环量有一最佳值[13]。

9）表面活性剂的影响。为提高传热传质效果，在机组溶液中加入表面活

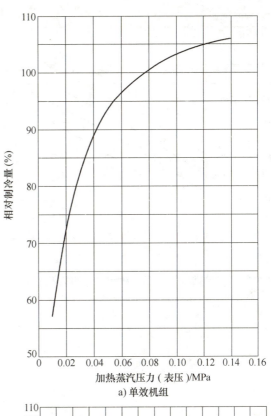

a）单效机组

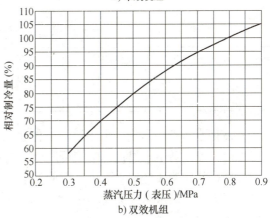

b）双效机组

图 3-17　加热蒸汽压力与制冷量的关系

性剂，以提高吸收能力。在机组运行过程中，表面活性剂能够使溶液的表面张力降低，溶液与水蒸气的结合力增强，对于同一传热面积而言，单位时间气液接触面积增加，意味着吸收速率提高，即提高了吸收效果。同时，加入表面活性剂还可以使冷凝器传热管表面冷剂水蒸气由膜状凝结变为珠状凝结，提高了放热系数，从而改善了冷凝效果，提高了制冷量[12]。常用的表面活性剂是异辛醇，即 2-乙基己醇 $[CH_3(CH_2)CHC_2H_5CH_2OH]$ 或正辛醇 $[CH_3(CH_2)_6(H_2OH)]$。辛醇在常压下是无色有刺激性气味的液体，在溶液中的溶解度很小。试验表明，添加辛醇后制冷量提高了 $10\% \sim 15\%$[6]。

131

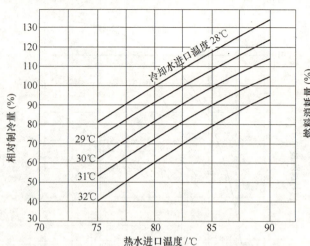

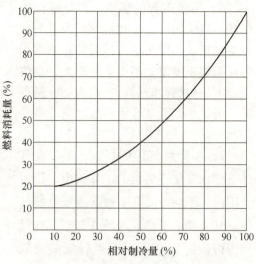

图 3-18　热水进口温度与机组性能的关系

注：冷水进口温度为 13℃，
　　出口温度为 8℃，冷却
　　水流量不变，热水流量不变。

图 3-19　燃料消耗量与制冷量的关系

注：冷水出口温度为 7℃；冷水流量为 100%；
　　冷却水进口温度（随负荷呈线性变化）：
　　100% 制冷量 32℃，80% 制冷量 30℃，
　　60% 制冷量 28℃，40% 制冷量 26℃，
　　20% 制冷量 24℃；冷却水流量为 100%；
　　污垢系数为 0.086m² · K/kW。

表 3-6　污垢系数对制冷量的影响

污垢系数/(m² · K/kW)		0.043	0.086	0.172	0.258	0.344
制冷量（%）	冷却水侧	104	100	92	85	79
	冷水侧	103	100	94	—	—

10）冷剂水污染的影响。由于运转条件变化或机组运转初期溶液浓度过低，加之操作不当等原因，发生器中的溴化锂溶液可能随冷剂水蒸气进入冷凝器和蒸发器中，使冷剂水中含有溴化锂，从而造成冷剂水污染。即使是正常运转的机组，随着运转时间的增加，也会产生冷剂水污染。冷剂水污染会使制冷量下降，需要进行再生处理[12]。

3. 溴化锂机组的安全维护与管理

同其他形式的空调机组一样，在实际的工程实例中，经常碰到溴化锂机组的出力达不到设计参数，并且随运行时间的推移，出力逐年下降的现象。溴化锂机组的设计使用寿命仅为 8~10 年，通常在使用 3 年后，冷量衰减已达到 30% 以上，机组已无法正常满足使用要求[14]。为了延长机组的使用寿命，必须认真做好其维护管理工作。

（1）真空管理　溴化锂机组在运行过程中必须保持高真空状态。为了保证溴化锂机组的真空度，在运行过程中，每周开启真空泵对机组抽真空 30min 以上。对调节过的阀门，须涂抹螺纹胶，并安装背帽（锁紧螺母）[15]。

（2）冷却水的水质管理　循环冷却水存在的问题是过滤、杀菌灭藻效果不好，使得水中沉积物和污垢过多，冷却水温度过高，影响了冷却效果，造成溴化锂制冷机在运行过程

中，其吸收器、冷凝器温度过高，机组运行工况偏离额定数值程度上升[16]。为了保持冷却水的水质，机组运行前，冷却水系统应进行清洗；长期停机时，应将冷却水全部放尽；传热管内表面最好每年清洗一次。

（3）冷剂水的水质管理　制冷运行过程中，冷剂水中会混入溴化锂溶液而被污染，污染严重时机组的性能将大幅度降低，甚至无法正常运行。若冷剂水的密度大于 $1.02g/cm^3$，则应进行再生。再生方法：在冷剂泵运转时，打开冷剂水旁通阀，把蒸发器中被污染的冷剂水旁通到吸收器中，进行蒸发分离。冷剂水被污染的主要原因有溶液循环量过大，发生器液位过高；机组起动初期，蒸汽压力升高得太快，发生器沸腾过于剧烈，将溴化锂溶液带入冷凝器中；冷却水温度太低。应尽快找出冷剂水被污染的原因，并予以解决[15]。

（4）溴化锂溶液的管理　溴化锂溶液的质量直接影响机组的制冷能力。溴化锂溶液的浓度越高，吸收性能越好，但浓度高时容易结晶。因而溶液的浓度必须与循环量等相协调，才能使机组以最佳工况运行。

溴化锂溶液的 pH 值和缓蚀剂的选择是机组防腐蚀的关键，因为腐蚀产生的杂质吸附在换热管表面后会影响换热效果；会堵塞喷嘴、喷淋板孔，从而直接影响喷淋效果；会堵塞管路和屏蔽泵滤网，影响溶液循环量；杂质进入屏蔽泵，会影响屏蔽泵的转动和溶液的流动等。这些后果直接影响溴化锂机组的制冷性能[17]。

（5）传热管管理　蒸发器中的冷剂水断水后，若制冷机继续运转，则会使积存在蒸发器传热管内的冷剂水温度不断下降，直至结冰导致管子冻裂。为防止这种现象发生，应加强运维管理，经常观察各有关运转参数的变化情况，一旦出现不正常征兆，须立即关闭供热[18]。其他有关溴化锂机组的安全问题详见《溴化锂吸收式冷（温）水机组安全要求》（GB 18361—2001）。

4. 溴化锂机组在数据中心的应用

大型数据中心的机房不仅需要消耗大量的电，还需要常年供冷以满足设备运行的要求。根据能源"梯级利用"的原则，采用分布式能源方式，溴化锂机组利用发电的余热制冷，提高了数据中心供能的可靠性，达到了节能减排的效果。

现以某数据中心为例，该数据中心有 2000 个机柜，单机柜功率为 5kW，采用三种方案比较分析分布式能源中溴化锂机组制冷的性能参数。

方案一：采用溴化锂吸收式制冷系统，数据中心冷水出口温度 $t_{cw2}=12℃$，冷却水进口温度 $t_{w1}=32℃$，发生器热源的饱和蒸汽温度 $t_h=119.6℃$。

方案二：采用溴化锂吸收式制冷系统，数据中心冷水出口温度 $t'_{cw2}=7℃$，冷却水进口温度 $t_{w1}=32℃$，发生器热源的饱和蒸汽温度 $t_h=119.6℃$。

方案三：采用制冷系数 COP = 5 的螺杆式机组，数据中心冷水出口温度 $t_{cw2}=12℃$，冷却水进口温度 $t_{w1}=32℃$。

（1）方案一　图 3-20 所示为溴化锂吸收式制冷系统的流程图[19]。

1）根据已知条件和经验关系确定各设计参数，见表 3-7。

2）确定循环节点参数。将已确定的压力及温度值填入表 3-8 中。利用 h-ξ 图或相关公式求出处于饱和状态的点 1（点 2 与之相同）、点 4、点 8、点 10、3g（3—3g 是指将稀溶液由过冷液加热至饱和液的过程）和 6a（6—6a 是指浓溶液由湿蒸气状态冷却至饱和液状态的过程）等其他参数，并填入表 3-8 中。溶液的循环倍率为

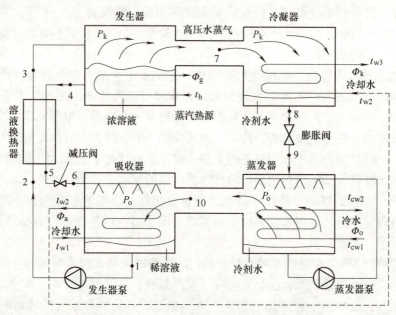

图 3-20　溴化锂吸收式制冷系统的流程图

$$f = \frac{\xi_s}{\xi_s - \xi_w} = \frac{0.64}{0.64 - 0.595} = 14.2$$

表 3-7　溴化锂吸收式制冷系统设计参数

参　数	计　算	备　注
冷凝器冷却水出口温度	$t_{w3} = t_{w1} + 9℃ = 41℃$	冷却水进出口总温差取 8~9℃
冷凝温度	$t_k = t_{w3} + 5℃ = 46℃$	冷凝温度比冷凝器内冷却水出口温度高 3~5℃
冷凝压力	$p_k = 10.09\text{kPa}$	—
蒸发温度	$t_o = t_{cw2} - 2℃ = 10℃$ $(t'_o = t'_{cw2} - 2℃ = 5℃)$	蒸发温度比冷冻水出口温度低 2~5℃
蒸发压力	$p_o = 1.23\text{kPa}$　$(p'_o = 0.87\text{kPa})$	—
吸收器冷却水出口温度	$t_{w2} = t_{w1} + 5℃ = 37℃$	一般吸收器的热负荷及冷却水的温升稍大于冷凝器
吸收器溶液最低温度	$t_1 = t_{w2} + 6.2℃ = 43.2℃$	吸收器内溶液最低温度比冷却水出口温度高 3~8℃
发生器溶液最高温度	$t_4 = t_h - 17.4℃ = 102.2℃$	发生器内溶液最高温度比热媒温度低 10~40℃
热交换器最大端部温差	$t_5 - t_2 = 25℃$	换热器的浓溶液出口温度比稀溶液侧入口温度高 12~25℃

注：括号内带上标"′"的参数为方案二的设计参数，其余参数各方案相同。

换热器出口浓溶液为过冷液态,由 $t_5 = t_2 + 25℃ = 68.2℃$ 及 $\xi_s = 64\%$ 求得焓值 $h_5 =$ 332.43kJ/kg,$h_6 \approx h_5$。换热器出口稀溶液点 3 的比焓可由换热器热平衡式求得

$$h_3 = h_2 + (h_4 - h_5)[(f-1)/f]$$
$$= 281.77\text{kJ/kg} + \{(393.56 - 332.43)[(14.2-1)/14.2]\}\text{kJ/kg}$$
$$= 338.60\text{kJ/kg}$$

表 3-8 各循环节点参数

状态点	压力/kPa	温度 t/℃	浓度 ξ（%）	比焓 h/（kJ/kg）
1	1.23	43.2	59.5	281.77
2	10.09	43.2	59.5	281.77
3	10.09	—	59.5	338.60
3g	10.09	92	59.5	—
4	10.09	102.2	64	393.56
5	10.09	68.2	64	332.43
6	1.23	—	64	332.43
6a	1.23	55	64	—
7	10.09	97.1	0	3100.33
8	10.09	46	0	611.11
9	1.23	10	0	611.11
10	1.23	10	0	2941（2928.67）

注：1. 括号内为方案二的设计参数。

2. 溴化锂液态溶液的比焓只是温度和浓度的函数。

3. ξ 为体积分数。

3）计算各设备的单位热负荷。

$$q_g = f(h_4 - h_3) + (h_7 - h_4)$$
$$= [14.2 \times (393.56 - 338.60) + (3100.33 - 393.56)]\text{kJ/kg}$$
$$= 3487.20\text{kJ/kg}$$

$$q_a = f(h_6 - h_1) + (h_{10} - h_6)$$
$$= [14.2 \times (332.43 - 281.77) + (2941 - 332.43)]\text{kJ/kg}$$
$$= 3327.94\text{kJ/kg}$$

$$q_k = h_7 - h_8 = (3100.33 - 611.11)\text{kJ/kg} = 2489.22\text{kJ/kg}$$

$$q_o = h_{10} - h_9 = (2941 - 611.11)\text{kJ/kg} = 2329.89\text{kJ/kg}$$

$$q_t = (f-1)(h_4 - h_5) = (14.2 - 1) \times (393.56 - 332.43)\text{kJ/kg} = 806.92\text{kJ/kg}$$

总吸热量为

$$q_g + q_o = (3487.20 + 2329.89)\text{kJ/kg} \approx 5817\text{kJ/kg}$$

总放热量为

$$q_a + q_k = (3327.94 + 2489.22)\text{kJ/kg} \approx 5817\text{kJ/kg}$$

由此可见,总吸热量=总放热量,符合能量守恒定律。

4）计算热力系数。

$$\zeta = \frac{q_o}{q_g} = \frac{2329.89}{3626.01} = 0.643$$

5）计算各设备的热负荷及流量。

冷剂循环量 $\qquad D = \frac{\Phi_o}{q_o} = \frac{5 \times 2000}{2329.89} \text{kg/s} = 4.292 \text{kg/s}$

稀溶液循环量 $\qquad F = fD = 14.2 \times 4.292 \text{kg/s} = 60.947 \text{kg/s}$

浓溶液循环量 $\qquad F - D = (60.947 - 4.292) \text{kg/s} = 56.655 \text{kg/s}$

各设备的热负荷如下：

发生器 $\qquad \Phi_g = Dq_g = 4.292 \times 3487.20 \text{kW} = 14967.06 \text{kW}$

吸收器 $\qquad \Phi_a = Dq_a = 4.292 \times 3327.942 \text{kW} = 14283.53 \text{kW}$

冷凝器 $\qquad \Phi_k = Dq_k = 4.292 \times 2489.22 \text{kW} = 10683.73 \text{kW}$

换热器 $\qquad \Phi_t = Dq_t = (4.292 \times 806.92) \text{kW} = 3463.3 \text{kW}$

6）计算水量及加热蒸汽量。

冷却水量（冷凝器） $\qquad G_{wk} = \frac{\Phi_k}{c_{pw} \Delta t_{wk}} = \frac{10683.73}{4.18 \times 4} \times \frac{3600}{1000} \text{t/h} = 2300.32 \text{t/h}$

冷却水量（吸收器） $\qquad G_{wa} = \frac{\Phi_a}{c_{pw} \Delta t_{wa}} = \frac{14283.53}{4.18 \times 5} \times \frac{3600}{1000} \text{t/h} = 2460.32 \text{t/h}$

可见，二者的冷却水量基本吻合。

设蒸发器入口冷冻水温为17℃，则冷冻水量为

$$G_c = \frac{\Phi_o}{c_{pw}(t_{cw1} - t_{cw2})} = \frac{10000}{4.18 \times (17 - 12)} \times \frac{3600}{1000} \text{t/h} = 1722.49 \text{t/h}$$

加热蒸汽消耗量（汽化热 $\gamma = 2202.68 \text{kJ/kg}$）为

$$G_g = \frac{\Phi_g}{\gamma} = \frac{14967.06}{2202.68} \times \frac{3600}{1000} \text{t/h} = 24.46 \text{t/h}$$

（2）方案二 方案二与方案一的不同之处在于数据中心冷水出口温度，它主要影响溴化锂机组的蒸发温度和蒸发压力。其与方案一的计算过程相同，各参数在方案一的参数表格中已列出，这里不再重复说明。主要的计算结果见表3-8。

（3）方案三

1）螺杆式机组消耗的功率为

$$P = \frac{Q_o}{\text{COP}} = \frac{5 \times 2000}{5} \text{kW} = 2000 \text{kW}$$

2）冷凝器负荷为

$$Q_k = Q_o + P = (5 \times 2000 + 2000) \text{kW} = 12000 \text{kW}$$

3）冷却水量为

$$G_{wk} = \frac{Q_k}{c_{pw} \Delta t_{wk}} = \frac{12000}{4.18 \times 5} \times \frac{3600}{1000} \text{t/h} = 2066.99 \text{t/h}$$

为了能够准确地评价制冷机组的节能效果，这里采用单位制冷量所消耗的一次能源（标煤）量作为评价标准。由于我国电能绝大部分是火力发电厂生产的，所以无论是溴化锂制冷机所耗的蒸汽量，还是螺杆式机组所耗的电量，均可以折算成标煤耗量。

国家能源局发布的 2015 年全社会用电量中表示，我国 6000kW 及以上电厂供电标准煤耗为 0.315kg/(kW·h)。参考文献 [20] 中指出，2012 年吨蒸汽煤耗降至 0.160t（原煤）/t 以下，按照 1kg 原煤 = 0.7143kg 标煤计算，每公斤蒸汽标煤耗量为 0.1143kg/kg；参考文献 [21] 中指出煤种 1 的发热量为 3809cal（1cal = 4185.85J）/kg，每吨蒸汽煤耗为 0.2324t，标煤发热量为 7000cal/kg，折算后每公斤蒸汽标煤耗量为 0.1265kg/kg。综上本文蒸汽煤耗取 0.12kg/kg，计算结果见表 3-9。

表 3-9　三种方案性能参数的比较

方案	冷却水量/(t/h)	耗煤量/(kg/h)
方案一	2460.32	2935
方案二	2462.85	2951
方案三	2066.99	630

由表可以看出，溴化锂机组在数据中心的应用与其在普通民用建筑中的应用所消耗的冷却水量和标煤量相差不多。这是因为溴化锂机组在数据中心应用时，提高了冷水的温度，使蒸发温度升高，从而增加了进入吸收器内的水蒸气的焓值，使得吸收器内的单位负荷增加，单位制冷量增加，负荷一定的情况下，制冷剂循环量减少。这两者的综合作用表现为吸收器内的总负荷变化不大，因此所需的冷却水量变化不大。标煤量的分析同冷却水量。

溴化锂机组和螺杆式机组在数据中心的应用中，前者比后者消耗的冷却水量多，原因很明显，因为溴化锂机组中的冷却水要同时给吸收器和冷凝器提供冷量。前者耗煤量约为后者的 5 倍，从一次能源利用率来看，溴化锂机组比螺杆式机组更耗能。

3.3　制冷设备机组原理与性能

3.3.1　风冷型精密冷却设备

1. 风冷型精密冷却设备的工作原理及系统组成

1994 年 4 月，中关村教育与科研示范网络（NCFC）率先与美国 NSFNET 直接互联，实现了中国与 Internet 全功能网络连接，标志着我国最早的国际互联网络的诞生。1998 ~ 2004 年间，中国互联网产业全面起步和推广，此时的数据中心正处于雏形阶段，更多地被称为计算机机房或计算机中心，多数部署在如电信和银行这样需要信息交互的企业。当时的计算机机房业务量不大，机架位不多，规模也较小，IT 设备形式多样，单机柜功耗一般是 1 ~ 2kW。受风冷型精密冷却设备当时技术所限，IT 设备对运行环境的温度、湿度和洁净度要求都非常高，温度精度达到 ±1℃，相对湿度精度达到 ±5%，洁净度达到十万级。依据当时的经济和技术水平，计算机机房多采用风冷直膨式精密空调维持 IT 设备的工作环境，保证 IT 设备正常运行。风冷直膨式精密空调主要包括压缩机、蒸发器、膨胀阀和冷凝器，以及送风风机、加湿器和控制系统等，制冷剂一般为氟利昂，单机制冷量为 10 ~ 120kW。每套空调相对独立控制和运行，属于分散式系统，易于形成冗余，可靠性较高，具有安装和维护简单等优点，是这个时期数据中心大量采用的空调方案。

风冷型精密空调属于风冷直膨式空调的一种，它是利用风冷型直膨式冷却机组从房间里吸取热量，通过冷凝器传递到室外空气中的。风冷型直膨式冷却机组的工作原理是利用氟利昂作为冷媒在高温高压的冷凝器中冷凝液化放热，而在低温低压的蒸发器中蒸发汽化吸热的热量转移过程。经过蒸发器吸热汽化后的低温低压氟利昂气体被压缩机吸入压缩后变为高温高压的氟利昂气体，接着进入室外冷凝器向相对低温的室外环境放热冷凝为稍高于室外气温的高温高压氟利昂液体，然后再经过膨胀阀（节流阀）节流减压后变为低温低压的液体（也会含少量气体），之后进入室内蒸发器从相对高温的室内环境吸热汽化为稍低于室内环境温度的低温低压氟利昂气体，然后再被吸入压缩机进行如此周而复始的循环。其中压缩机提供了冷媒循环动力以及创造高温高压气体状态，膨胀阀（节流阀）创造了低温低压液体状态，蒸发器及冷凝器分别提供了冷媒蒸发吸热和冷凝放热的物理变化场所。

风冷型直膨式制冷系统（图 3-21）包含由压缩机、蒸发器及风机、冷凝器及风机、膨胀阀、管道及阀等部件组成的制冷系统；由加热器、加湿器组成的温湿度补偿系统；以及由自动控制阀部件、温度及压力传感器、微型计算机控制器等组成的恒温恒湿精确控制系统。直接体现到风冷型直膨式冷却机组设备上，应为室内机组及风冷室外冷凝器两部分。通常情况下，风冷型直膨式冷却机组的室内机包含了制冷系统的压缩机、蒸发器及风机、膨胀阀、加湿器、加热器及自控部分，室外冷凝器则只包含冷凝器及风机等。但也有少数应用环境需要将压缩机安装于室外冷凝器内，这种情况下就需要注意压缩机在冬季室外的润滑油防冻和低温起动问题。常见的压缩机安装于室内机内部的风冷型直膨式冷却机组的组成原理如图 3-22 所示。

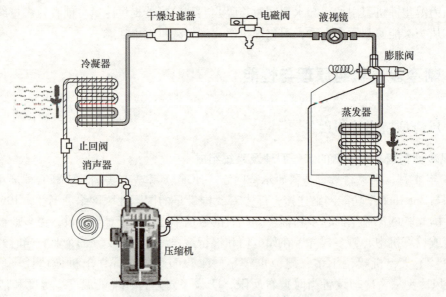

图 3-21 风冷型直膨式制冷系统原理图

2. 风冷型精密冷却设备的送风方式

风冷型直膨式精密空调室内机一般部署在机房一侧或两侧，机房内的气流组织方式一般采用两种：送风管道上送风方案和架空地板下送风方案。风管上送风方式是指在机房上空敷设送风管道，冷空气通过风管下方开设的送风百叶送出，经 IT 设备升温后负压返回空调机，如图 3-23 所示。该方法的优点在于安装快速，建造成本低；缺点是受到各种线缆排布和建筑层高限制，送风管道截面无法做大，导致风速过高，无法灵活调节送风量。这种送风方式在低热密度的机房中应用较多。

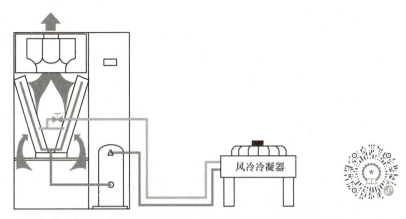

图 3-22　风冷型直膨式冷却机组的组成原理（微信扫描二维码可看彩图）

即使是现在，地板下送风也是大量数据中心项目仍在使用和新建采用的一种气流组织方式。这种方式利用架空地板下部空间作为送风静压箱，减小了送风系统动压，增加了静压并稳定了气流。空调机将冷空气送至地板下，通过送风地板通孔送出，由 IT 设备前端进风口吸入（图 3-24）。该方法的优点在于机房内各点送风量可以通过送风地板通孔率调整，同时，数据中心机房线缆和管道可以少量敷设在地板下，以保证美观。其缺点是随着使用需求的增长和调整，地板下敷设的电缆不断增加，将导致送风不畅，甚至存在火灾隐患。

图 3-23　风管上送风案例

图 3-24　风管下送风案例

图 3-25 所示为风冷型精密空调系统示意图，室内机（含压缩机、节流阀、蒸发器等部件）安装于机房内，通过冷媒管与风冷冷凝器连接（安装于室外），空调运行过程中，机房的热量由风冷冷凝器排至室外。该机房空调运行简单，运行维护方便，模块化机组也便于分期建设。其缺点是空调性能受室外温度影

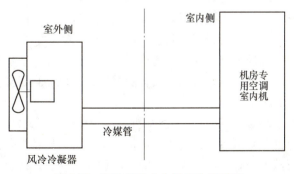

图 3-25　风冷型精密空调系统示意图

响较大，且机组性能系数低、风机噪声较大[21]。

3. 风冷型直膨式精密空调的应用特点、节能技术及注意事项

风冷型直膨式精密空调机组是目前数据中心机房应用中技术最为成熟、应用数量最为庞大的最传统、最经典的机房冷却形式。近半个世纪以来，大量数据机房的应用经验表明，风冷型直膨式冷却机组仍然具备很多其他冷却形式不具备的优势和特点。

（1）风冷型直膨式精密空调机组的优点

1）风冷型直膨式冷却机组为自带冷源冷却设备，单台机组的故障不会影响其他机组的正常运行。在机房设计配置了N+X的主备配置时，机房冷却系统没有单点故障，任何一台机组的故障均不会影响机房的安全稳定运行。

2）风冷直膨式冷却机组的整体能效简单明了，单机能效即为整个系统能效，无须复杂的设计计算和复杂的操作运行，能效指标显性且易实现。运行能效几乎与设计能效相同。

3）可分期按需投入建设和运行，可以根据机房的分期建设速度和负载分期投入速度，灵活地按比例进行机房空调的投资和投入运行，不占用资本成本且运行能效较高。不会出现其他大型冷却系统在部分负荷时"大马拉小车"的低能效现象。

4）风冷型直膨式冷却机组为氟利昂冷媒系统，机组通过铜管内的氟利昂冷媒联系室内外机组，进出机房的是铜管和氟利昂，无水进机房也无水浸机房之风险。

5）风冷型直膨式冷却机组的制冷系统为闭式氟利昂冷媒系统，除简单的加热加湿耗材维护外，几乎和普通的家用空调维护难度及工作量相同，维护专业要求及维护成本相对其他冷却形式都要低很多。

6）风冷型直膨式冷却机组是纯产品化而少工程的设备，在产品使用寿命范围内，可以简便地实现搬迁复用，有利于节约资金。

（2）风冷型直膨式精密空调机组的缺点　当然，风冷型直膨式冷却机组也有一些固有的缺点和与数据中心快速发展不相适应的地方。

1）单元式风冷型直膨式冷却机组的室内机和室外机一一对应，均为分布式布置。在数量较多时，安装于室外会占用较大面积。当室外安装面积有限时，可以考虑采用一拖多形式的集中式室外风冷冷凝器形式。

2）多台风冷冷凝器集中安装于同一区域，如果设计及安装不合理，极易产生热岛效应。所以，在采用大量风冷冷凝器集中安装于同一区域的设计时，应做相应的防热岛设计和CFD热仿真。

3）多台风冷冷凝器集中安装于同一区域，会出现室外机噪声叠加的问题。如果室外机噪声对毗邻区域有影响，则应采取相应的防振降噪措施。

4）如果数据机房使用的是普通风冷型直膨式冷却机组，那么机房的整体冷却能效比就不会突破单机能效。目前情况下，普通风冷型直膨式冷却机组的单机能效最高在3.2左右，采用变频、换热器优化及智能控制，单机能耗可提高到6以上。这给风冷机组提供了新的生命和生机。

5）风冷型直膨式冷却机组是一种冷源形式相对固化的末端冷却设备，很难进行冷源形式创新和末端形式创新，也很难结合目前比较流行的其他数据机房创新冷却形式。但目前鉴于数据中心的发展和强劲的节能创新需求，风冷型直膨式冷却机组在节能创新方面也开始迈出脚步，如氟泵自然冷、集中式风冷型直膨式冷却机组、中大型集中式氟泵自然冷机组、带

风冷型直膨式冷源的间接蒸发冷却机组等。

6）风冷型直膨式冷却机组为自带冷源冷却设备，普通型产品本身没有设计蓄冷功能，同时单独配置不间断电源应急供电的功率又非常大且无经济性。所以，风冷型直膨式冷却机组很难实现市电中断而持续不间断供冷。

（3）风冷型直膨式冷却机组系统的应用特点　鉴于以上对风冷型直膨式冷却机组优缺点的分析，结合目前国内绝大多数数据机房的应用条件和需求特点，归纳了如下几点风冷型直膨式冷却机组的应用特点：

1）受分布式室外机占地面积大的限制，普通型风冷型直膨式冷却机组一般比较适合 $5000m^2$ 以下的中小型数据中心机房和单体面积 $5000m^2$ 以下的模块化数据中心机楼。

2）由于具有无单点故障、无水进机房等优点以及很难实现不间断持续供冷的缺点，风冷型直膨式冷却机组比较适合应用于安全等级要求较高的 T3 等级以下的数据中心机房。

3）由于冷源固化特性和设计能效及运行能效较高，风冷型直膨式冷却机组比较适合对整体冷却系统设计能效及运行能效要求较高且无其他节能创新条件的数据中心机房。

4）由于风冷型直膨式冷却机组的维护专业难度低、维护工作量少，可由非空调专业的普通 IT 工程师进行维护。所以，此类设备比较适合没有空调专业维护力量或者维护力量比较薄弱的数据中心机房。

5）风冷型直膨式冷却机组比较适合分期投入建设以及负载分期投入运行的数据中心机房。一方面可以节约资金成本，另一方面也可在部分负荷时保持较高的运行能效。

6）风冷型直膨式冷却机组具有可搬迁复用及快速部署等特点，比较适合临时建设、临时扩容或者短期使用的数据中心机房。

（4）风冷型直膨式冷却机组系统的节能技术

1）风冷型直膨式冷却机组室内机采用模块化结构设计，压缩机模块独立于风机及蒸发器模块之外，通过减少风道阻力来提高能效实现节能。

2）加大风冷型直膨式冷却机组的蒸发器和冷凝器面积或实际使用面积以提高换热效率，由此来提高机组能效实现节能。

3）在风冷型直膨式冷却机组的基础上增加氟泵自然冷技术，一方面充分利用自然冷源节能；另一方面由氟泵增压来提高蒸发压力以及降低冷凝压力，实现压缩机低功率高效运行，从而达到整机全年能效提高而实现节能。

4）通过应用变频压缩机、EC 风机及电子膨胀阀等来提高水冷型直膨式冷却机组的运行能效。

5）设计高效群组控制功能。一方面，通过传感数据与设计数据的对比计算智能判断机房负荷变化趋势，统一指挥群组内空调设备的运行模式，避免群组内各机组间竞争运行的耗能现象；另一方面，通过传感数据与设计数据对比计算智能判断机房负荷需求量，智能起动群组内相应数量的可提供与负荷需求一致的空调机组，按需匹配供冷来实现节能。

6）应用智能控制技术，精准控制蒸发和冷凝压力，提高能效。

（5）风冷型直膨式冷却机组系统注意事项

1）风冷型直膨式冷却机组的室内机和室外机之间的距离和高度差是有要求的，为了最大限度地发挥机组能效和制冷量，以及保证制冷系统安全稳定运行。一般要求将机组室内机和室外机之间的铜管单程当量长度控制在 60m 以内，室外机高于室内机在 25m 以内，室外机低于室内机在 5m 以内。如果超过以上要求，需要采取其他特殊设计和手段。

2）如果较多数量的风冷型直膨式冷却机组的室外冷凝器集中安装于同一区域，需要综合规划室外冷风进风风道和热风出风风道，避免出现室外冷凝器进出风短路和进风不足的现象，有条件的最好能进行 CFD 气流及温度场模拟，防止热岛现象。

3）风冷型直膨式冷却机组室外冷凝器安装位置和朝向的选择必须考虑当地的气候风向，室外冷凝器出风方向不可正面逆向气候风向。

4）风冷型直膨式冷却机组室外冷凝器必须按照当地气候条件进行合理配置，根据当地室外最高干球温度选择室外冷凝器的大小，同时根据室外最低干球温度决定是否配置低温起动选件。室外冷凝器配置过大或配置过小均会产生不利影响，配置过大极易产生冬季低压报警保护故障，配置过小极易产生夏季高压报警保护故障。

5）如果数据中心机房现场不具备较多数量室外冷凝器的安装位置条件或者噪声要求条件，可以考虑设计集中式风冷冷凝器或者集中式水冷冷凝器等其他解决室外问题的方式。

4. 风冷型精密冷却设备的分类

常见的风冷型精密冷却设备包括恒温恒湿精密空调（将在第 4 章单独介绍）、新风空调一体机、热管空调一体机等。

（1）新风空调一体机 新风空调一体机是在机房精密空调的基础上增加新风模块，集新风过滤、空调、送风于一体，在一台设备上实现新风与空调制冷的功能。工作时，机组能够根据机房的室内外温差、室内湿度等，自动选择运行模式。

当室外温度较高或者室内负荷较大，自然冷源无法满足基站降温需求时，机组自动切换至空调制冷模式运行。此时，新风阀自动关闭，空调制冷系统开启。当室内外温湿度满足使用需求时，机组关闭空调制冷循环，自动切换进入新风换热模式，利用室外冷源，通过控制新风系统，开启风阀、送风机，引入室外冷空气对基站进行自然冷却，将室内热空气排到室外机组，此时只有送风机的能耗。图 3-26 和图 3-27 所示为新风空调一体机室内机与室外机的工作流程图和实物图。

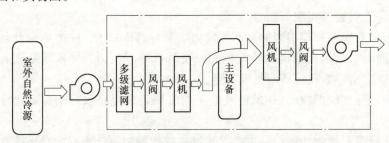

图 3-26 新风空调一体机工作流程图

（2）热管空调一体机 热管空调一体机可在一台设备上实现热管换热与空调制冷的功能，产品由室内机与室外机组成，通过工质管路连接。工作时，控制器能够根据室内温度、室内外温差等，自动选择热管换热模式或空调制冷模式运行。运行时优先选择热管换热模式，此时机组的能效比达 8.0 以上，当不满足使用需求时，可自动切换至空调制冷运行。

机组由压缩机、送风机、冷凝风机、控制器、热力膨胀阀、空调蒸发器、空调冷凝器、干燥过滤器、热管换热器、视液镜等主要部件组成，如图 3-28～图 3-30 所示。

图 3-27 新风空调一体机实物图

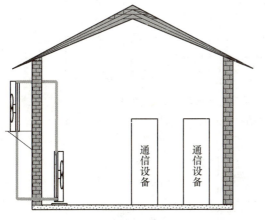

图 3-28 热管空调一体机安装示意图

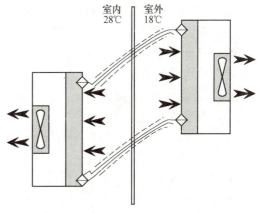

图 3-29 热管空调一体机运行原理图

图 3-30 热管空调一体机实物图

3.3.2 水冷型直膨式冷却机组

1. 水冷型直膨式冷却机组的工作原理及系统组成

水冷型直膨式冷却机组与风冷型直膨式冷却机组的制冷原理完全相同，只是在冷凝器的冷却方式上采用水冷冷凝器而非风冷冷凝器。从压缩机出来的高温高压气体冷媒通过水冷冷凝器进行氟/水换热，冷凝成常温高压的液体，而水冷冷凝器中的冷却水吸热后变为 37℃ 左右的高温冷却水，由冷却水泵循环输送到室外冷却塔进行显热散热和蒸发散热；37℃ 左右的高温冷却水向室外大气散热后降温至 32℃ 左右，然后循环回水冷冷凝器继续进行水/氟换热，如此周而复始地循环。

水冷型直膨式冷却机组的水冷冷凝器有内置和外置两种形式。水冷冷凝器内置的直膨式冷却机组具有设备占地面积小及设备界面简单等优点，但需要引冷却水进机房而存在水浸机房的安全隐患。外置式是将水冷冷凝器外置于直膨式冷却机组外部即机房外部，冷却水连接到机房外部的水冷冷凝器上，冷凝器氟侧气/液铜管进入机房与室内机组连接。水冷冷凝器外置的直膨式冷却机组具有水不进机房的安全优势，但需要在机房外部设置独立的水冷冷凝器安装区域。

水冷型直膨式冷却机组的冷却水系统主要由水冷型直膨式冷却机组室内机、冷却水泵、冷却塔、阀部件及管道组成，既可以是单台水冷型直膨式冷却机组组成冷却水系统，也可以是多台水冷型直膨式冷却机组组成冷却水系统。其系统原理如图 3-31 和图 3-32 所示。

2. 水冷型直膨式冷却机组系统的应用特点、节能技术及使用注意事项

水冷型直膨式冷却机组的

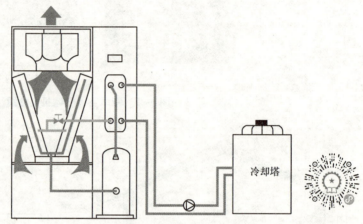

图 3-31　单元式水冷型直膨式冷却机组
（微信扫描二维码可看彩图）

图 3-32　集中式水冷型直膨式冷却机组
（微信扫描二维码可看彩图）

主要特点是利用冷却水进行制冷系统冷凝器的散热，冷却水系统的应用特点、节能技术以及使用注意事项也就决定了水冷型直膨式冷却机组的相应方面。

（1）水冷型直膨式冷却机组系统的应用特点

1）水冷型直膨式冷却机组充分利用了冷却塔的湿球温度进行降温，比较适合应用于我国干球温度较高的干热地区，如"四大火炉"地区、吐鲁番地区以及部分南方地区。

2）由于冷却水系统设计有循环水泵，合理的水泵扬程可以支持长管道输送到室外冷却塔散热，比较适合室外散热位置离直膨式冷却机组室内机较远而无法安装风冷型直膨式冷却机组的应用场合。

3）由于冷却水系统的室外部分采用的是集中式冷却塔，冷却塔的占地面积以及噪声处理相对单元式风冷型直膨式冷却机组的室外机而言有优势，比较适合由于室外机安装位置有限和周边对室外机噪声有较高要求而无法安装风冷型直膨式冷却机组的应用场合。

（2）水冷型直膨式冷却机组系统的节能技术　制冷系统的冷凝器采用水冷的形式确实可以提高压缩机的能效比，相对而言，水冷压缩机的能效高于风冷压缩机。但对于数据中心空调节能而言，是需要综合考虑空调系统所有耗电设备的，水冷系统还应包括冷却塔及冷却水泵的耗电。不同的项目实际现场条件、需求规格、设计水平和风格，均会产生能效完全不同的水冷系统设计。所以，不能认为水冷系统一定会比风冷系统节能，需要针对具体项目进行综合分析比较。

除了机房冷却设备本身与系统其他主设备最佳配合的最优能效设计外，水冷型直膨式冷却机组的冷却水系统还可以在以下几方面进行节能设计：

1）冷却水系统的散热能力会随着室外天气变化和室内负荷变化而变化。所以在设计冷却水系统时，可以考虑采用冷却塔风机变频控制以及冷却塔群组切换运行来节能。

2）在室内负荷变化比较大的应用场合，可以考虑对冷却水泵采用变频控制以及群组切换运行来节能。在冷却水泵设计了变频控制时，水冷型直膨式冷却机组须设计二通电动调节阀与之进行节能运行配合。

3）冷却水系统可以设计自然冷的节能运行模式，依靠冷却塔进行冬季供冷。这是目前数据中心最主要的水侧自然冷节能模式，但设计时一定要考虑冬季的防冻问题。同时也可以考虑在水冷型直膨式冷却机组上设计自然冷经济盘管，与外围冷却水自然冷供冷联合使用，以达到节能的目的。

4）通过应用变频压缩机、EC风机及电子膨胀阀等来提高水冷型直膨式冷却机组的运行能效。

5）设计高效群组控制功能。一方面，通过传感数据与设计数据对比计算智能判断机房负荷变化趋势，统一指挥群组内空调设备的运行模式，避免群组内各机组间竞争运行的耗能现象；另一方面，通过传感数据与设计数据对比计算智能判断机房负荷需求量，智能起动群组内相应数量的可提供与负荷需求一致的空调机组，按需匹配供冷实现节能。

（3）水冷型直膨式冷却机组系统注意事项　应根据机房的现场情况和等级需要合理设计冷却水系统，具体设计时应注意以下几点：

1）鉴于水冷型直膨式冷却机组为数据中心重要基础设施设备，冷量的衰减和设备故障均会引起机房故障，在条件允许的情况下，宜设计为闭式冷却水系统，以防止冷却水与外部空气接触而受到污染，进而在水冷冷凝器中结垢，引起冷量衰减和换热器堵塞。同时，为了

145

方便水冷冷凝器结垢后的维护，水冷冷凝器宜采用壳管式水氟换热冷凝器；如果由于安装位置受限而采用了板式水氟换热冷凝器，则在系统设计时，需要充分考虑板式换热器漏水、除垢和更换等维护问题。

2）冷却水系统利用了冷却塔的湿球温度来增强其与外部空气的换热能力，这就需要蒸发冷却水来获取较低的湿球温度。一般情况下，冷却塔的每日水消耗量为系统水量的2%左右。系统设计时就应该考虑到冷却水的补水系统设计和应急储水设计问题。

3）冷却水系统应用在严寒的北方地区时，还需考虑室外部分的防冻问题，管道伴热和使用乙二醇冷介质都是比较可行的办法。还需注意阀门设计和开关式封闭管段的冬季排空问题。

4）冷却水系统是数据机房水冷型直膨式冷却机组单点故障的关键点，其设计必须与数据中心的等级相吻合，必须满足相关标准的要求。A级或者T3以上等级的机房，冷却水系统必须设计为环路或者双路管道系统。冷却水循环泵必须设计备份。

5）可将水冷系统设计为乙二醇冷系统应用于北方冬季严寒地区。

3.3.3　乙二醇自然冷型冷却机组

1. 乙二醇自然冷型冷却机组的系统组成及工作原理

乙二醇自然冷型冷却机组由室内机、乙二醇泵、干冷器、相关阀部件及管道组成，如图3-33所示。其室内机部分实际上就是在水冷型直膨式冷却机组的基础上增设了乙二醇经济盘管，经济盘管与水冷冷凝器在乙二醇冷却系统里是并联关系，前端均由电动调节阀控制。乙二醇自然冷型冷却机组有三种运行模式：在冬季室外，由乙二醇循环泵将通过干冷器与室外冷空气进行热交换获取的自然冷冷量输送到室内的经济盘管上给数据机房供冷，属于纯自然冷模式；在夏季又会自动关闭经济盘管，乙二醇自然冷型冷却机组就成了最典型的水冷型直膨式冷却机组，乙二醇溶液通过制冷系统的冷凝器换热后，由乙二醇循环泵输送到室外干冷器向室外散热，然后又回到室内设备的冷凝器中进行换热，如此周而复始地循环，属于纯压缩机制冷模式；过渡季节时，乙二醇循环泵将通过干冷器与室外冷空气进行热交换获取的低温乙二醇按需分配到室内设备的经济盘管中进行自然冷散冷，以及按需分配到水冷冷凝器进行冷凝器散热，各自的流量会根据需求自动调节，属于混合模式。

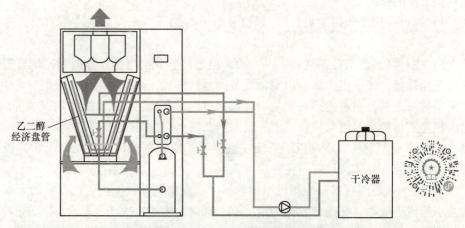

图3-33　乙二醇自然冷型冷却机组（微信扫描二维码可看彩图）

经济盘管的冷源如果来自于自然冷源，此设备就具有自然冷的节能特点；经济盘管的冷源如果来自于人工冷源，此设备就具有双冷源的功能。

2. 乙二醇自然冷型冷却机组的应用特点、节能技术及注意事项

乙二醇自然冷型冷却机组同时具备水冷冷却系统、乙二醇溶液以及自然冷的特点，既可以实现远距离输送冷却媒介，又可以实现自然冷节能，还具有冬季防冻的特点。

（1）乙二醇自然冷型冷却机组系统的应用特点

1）乙二醇溶液具有防冻性，同时也可以作为冬季运输室外自然冷的载体。所以，乙二醇自然冷型冷却机组比较适合我国东北及西北严寒地区的有自然冷节能需求的数据中心。

2）乙二醇自然冷型冷却机组中含有乙二醇循环水泵，可以实现乙二醇溶液的长距离高落差输送。所以，乙二醇自然冷型冷却机组比较适合北方地区室外散热位置离室内冷却机组较远而无法安装风冷型直膨式冷却机组的应用场合。

（2）乙二醇自然冷型冷却机组系统的节能技术 乙二醇自然冷型冷却机组的节能技术实际上就是自然冷节能技术，该技术利用室外温度低于冷却设备室内回风温度的温差，通过乙二醇媒介将室外自然冷源运输到数据机房内对设备进行冷却，实现了在过渡季节以及严寒冬季利用自然冷节能。理论上讲，只要室外温度低于冷却设备室内回风温度，就可以利用自然冷进行机房供冷。但由于中间增加了乙二醇作为中间媒介来进行室内外传热，这种间接自然冷的形式比直接自然冷的换热温差至少高 2℃。室外温度低于冷却设备室内回风温度的温差越大，自然冷换热效率就越高，自然冷供冷量也就越大。自然冷换热温差、室外低温时长以及室内机组经济盘管大小是决定乙二醇自然冷型冷却机组节能效果和节能量的三个系统性核心因素，三个因素之间存在有机联系，任何一个因素都不能独立决定节能效果和节能量。

除了设备本身以及与系统其他主设备最佳配合的最优节能设计外，乙二醇自然冷型冷却机组的节能设计还可以从以下几方面入手：

1）乙二醇干冷器的散热能力会随着室外天气变化和室内负荷变化而变换。所以在设计乙二醇冷却系统时，可以考虑采用干冷器风机变频控制以及干冷器群组切换运行来节能。

2）在室内负荷变化比较大的应用场合，可以考虑对乙二醇循环泵采用变频控制以及群组切换运行来节能。特别注意，在乙二醇循环泵设计了变频控制时，乙二醇自然冷型冷却机组应设计二通电动调节阀与之进行节能运行配合。

3）提高数据机房回风温度，如从传统的 24℃提升到 28℃甚至更高，封闭冷通道将回风温度提高到 35℃，结合行间空调 35℃回风温度，均可增加室外自然冷的使用时长，提高节能量。

4）加大干冷器盘管及经济盘管的面积，提升自然冷的获取量和在数据机房内的释冷量，从而提高节能量。

5）通过应用变频压缩机、EC 风机及电子膨胀阀等来提高乙二醇自然冷型冷却机组的运行能效。

（3）乙二醇自然冷型冷却机组系统注意事项 应根据机房的现场情况和等级需要合理设计乙二醇冷却系统，具体设计时应注意以下几点：

1）鉴于乙二醇溶液的强渗透性和轻微腐蚀性，乙二醇系统管道内需要加防腐剂和抑制剂。同时需要设计乙二醇溶液调配和补充系统。

2）乙二醇冷却系统是数据机房乙二醇自然冷型冷却机组单点故障的关键点，其设计必须与数据中心的等级相吻合，必须满足相关标准的要求。A 级或者 T3 以上等级的机房，乙二醇冷却系统必须设计环路或者双路管道系统，乙二醇循环泵必须设计备份。

3）乙二醇冷却系统应用于北方冬季严寒地区时需要避免结冻，乙二醇浓度的设计必须结合当地气候条件，保持室外最低气温高于乙二醇溶液的冰点，并在系统中设计乙二醇溶液调配和补液装置。其中，乙二醇溶液的浓度–冰点曲线如图 3-34 所示。

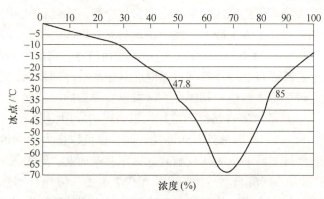

图 3-34　乙二醇溶液的浓度-冰点曲线

3.3.4　冷冻水型冷却机组

1. 冷冻水型冷却机组的系统组成及工作原理

冷冻水型冷却机组实际上是一种应用于数据机房的空调末端形式，其冷量来自于外部冷源提供的冷冻水，外部冷源既可以是集中式人工冷源（如风冷冷水机组、水冷冷水机组等），也可以是集中式自然水冷源（如湖水、海水等）。外部冷源提供 7~15℃ 的冷冻水供水，经过冷冻水型冷却机组内表冷器与机房内热空气换热后，温度升高 5℃ 左右后回到外部冷源重新被冷却为 7~15℃ 的冷冻水再供出，如此周而复始地循环。冷冻水型冷却机组通过调节二通或者三通电动阀来调节其冷冻水流量，以提供相应的冷量来适应机房热负荷的变化。

常规冷冻水型冷却系统主要由风冷冷水机组或水冷冷水机组、冷冻水型冷却机组、冷冻水泵、冷却水泵及冷却塔（用于水冷冷水机组）、相关的管道阀部件及水管管道组成，其系统原理如图 3-35 所示。

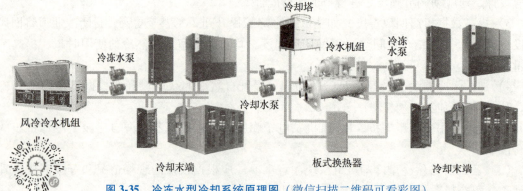

图 3-35　冷冻水型冷却系统原理图（微信扫描二维码可看彩图）

整个水系统的设计形式也与机房实际需求、机房实际条件及设计师水平相关，没有绝对好或者放之四海而皆准的水系统形式。目前比较流行的几种空调水系统形式如下。

（1）异程式　异程式是指经过每一并联环路的管长均不相等，即每一并联环路的水阻力均不相同。异程式管路系统适用于中小型且子系统末端设备不多的系统，其系统末端均衡性较差，对系统水力平衡设计要求较高，但管路简单、系统总阻力较小。

（2）同程式　同程式是指经过每一并联环路的管长基本相等，即每一并联环路的水阻力基本相同。同程式管路系统适用于中大型且子系统末端设备较多的系统，系统末端均衡性较好，但系统管道总阻力及投资均会增加，管路较复杂，水泵扬程也会增加。

（3）单管路　系统总管及连接到机房末端设备的管道均为一套（一供一回），有两根管道，系统管路简单，施工方便。但其应用于数据中心机房存在单点故障风险。单管路系统适用于安全等级要求不高或者不影响机房整体重要性的机房。

（4）双管路　系统总管及连接到机房末端设备的管道均为两套（两供两回），有四根管道，两套管路系统相互独立。系统运行时，既可以两路管路系统同时供水，各自承担50%的负载运行；也可以两路管路系统按照一主一备的方式切换运行。系统管路复杂，造价昂贵。双管路系统设计避免了单点故障风险，适用于安全等级要求高的机房。双管路系统的本质意义就是两套管路系统相互独立，而非仅仅是实现了两供两回的四根管道设计，读者在此要注意分辨。

（5）环管路　连接到系统主设备及机房末端设备的主供回水管道均是环形管网，在每个设备接入环形管网的节点前后均设有阀门。在环形管网中，任一节点发生故障或漏水时，只要关断临近故障点侧的阀门即可，不影响本环形管网系统的正常运行。环形管网系统是解决单点故障的局部解决方案，但不能系统性地解决单点故障问题，需要与双管路系统或者其他方式联合运用才能完全解决单点故障。由于每个设备接入环网节点前后均需设计阀门，因此环路管网系统的阀门用量非常大；环路管网是同尺寸环形管道，所以每个阀门也是与环网管道同尺寸的大阀门。管道系统设计及施工复杂，管路阻力增加，管路及阀门投资偏大，管路系统维护非常复杂，适用于安全等级要求极高且维护能力极强的数据机房。典型的环路管网系统如图3-36所示。

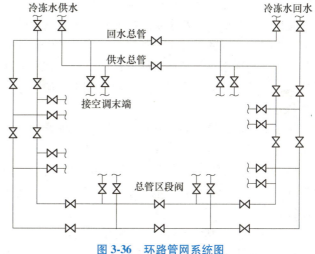

图3-36　环路管网系统图

2. 冷冻水型冷却机组的应用特点、节能技术及使用注意事项

冷冻水型冷却机组实际上是冷冻水系统的末端换热设备，冷冻水系统的应用特点、节能技术以及使用注意事项也就决定了冷冻水型冷却机组的相应方面。

（1）冷冻水型冷却机组系统的应用特点

1）冷冻水系统设计、施工及维护都相对复杂和专业，存在水进机房的安全隐患、投资较大，缺乏运行灵活性等缺点，因此冷冻水型冷却系统比较适合应用于无法利用风冷型及水冷型分布式冷源，或者单体机房面积大于5000m²的具有专业维护能力的数据中心机房。

2）冷冻水系统的绝大部分内容（管路系统、冷水主机、蓄冷罐、自控等）需要一次性投入建设、冷水机组单机有运行负荷下限要求，因此冷冻水型冷却系统比较适用于一次性建设完毕并绝大部分负载投入运行的数据中心机房。

3）冷冻水系统的冷水机组、冷却塔及水泵均具有运行负载下限要求以及最佳性能点要求，系统运行灵活性较差且最佳性能点较难控制，因此冷冻水型冷却系统比较适合机房负载运行负荷比较稳定的数据中心机房。

4）冷冻水系统包含了制冷、水暖、配点与控制等多个专业，对各专业运维人员的专业理论、专业技能及专业实践均有极高的要求，因此冷冻水型冷却系统比较适合具有较强运维力量的数据机房。好设计加上好运维，才能使冷冻水型冷却系统真正服务好数据中心机房。

5）冷冻水系统可以提供 7~15℃ 的冷冻水供水，可以在外部冷冻水冷源平台上实现创新节能型数据中心机房。比如接外部冷源的风墙 AHU 和直接或间接新风蒸发冷却方案等。

（2）冷冻水型冷却机组系统的节能技术　冷冻水系统一般采用能效比较高的风冷冷水机组或者水冷冷水机组，但对于数据中心空调节能需要综合考虑整个冷冻水系统所有设备的耗电，即考虑的是系统能效比（空调系统总制冷量/空调系统总耗电功率），冷冻水系统耗电还应包括冷却塔、冷却水泵、冷冻水泵、末端等的耗电。不同的项目实际条件、不同的项目需求规格、不同的设计水平和风格，均会产生能效完全不同的空调系统设计。所以，不能绝对地认为冷冻水系统是最节能的系统。理论和实践证明，水冷型压缩机的能效高于风冷型压缩机，但没有任何理论和实践证明冷冻水空调系统的能效一定最高，需要针对具体项目进行综合分析比较。

除了末端设备及与系统其他主设备最佳配合的最优能效设计外，冷冻水型冷却机组的冷冻水系统还可以在以下几方面进行节能设计：

1）设计冷冻水系统时尽量减小管道长度，减少阀门数量，减少环路、二次换热器等阻力设备，尽量减少次级泵、水泵余量、高阻力二次换热器等功耗设备，以保证空调系统的能效比较高。

2）对于北方地区，冷冻水系统可以充分利用自然冷源，设计带经济盘管的风冷自然冷冷水机组，或者系统设计冷却塔冬季供冷的水冷自然冷空调系统，但需要采取冬季冷冻水防冻措施。

3）冷冻水系统的冷机单机容量最好能与数据机房的分期负载容量相匹配，系统设计要保证即使是在机房负载容量最小时，一台冷水机组都能够在 30% 以上的工作带载率下进行起动。避免和减少冷水机组低能效和非正常运行。

4）冷冻水系统的冷水机组、冷冻水泵、冷却水泵及冷却塔风机均设计变频控制系统，能根据室外气候条件及数据中心机房负载变化变频控制运行，实现变频调速节能。在水泵设计了变频控制时，冷冻水型冷却机组应设计二通电动调节阀与之进行节能运行配合。

5）冷冻水系统的冷水机组、水泵、冷却塔及冷冻水型冷却末端均设计群组控制运行功能，能根据室外气候条件及数据机房负载变化智能决定投入运行数量，实现系统最佳能效运行。

6）如果数据中心机房负载分期投入，建议设计蓄冷系统。一方面，可以避免冷水机组单机容量过大于机房负载而出现冷水机组喘振和低能效运行问题；另一方面，也可以在部分负载时利用峰谷电价差来实现节费运行。

7）通过提高冷冻水进出水温度来提高能效。一方面，减少或避免低水温带来的机房冷冻水型冷却末端的低显热比问题；另一方面，通过提高蒸发温度来提高冷水机组能效。但是，在通过提高冷冻水进出水温度来提高冷水机组能效比的同时，也会降低冷冻水的换热能力，这势必会提高冷冻水的流量、冷冻水泵的功率以及冷冻水型冷却末端的成本。所以，提高水温到机房冷冻水型冷却末端可以实现 100% 显热比供冷后，就需要系统地考虑能效及经济性的最佳切合点。

8）冷冻水系统可以作为众多节能创新方案的冷源平台，结合蒸发冷却机组、风墙 AHU、组合式新风空调风柜、热转轮换热机组、精确送风等多种节能创新方案实现空调系统整体节能。

9）通过应用 EC 风机、电动二通阀及空气压差传感器等联合智能控制来实现冷冻水型冷却机组以最佳能效运行。

（3）冷冻水型冷却机组系统注意事项　应根据机房的现场情况和等级需要合理设计冷冻水系统，具体设计时应注意以下几点：

1）在考虑冷冻水系统的节能性时，需要考虑系统能效比而非单冷水机组的能效比；同时还需要考虑低负载时整个冷冻水系统的运行能效。

2）设计冷冻水系统时，应充分考虑冷冻水系统的单点故障问题。单点故障的关键点在系统主设备及其汇接管道及阀门、主管及干管，冷冻水系统设计必须与数据中心的等级设计相吻合，必须满足相关标准的要求。对于 A 级或者 T3 以上等级的机房，系统主设备必须设计备份，汇接管道必须设计备份或环管，主管及干管必须设计备份或环管。

3）冷冻水系统是变流量系统，冷却末端设备需要设计二通阀与之配合；冷冻水系统是定流量系统，冷却末端设备需要设计三通阀与之配合。

4）在北方地区，冷冻水系统的室外部分必须考虑采用防冻设计。管道伴热和使用乙二醇冷介质都是比较可行的办法，还需注意阀门设计和开关式封闭管段的冬季排空问题。

3.3.5　双冷源主机设备

1. 双冷源型冷却机组的系统组成及工作原理

双冷源型冷却机组就是具有两个冷源的末端冷却设备，如图 3-37 所示。它一方面可以避免单冷源的单点故障问题；另一方面也可以充分利用双冷源中的廉价冷源。在数据中心行业，双冷源型冷却机组的冷源一般是自带直膨式（DX）冷源和经济盘管外接外部冷源这两种独立冷源。目前比较常见的双冷源型冷却机组主要有风冷+冷冻水、水冷+冷冻水、风冷+自然冷、冷冻水双盘管等类型，其中冷冻水既可以来自于冷机，也可以来自于自然冷冷源。

2. 双冷源型冷却机组的应用特点、节能技术及注意事项

双冷源型冷却机组的主要应用价值是节能和安全，其应用特点、节能技术及使用注意事项全部取决于其冷源的特性和应用价值取向。

（1）双冷源型冷却机组的应用特点

1）适用于安全等级要求极高，且整个空调系统设计有双路冷冻水冷源的大型数据中心机房。

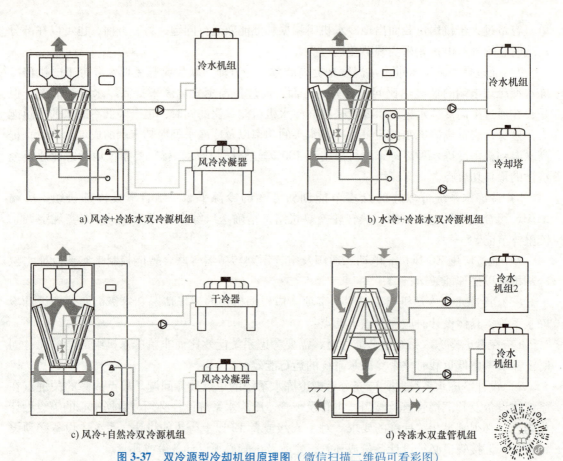

a) 风冷+冷冻水双冷源机组

b) 水冷+冷冻水双冷源机组

c) 风冷+自然冷双冷源机组

d) 冷冻水双盘管机组

图 3-37　双冷源型冷却机组原理图（微信扫描二维码可看彩图）

2）适用于安全等级要求极高，整个空调系统没有设计双路冷冻水冷源，而部分机房又必须保证不间断冷源的数据中心机房。

3）应用于设置在大型办公楼里的数据中心机房，办公楼自带中央冷冻水。一方面，数据中心机房的物业使用成本里已经包含了中央冷冻水的平摊费用；另一方面，中央冷冻水在晚间及冬季均会关闭供冷。此类机房使用双冷源型冷却机组，既可以充分利用在物业使用成本中已经付费的中央冷冻水，又可以在晚间及冬季中央冷冻水关闭时，起动自带直膨式冷源实现持续供冷。

4）应用于具有自然冷资源的北方地区，数据中心设计有自然冷冷冻水冷源，冬季时充分利用自然冷冷源实现节能，夏季则起动自带直膨式冷源实现供冷。

5）双冷源型冷却机组具有设备投资较大、接管数量多、维护空间及维护工作量较大等缺点。

（2）双冷源型冷却机组的节能技术　双冷源型冷却机组的节能技术主要体现在其经济盘管的外接冷源上，外接冷源的节能技术基本上就是双冷源型冷却机组的节能技术。

1）经济盘管外接冷源设计为干冷器自然冷冷源，机组优先利用干冷器自然冷冷源，在干冷器自然冷冷源不能满足机房内热负荷要求时，起动双冷源型冷却机组自带直膨式冷源与干冷器自然冷冷源联合供冷，以减少直膨式制冷系统的耗电。在干冷器自然冷冷源能够完全满足机房内热负荷要求时，关闭直膨式制冷侧压缩机，完全由干冷器自然冷冷源供冷。

2）经济盘管外接冷源设计为冷却塔自然冷冷源，机组优先利用冷却塔自然冷冷源，在冷却塔自然冷冷源不能满足机房内热负荷要求时，起动双冷源型冷却机组自带直膨式冷源与冷却塔自然冷冷源联合供冷，以减少直膨式制冷系统的耗电。在冷却塔自然冷冷源能够完全满足机房内热负荷要求时，关闭直膨式制冷侧压缩机，完全由冷却塔自然冷冷源供冷。

3）经济盘管外接冷源设计为自然水冷源，机组优先利用自然水冷源，在自然水冷源不能满足机房内热负荷要求时，起动双冷源型冷却机组自带直膨式冷源与自然水冷源联合供冷，以减少直膨式制冷系统的耗电。在自然水冷源能够完全满足机房内热负荷要求时，关闭直膨式制冷侧压缩机，完全由自然水冷源供冷。

（3）双冷源型冷却机组的注意事项　因为双冷源型冷却机组主要是由直膨式制冷系统加上经济盘管组成的，所以它同时具有直膨式制冷系统以及冷冻水系统的特点，设计及应用时的注意事项也与直膨式制冷系统和冷冻水系统相类似。

1）如果双冷源型冷却机组的直膨式制冷系统为风冷压缩机制冷系统，设计及应用时就应该正确考虑风冷室外机的安装位置。一般情况下，风冷室外机与室内机之间的单程铜管长度不宜超过60m，风冷室外机不宜高过室内机25m，风冷室外机不宜低过室内机5m。多台风冷室外机安装于同一场地中时，安装距离应严格遵照制造厂商的安装维护要求。

2）如果双冷源型冷却机组的直膨式制冷系统为水冷压缩机制冷系统，则冷却水系统宜设计为闭式系统，以防止冷却水与外部空气接触而受到污染。如果应用在严寒的北方地区，还需考虑室外部分的防冻问题。管道伴热和使用乙二醇冷介质都是比较可行的办法，还需注意阀门设计和开关式封闭管段式冬季排空问题。

3）双冷源型冷却机组经济盘管冷冻水冷源若为变流量系统，则需要设计二通阀与之配合；经济盘管冷冻水冷源若为定流量系统，则需要设计三通阀与之配合。在北方地区，冷冻水系统的室外部分必须考虑采用防冻设计。管道伴热和使用乙二醇冷介质都是比较可行的办法，还需注意阀门设计和开关式封闭管段的冬季排空问题。

4）双冷源型冷却机组为双盘管冷冻水机组时，宜设计为两路冷源同时供冷，各承担50%的机房热负荷，以便在一路冷冻水冷源丢失时，另一路冷冻水冷源可以无缝切入持续供冷。

3. 双冷源主机设备分类

空调冷源有很多种，目前为了保证系统的经济性和安全性，有很多设计成双冷热源或多种冷热源结合使用的案例[22]。下面分别介绍一种包括风、水双冷却系统的热管装置和包括水冷和冷水主机的一体化双冷源冷冻站。

（1）自然冷源风、水双冷却式热管换热系统　自然冷源风、水双冷却式热管换热系统（图3-38）在符合热管换热系统工作条件而室外温度正常时，利用风冷和水冷对室外机内散热器的冷却作用，为热管的冷端（即放热端）提供冷源，将热管换热系统中交换出的热量释放到大自然中；当室外气温过低时，关闭室外机的水冷系统以防结冰，利用风冷对室外机内散热器的冷却作用，为热管的冷端（即放热端）提供冷源，将热管换热系统中交换出的热量释放到大自然中。例如，某电信机房系统的运行压力随着温度的变化而变化，运行压力

153

范围为 0.6~0.85MPa。

自然冷源风、水双冷却式热管换热系统的特点如下：

1）采用热管换热技术，全年可利用时间长，全年平均节电率高。

2）热管换热系统使机房内外只有热量交换，没有空气交换，确保了机房内空气的洁净度和湿度没有变化。

3）大大缩短原有空调工作时间，延长原有空调使用寿命，节省空调采购投资及维护费用。

4）工作时没有水进入机房，机房安全更有保障。

5）无室外空气进入，无须对室外空气进行过滤，系统维护工作量小。

6）外墙开孔小，施工时灰尘少。

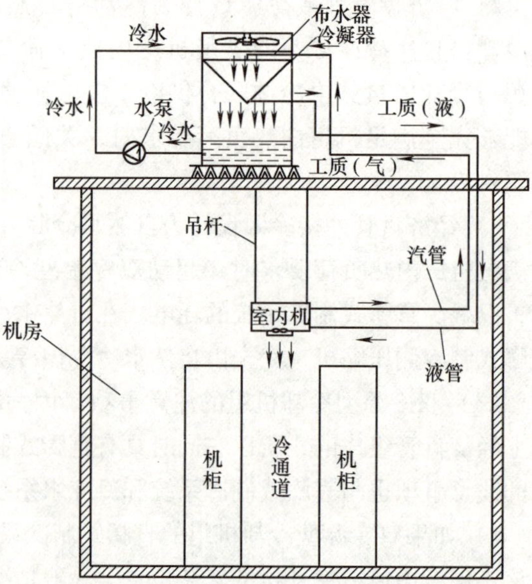

图 3-38　自然冷源风、水双冷却式热管换热系统原理图

7）室内机可以采用分布吊装方式，节省机房面积，有效消除局部过热。

8）远距离换热，室外机可以安装在楼顶。

（2）水冷+冷水主机系统　某一体化双源冷冻站是一种可利用自然冷源的模块化冷水机组[23]。系统将制冷主机、冷却塔、冷却水泵、冷冻水泵、高效换热器及控制系统集成在一个模块内。在制冷工况时，冷却塔使冷凝更加充分，以提高机组能效比；在自然冷源工况时，完全采用冷却塔冷却。该系统的优点在于去工程化，并适于冷量的远距离输送，如图 3-39 和图 3-40 所示。

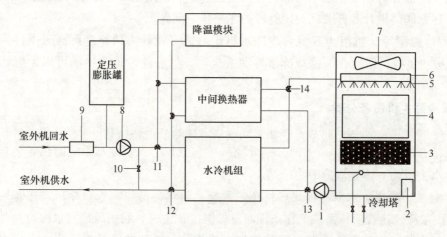

图 3-39　水冷+冷水主机双冷源空调系统室外侧示意图

1—冷却水泵　2—除垢装置　3—进风口　4—填料层　5—喷淋装置　6—布水器
7—冷凝风机　8—冷冻水泵　9—除垢仪　10~14—旁通阀

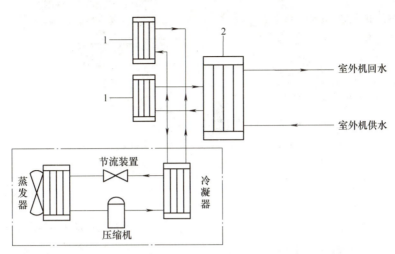

图 3-40　水冷+冷水主机双冷源空调系统室内侧示意图
1—水冷单元　2—冷量分配单元

1）水冷+冷水主机双冷源空调系统的运行方式。水冷+冷水主机双冷源一体化冷冻站的制冷方法如下：设置温度控制点 T_1 和 T_2，且 $T_1 > T_2$，T_1 为 15 ~ 25℃ 中的某一值，T_2 为 -2 ~ 2℃ 中的某一值。①当室外温度大于 T_1 时，开启水冷机组和冷却塔，此时冷却水在水冷机组和冷却塔之间循环。②当室外温度大于 T_2 且小于或等于 T_1 时，关闭水冷机组，开启冷却塔和中间换热器，此时冷却水在中间换热器和冷却塔之间循环，利用冷却塔内的循环冷却水为中间换热器提供冷量，冷凝风机开启。③当室外环境温度小于或等于 T_2 时，关闭水冷机组和冷却塔的风机，开启冷却塔的喷淋装置和中间换热器。

系统针对机房的不同环境进行独立控制，适用于多种冷源设备，提高了能源利用率。

2）水冷+冷水主机双冷源空调系统的性能和优势。一体化双源冷冻站用水冷代替风冷，换热效能更佳；系统采用了调速风机，风机可以自动调节风量；冷冻站增大了换热器的换热面积，系统的制冷量得到增加；冷冻站采用工业级控制器，可以实现全自动控制，多种控制方式调节。

3.3.6　氟泵自然冷型冷却机组

1. 氟泵自然冷型冷却机组的系统组成及工作原理

氟泵自然冷型冷却机组是一种利用氟侧自然冷源技术的新型高效节能冷却设备，机组内设置独立的压缩机制冷系统和氟泵自然冷系统，如图 3-41 所示。氟泵串联于冷凝器的下游，与压缩机制冷系统共用蒸发器、冷凝器及制冷剂管道系统，压缩机及氟泵均设有旁通阀。压缩机制冷模式时，开启氟泵旁通阀并关闭氟泵；氟泵自然冷模式时，开启压缩机旁通阀并关闭压缩机；混合供冷模式时，关闭压缩机及氟泵旁通阀并开启压缩机及氟泵。

通常情况下，当室外温度≥T_{w1} 时，氟泵自然冷型冷却机组工作在压缩机制冷模式，机组的运行性能与具有同样制冷系统配置的风冷型直膨式冷却机组相同。当 T_{w2}≤室外温度<T_{w1} 时，优先起动氟泵自然冷模式，如果氟泵自然冷冷量小于机房负荷，机组将继续起动压缩机制冷，整机工作在压缩机及氟泵联合运行的混合制冷模式下，此时混合制冷模式的能效比大于

压缩机制冷模式的能效比。当室外温度<T_{w2}时，氟泵自然冷型冷却机组工作在氟泵自然冷模式。其中 T_{w1} 及 T_{w2} 为机组试验数据，T_{w1} 是混合模式能效比大于或等于压缩机制冷模式能效比临界点的室外温度，T_{w2} 是氟泵自然冷模式供冷量大于或等于压缩机制冷模式制冷量临界点的室外温度。各设备制造商的技术水平不同，其 T_{w1} 及 T_{w2} 对应的室外温度临界点也不同，临界点越高越有利于节能。氟泵自然冷却机组运行原理如图3-42所示。

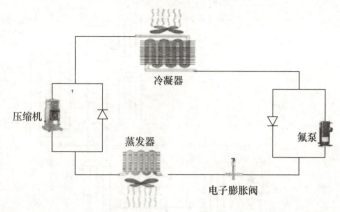

图 3-41 氟泵自然冷型冷却机组组成原理图

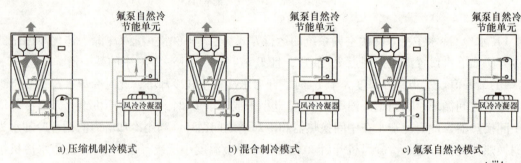

a) 压缩机制冷模式　　　b) 混合制冷模式　　　c) 氟泵自然冷模式

图 3-42 氟泵自然冷却机组运行原理图（微信扫描二维码可看彩图）

氟泵自然冷型冷却机组的节能特性主要体现在以下两点。

（1）氟泵自然冷却模式的节能特性 氟泵自然冷却模式时，机组投入远小于压缩机功率的氟泵，将不小于压缩机制冷系统制冷量的室外自然冷冷量运输到室内蒸发器上进行换热，其氟泵自然冷却模式的压焓如图3-43所示。氟泵实现了制冷剂在制冷系统中的循环，即利用室外自然冷实现制冷剂的冷凝过程，然后将制冷剂传输到室内实现蒸发，产生制冷量，此过程无须起动压缩机，大大降低了功率输入。

（2）混合供冷模式的节能特性 混合供冷模式时，氟泵是用于在制冷系统中冷凝器下游的压增过程。利用氟泵的压增作用，一方面可以将制冷系统冷凝压力控制点降低到10bar（1bar = 10^5Pa）左右（普通压缩机制冷系统的冷凝压力控制在

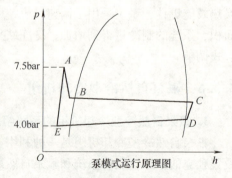

图 3-43 氟泵自然冷却模式压焓图

A—B：泵出口到蒸发器入口
B—C：冷媒在蒸发器内吸热
C—D—E：冷媒的冷凝过程
E—A：泵对冷媒的增压过程
注：1bar = 10^5Pa

13bar 左右），以降低压缩机功率；另一方面可以提高节流前的过冷度、制冷剂流量及蒸发压力，从而提高机组制冷量输出。该运行模式的压焓如图 3-44 所示。

2. 氟泵自然冷型冷却机组的应用特点、节能技术及注意事项

氟泵自然冷型冷却机组一方面可以利用自然冷实现节能，另一方面由于增加了氟泵及储液装置，也可以实现超长管道的应用。其应用特点、节能技术及注意事项也就与这两方面密切相关。

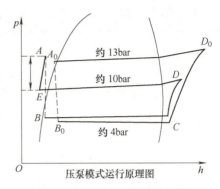

图 3-44　氟泵混合供冷模式压焓图

$A \to B \to C \to D \to E \to A$：压泵模式
$A_0 \to B_0 \to C \to D_0 \to A_0$：压缩机模式

（1）氟泵自然冷型冷却机组的应用特点

1）氟泵自然冷型冷却机组比风冷型冷却机组多了一套氟泵自然冷节能系统，室内外机的应用及安装条件与风冷型冷却机组完全一样，因此氟泵自然冷型冷却机组适用于可以应用风冷型冷却机组且有节能需求的数据中心机房。

2）出于经济性考虑，氟泵自然冷型冷却机组相对于风冷型冷却机组的增加投资节能回收期控制在 3~4 年比较合理。如此考虑，氟泵自然冷型冷却机组适用于全年有 40% 以上时间室外气温低于 T_{w1} 的地区，这样可以实现全年平均节能在 30% 左右，回收期为 3~4 年。

3）自然冷条件和室外防冻是矛盾统一体，室外温度越低，越有利于自然冷的利用，但也越有室外冻结的风险。氟泵自然冷型冷却机组适用于室外冬季严寒的地区，既可充分利用室外自然冷源，又没有室外设备及管道冻结的风险。

4）氟泵自然冷机组是最简单、最直接且最清洁的自然冷利用设备，机组的维护内容及工作量如同风冷型冷却设备一样简单经济。氟泵自然冷型冷却机组适用于维护力量薄弱又特别注重自然冷节能的中小数据中心机房。

5）由于氟泵自然冷型冷却机组中氟泵的增压循环作用，氟泵又增加了克服管道阻力的能力，因此适用于安装条件为室内外机距离超长，室外机超高于室内机及超低于室内机的数据中心机房。

（2）氟泵自然冷型冷却机组的节能技术　氟泵自然冷型冷却机组本身就是一种最简单、最直接且最清洁的利用自然冷源的节能设备，它利用室外温度低于冷却设备室内回风温度的温差，通过氟利昂制冷剂将室外自然冷源运输到数据机房内对设备进行冷却，实现了过渡季节以及严寒冬季的自然冷节能。理论上讲，只要室外温度低于冷却设备室内回风温度，就可以利用自然冷进行机房供冷。但需要考虑氟泵自然冷型冷却机组整体运行能效及制冷量相对于风冷型冷却机组的临界温度点 T_{w1} 及 T_{w2}，以及冷却设备室内回风温度 T_h。T_{w1} 及 T_{w2} 越高，可利用室外自然冷的时间就越长；T_h 越高，室外温度低于冷却设备室内回风温度的温差越大，自然冷换热效率就越高，自然冷供冷量也就越大，同时可利用室外自然冷的时间越长。T_{w1}、T_{w2} 和 T_h 的值是决定氟泵自然冷型冷却机组节能效果和节能量的核心系统性因素，各因素之间存在有机联系，任何一个因素都不能独立决定节能效果和节能量。

除了设备本身以及与系统其他主设备最佳配合的最优节能设计外，氟泵自然冷型冷却机组的系统性节能设计还可以从以下几方面入手：

157

1）氟泵自然冷型冷却机组室外冷凝器的散热能力随着室外天气变化和室内负荷变化而变换。所以在进行氟泵自然冷型冷却机组室外冷凝器风机调速设计时，可以考虑采用冷凝器风机变频控制来节能。

2）适当增加氟泵自然冷型冷却机组室内蒸发器及室外冷凝器的换热面积，并提高其换热能力，以提高 T_{w1} 及 T_{w2} 的值。室外低温自然冷却时间越长，氟泵自然冷型冷却机组的全年节能效果也就越好。在超大容量风冷型冷却机组上应用氟泵自然冷节能技术的节能效果更明显。

3）将氟泵自然冷型冷却机组室外冷凝器设计为水冷冷凝器或者蒸发式冷凝器，可以有效延长室外低温自然冷运行时长，从而可以有效提高氟泵自然冷型冷却机组的全年运行能效，扩大氟泵自然冷型冷却机组应用的地理区域。

4）提高数据机房回风温度，如从传统的 24℃ 提升到 28℃ 甚至更高，封闭冷通道将回风温度提高到 35℃，结合行间空调 35℃ 回风温度，均可延长室外自然冷的使用时长，提高节能量。

5）通过应用氟泵变频无级调节控制以及最大限度地降低氟泵功率，来提高氟泵自然冷型冷却机组的运行能效。

6）通过应用变频压缩机、EC 风机及电子膨胀阀等来提高氟泵自然冷型冷却机组的运行能效。

7）设计高效群组控制功能。一方面，通过传感数据与设计数据对比计算，智能判断机房负荷变化趋势，统一指挥群组内空调设备的运行模式，避免群组内各机组间竞争运行的耗能现象；另一方面，通过传感数据与设计数据对比计算，智能判断机房负荷需求量，智能起动群组内相应数量的可提供与负荷需求一致的空调机组，按需匹配供冷实现节能。

（3）氟泵自然冷型冷却机组的注意事项

1）虽然氟泵自然冷型冷却设备可以适应超长管道的应用场合，但氟泵自然冷型节能柜最好与室外冷凝器同高度且距离越近越好，这样可以减少制冷剂冷凝液化后由压力损失带来的泵前汽化引起的氟泵汽蚀问题。

2）和风冷型冷却设备一样，氟泵自然冷型冷却设备的室外冷凝器与室内机应尽量同高度且距离越近越好。这样有利于机组制冷系统的稳定以及减少由于管道长度和室内外机高度差引起的冷量衰减。

3）氟泵自然冷型冷却机组中氟泵的选择至关重要，氟泵质量不好或者选择不合适极易引起氟泵汽蚀及泄漏问题，应选择技术成熟且有成熟应用经验的氟泵。

4）由于氟泵自然冷技术中已经设计了氟泵、储液罐及加热元件，其本身除了具有自然冷节能以及长管道应用功能外，还具备低温环境应用功能。所以氟泵自然冷型冷却设备在应用于长管道和低温环境时，不需要另外设计管道延长选件和低温选件。

3.3.7　水侧余热回收系统

1. 水侧余热回收系统的系统组成及工作原理

余热回收实际上就是回收冷凝热，冷水机组在制冷模式下运行时，冷凝器放出的热量通常通过冷却塔或者冷凝风机排向室外大气环境，而且排向大气的热量的温度一般为 35～50℃。此部分热量作为废热排放，一方面对于有大量用热需求的场所是一种浪费，另一方面

也给周围环境带来了一定的废热污染。余热回收
就是通过一定的方式对冷水机组冷凝热进行回收
再利用,将其作为用户的最终热源或初级热源。
在压缩机与室外侧换热器之间增设热回收换热器,
制冷时,压缩机排出的高温高压的冷媒气体进入
热回收换热器,将热量释放给热负荷需求侧用水。
余热回收包括部分热回收和全部热回收:部分热
回收是指利用其中的某段冷凝放热来加热热需求
用户的热水;全部热回收是指利用整个冷凝放热
过程的热量来加热热需求用户的热水。在图 3-45

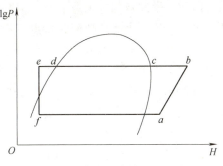

图 3-45　余热回收的 $\lg P\text{-}H$ 图

中, $b\sim e$ 为整个冷凝放热过程,其中 $b\sim c$ 为冷媒过热段的显热放热过程, $c\sim d$ 为冷媒相态变
化的潜热放热过程, $d\sim e$ 为冷媒过冷段的显热放热过程。

　　按照余热的利用方式来分,冷凝热回收主要分为直接式和间接式两种类型。直接式是指
制冷剂从压缩机出来后进入热回收装置,直接与水换热加热热需求用户用水;间接式是指利
用冷凝器侧排出的 37℃ 左右的水来加热热需求用户用水。间接式余热回收相对来说增加的
设备多,换热效率低,一般较少使用。按照主机结构形式不同,可分为单冷凝器热回收和双
冷凝器热回收。单冷凝器热回收就是提高冷凝器出水温度后,在机组冷却侧接入热负荷需
求,消耗不了的剩余热量由冷却塔排放到大气环境中,如图 3-46a 所示。双冷凝器热回收机
组中设计有两个冷凝器,从压缩机排出的高温高压气体冷媒首先进入热回收冷凝器,将热量
释放给接入热回收冷凝器来满足热负荷的需求,消耗不了的剩余热量通过标准冷凝器释放到
冷却水中,由冷却塔排放到大气环境中,如图 3-46b 所示。单冷凝器热回收机组系统整体成
本增加得较少,但系统管路相对复杂,部分负荷时机组效率衰减严重,系统运行稳定性较
差。双冷凝器热回收机组需要增加一个热回收冷凝器,系统整体成本增加得较多,但机组管
路和控制相对简单,系统运行相对稳定。

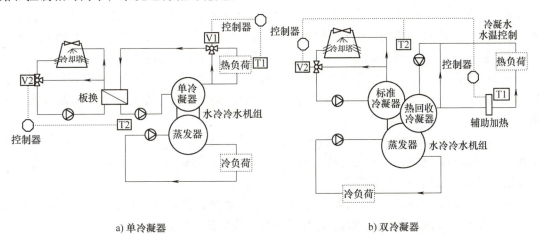

a) 单冷凝器　　　　　　　　　　　　　　　　　　　b) 双冷凝器

图 3-46　单、双冷凝器连接示意图

2. 水侧余热回收系统的应用特点、节能技术及注意事项

水侧余热回收目前主要应用于有持续热需求,且冷热需求可以同时共存的场所,如宾

馆、医院、学校及部分工业场所，但其应用于数据中心基础设施领域还处于起步探索阶段，还有很多与传统水侧余热回收特点不相适应的地方需要优化和完善。

（1）水侧余热回收系统的应用特点　数据中心机房的冷负荷是相同面积民用建筑的 5~10 倍，而且几乎全年 24h 持续稳定在同一水平，理论上讲，数据中心空调系统最大可以提供 6~12 倍民用建筑空调负荷的余热热量来加热热负荷需求热水。结合数据中心本身的特点来看，供冷系统稳定安全、冷负荷超大且几乎恒定不变、冷负荷用户需求优先是数据中心机房冷负荷的三大主要特点。

1）余热回收系统适合应用于有持续热负荷需求的数据中心园区，如还设计有培训中心、研发中心、员工宿舍以及营业厅的数据中心园区。

2）余热回收系统适合应用于热负荷需求占比较大，且热负荷需求量至少与系统中一台冷水机组冷凝放热相当的数据中心。

3）余热回收系统适合应用于本身没有廉价集中供热的数据中心园区，且单独设计一套余热回收系统以及锅炉供热系统，就占用的数据中心建筑面积成本以及资金成本而言，可以在 3~4 年内收回成本的数据中心园区。

（2）水侧余热回收系统的节能技术

1）水侧余热回收系统本身就是一项节能技术，但决定系统是否能够发挥最佳节能能效的主要因素是余热回收机组的最佳配置。与热负荷需求特征相适应的余热回收系统配置是决定此项节能技术应用是否高效的关键。

2）余热回收系统选用高效率的余热回收机组、高效率的智能能效管理系统、最优能效的系统设计，也是决定此项节能技术应用是否高效的关键。

（3）水侧余热回收系统的注意事项

1）余热回收系统一般只能提供 35~50℃ 的低温热水，但实际热负荷需求用户需要的是 60~100℃ 的高温热水。所以还需设计电加热或者锅炉等系统来进一步提高用水温度。

2）由于数据中心园区具有安全优先要求，必须保证能够稳定、不间断地满足数据中心冷负荷需求。所以即使系统设计了水侧余热回收系统，也不能减少冷却侧常规冷却塔的容量配置，以保证在热负荷需求不稳定或者中断时期，能正常转入常规冷却系统进行系统冷凝排热。

3）数据中心设计余热回收系统只会单纯地增加余热回收设备，不会减少原制冷系统的任何设备的容量和配置，但会减少独立供热系统的容量和配置。就投资经济性而言，仅在制冷侧计算经济回收期是不合理的，应结合整个制冷及供热系统全盘计算其投资回收期的经济性。

4）需要详细、准确地统计计算数据中心园区热负荷需求量及需求特征，在进行热回收机组的匹配选型计算时，最小热负荷需求必须能持续、稳定地保证系统中一台机组的余热回收系统能基本处于满负荷工作状态。

5）根据数据中心园区热负荷需求的变化特征，余热回收系统最好设计一套可以平衡热负荷需求小幅规律波动的储热系统，以保持热量供应的持续和稳定。

3.3.8 蒸发冷却空调机组

1. 蒸发冷却空调机组的工作原理及系统组成

蒸发冷却空调机组是利用直接蒸发冷却技术或间接蒸发冷却技术，在无压缩机条件下实现制冷的空气处理设备。在数据中心自然冷却系统中，通常采用的蒸发冷却空调机组有三种类型：直接蒸发冷却空调机组、间接蒸发冷却空调机组和露点间接蒸发冷却空调机组。

（1）直接蒸发冷却空调机组　直接蒸发冷却指的是空气与水直接接触，水分子蒸发进入空气流并吸收汽化热 Q_L，使空气的干球温度降低（显热量 Q_S 减少），含湿量 d 增大，在理想绝热的情况下（$Q_L = Q_S$），被处理空气所发生的热湿处理过程为等焓加湿冷却[24]，如图 3-47 所示。直接蒸发冷却的热湿处理过程能够将被处理空气冷却降温，所达到的极限温度为被处理空气的湿球温度，因此通常利用湿球效率来对直接蒸发冷却过程中被处理空气温度的降低程度进行描述，如式（3-9）所示。直接蒸发冷却过程的湿球效率与被处理空气条件、空气流量以及填料特征等因素有关，其数值一般在 70%~90%。在图 3-47b 中，假定①状态下被处理空气的干球温度 t_1 和湿球温度 $t_{wb,1}$ 分别为 33.5℃和 18.2℃（新疆乌鲁木齐地区夏季空气条件室外计算参数），直接蒸发冷却热湿处理过程的湿球效率 ω 可取 85%，将上述参数代入式（3-9）后可计算得出，经直接蒸发冷却处理后，②状态下空气的干球温度 t_2 为 20.5℃。

$$\omega = \frac{t_1 - t_2}{t_1 - t_{wb,1}} \tag{3-9}$$

式中　ω——直接蒸发冷却过程湿球效率（%）；

t_1——被处理空气的干球温度（℃）；

$t_{wb,1}$——被处理空气的湿球温度（℃）；

t_2——处理后空气的干球温度（℃）。

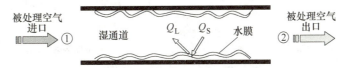

a）原理示意图

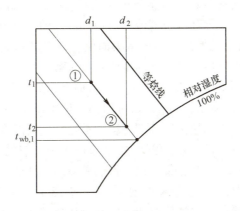

b）在焓湿图上的表示

图 3-47　直接蒸发冷却热湿处理过程

根据与空气直接接触的水形态的不同，直接蒸发冷却可以分为湿膜型和喷雾型，如图 3-48 所示。湿膜型直接蒸发冷却空调机组在数据中心冷却系统中应用时存在两种形式：蒸发式冷气机和填料墙。蒸发式冷气机一般需要与精密空调联合运行[25]，如图 3-49 所示，在外界环境空气湿球温度较低时，开启蒸发式冷气机和排风机，同时关闭精密空调，外界环境空气经蒸发式冷气机处理后温度降低送入机房内，吸收热量后由排风机排到机房外。填料墙和喷雾型直接蒸发冷却通常需要与数据中心的建筑结构有机结合，如图 3-50 所示，当外界环境空气的温度很低时，利用机房内的一部分热回风与外界进风相混合，达到送风要求后直接送入机房内；当外界环境空气的温度较低，但其满足送风要求时，可将外界进风直接送入机房内；当外界环境空气的温度较高，但其湿球温度较低时，可将外界进风经填料墙或喷雾直接蒸发冷却处理降温后直接送入机房内；当外界环境空气的温度很高时，则需要利用机械制冷的方式对机房热回风进行冷却降温。

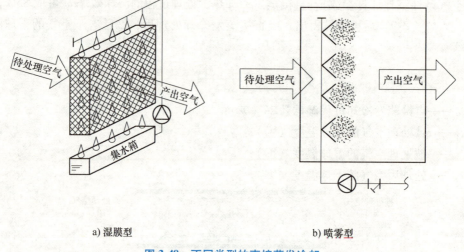

a) 湿膜型   b) 喷雾型

图 3-48 不同类型的直接蒸发冷却

（2）间接蒸发冷却空调机组 间接蒸发冷却指的是空气经过表面式换热器与经蒸发冷却的水或空气进行热交换而被冷却。对于数据中心冷却系统而言，IT 设备机房的循环空气流通过换热芯体的干通道，外界环境空气流通过换热芯体的湿通道。在干通道内，机房循环空气将显热量 Q_s 传递给湿通道换热表面的水膜而使干球温度降低，其所发生的热湿处理过程为等湿冷却；在湿通道内外界环境空气与水膜直接接触，水分子蒸发进入外界环境空气流并吸收汽化热 Q_L，其所发生的热湿处理过程为增焓加湿，如图 3-51 所示。间接蒸发冷却的热湿处理过程能够将被处理空气冷却降温，所达到的极限温度为进入湿通道空气的湿球温度，同样可利用湿球效率来对间接蒸发冷却过程中被处理空气温度的降低程度进行描述，如式（3-10）所示。间接蒸发冷却过程的湿球效率与进入干通道的被处理空气条件、空气流量，进入湿通道的空气条件、空气流量，以及换热芯体结构特征等因素有关，其数值一般在 60%～80%。在图 3-51b 中，假定进入干通道的①状态下被处理空气的干球温度 t_1 为 36.0℃，进入湿通道的③状态下空气的湿球温度 $t_{wb,3}$ 为 18.2℃，间接蒸发冷却热湿处理过程的湿球效率 ε 可取 70%，将上述参数代入式（3-10）后可计算得出，经间接蒸发冷却处理后②状态下空气的干球温度 t_2 为 23.5℃。

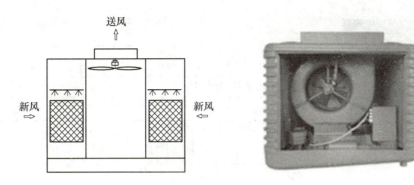

a) 蒸发式冷气机结构示意图[24]

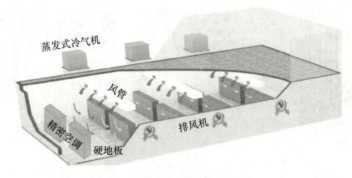

b) 蒸发式冷气机的应用形式

图 3-49　蒸发式冷气机在数据中心冷却系统中的应用形式

$$\varepsilon = \frac{t_1 - t_2}{t_1 - t_{wb,3}} \tag{3-10}$$

式中　ε——间接蒸发冷却过程湿球效率（%）；

$\quad$ t_1——进入干通道被处理空气的干球温度（℃）；

$t_{wb,3}$——进入湿通道空气的湿球温度（℃）；

$\quad$ t_2——处理后空气的干球温度（℃）。

根据湿通道内空气与水膜发生蒸发冷却热湿交换位置的不同，间接蒸发冷却空调机组可以分为内冷式、外冷式和混合式[26]。在内冷式间接蒸发冷却换热器中，被处理空气通道的相邻通道中水膜与另外一股空气流接触，发生增焓加湿的直接蒸发冷却过程。根据换热芯体结构的不同，内冷式间接蒸发冷却换热器可以分为板翅式和管式。其中，对于管式内冷间接蒸发冷却换热器而言，根据换热管布置形式的不同可以分为卧管式和立管式，如图 3-52 所示；根据换热管形状的不同可以分为椭圆管式和板管式（图 3-53）。内冷式间接蒸发冷却空调机组在数据中心冷却系统中的应用形式如图 3-54 所示。

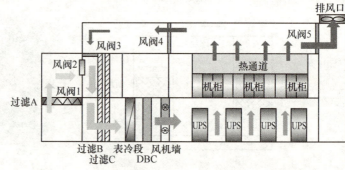

a) 填料墙型

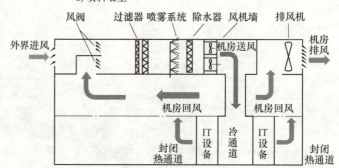

b) 喷雾型

图 3-50 填料墙和喷雾型直接蒸发冷却在数据中心冷却系统中的应用形式
（微信扫描二维码可看彩图）

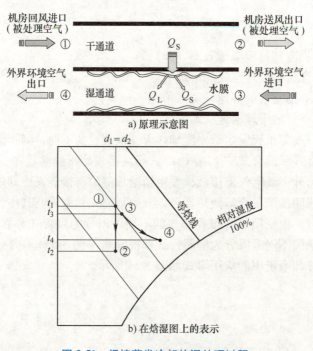

图 3-51 间接蒸发冷却热湿处理过程

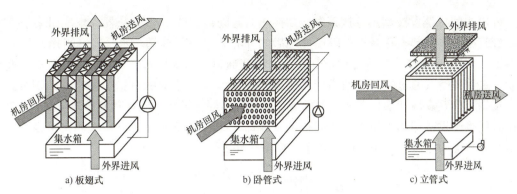

图 3-52　内冷式间接蒸发冷却换热器结构示意图

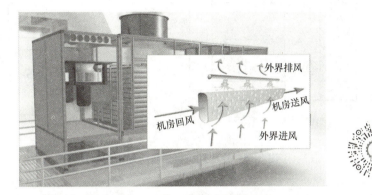

图 3-53　板管内冷式间接蒸发冷却示意图（微信扫描二维码可看彩图）

a) 空调机组结构示意图

b) 系统应用示意图

图 3-54　内冷式间接蒸发冷却空调机组在数据中心冷却系
统中的应用形式（微信扫描二维码可看彩图）

外冷式间接蒸发冷却由直接蒸发冷却换热器与间接空气-空气换热器或空气-水换热器组成。经直接蒸发冷却换热器冷却降温处理后的外界环境空气或循环水，通过间接空气-空气换热器或空气-水换热器中被处理空气通道的相邻通道，与被处理空气进行间接换热，也就是说，被处理空气通道的相邻通道内不再发生水膜与空气之间的直接蒸发冷却热湿处理过程。根据直接蒸发冷却换热器所制取的冷却介质的不同，外冷式间接蒸发冷却可以分为风侧外冷式间接蒸发冷却和水侧外冷式间接蒸发冷却，如图 3-55 所示。外冷式间接蒸发冷却空调机组在数据中心冷却系统中的应用形式如图 3-56 所示。

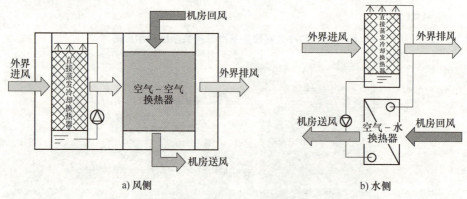

a) 风侧　　　　　　　　　　　　b) 水侧

图 3-55　外冷式间接蒸发冷却结构示意图

a) 空调机组结构示意图

b) 系统应用示意图

图 3-56　外冷式间接蒸发冷却空调机组在数据中心冷却系统中的
应用形式（微信扫描二维码可看彩图）

混合式间接蒸发冷却由内冷式间接蒸发冷却换热器与间接空气-空气换热器组成，如图 3-57 所示。由于在内冷式间接蒸发冷却换热器湿通道中，外界环境气流与水膜接触发生直接蒸发冷却换热过程，使得外界排风温度一般会低于外界进风温度，此时使外界排风再次通过空气-空气换热器中被处理空气通道的相邻通道，与被处理空气进行初级间接换热；经间接空气-空气换热器初级换热处理后的被处理空气流，继续通过内冷式间接蒸发冷却换热器中的干通道进行二级换热，从而达到连续冷却降温的目的。混合式间接蒸发冷却空调机组在数据中心冷却系统中的应用形式如图 3-58 所示。

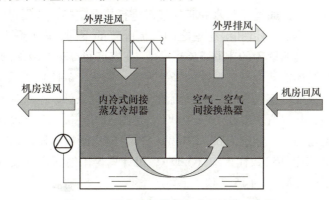

图 3-57　混合式间接蒸发冷却结构示意图

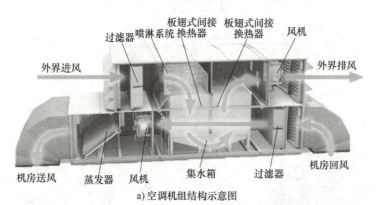

a) 空调机组结构示意图

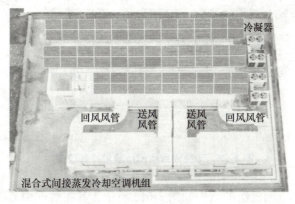

b) 系统应用示意图

图 3-58　混合式间接蒸发冷却空调机组在数据中心冷却系统中的应用形式
（微信扫描二维码可看彩图）

间接蒸发冷却空调机组在数据中心冷却系统中应用时存在三种运行模式：当外界环境空气温度较低时，通过空气-空气换热器，利用室外冷风对机房内热回风进行间接换热冷却；当外界环境空气温度较高而湿球温度较低时，需要开启间接蒸发冷却换热系统对机房内热回风进行冷却；当外界环境空气温度很高且湿球温度较高时，需要同时开启间接蒸发冷却换热系统和直膨式制冷系统，利用直膨式制冷系统对机房热回风进行补充制冷。

（3）露点间接蒸发冷却空调机组　露点间接蒸发冷却是能够使产出空气的极限温度达到进口空气露点温度的一种间接蒸发冷却，其将干通道内部分冷却或完全冷却空气的一部分通过换热壁面的小孔进入湿通道，与水膜直接接触进行热湿交换，从而对干通道内的剩余空气进行冷却降温[27]。根据干通道和湿通道之间气流配置的不同，露点间接蒸发冷却可以分为叉流式和逆流式，分别如图 3-59 和图 3-60 所示。在露点间接蒸发冷却的热湿处理过程中，一般通过露点效率来描述被处理空气温度的降低程度，如式（3-11）所示。露点间接蒸发冷却过程的露点效率与被处理空气条件、空气流量，工作空气条件、空气流量，以及换热芯体结构特征等因素有关，其数值一般在 70%~90%。在图 3-59b 中，假定状态 1 下被处理空气的干球温度 t_1 和露点温度 $t_{dp,1}$ 分别为 33.5℃和 9.8℃，露点间接蒸发冷却热湿处理过程的露点效率 η 可取 75%，将上述参数代入式（3-11），可计算得出经露点间接蒸发冷却处理后状态 2 下产出空气的干球温度 t_2 为 15.7℃。

$$\eta = \frac{t_1 - t_2}{t_1 - t_{dp,1}} \tag{3-11}$$

式中　η——露点间接蒸发冷却过程露点效率（%）；

$\quad\quad t_1$——被处理空气的干球温度（℃）；

$\quad t_{dp,1}$——被处理空气的露点温度（℃）；

$\quad\quad t_2$——处理后产出空气的干球温度（℃）。

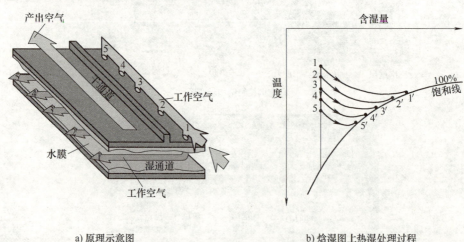

a) 原理示意图　　　　　　　　　　b) 焓湿图上热湿处理过程

图 3-59　叉流式露点间接蒸发冷却原理

露点间接蒸发冷却空调机组的结构如图 3-61a 所示，其在数据中心冷却系统中的运行模式如图 3-62 所示。夏季时，将外界环境空气经露点间接蒸发冷却空调机组处理后的产出空气送入 IT 设备机柜的冷通道内，待其吸收热量后由热通道全部排至机房外，同时工作空气

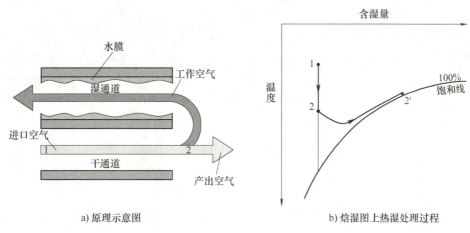

a) 原理示意图   b) 焓湿图上热湿处理过程

图 3-60   逆流式露点间接蒸发冷却原理

由风管全部排至机房外，如图 3-62a 所示。冬季时，IT 设备机柜热通道回风一部分被排至机房外，而另一部分则与外界环境空气相混合，然后由露点间接蒸发冷却空调机组对混合的空气进行处理，其产出空气被送入冷通道去冷却 IT 设备，而工作空气可通过风管送入机房内对空气进行加湿以达到机房环境湿度要求[28]，如图 3-62b 所示。

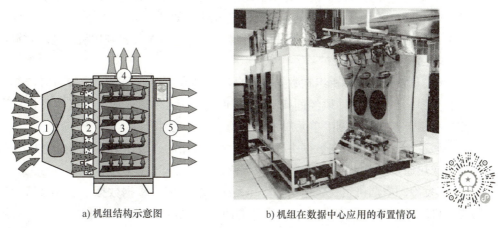

a) 机组结构示意图   b) 机组在数据中心应用的布置情况

图 3-61   露点间接蒸发冷却空调机组在数据中心的应用（微信扫描二维码可看彩图）
1—进口空气   2—过滤器   3—热质交换芯体   4—工作空气   5—产出空气

2. 蒸发冷却空调机组的应用特点、节能技术及注意事项

蒸发冷却空调机组是利用外界环境空气的干湿球温度差及水分子蒸发吸热的特征来实现无压缩机制冷，从而使得数据中心冷却系统中自然冷却的运行时间进一步延长。蒸发冷却空调机组的冷却性能一般与环境空气的湿球温度、干湿球温度差，换热芯体的换热面积以及换热芯体中干通道与湿通道之间的气流配置、空气流量比等因素有关。

（1）蒸发冷却空调机组的应用特点

1）蒸发冷却空调机组适合在环境空气具有较低湿球温度和较大干湿球温度差的地区使用，如我国西北干燥地区。

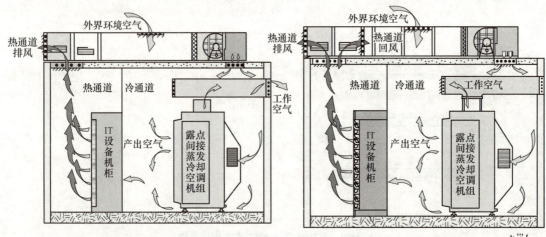

a) 夏季运行模式　　　　　　　　　b) 冬季运行模式

图 3-62　露点间接蒸发冷却空调机组在数据中心冷却系统中的
运行模式（微信扫描二维码可看彩图）

2）直接蒸发冷却空调机组和露点间接蒸发冷却空调机组在数据中心自然冷却系统中应用时，通常需要与机房精密空调或冷水机组联合使用，互为备份，以保障数据中心冷却系统连续可靠的运行。这是因为当外界环境条件恶劣时（如沙尘天气等），不能再将外界环境空气直接引入数据中心，此时不得不将机房环境空气进行内循环，利用机房精密空调或冷水机组对机房热回风进行冷却。

3）间接蒸发冷却空调机组在数据中心自然冷却系统中应用时，一般与直接膨胀式制冷单元联合使用。当机房热回风经间接蒸发冷却换热单元冷却处理后未能达到机房送风要求时，需要利用直接膨胀式制冷单元对机房回风进行补充制冷。

4）蒸发冷却空调机组在数据中心冷却系统中应用时，数据中心机房内的 IT 设备机柜宜为冷通道或热通道布置，以提高蒸发冷却空调机组的冷却性能。

5）蒸发冷却空调机组在数据中心冷却系统中应用时，根据数据中心气流组织设计的不同特点，机组既可以布置在数据中心建筑的四周，也可以布置在数据中心建筑的屋顶。同时，蒸发冷却空调机组的各功能段还可与数据中心的建筑结构有机地结合在一起。

（2）蒸发冷却空调机组的节能技术

1）在能够保持直接蒸发冷却空调机组中填料表面及间接蒸发冷却空调机组换热芯体中湿通道表面充分湿润的情况下，可使蒸发冷却换热系统中的布水系统间歇性运行，从而可节省布水系统中循环水泵的能耗。

2）在间接蒸发冷却空调机组中，干通道内机房热回风的冷却效果与进入湿通道内环境空气的状态参数和流量密切相关。当进入湿通道的环境空气具有较低的湿球温度时，在较少的空气流量下也能达到相同的冷却效果。因此，间接蒸发冷却空调机组换热芯体中湿通道对应的排风机可采用变频风机，在保证冷却效果的前提下，随外界环境空气湿球温度的变化来调节湿通道内的空气流量。

3）在间接蒸发冷却空调机组或露点间接蒸发冷却空调机组中，蒸发冷却系统需要与直接膨胀式制冷系统联合运行。间接蒸发冷却换热芯体湿通道的排风具有较低的温度，因此可将其用于冷却直接膨胀式制冷系统中的冷凝器。

（3）蒸发冷却空调机组的注意事项

1）在蒸发冷却空调机组连续运行过程中，随着循环水的蒸发，循环水内钙离子、碳酸根离子浓度会不断增加，造成水质不断恶化，产生和积累大量水垢及污垢等，进而降低蒸发冷却空调机组的换热效率，甚至会对设备造成腐蚀。因此，为稳定循环水水质，需要对循环水定期进行排水和补充新鲜水，并且使用臭氧处理技术、化学处理技术和电磁处理技术等对循环水水质进行处理。

2）我国西北等干燥地区虽然具有丰富的干空气能，但是其空气中的灰尘较多，若没有很好的过滤装置，空气中的灰尘会附着在换热芯体表面，从而造成蒸发冷却空调机组换热效率的降低，甚至造成换热芯体的堵塞，尤其是直接蒸发冷却空调机组中填料的堵塞。因此，需要在蒸发冷却空调机组中设置中效或者中高效过滤器。对于空气中灰尘多的地区宜设置粗效+中效过滤器。过滤器必须定期清洗和更换。

3）在冬季时，需要将蒸发冷却空调机组循环水箱和循环管路中的循环水排放干净，以避免循环水结冻，造成相关设备的损坏。

171

3.4　回路热管冷却技术

当室外环境时低于室内环境温度时，室内的热量可以自动从高温环境向低温环境传递，从而实现自然冷却（即不开启制冷机组），回路热管是实现数据中心高效自然冷却的重要技术形式之一。充分利用自然冷源是目前解决数据机房高能耗问题的首选方式，并且从一定时间来看，自然冷源是一种可再生能源，当数据中心利用自然冷源产生与常规机房空调同等制冷量时，所消耗的能源低于常规机房空调的那部分能源即为可再生能源。利用自然冷源比较优异的方式之一就是回路热管[29-33]。

3.4.1　回路热管冷却系统思辨

1. 蒸气压缩主动制冷循环与回路热管自然冷却循环

图 3-63 所示为制冷循环以及理想热管循环的压焓图[31]。分析热管循环与制冷循环，两者都是通过制冷剂相变传热，在蒸发器中沸腾汽化，在冷凝器中冷凝液化，在传热方式上具有相似性。理想条件下，只要存在传热温差（室外环境温度低于室内环境温度），就既可以利用热管系统进行制冷，又可以利用制冷系统进行制冷，故而可以认为制冷系统与热管系统具有相似性或一致性。特别地，对于气相热管系统，它与制冷系统所包含部件配置基本相同，都是通过制冷剂冷凝与蒸发作用实现循环制冷，只是根据当前运行工况改变系统部件运行方式，相似性、一致性更为显著[34-37]。

而这种热管循环、制冷循环一致性的思路对于如何实现制冷系统更高效节能运行提供了新的思路，下面以目前行业最常见的 24℃房间级以及 37℃列间级机房空调为例，分析如何利用热管、制冷循环一致性原理实现制冷系统更高效节能运行，如图 3-64 和图 3-65 所示[31]。

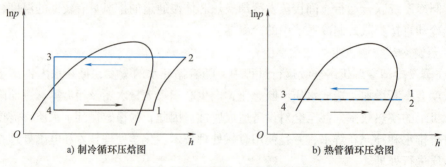

图 3-63　制冷/（理想）热管系统压焓图

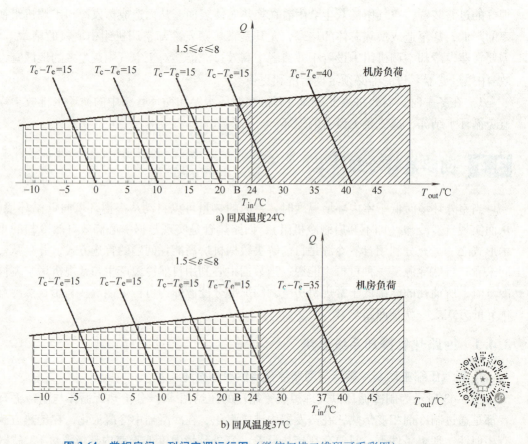

图 3-64　常规房间、列间空调运行图（微信扫描二维码可看彩图）

图 3-65 将室外较宽的环境温度分为 3 个区域；$T_{out} \leq A$ 为热管区，$A < T_{out} < B$ 为过渡区，$T_{out} > B$ 为制冷区。横坐标 T_{out} 表示室外环境温度（如果室外采用间接蒸发冷却，则 T_{out} 为接近室外空气露点温度；如果室外采用冷却塔直接蒸发冷却，则 T_{out} 为室外空气湿球温度），T_{in} 表示机房回风温度（如果采用水冷冷水型系统，那么 T_{in} 为室内回水温度，T_{out} 为室外冷却供水温度），纵坐标表示制冷量/负荷，T_c 表示冷凝温度。T_e 表示蒸发温度。机房负荷随着室外温度略有降低，常规房间/列间空调压缩机只能在压缩比 $1.5 \leq \varepsilon \leq 8$ 范围内运行；随着室外温度降低，蒸发温度 T_e 基本维持不变，而冷凝温度 T_c 随着室外温度降低而降低，在室

外温度 $T_{out}=B$ 时，为保护压缩机在安全压缩比下运行，系统室外风机会采取降低转速甚至停止的方式运行，即室外温度 T_{out} 低于 B 时，系统会一直在 $T_c-T_e>15℃$ 状态下运行，故而造成不必要浪费。而采用热管型空调（热管温差换热原理）系统运行时，在室外 $T_{out}>B$ 时运行状态与常规机相同。而在室外温度在 $A<T_{out}≤B$ 时，系统会采取尽量低的压缩比运行，即充分利用自然冷源（$1.0<\varepsilon≤1.5$），减少系统运行损失，提高系统运行效率。当室外温度 $T_{out}≤A$ 时，理想情况下，如忽略换热器与管道压力损失，系统运行压缩比 ε 为 1，为完全气相热管循环，能效高。实际系统中由于换热器、管路等部件存在，系统具有一定的压力损失，一般在 1~3bar（0.1~0.3MPa）之间，故而对应于房间/列间机房空调，实际气相热管循环时压缩比 $\varepsilon>1.0$。

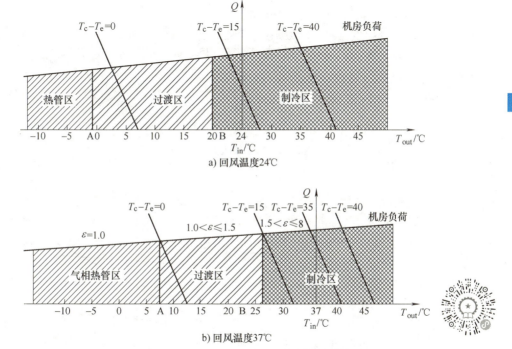

图 3-65　热管型空调运行图（微信扫描二维码可看彩图）

图 3-66 和图 3-67 所示为行业 24℃ 及 37℃ 回风温度的热管机房空调的最小能效分析图[31]。数据中心制冷可以看成是一个通过室内、室外温度差实现能量搬迁的过程，利用热管温差传热的原理，定义温差 $\Delta T=(T_{in}-T_{out})+(T_c-T_e)$，其中 ΔT 表示总需求温差，即完成数据中心散热所需的总传热温差，温差 ΔT 随着室外温度降低会有一个很小幅度降低，根据温差换热特性以及现有换热器能力将数据中心制冷系统分为三种情况：

1）当自然温差足够大时，即 $(T_{in}-T_{out})≥\Delta T$，此时不需要温差补偿，甚至还需要减小温差，因此补偿温差 $(T_c-T_e)≤0$。实际情况下为保证系统正常运行，需要通过降低室外风机风速等方式抬高 T_c，保持 $(T_c-T_e)≥0$，确保系统安全稳定运行。

2）当自然温差满足 $0<(T_{in}-T_{out})<\Delta T$ 时，有一定的自然温差，但小于所需要的总传热温差，必须人为加入一定的补偿温差 (T_c-T_e) 来满足传热要求，此时补偿温差 $(T_c-T_e)>0$，即通过 $(T_{in}-T_{out})+(T_c-T_e)$ 之和等于 ΔT。

3）当自然温差小于 0 时，即（$T_{in}-T_{out}$）≤0 时，传热温差完全由补偿温差（T_c-T_e）提供，甚至补偿温差（T_c-T_e）需要克服负的自然负温差并达到需要的传热温差要求，此时补偿温差（T_c-T_e）很大，此时（$T_{in}-T_{out}$）+（T_c-T_e）之和等于 ΔT。

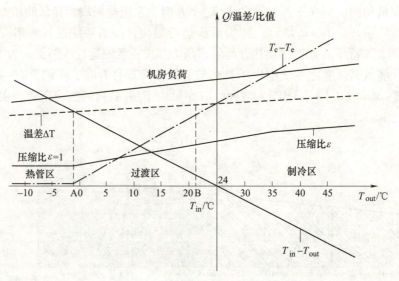

图 3-66　24℃回风最小能耗分析图

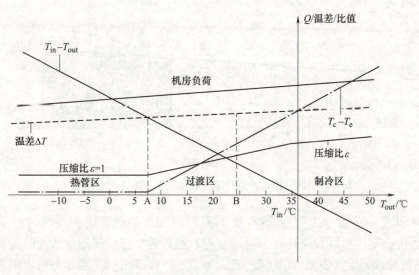

图 3-67　37℃回风最小能耗分析图

2. 三种形式回路热管系统

在数据中心热管技术运用中，以分离式热管较多，它不仅可以利用室外自然冷源保障计算机房稳定持续工作，确保房间内部空气品质，而且能够大幅降低空调系统的运行能耗。分离式热管根据驱动力不同可分为重力型与动力型，根据输送工质可分为液相型和气相型，三类分离式热管各自具有特点，如图 3-68 所示，其压焓图如图 3-69 所示[31,38-41]。其中重力热管，或称为自然循环，它以工质气、液体的重力差以及上升气体和下降液体的密度差作为循环动力，冷凝器在上，蒸发器在下，重力循环的驱动力正比于下降管液柱高度而并非两器高差，两器高差只是下降管液柱高度的上限值，两器的高差越大并不意味着性能越好。液相动力型分离式热管采用液泵作为动力输送装置，克服了安装高度限制，液态工质在液泵驱动下输送至蒸发器蒸发吸热，蒸发后的气态工质进入冷凝器冷凝成为液态工质，再次经过液泵作用输送至蒸发器，如此循环。为防止汽蚀，一般液泵前需要安装储液器。气相动力型分离式热管采用气泵作为驱动装置，气态工质在气泵驱动下输送至冷凝器冷凝，冷凝后的液态工质进入蒸发器蒸发吸热，再次经过气泵作用输送至冷凝器，如此循环，同样可以克服高度差限制，在气泵作用下完成循环。为防止液击，一般气泵前需要安装气液分离器。

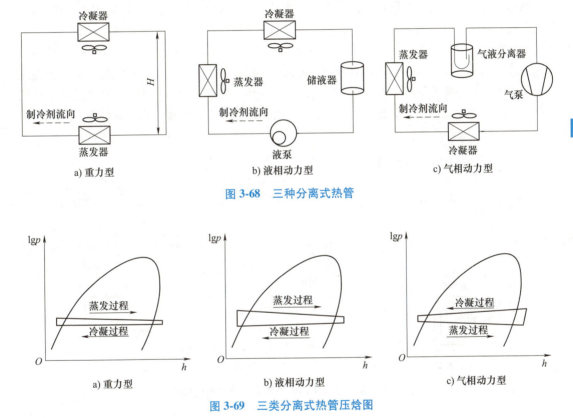

图 3-68　三种分离式热管

图 3-69　三类分离式热管压焓图

　　动力型分离式热管克服了传统重力型分离式热管在安装位置等方面的缺陷（重力型分离式热管在落差不足时无法很好地在制冷系统内分布），改善了制冷剂在系统的分布状态，优化了系统换热。其中，液泵增压作用在蒸发侧，抬高了蒸发压力，减小了室内换热温差，降低了冷凝压力，减小了室外冷凝温差，导致系统换热量不足，弱化了理想热管循环（理想热管循环是一个等压循环），不适用于长配管、高落差等阻力较大的工况；而气泵增压作用在冷凝侧，增大了冷凝温差，强化系统冷凝效果，强化了理想热管循环，使得性能比液相动力型分离式热管性能更为优越。目前行业内液泵（制冷剂泵）效率较高，COP 较高，若忽略内、外风机功率，只计算动力输送装置（液泵）的性能，一般 COP 可达到 30～60；气相动力型分离式热管一般采用压缩机升级改造，由于输送介质为气态工质，气态工质密度远小于液态工质，受压缩机气缸排量限制较大，并

175

且压缩机本身泄漏率的存在，故而在同等制冷量前提下，COP 较低。同样不考虑内、外风机功率，只计算动力输送装置（气泵）的性能，气相动力型分离式热管 COP 一般为 15~30，而常规压缩机也可考虑采用双缸或多缸结构，增加排量，提高 COP。故而可以得出数据中心空调系统动力装置 COP 能效中，重力型分离式热管最高，其次是液相分离式热管，最后是气相分离式热管。

3.4.2　重力型回路热管

1. 重力型独立回路热管机房空调系统

回路热管是热管的一种形式，也称重力分离热管，在数据中心冷却中得到了广泛的应用。它是通过工质在室内外两个换热器中的相变传递能量，通过压力差和重力回流作用在管道中实现气液自然循环[42-44]。如图 3-70 所示，整个系统通过制冷工质的自然相变流动将热量从室内排到室外，无须外部动力，运行能耗相比机械制冷系统大幅降低。同时，环路热管传热性能好，能够在近似等温的条件下输送高密度热量，且传热距离远、启动温差小、布置灵活、结构简单紧凑、可靠性高，且非常适用于数据中心这类对环境和安全性要求很高的场合。

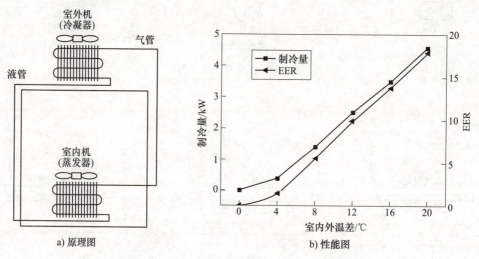

a) 原理图　　　　　b) 性能图

图 3-70　重力型回路热管冷却系统原理与性能图

2. 叠加式重力回路热管/蒸气压缩一体式机房空调系统

如图 3-71 所示[45,46]，它是由常规空调系统与重力型分离式热管直接叠加构成。当室外温度较高时，机组单独运行空调系统制冷；当室外环境温度比机房内部温度低 5℃ 以上时，即可开启分离式热管系统；若热管系统制冷能力不足，则开启制冷系统补偿。实验结果显示，当室外环境温度在 20℃ 左右时，分离式热管型机房空调能够保证设备正常运行，并且机柜出风温度能够得到较好的控制，系统的 COP 随着室外环境温度的降低，从 4.66 升高到 13.9，机组平均能效比可达 9.05，具有显著节能优势。一种重力型分离式热管与蒸气压缩式系统的双回路复合空调，它是通过一个叠合型冷凝器与一个叠合型蒸发器构成，它可以根据机房的工况在热管模式、空调模式和热管空调复合模式之间自由切换。试验结果显示，在室外温度为 15℃、进风温度为 35℃ 时，新系统制冷量达 18.5kW，能效比为 4.4；当室外温度为 15℃、进风温度为 25℃ 时，制冷量达 14.6kW，能效比为 3.5；年节能率在 20% 到 55% 之间。

以上系统设备中的热管与空调机组共用风侧风道，或者直接采用两套系统进行简单叠加，一方面会造成蒸气压缩制冷模式下风侧阻力的增加，降低蒸气压缩制冷的能效。另一方面，共用风侧风道虽然在一定程度上简化了系统构成，但并不包含制冷剂管路的复合结构，并不是严格意义上的一体式空调，故而属于两套或准两套系统，成本高，制冷系统和热管系统能量调节不易控制，并且无法充分利用自然冷源。

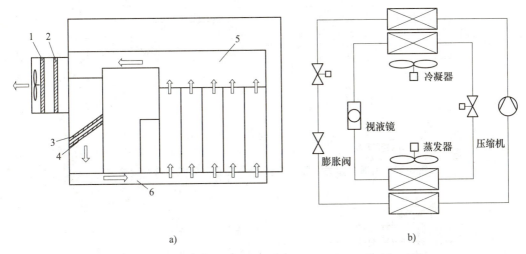

a)　　　　　　　　　　　　b)

图 3-71　叠加式重力回路热管/蒸气压缩一体式机房空调系统
1—空调冷凝器　2—分离式热管冷凝部分　3—分离式热管蒸发部分
4—空调蒸发器　5—回风风道　6—地下送风风道

3. 旁通式重力型回路热管/蒸气压缩一体式机房空调系统

旁通式重力型回路热管/蒸气压缩一体式机房空调系统如图 3-72 所示。最早旁通式重力型回路热管/蒸气压缩一体式机房空调系统是由日本学者 Okazaki T 等[47,48]提出，它在原有蒸气压缩空调器的基础上，在气液分离器前加设电磁阀，并设置单向阀，保证蒸发器低于冷凝器一定垂直距离。在室外温度较低时，系统在热管模式下运行；当室外温度较高时，机组切换至蒸气压缩制冷模式。韩国 Lee S. 等[49,50]提出一种采用 4 个电磁阀分别控制运行热管模式和制冷模式的一体式复合空调，并总结了充注量、换热器流程以及高度设计方法。清华大学石文星等[51,53]将重力型分离式热管技术与蒸气压缩式制冷技术结合，开发出小型一体重力复合空调，并开发了适合于两种模式性能特点的三通阀、蒸发器入口分液器和连接管等部件，使得热管模式的流动阻力有所降低，制冷量大幅改善。该热管/蒸气压缩空调机组在全国南北多个基站中进行了试点应用，实测结果表明机组运行稳定、室内温度控制良好，在同等条件下，比常规基站空调节能 30%～45%。由于系统简单，相较于原来的空调产品，该产品成本增幅低，故而自研制成功后，产生了一定的规模效益，为小型机房、基站空调带来了较大幅度的能效与技术提升。以上三种重力热管一体复合型空调系统原理相同，三者区别在于是通过电磁阀还是三通阀切换工作模式。

4. 基于三介质换热器的重力回路热管/蒸气压缩一体式机房空调系统

基于三介质换热器的重力回路热管/蒸气压缩一体式机房空调系统原理及性能如图 3-73 所示[54-56]。

177

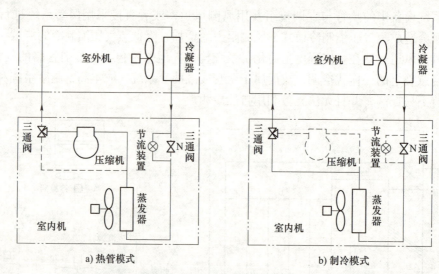

a) 热管模式　　　　　　　　　　b) 制冷模式

图 3-72　旁通式重力型回路热管/蒸气压缩一体式机房空调系统

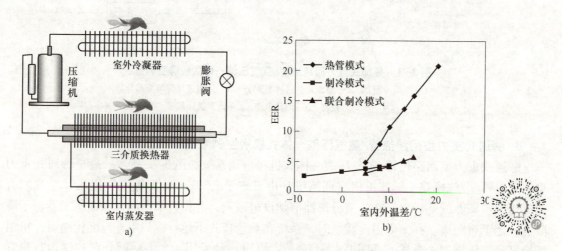

a)　　　　　　　　　　　　　b)

图 3-73　基于三介质换热器的重力回路热管/蒸气压缩一体式机房空调系统原理及性能（微信扫描二维码可看彩图）

该系统利用三介质换热器将机械制冷回路和回路热管耦合起来。三介质换热器采用翅片管式，内管为制冷剂通道，外管和内管之间的环形通道为热管工质通道，外管外侧布置翅片，为空气通道。机械制冷回路由压缩机、冷凝器、节流阀和三介质换热器的制冷工质通道组成。回路热管回路由三介质换热器的回路热管工质通道和蒸发器组成。蒸发器安装在室内，其余装置安装在室外。该系统有热管模式、制冷模式和联合制冷模式三种工作模式，不通过阀门切换即可实现模式转换，每种模式下制冷剂的分布相近，并且均具备良好的制冷能力，热管模式 EER 值在 20 度温差下达 20.8。全年能效比达到 12.0 以上（北京）。

5. 基于双循环通道的重力回路热管/蒸气压缩一体式机房空调系统

图 3-74 所示为一种不依赖电磁阀的基于双循环通道的重力回路热管/蒸气压缩一体式机房空调系统[57]。热管回路有两个循环通道，热管的工质可以通过室内侧的中间换热器与蒸

气压缩制冷回路换热冷凝，也可以进入室外风冷冷凝器中冷凝。室外侧两台冷凝器仅共用风道。基于实验数据的分析结果显示，对于北京、哈尔滨等寒冷地区，采用这一系统的机房 PUE 可以下降 0.3 左右。

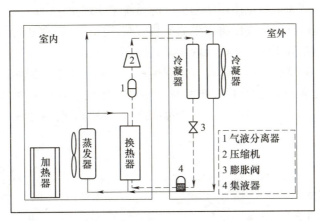

图 3-74　基于双循环通道的重力一体式机房空调系统

3.4.3　液泵辅助驱动回路热管冷却系统

重力型热管空调系统要求室外机组的位置必须高于室内机组，然而很多场合难以满足这种特定的要求，因此相继推出带有液泵驱动的复合空调产品，该空调系统可根据室外环境温度与室内负荷大小分别切换制冷模式、混合模式以及液泵循环模式，在很多地区场合得到了推广运用，并实现了一定程度的节能。但该产品在压缩机/液泵双驱模式（混合模式）下，通过提高制冷量实现能效比提升，并非真正意义上的利用过渡季节的自然冷源，主要是因为液泵的运行本身带来了能耗，如果压缩机本身可以低压比运行，膨胀阀具备宽幅流量调节功能，此时不运行液泵，能效比可以更高。并且在该温度区间由于系统制冷量很大，容易出现液泵与压缩机频繁起停的现象，这不仅增加能耗，也会使得高压侧的液泵由频繁起停而损坏；同时在长配管、高落差工况下，液泵扬程不足，制冷性能衰减，故而该产品仍具有一定不足。

1. 液泵驱动热管系统

液泵驱动热管系统主要由冷凝器（室外侧）、蒸发器（室内侧）、液泵、储液罐和风机组成，并通过管路连接起来，将管内部抽成真空后充入冷媒工质。如图 3-75 所示，系统运行时，由液泵将储液罐中的低温液体冷媒工质输送到蒸发器中并在蒸发器中吸热相变汽化，之后进入冷凝器中放热，被冷凝成液体，回流到储液罐中，如此循环，从而将室内的热量源源不断转移到室外，达到为数据机房冷却散热的目的[40,58,59]。

液泵驱动热管系统在数据中心中的应用主要以列间和房间级冷却形式为主，根据制冷量、安装空间和现场的实际情况，其室内机和室外机可以选择一台或

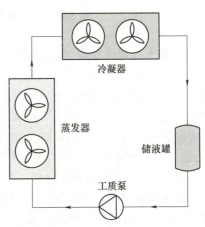

图 3-75　液泵驱动热管系统工作原理

者多台。单体室内机额定制冷量为 5~60kW；单体室外机额定制冷量为 5~80kW。

2. 液泵驱动热管与蒸汽压缩制冷复合系统

液泵驱动热管系统是利用室外气温较低的自然冷源进行冷却，在夏季室外气温较高时仍需开启蒸气压缩制冷。为了避免使用两套独立的系统来实现全年供冷所造成的资金和空间上的过多占用，研究人员进一步提出将液泵驱动热管与蒸汽压缩制冷复合，主要包括液泵驱动热管自然冷却模式和蒸汽压缩制冷模式两个模式（图 3-76）[60-63]。在一定热负荷范围内，当温度足够低时，运行液泵驱动热管模式可以满足室内的换热需求。例如，5 匹压缩机额定制冷量为 11.62kW，则室外温度低于 8.40℃时运行液泵驱动热管模式可实现相应的换热量；3.5 匹压缩机额定制冷量为 8.13kW，则室外温度低于 12.32℃时运行液泵驱动热管模式可实现相应的换热量。

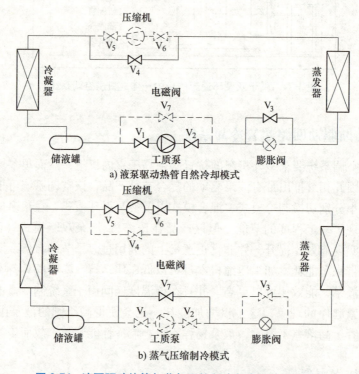

图 3-76　液泵驱动热管与蒸气压缩制冷复合系统工作模式

3. 基于冷凝蒸发器/储液器的液泵驱动热管与蒸汽压缩制冷复合型制冷系统

图 3-77 所示为一种基于冷凝蒸发器/储液器的液泵驱动热管与蒸气压缩复合型制冷系统[64-67]，该系统通过液泵驱动的动力热管系统与压缩制冷系统在冷凝蒸发器处进行复叠构成，共用一个风机，冷凝蒸发器采用壳管式换热器，系统能够根据室外温度以及机房负荷分别切换热管模式、复合模式以及制冷模式，实现了热管与机械制冷同时运行。将热管复合（复叠）型空调机组与风冷直膨式机组、风冷双冷源冷水机组在广州、上海、北京、哈尔滨4 个地区进行能效模拟对比分析，结果表明热管复合式机组节能率为 4.8%~46%。

图 3-78 所示为一种基于储液器的液泵驱动热管与蒸气压缩复合型制冷系统[64-67]，系统由蒸气压缩制冷系统与分离式热管系统通过低压储液器耦合复合构成，实现按需制冷。系统由压缩机、制冷冷凝器、节流装置、低压储液器、液泵、蒸发器、热管冷凝器等组成，在三

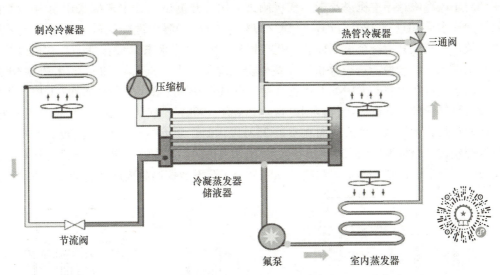

图 3-77　基于储液器的复合型制冷系统（微信扫描二维码可看彩图）

通阀的作用下，可根据室外环境温度以及室内负荷需求分别切换运行制冷模式、复合模式以及热管模式。通过样机试验数据显示，在北京地区，热管复合空调 AEER 达到 6.6，与传统风冷直膨机房精密空调相比，全年能效比 AEER 提高 45% 以上。

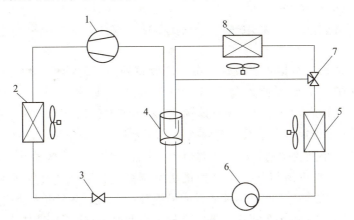

图 3-78　基于冷凝蒸发器复合型制冷系统
1—压缩机　2—制冷冷凝器　3—节流装置　4—低压储液器
5—蒸发器　6—液泵　7—三通阀　8—热管冷凝器

4. 磁悬浮压缩机/液泵复合制冷系统

图 3-79 所示为磁悬浮压缩机/液泵驱动的复合制冷系统，分为冷冻水末端性和冷媒末端性两种形式。该系统采用磁悬浮或者气悬浮压缩机，具备小压比、变容量、无油运行的特点，能够拓宽自然冷却工作温区与工作时间，降低数据中心能耗。

根据图 3-79a 所示原理设计一台 60RT 的热管型风冷磁悬浮冷水机组样机以及列间冷冻水末端，样机匹配了制冷剂泵，并在实验室进行性能试验。压缩机采用丹佛斯天磁 TT300 系列，制冷剂采用 R134a，测试出水/回水温度在 12℃/17℃、15℃/20℃工况下机组性能。

对于风冷磁悬浮主机以及末端本次测试采用分开测试，其中末端采用室内 37℃ 回风的列间冷冻水末端进行 12℃/17℃、15℃/20℃ 进水/出水温度性能试验。由于末端采用多联式，故而只测试其中一个末端性能，并将整个主机+冷冻水末端（包括一台主机以及 4 台冷冻水末端）的综合性能进行评价。在室外全工况下，当主机采用 12℃/17℃ 进水/出水温度时，由于主机在控制上采用了上述热管型最小温差控制技术，故而当室外 0℃ 时，机组可以通过液泵热管模式满负荷运行，制冷量也达到了 190kW；默认在室外 0℃ 时及更低温度时，运行液相热管替代制冷模式，而在室外 25℃ 以内时，压缩机运行压缩比较低，机组已经运行混合模式。当机组采用 15℃/20℃ 进水/出水温度时，机组在室外 5℃ 时即可运行液泵热管模式，制冷量也达到 175kW。将机组在室外全工况下数据绘制成曲线，如图 3-80 所示。

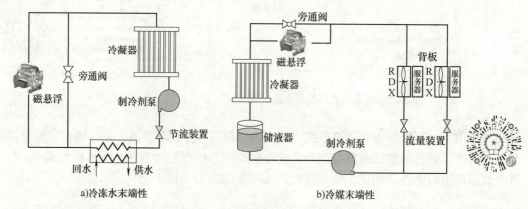

a)冷冻水末端性   b)冷媒末端性

图 3-79 磁悬浮压缩机/液泵驱动的复合制冷系统（微信扫描二维码可看彩图）

通过图 3-80a 所示的数据可以发现，由于随着室外温度的降低，数据中心负荷略有降低，而本次整机在全工况下制冷量都在 200kW 附近，基本满足了制冷量要求。其中 15℃/20℃ 进出水温工况下机组的性能整体优于 12℃/17℃ 进出水温工况。通过标准工况整机 EER 显示，算上室外风机、水泵、室内风机、压缩机以及氟泵所有功率，整机 EER 只有 3.3 左右，与常规中小型变频列间机房空调相比，节能大约 10%，效益并不是很明显。而随着室外温度降低，冷水机组与常规中小型机房空调能效拉开了差距，尤其室外温度低于 25℃ 以后，机组进入混合模式时，节能效益明显提升；当机组完全进入液相热管模式时，机组节能效益远远高于常规中小型机房空调。常规中小型机房空调在液相热管模式下，在室外 0℃ 时，其机组 EER 只有 6.2 左右，而在室外 -5℃ 时，也只有 7.5 左右；而磁悬浮机组在室外 0℃ 时，其机组 EER 超过 9，而在室外 -5℃ 时，超过了 11，液泵的节能特性被很好地发挥了。对于本次机组匹配的液泵来说，其满负荷功率才 0.8~1kW，其液泵 COP 都超过了 200，甚至达到 300；而对于中小型机房空调，由于单机机组制冷量一般小于 50kW，功率为 0.5~0.7kW，液泵 COP 仅仅 70~100，故而液泵性能被一定程度的限制。

图 3-80b 给出了全国七个典型城市的 AEER。整机在北京地区采用 12℃/17℃ 进出水温时 AEER 达到 7.05，相较于常规机房空调而言，节能率大幅提升，而采用 15℃/20℃ 进出水温时 AEER 达到 7.74。对全国七个典型城市综合分析可知，热管型冷冻水空调系统节能效果显著，非常适用于大型数据中心冷却散热。上述系统如果采用水冷或蒸发冷，其能效会进一步提升，因为风冷机组在标况下冷凝温度一般要 48℃ 左右，而水冷则只有 38℃ 左右，使

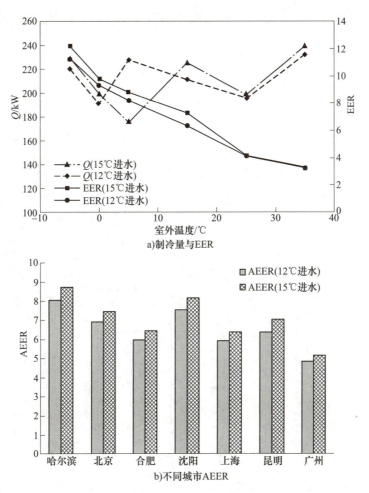

a)制冷量与EER

b)不同城市AEER

图 3-80　冷冻水末端型磁悬浮压缩机/液泵驱动热管复合型制冷系统性能

得系统更趋近热管循环，拓宽了上述热管型空调制冷系统的运行温区，提高了整机能效。

根据图 3-79b 设计的一台 60RT 的热管型风冷磁悬浮制冷机组样机以及热管背板末端，样机匹配了制冷剂泵（高压侧制冷剂泵），并在实验室进行性能试验。压缩机同样采用丹佛斯天磁 TT300 系列，制冷剂采用 R134a，测试蒸发温度在 15℃、18℃下的机组性能。

末端采用室内 37℃回风的热管背板末端进行 15℃、18℃蒸发温度性能试验。由于末端采用多联式，故而只测试其中一个末端性能，并将整个主机+热管背板末端（包括一台主机以及 10 台热管背板末端）的综合性能进行评价。在室外全工况下，当主机采用 15℃蒸发温度时，由于主机在控制上采用了上述热管型最小温差控制技术，故而当室外 5℃时，机组可以通过液泵热管模式满负荷运行，制冷量也达到了 182kW。因此默认在室外 5℃时及更低温度时，运行液相热管替代制冷模式；而在室外 25℃以内时，压缩机运行压缩比较低，机组已经运行混合模式。当机组采用 18℃蒸发温度时，机组在室外 10℃时即可运行液泵热管模式，制冷量也达到 191kW。将机组在室外全工况下实验以及模拟数据绘制成曲线，如图 3-81 所示。

通过图 3-81a 可以发现，整机在全工况下制冷量都在 200kW 左右，基本满足了制冷量

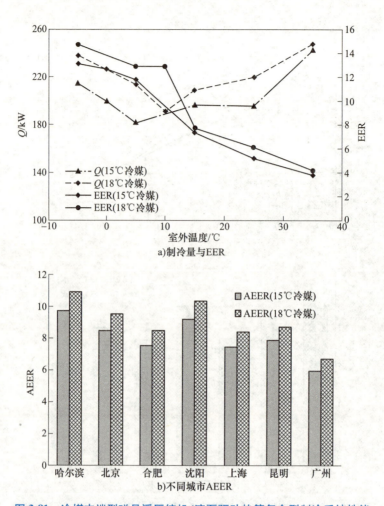

图 3-81　冷媒末端型磁悬浮压缩机/液泵驱动热管复合型制冷系统性能

要求。其中 18℃蒸发温度工况下机组的性能整体优于 15℃蒸发温度工况。通过标准工况下整机 EER 显示，算上室外风机、氟泵、室内风机以及压缩机所有功率，EER 超过 3.8，节能率超过 20%。而随着室外温度降低，节能效果显著，尤其室外温度低于 25℃以后，机组进入混合模式时，其节能效益大幅提升。在室外 10℃时，机组完全进入液相热管模式，其机组 EER 超过 12，而在室外 -5℃时，机组 EER 超过 14，远远优于常规机房空调，将液泵驱动的液相热管系统高能效特性完全发挥出来。因为本次机组匹配的液泵满负荷功率才 0.8~1kW，当磁悬浮压缩机作为气泵使用时，其 COP 最大也仅仅达到 20；而采用液泵运行时，其 COP 可以接近 300，远远高于气泵。

图 3-81b 给出了全国七个典型城市的 AEER。整机在北京地区采用 15℃蒸发温度时 AEER 达到 8.47，相较于常规机房空调而言，节能率大幅提升，而采用 18℃蒸发温度时 AEER 达到 9.54。对全国七个典型城市综合分析可知，新热管型制冷剂空调系统节能效果显著，非常适用于大型数据中心冷却散热。上述系统如果采用水冷或蒸发冷，其能效会更进一步提升，因为风冷机组在标况下冷凝温度一般要 48℃左右，而水冷则只有 38℃左右，使得系统更趋近热管循环，拓宽了上述热管型空调制冷系统的运行温区，提高了整机能效。

3.4.4 气泵（压缩机）驱动回路热管冷却系统

图 3-82 所示的气泵（压缩机）驱动的回路热管，在室外温度高于室内温度时，可以运行于蒸气压缩制冷工况；随着室外温度的降低，可以调节压缩机的压缩比，使其满足小压比制冷运行的要求；而在室外温度低于室内温度时，可以运行热管模式，压缩机只提供气体流动所需要的动力，实现高效自然冷却[39,68-71]。

气泵热管型空调运行原理：系统可根据室外环境温度以及室内负荷需求分别切换运行制冷模式、过渡模式以及热管模式。热管型制冷系统执行分区运行控制模式，将环

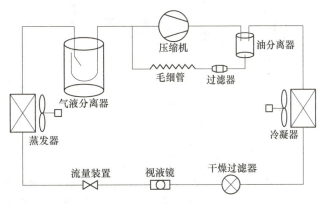

图 3-82 气相动力回路热管机房空调系统原理图

温带分解为制冷区、过渡区和热管区。制冷区循环模式（$\Delta t \leqslant t_1$）：制冷系统工作，自蒸发器出来的气态制冷剂被压缩机吸入进行压缩、冷凝，节流后进入末端蒸发器进行蒸发吸热，实现制冷，此时流量装置为节流装置。过渡区循环模式（$t_1 < \Delta t < t_2$）：根据室内负荷以及室外温度，调节压缩机运行转速、室外风机转速以及流量装置开度，最大化利用自然冷源，构造出具有节能效益的近似热管系统，实现按需制冷，此时流量装置进行适当节流降压。理论分析只要室内、室外具有温差，就可以利用温差运行热管模式，但从实际产品角度去分析，室内、室外换热器不可能无限大，故而实际产品在过渡模式时系统已经具备一定的自然温差。热管循环模式（$t_2 \leqslant \Delta t$）：流量装置完全打开，由蒸发器、压缩机、冷凝器以及流量装置构成一个最简单气相动力型分离式热管系统，控制风冷换热器的换热能力和压缩机转速使冷量与热负荷相匹配。

1. 变频转子压缩机（气泵）驱动热管复合型制冷系统

根据上述系统原理图设计一款 10kW 小型机房空调样机，样机采用变频转子压缩机，并对压缩机进行了技术优化，可实现低压缩比运行，其 MAP 图如图 3-83 所示[31]，其中压缩机可在压缩比 $\varepsilon \geqslant 1.1$ 下安全运行。R410A 制冷剂，控制室内干球/湿球温度为 38℃/20.8℃，测试样机制冷性能与能效。

图 3-84 所示为热管型机房空调制冷量以及全工况下能效测试对比情况[71]。热管型空调系统能够很好地利用过渡季节与低温季节的自然冷源，当室外温度大于 25℃时，系统运行制冷模式，完成机房散热。

当室外温度低于 25℃时，利用补偿温差换热原理，通过室外自然冷源构造出具有节能效益的近似热管系统，协调控制压缩机运行频率、风机转速以及膨胀阀开度，在制冷量达到额定设计指标前提下，系统能效比提高 5%~30%。这表明通过该控制方法系统能够很好地完成制冷过程，最大化利用自然冷源，实现系统节能运行。当室外温度低于 5℃时，由压缩机、油分离器、冷凝器、流量装置、蒸发器及气液分离器构成一个最简单的气相动力型分离式热管系统。随着室外环境温度降低，热管系统制冷量呈稳定增长趋势，且近似呈线性变化

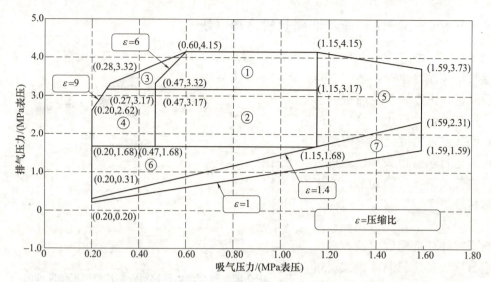

图 3-83　变频转子压缩机 MAP 图

关系。这是因为此时压缩机运行频率低，整个系统压力损失小，大约 0.15~0.2MPa，仅克服管路及换热器阻力，故系统能效高，可完全替代常规压缩制冷系统，实现数据中心低能耗冷却。

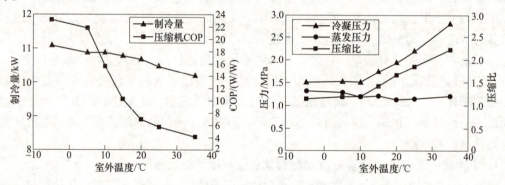

图 3-84　变频转子压缩机（气泵）机组性能

机组的能效比 EER 和全年能效比 AEER 与常规机房空调的对比如图 3-85 和图 3-86 所示[31,71]。通过整机能效 EER 以及压缩机单体 COP 分析可知，在标况下，整机能效 EER 为 2.9，压缩机单体 COP 大约为 3.7，随着室外温度降低，EER 能效与压缩机单体 COP 均大幅提升，在室外 5~-5℃时，压缩机单体 COP 超过 20，说明变频转子压缩机作为气泵使用具有很

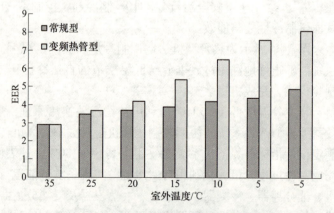

图 3-85　变频转子压缩机热管型系统 EER

高的节能效益。

以北京地区为例，常规定速风冷直膨式机房空调 AEER 为 4.0，而热管型机房空调 AEER 为 5.8，全年能效比 AEER 提高 40% 以上，即使在广州地区，机组节能率也达到 19.4%。尤其是，该机组在部件配置上与常规机房空调基本相同，故而具有显著的成本优势，同时相较于液相热管空调系统，不含制冷剂泵、板式换热器等部件，部件少，整体故障率降低，即系统越简单，可靠性越高。

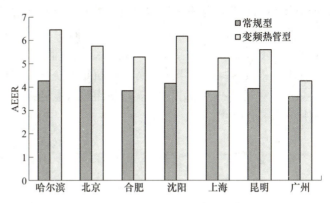

图 3-86 变频转子压缩机热管型系统 AEER

2. 变频涡旋压缩机（气泵）驱动热管复合型制冷系统

根据图 3-82 设计的一款 25kW 变频列间热管型机房空调，R410A 制冷剂，将现有变频涡旋压缩机进行技术升级，压缩机采用油泵供油，纵然在 15Hz 转速下，压缩机也可以正常回油；压缩机可在压缩比 $\varepsilon \geqslant 1.15$ 下安全运行，其运行 MAP 图如图 3-87 所示[31]，控制蒸发温度（15±1）℃，由于系统本身阻力接近 0.2MPa，故而最低冷凝温度（19±1）℃，故而系统最低压缩比接近 1.2，在压缩机安全范围内。

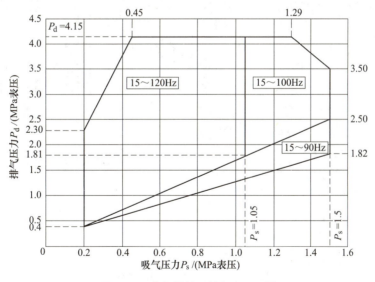

图 3-87 变频涡旋压缩机 MAP 图

图 3-88 给出了该机组不同室外温度下的运行性能[31,71]。当室外温度大于 0℃ 时，机组制冷量满足设计需求。在室外温度低于 0℃ 后，实际机房负荷会有所降低，故而本次控制系统制冷量以满足 80% 额定制冷量为目标，通过室外全工况机组制冷量显示，机组性能达到设计需求。当室外温度低于 25℃ 以后，机组即可采用上述补偿温差换热原理实现机组节能运行，此时机组 EER 达到 4.85，较常规机房空调已经有 5%~10% 的节能效果；当室外温度

低于 10℃以后，机组逐渐进入气相热管模式，此时冷凝温度接近 22℃，EER 达到 7.28，与常规空调 EER 相比提高 45%；当室外温度低于 5℃以后，蒸发温度为 14.2℃，冷凝温度为 18.6℃，EER 高达 8.31，随着室外温度继续降低，自然温差非常大，需要通过控制系统实现机组在压缩比 $\varepsilon \geqslant 1.15$ 下运行，保证机组安全稳定运行。通过数据分析表明，利用热管温差换热原理，通过补偿最小温差实现机组最低能耗运行具有很好的节能效益，机组可以最大化利用室外自然冷源。

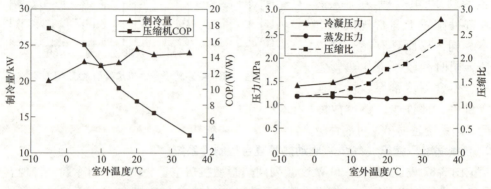

图 3-88　变频涡旋压缩机（气泵）机组性能

图 3-89 给出了 7 个典型城市的全年能效比 AEER[31,71]。以北京地区为例，常规风冷直膨式机房空调 AEER 为 4.4，而热管型机房空调 AEER 为 6.7，全年能效比 AEER 提高 50%以上，即使在广州地区，机组节能率也达到 31%。尤其是该机组在部件配置上与常规机房空调基本相同，未增加成本，故而具有显著的成本优势，相较于液相热管空调系统，不含制冷剂泵、板式换热器、阀门等部件，部件少，整体故障率降低，即系统越简单，可靠性越高。

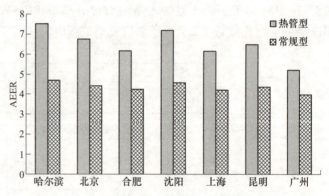

图 3-89　变频涡旋压缩机热管型系统 AEER

通过图 3-84、图 3-88 中压缩机 COP（不考虑内、外风机功率）曲线可以看出，标况下压缩机 COP 为 4.22，而随着冷凝压力降低，COP 逐渐提高，当压缩机运行在气相热管模式下时，即当压缩机作为气泵使用过程中，压缩机 COP 大约 15 ~ 17，与常规机房空调压缩机 COP 相比，有很大的提高，但与液态制冷剂泵相比仍存在一定差距。液泵在单台 25kW 制冷量机组中，COP 可以达到 50 ~ 60，甚至达到 100，这是因为液泵驱动的为液态制冷剂，而压缩机驱动的为气态制冷剂，两者在同等蒸发温度下密度相差接近 20 倍，故而要做到与液泵同等排量时，压缩机气缸需要做得非常大，这显然是非常困难的，并且压缩机在很低压缩比下存在泄漏以及偏离最佳运行点的情况。

但从整机能效 EER、成本以及可靠性来看，中小型机房空调可以优先运用气相热管技术。因为在低温工况下，限制机组能效比 EER 的因素占比中，压缩机能耗占比已经很低，如在 25kW 机房空调中，当室外温度低于 10℃时，压缩机功率已经很低（≤1.7kW），而在室外温度 0℃时，压缩机功率为 1.1kW，而此时内风机、外风机功率总和也达到 1.3kW，即使压缩机 COP 再高也被内、外风机所限制，即整机 EER 受到限制，此时纵然采用很高 COP 的液泵，机组 EER 提高率也有限，如 25kW 机组中采用液泵，功率接近 0.3~0.5kW，整机 EER 提高率有限。并且通过成本方面分析，当压缩机本身具备低压比运行时，机组整机成本几乎未增加；而另外配备一台液泵时，液泵成本高，在整机成本占比非常大。对于中小型机房空调整机成本而言，如一台 25kW 机房空调，一台液泵成本在整机成本的占比达到 15%~30%，另外还需增加阀门、储液器等部件，更增加成本。从可靠性来看，部件的增加导致整机故障率提高，因为系统应当越简单越可靠。故而综合成本、能效、可靠性等多方面考虑，在此类中小型机房空调中，优先运用气相热管技术以及采用气相热管/制冷一体技术，并运用上述热管温差换热原理，实现空调系统在全工况下节能运行，这样能够具有很好的效益。另外可以考虑进一步提升在变频转子、涡旋压缩机领域关于低压比、高能效的技术，甚至采用多缸弥补排量不足，以提高整机能效以及技术优越性。

通过上述分析，对于一些中小型基站、机房、数据中心，利用上述热管空调原理，将气泵（气体增压泵，压缩比 $1.0 \leqslant \varepsilon \leqslant 1.3$）与压缩机（$1.3 \leqslant \varepsilon \leqslant 8.0$）合二为一，当空调系统在冬季以及春、秋过渡季节工况时，在满足制冷量前提下尽量控制较低的冷凝压力，使得系统冷凝/蒸发压差较小，这样既能实现充分利用自然冷源，又可以实现空调冷源系统成本控制，在具备足够温差时采用气相热管循环替代常规制冷循环，降低系统能耗损失，提高系统的能效，从而实现制冷系统全工况效率和空调器季节能效水平的提升，实现数据机房、基站区域化高效制冷。

3.5 冷却主机的性能评价

冷机最基本的能源效率为制冷能效比 EER（Energy Efficiency Ratio，EER）[71]，其表达式为

$$EER = \frac{Q_\circ}{W_\circ} \tag{3-12}$$

式中 $Q_\circ$——冷机制冷量（W）；

$W_\circ$——冷机输入功率（W）；

EER——能效比。

能效比 EER 是一个无量纲性能参数，表示单位耗功量所能获得的冷量。由于 EER 与冷机工作条件有关，因此，用 EER 的大小来比较不同冷机时必须是同类设备，且应具有相同冷热源。一般来说，在相同的工作条件下，制造越精良的产品的 EER 值越大，在同样的电能输入下，获得的冷量越多，能源转换效率越高。

除了 EER 外，各国还提出了其他性能指标，如季节能效比 SEER[72] 和综合能效比 IEER[72]。

随着环境温度的变化，建筑负荷将发生变化，为了节能，空调系统的容量应该是变化的。季节能效比是整个季节空调的制冷量和耗功量的比值，即

$$SEER = \frac{CSTL}{CSTE} \tag{3-13}$$

式中　CSTL——整个季节空调的制冷量（W）；

　　　CSTE——整个季节空调的耗功量（W）。

与 EER 相比，SEER 能较好地反映实际系统的能源使用情况。

IEER 是用于评价商用单元式空调和热泵设备部分负荷能效的单一数值的指标。它的计算是基于被测设备在不同负荷工况下的加权 EER，即

$$IEER = 0.020A + 0.617B + 0.238C + 0.125D \tag{3-14}$$

式中　A——100%负荷时标准额定工况下的 EER；

　　　B——75%负荷时标准额定工况下的 EER；

　　　C——50%负荷时标准额定工况下的 EER；

　　　D——25%负荷时标准额定工况下的 EER。

3.6　数据中心制冷节能技术模式及制冷方案选择逻辑

3.6.1　数据中心制冷节能技术模式

由于空调制冷是数据中心仅次于主设备的耗能大户，其能耗占机房总耗电的 35% ~ 45%，因此数据中心空调制冷的节能问题也就举足轻重了。数据中心节能技术包括自然冷应用节能、减少应用冷耗及提高设备能效。

1. 自然冷应用节能

数据中心利用自然冷是目前最行之有效和最节能的方式之一，广义的自然冷实际上可以理解为自然资源，包括冷源方面的风冷、水冷及地源冷，以及自然能源实现发电制冷的风力、水力和太阳能。这里主要概要地介绍自然冷源节能技术，主要包括风侧自然冷节能技术、水侧自然冷节能技术以及氟侧自然冷节能技术。

（1）风侧自然冷节能技术　风侧自然冷节能技术又分为直接新风自然冷节能技术及间接新风自然冷节能技术，并可在新风侧辅以蒸发冷却等技术实现更多节能。直接新风自然冷就是直接将室外低温空气经过部分物理及化学处理后直接输送到机房热负载实现机房制冷，可利用的室外温度高、换热效率高，但并不代表其可利用室外自然冷的时间长以及节能效率高，这些还与室外湿度条件及空气质量条件等密切相关，选择方案时应综合考虑。间接新风自然冷就是在室外低温空气与机房内高温回风之间增加空-空换热器实现热交换，通过冷却机房内高温回风来实现机房制冷，可利用的室外温度相对直接新风自然冷偏低、换热效率也偏低，但其对自然冷的利用与室外湿度条件及空气质量条件相关性不大，利用室外自然冷的时间以及节能效率也有可能好于直接新风自然冷，需要根据当地气候条件及空气质量综合考虑。直接新风自然冷和间接新风自然冷的新风侧均与室外空气质量密切相关，因此，在利用风侧自然冷节能技术时，一定要充分考虑当地气候条件以及室外空气质量对数据中心运行及机房设备的影响，如空气含硫量、含湿量、含尘量、含雪量带来的运行问题和设备腐蚀及故障问题。

（2）水侧自然冷节能技术　水侧自然冷节能技术又分为直接自然冷冷却水源和间接自

然冷冷却水源。直接自然冷却水源就是直接利用大自然的江河湖海低温水以及低温地下水来进行数据中心机房制冷，会涉及水资源的保护性利用和环保问题，要充分考虑水资源用水回收以及对水资源生态的影响和对应措施。间接自然冷冷却水源就是在自然冷冷源（包括自然冷风和自然冷水源）与机房高温回水之间增加风-水或者水-水换热器实现热交换，通过冷却机房高温回水来实现机房制冷。自然冷风冷却供水一般是在风冷冷水机组的基础上增加风-水换热器，以及利用冷却塔实现低温季节直接供冷。自然冷水源冷却供水一般是通过在自然冷水源侧设置水-水换热器来实现的，既可以直接将换热器置于流动的自然冷水源中，也可以是设置地面换热站的形式。

（3）氟侧自然冷节能技术　氟侧自然冷节能技术均是利用室外自然冷来冷却室内高温氟利昂冷媒来实现机房制冷的，主要分为动力型氟侧自然冷节能技术和重力型氟侧自然冷节能技术。动力型氟侧自然冷节能技术是在氟利昂冷媒系统管道中增加氟泵循环动力，一方面，可以利用氟泵的循环动力提高室外自然冷的利用时长；另一方面，可以不受室内外机之间距离和高度差的限制，拓宽了应用范围。重力型氟侧自然冷节能技术是纯粹利用氟利昂冷媒的物理性质变化产生的自然循环动力进行循环的，其循环动力偏小，冷媒流量偏小，室外气温必须低到由冷媒物理性质变化产生的循环动力能克服管道阻力后才能正常循环供冷。重力型氟侧自然冷节能技术一方面，其对室外低温的要求较高，室外低温利用时长短；另一方面，其对室内外机之间的距离、高差及管道安装阻力有很多要求；再一方面，由于冷媒循环量少，能利用的室外冷量也就偏少。

2. 减少应用冷耗

减少数据中心机房制冷冷耗也是提高数据中心机房能效的重要手段之一，在一些情况下，它甚至是数据中心机房节能手段中占比最大的部分。数据中心机房冷耗主要是由气流组织规划不合理、送风距离过长以及局部热点等问题造成的，目前主流的减少数据中心机房冷耗的手段包括冷热通道隔离技术、定向供冷技术、液冷技术。

1）冷热通道隔离技术。它利用冷热气流的相对隔离来减少冷量的损耗，主要分为冷通道封闭、热通道封闭及冷热通道全封闭技术。冷通道封闭就是将机架设备进冷风侧封闭，形成隔离且独立的冷池，而机架设备出热风侧开放，一方面，将冷量集中在机架进风侧的机架高度以下区域，减少了机架高度以上区域及热通道和其他走廊空间中的冷量损耗；另一方面，将机房平均温度提高到28~30℃，冷量有效利用率远远高于机房回风温度为24℃的传统气流组织形式。但是，冷通道封闭带来了冷通道外围的机房维护环境舒适性较差的问题。热通道封闭就是将机架设备出热风侧封闭，而将设备进冷风侧开放，一方面，机架设备散热量集中封闭在机架高度以下的区域，减少了热气流的外溢，提高了热通道外围机房维护环境的舒适性；另一方面，将机房平均温度提高到28~30℃，冷量有效利用率远远高于机房回风温度为24℃的传统气流组织形式。但与冷通道封闭相比，它有冷量损失于机架高度以上空间及其他走廊空间所引发的多耗冷问题。冷热通道全封闭就是将机架设备进冷风侧和机架设备出热风侧全部封闭，一方面，将冷量集中在机架进风侧的机架高度以下区域，减少了机架高度以上区域及热通道和其他走廊空间的冷量损耗；另一方面，将机房平均温度提高到超过30℃，冷量有效利用率远远高于以上两种形式以及传统的机房回风温度为24℃的气流组织形式。冷热通道全封闭在以上三种形式中最为节能，但会增加机房整体造价，并封闭了机架设备的维护空间，机架设备的维护便利性较差。

2）定向供冷技术。它通过短距离精确输送冷风来缩短冷量输送流程而减少输送过程中的冷量损失和输送功耗通过，主要分为机架级柜外定向供冷和机架级柜内定向供冷。机架级柜外定向供冷技术就是将供冷末端设备就近安装于热负载机架的中间、顶部或者其他较近区域，一方面，减少冷风长距离送风的冷量损失和风机送风功耗；另一方面，提高了供冷末端设备的回风温度，从而提高了制冷效率。但此种方式会占用部分机架安装空间或者机架外顶部空间。机架级柜内定向供冷技术就是将供冷末端设备以机柜门的形式安装于机柜进风前侧或者机柜出风后侧，一方面，减少冷风长距离输送的冷量损失和风机送风功耗；另一方面，提高了供冷末端设备的回风温度，从而提高了制冷效率，同时还可以充分利用服务器风机多余压头以减少供冷末端设备的风机功耗。但此种形式一般需要根据机架尺寸及热负载功率进行定制，而且也会出现供冷末端设备风机与机架内服务器风机竞争运行的问题。

3）液冷技术。它是降低冷耗的最为极致的定向制冷技术，几乎可以做到无传输冷量损失，换热冷量损失也较少，几乎只有 10% 的冷却功耗。目前已经问世的液冷技术主要分为两种：一种为紧耦合式液冷技术，一种为浸泡式液冷技术。紧耦合式液冷技术就是用管道将冷冻液（氟利昂、水或者乙二醇）输送到机柜内部的发热元器件附近甚至紧贴在发热元器件的散冷片上，以实现最为精确的定向制冷。出于安全以及维护便利性的考虑，液体管道系统采用负压系统设计，管道的连接也采用压力型快速接头。浸泡式液冷技术就是将服务器浸泡于一种特殊的矿物油或者氟利昂中进行降温，但此系统对于矿物油或者氟利昂的化学成分、密闭性和净化要求非常高。以上两种液冷技术的出液温度均大于 50℃，完全可以利用自然冷源进行降温，整体制冷功耗均小于 10%，是最为节能的方式，但目前还处于创新探索阶段，经济性和应用推广性还不是很完美。

3. 提高设备能效

使用高能效的制冷设备也是数据中心机房实现节能的主要方法之一。提高制冷设备能效比的主要手段包括提高设备电机效率、提高制冷系统的换热效率、降低制冷系统阻力和采用智能控制技术。提高设备电机效率主要体现在提高压缩机能效和风机效率方面，使用直流变频压缩机、磁悬浮压缩机以及直流变频离心风机是目前提高设备电机效率的主要手段。提高制冷系统的换热效率主要体现在提高蒸发温度、降低冷凝温度以及精确控制制冷剂流量及过冷度，使用更大面积和换热效率更高的蒸发器及冷凝器以及电子膨胀阀是目前提高制冷系统换热效率的主要手段。降低制冷系统阻力主要体现在降低制冷剂系统阻力和降低风道系统阻力方面，制冷剂管道系统优化以及风道系统 CFD 模拟是目前降低制冷系统阻力的主要手段。智能控制技术包括实现换热器利用率最大化、降低冷凝压力、提升蒸发压力和避免机组间的"互克"现象。

3.6.2　数据中心制冷方案选择逻辑

目前应用于数据中心的制冷方案非常多，不同的方案有其各自的优缺点和应用价值。本节分析的重点便是如何选择合适的制冷方案。

1. 数据中心的需求逻辑

评价一个数据中心是否优秀时，一定要结合数据中心的需求特征，简而言之就是"适合的就是最好的"。这涉及数据中心的需求逻辑问题，总的来说包括两个层面的逻辑：在总体需求结构层面需要主次分明；在各具体需求节点上要重点突出，且突出节点不能破坏需求结构面的合理性。

（1）需求结构的权重分布问题 可以用"主要矛盾与次要矛盾"这一方法论来分析该问题。不管是什么样的数据中心，也不管是什么样的需求特征，在数据中心的需求结构中，可靠性、经济性、节能性、可维护性这几个要素的权重是不一样的，虽然它们都很重要，也都是数据中心建设中的重要指标，但也是有一定的权重排序的。其中，可靠性是数据中心需求结构所有要素中最主要的，其权重排名稳居第一；而经济性、节能性和可维护性的权重排序则会随着需求特征的不同而有所变化。所以在数据中心的需求结构中，应以可靠性这一主要矛盾为龙头和基础，再兼顾考虑经济性、节能性和可维护性，不管需求特征和关注点及关注程度如何变化，可靠性在需求结构中排名第一是不可动摇的。

（2）需求节点的合适性问题可以用"适合的就是最好的"这一方法论来分析该问题。不同行业的数据中心具备不同的需求特征，有的更加关注安全性，有的则更加关注节能性、经济性或者可维护性，不能一概而论地以某个或者某几个指标来定义好的数据中心，不能离开需求特征来谈数据中心的好坏，更不能以关注度高而改变其需求结构的权重排序。不同行业的数据中心在不同的需求节点要素上的关注程度如图 3-90 所示。

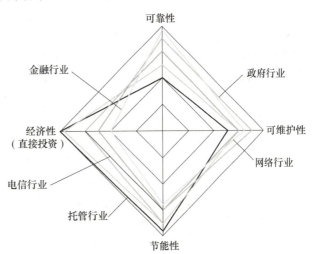

图 3-90 不同行业的数据中心在不同的需求节点要素上的关注程度

（3）需求节点的合理性问题可以用"平衡"这一方法论来分析该问题。由于诸多主观和客观的原因，不同的数据中心建设者对于各需求节点要素的关注程度是不一样的，但每一个关注需求节点的实现都是需要付出代价的。要确定实现哪几个关键节点，以及多大程度地实现这些关键节点，就涉及科学逻辑和平衡的问题。对于可靠性和可维护性的实现，是有相关国家标准对其进行量化规定的；但对于节能性和经济性，则需要数据中心建设者去平衡选择。一般而言，是以"3~4 年内能回收增加投资"这一标准来决定节能性的合理性的。

2. 数据中心制冷方案选择

每种制冷方案均有其优缺点和与不同数据中心相适应的价值点，下面论述如何选择合适的数据中心制冷方案，以及什么样的选择逻辑才是科学合理的。

首先应该重点关注数据中心需求的主要矛盾，关注数据中心需求结构中权重比例最大的要素。例如，安全性是数据中心所有要素中最重要的，那么数据中心制冷方案的安全性特征也就必须与之相对应，即首要选择安全性最为匹配的制冷方案。这一关注需求主要矛盾的选择逻辑不能动摇。

其次是应该辩证地处理优缺点，每一个制冷方案均有其优缺点，尤其是与数据中心需求节点相适应的价值点和不相适应的弱点。例如，普通风冷机房空调制冷方案的安全性、经济性和灵活性均与某数据中心的核心需求要素相适应，但其室外机占地面积大以及噪声大，问题又是与数据中心主要需求要素相矛盾的，那么，科学的选择逻辑应该是在肯定其相适应的核心价值的同时，去优化其与数据中心主要需求要素相矛盾的弱点，而不是因为次要矛盾的缺点而放弃主要矛盾的优点去全盘否定风冷机房空调制冷方案。一定要秉承"巩固主要矛盾优势，优化次要矛盾劣势"的方案选择逻辑。

最后就是要做到理论与现实相结合。为了满足数据中心的核心需求，制冷方案也需要在相应的要素特征上进行专门设计和优化，但理论上的相适应一定要结合现实中的可行性。例如，对于有高安全等级要求的机房，其冷冻水系统制冷方案涉及主管环路系统、节点阀门切换系统、蓄冷系统以及 DDC 暖通自控系统。就设计理论层面而言，此类制冷方案设计在单点故障、持续制冷以及智能控制方面做了几乎完美的考虑和处理，但真正落实到现实运行中，一个机房中几百个 DN100 以上的电动二通阀、阀门与阀门之间无法形成固定逻辑的DDC 控制系统、常年浸泡于水中的阀门锈死问题、蓄冷系统的切换自控问题等，都是现实运行维护中很难实际操作和解决的问题。也就是说，脱离了现实运维能力和运维可行性的制冷方案设计，即使其理论设计无比先进和全面，也是没有生命力和价值的。

194

思考题与习题

3-1 数据中心冷源形式是如何分类的？分别有哪些类型？
3-2 天然气分布式能源系统中，常见的发电机组主要有哪几种形式？
3-3 离心式压缩机的优点和缺点分别有哪些？
3-4 高压离心式冷水机组的常用起动方式有哪些？
3-5 磁悬浮技术的优势主要体现在哪些方面？
3-6 螺杆式压缩机的优缺点分别是什么？
3-7 活塞式压缩机的优缺点分别是什么？
3-8 溴化锂机组分类的方式和依据分别是什么？
3-9 评价溴化锂机组性能的主要指标包括哪些？
3-10 影响溴化锂机组性能的因素主要有哪些？它们分别是如何影响机组性能的？
3-11 吸附式制冷循环主要包括哪两种形式？它们的工作原理分别是什么？
3-12 风冷型直膨式冷却机组与数据中心快速发展不相适应的地方主要是什么？
3-13 风冷型直膨式冷却机组使用注意事项主要体现在哪些方面？
3-14 水冷型直膨式冷却机组使用注意事项主要体现在哪些方面？
3-15 乙二醇自然冷却机组的工作原理及系统组成如何？
3-16 常用的空调水系统形式有哪几种？
3-17 简述双冷源冷却机组的工作原理和系统组成。
3-18 氟泵自然冷型冷却机组的应用特点有哪些？
3-19 制冷机的性能评价指标有哪些？其定义分别是什么？
3-20 数据中心的需求逻辑指的是什么？
3-21 数据中心制冷方案如何选择？
3-22 如何绘制三种形式回路热管系统的压焓图？
3-23 三种形式回路热管系统的优缺点分别是什么？
3-24 变频转子压缩机（气泵）机组性能如何？

参 考 文 献

[1] 彭殿贞. 绿色数据中心空调设计 [M]. 北京：中国建筑工业出版社，2015.

[2] 夏青. 蒸发冷却空调术语标准若干问题的研究 [D]. 西安：西安工程大学，2013.

[3] 叶振邦，常鸿寿. 离心式制冷压缩机 [M]. 北京：机械工业出版社，1981.

[4] 马国远. 制冷压缩机及其应用 [M]. 北京：中国建筑工业出版社，2008.

[5] 范际礼. 制冷与空调实用技术手册 [M]. 沈阳：辽宁科学技术出版社，1995.

[6] 戴永庆. 溴化锂吸收式制冷空调技术实用手册 [M]. 北京：机械工业出版社，1999.

[7] 王强，夏成军，唐智文. 分布式能源在数据中心应用的可行性探析 [J]. 电网与清洁能源，2013，29
　　(9)：87-91.

[8] 康相玖，赵然，丁玉娟. 溴化锂吸收式冷（温）水机组的技术发展趋势及应用 [J]. 制冷与空调，
　　2014 (7)：12-15.

[9] 中国机械工业联合会. 直燃型溴化锂吸收式冷（温）水机组：GB/T 18362—2008 [S]. 北京：中国标
　　准出版社，2009.

[10] 中国机械工业联合会. 蒸汽和热水型溴化锂吸收式冷水机组：GB/T 18431—2014 [S]. 北京：中国标
　　准出版社，2014.

[11] 孙志高，郭开华. 空调冷热源选择能耗分析 [J]. 流体机械，2006，34 (7)：76-78.

[12] 晁永国，任兰英，许光宇. 溴化锂吸收式制冷机组的性能优化及节能改进 [J]. 合成纤维工业，
　　2010，33 (1)：54-56.

[13] 高志宏. 浅析影响溴化锂吸收式制冷机性能的主要因素 [J]. 湖州师范学院学报，2000 (S1)：24-26.

[14] 鲁翔. 浅析吸收式溴化锂机组和电制冷机组的差异 [J]. 科技与企业，2013 (22)：356.

[15] 朱振杰，易先中. 溴化锂制冷机组的维护与管理 [J]. 氯碱工业，2013，49 (3)：38-39.

[16] 郭旭. 溴化锂吸收式制冷机运行管理经验探讨 [J]. 中国新技术新产品，2010 (2)：5.

[17] 崔作庆. 溴化锂吸收式冷水机组的冷量衰减及对策 [J]. 中国科技信息，2010 (9)：42-43.

[18] 蒲亮，李洪峻，刘勇，等. 溴化锂吸收式制冷机运行，维护过程中有关问题的解决方法 [C] //第十
　　届全国冷（热）水机组与热泵技术研讨会论文集. [出版地不详]：[出版者不详]，2001.

[19] 彦启森. 空气调节用制冷技术 [M]. 4 版. 北京：中国建筑工业出版社，2010.

[20] 陶冬梅. 应用六西格玛方法改善锅炉运行效率 [J]. 节能，2013，32 (4)：21-26.

[21] 朱永忠. 数据中心制冷技术的应用及发展 [J]. 工程建设标准化，2015 (8)：62-66.

[22] 汪兴源，黄群骥. 数据中心机房风冷却节能措施的探讨 [J]. 智能建筑，2013 (4)：34-35.

[23] 王前方，彭少华，丁麒钢. 数据中心直接蒸发型风冷机房空调和水冷冷水空调方案的能效分析 [J].
　　暖通空调，2014 (7)：29-31.

[24] 黄翔. 蒸发冷却空调理论与应用 [M]. 北京：中国建筑工业出版社，2010.

[25] 夏青. 蒸发冷却+机械制冷联合空调系统在数据中心的应用研究 [D]. 西安：西安工程大学，2017.

[26] 耿志超，黄翔，折建利，等. 间接蒸发冷却空调系统在国内外数据中心的应用 [J]. 制冷与空调（四
　　川），2017 (5)：527-532.

[27] ANISIMOV S, PANDELIDIS D, DANIELEWICZ J. Numerical analysis of selected evaporative exchangers
　　with the Maisotsenko cycle [J]. Energy Conversion & Management，2014，88：426-441.

[28] NSIDC Data Center：Energy Reduction Strategies [Z]. 2012.

[29] ZHANG H, SHAO S, XU H, et al. Free cooling of data centers：A review [J]. Renewable & Sustainable
　　Energy Reviews，2014，35：171-182.

[30] 张海南，邵双全，田长青. 数据中心自然冷却技术研究进展 [J]. 制冷学报，2016，37 (4)：46-57.

[31] 中国制冷学会数据中心冷却工作组. 中国数据中心冷却技术年度发展研究报告 2019 [M]. 北京：中国

建筑工业出版社，2020.

[32] NADJAHI C, LOUAHLIA H, LEMASSON S. A review of thermal management and innovative cooling strategies for data center [J]. Sustainable Computing: Informatics and Systems, 2018, 19: 14-28.

[33] ZHANG H, SHAO S, TIAN C, et al. A review on thermosyphon and its integrated system with vapor compression for free cooling of data centers [J]. Renewable & Sustainable Energy Reviews, 2018, 81: 789-798.

[34] DING, TAO, HE, et al. Application of separated heat pipe system in data center cooling [J]. Applied Thermal Engineering: Design, Processes, Equipment, Economics, 2016, 109: 207-216.

[35] TIAN H, HE Z, LI Z. A combined cooling solution for high heat density data centers using multi-stage heat pipe loops [J]. Energy & Buildings, 2015, 94: 177-188.

[36] LING L, ZHANG Q, YU Y, et al. Experimental study on the thermal characteristics of micro channel separate heat pipe respect to different filling ratio [J]. Applied Thermal Engineering, 2016, 102: 375-382.

[37] HAN L, SHI W, WANG B, et al. Energy consumption model of integrated air conditioner with thermosyphon in mobile phone base station [J]. International Journal of Refrigeration, 2014, 40: 1-10.

[38] 金鑫, 瞿晓华, 祁照岗, 等. 分离式热管型机房空调性能实验研究 [J]. 暖通空调, 2011, 41 (9): 133-136; 73.

[39] ZHANG P, LI X, SHI W, et al. Experimentally comparative study on two-phase natural and pump-driven loop used in HVAC systems [J]. Applied Thermal Engineering, 2018, 142: 321-333.

[40] ZHOU F, WEI C, MA G. Development and analysis of a pump-driven loop heat pipe unit for cooling a small data center [J]. Applied Thermal Engineering, 2017, 124: 1169-1175.

[41] 王飞, 黄德勇, 史作君, 等. 两种动力型分离式热管系统的试验研究 [J]. 制冷与空调, 2017, 17 (10): 53-57; 92.

[42] 胡张保, 张志伟, 李改莲, 等. 采用微通道蒸发器的分离式热管空调传热性能的试验研究 [J]. 流体机械, 2015, 43 (11): 68-71.

[43] ZHANG H, SHAO S, JIN T, et al. Numerical investigation of a CO_2 loop thermosyphon in an integrated air conditioning system for free cooling of data centers [J]. Applied Thermal Engineering, 2017, 126: 1134-1140.

[44] 金昕祥, 刘凯涛, 邵双全, 等. 以 CO_2 为制冷剂的微通道换热器热管空调性能试验研究 [J]. 低温与超导, 2016, 44 (10): 49-53.

[45] 陈光明, 唐黎明, 何一坚, 等. 一种水冷式热管型机房空调系统: CN101979928A [P]. 2011-02-23.

[46] 吴银龙, 张华, 王子龙, 等. 分离式热管蒸气压缩复合式空调的实验研究 [J]. 低温与超导, 2014, 42 (1): 90-94.

[47] OKAZAKI T, SESHIMO Y. Cooling System Using Natural Circulation for Air Conditioning [Z]. 2011.

[48] OKAZAKI T, SUMIDA Y, MATSUSHITA A. Development of vapor compression refrigeration cycle with a natural-circulation loop [J]. Chemical & Pharmaceuti-Cal Bulletin, 1999, 35 (10): 4241-4248.

[49] LEE S, SONG J, KIM Y, et al. Experimental Study on a Novel Hybrid Cooler for the Cooling of Telecommunication Equipments [C] //Proceedings. International Refrigeration and Air Conditioning Conference at Purdue. West Lafayette, IN, USA: Purdue University, 2006.

[50] LEE S, KANG H, KIM Y. Performance optimization of a hybrid cooler combining vapor compression and natural circulation cycles [J]. International Journal of Refrigeration, 2009, 32 (5): 800-808.

[51] 石文星, 韩林俊, 王宝龙, 等. 热管/蒸气压缩复合空调原理及其在高发热量空间的应用效果分析 [J]. 制冷与空调, 2011, 11 (1): 30-36.

[52] HAN L, SHI W, WANG B, et al. Development of an integrated air conditioner with thermosyphon and the

application in mobile phone base station [J]. International Journal of Refrigeration, 2013, 36 (1): 58-69.

[53] ZHANG P, ZHOU D, SHI W, et al. Dynamic performance of self-operated three-way valve used in a hybrid air conditioner [J]. Applied Thermal Engineering, 2014, 65 (1-2): 384-393.

[54] 张海南, 邵双全, 田长青. 机械制冷\回路热管一体式机房空调系统研究 [J]. 制冷学报, 2015, 36 (3): 29-33.

[55] ZHANG H, SHAO S, XU H, et al. Integrated system of mechanical refrigeration and thermosyphon for free cooling of data centers [J]. Applied Thermal Engineering, 2015, 75: 185-192.

[56] ZHANG H, SHAO S, XU H, et al. Numerical investigation on integrated system of mechanical refrigeration and thermosyphon for free cooling of data centers [J]. Internationl Journal of Refrigeration, 2015, 60: 9-18.

[57] WANG Z, ZHANG X, LI Z, et al. Analysis on energy efficiency of an integrated heat pipe system in data centers [J]. Applied Thermal. Engineering, 2015, 90: 937-944.

[58] MA Y, MA G, ZHANG S, et al. Cooling performance of a pump-driven two phase cooling system for free cooling in data centers [J]. Applied Thermal Engineering, 2016, 95: 143-149.

[59] ZHOU, F, LI C, ZHU W, et al. Energy-saving analysis of a case data center with a pump-driven loop heat pipe system in different climate regions in China [J]. Energy and Buildings, 2018, 169: 295-304.

[60] MA Y, MA G, ZHANG S, et al. Experimental investigation on a novel integrated system of vapor compression and pump-driven two phase loop for energy saving in data centers cooling [J]. Energy Conversion and Management, 2015, 106: 194-200.

[61] 朱万朋, 马国远, 李翠翠, 等. 数据中心自然冷却用泵驱动两相回路系统火用分析 [J]. 制冷学报, 2019 (3): 24-30.

[62] 王绚, 马国远, 周峰. 泵驱动两相冷却系统性能优化与变工质特性研究 [J]. 制冷学报, 2018, 39 (4): 89-98.

[63] 白凯洋, 马国远, 周峰, 等. 全年用泵驱动回路热管及机械制冷复合冷却系统的性能特性 [J]. 暖通空调, 2016, 46 (9): 109-115.

[64] SUN Y, WANG T, YANG L, et al. Research of an Integrated Cooling System Consisted of Compression Refrigeration and Pump-Driven Heat Pipe for Data Centers [J]. Energy and Buildings, 2019, 187: 16-23.

[65] 王飞, 王铁军, 王俊, 等. 动力型分离式热管在机房空调中研究与应用 [J]. 低温与超导, 2014 (11): 68-71; 77.

[66] 王铁军, 王冠英, 王蒙, 等. 高性能计算机用热管复合制冷系统设计研究 [J]. 低温与超导, 2013, 41 (8): 63-66.

[67] 王铁军, 王飞. 动力型分离式热管设计与试验研究 [J]. 制冷与空调, 2014, 14 (12): 41-43; 40.

[68] 石文星, 王飞, 黄德勇, 等. 气体增压型复合空调机组研发及全年运行能效分析 [J]. 制冷与空调, 2017 (2): 11-16.

[69] 薛连政, 马国远, 周峰, 等. 气泵驱动冷却机组在某小型数据中心的运行性能分析 [J]. 制冷学报, 2019 (4): 1-9.

[70] 李少聪, 马国远, 薛连政, 等. 旋转气泵驱动环路冷却机组的工作特性 [J]. 制冷学报, 2019, 40 (1): 1-7.

[71] 王飞, 邵双全, 张海南. 数据中心冷却用动力型热管的实验研究 [J]. 制冷学报, 2020, 41 (4): 89-96.

[72] 马一太, 田华. 刘春涛, 等. 制冷与热泵产品的能效标准研究和循环热力学完善度的分析 [J]. 制冷学报, 2012 (6): 1-6.

197

伴随着信息化时代的发展，数据中心体量不断增加，能耗问题尤为突出。在数据中心建设的全生命周期中，冷却系统能耗占数据中心总能耗的40%左右，数据中心行业需要新能源、新思想、新技术来解决数据中心日益增加的能耗问题。蒸发冷却技术在我国民用建筑领域已有20余年的发展，特别是干燥地区有广泛的应用。蒸发冷却技术是主要利用环境中的干空气能，依靠水蒸发原理达到降温目的的可再生能源新技术[1]。近年来蒸发冷却技术在数据中心领域取得良好的效果，为数据中心节能做出了巨大的贡献，本章将重点介绍数据中心用蒸发冷却技术原理、设备、应用形式等内容。

4.1 蒸发冷却技术原理

4.1.1 风侧蒸发冷却

1. 直接蒸发冷却制取冷风

直接蒸发冷却是通过空气与水的直接接触实现两者温度同时降低的技术。在这一过程中不仅涉及热交换还涉及质交换。

对每千克干空气而言，所能吸收的水蒸气数量在一般通风空调工程中只有千分之几到千分之十几，而水温 t_w 通常取决于室外空气湿球温度[2]，因此液态水的比焓可以忽略不计，湿空气的焓可表示为

$$h = 1.01t + (2500 + 1.84t)d \tag{4-1}$$

式中　h——湿空气的焓（kJ/kg）；

　　　t——湿空气温度（℃）；

　　　d——空气的含湿量（kg/kg）。

根据式（4-1）的分析可知，水蒸气进入空气使其潜热增大，在总焓不变的情况下，空气释放显热使其温度降低。因此，可以通过直接蒸发冷却技术使数据中心的空气降温。

理想的直接蒸发冷却制取冷风的处理过程中，直接蒸发冷却填料被循环水反复喷淋。理想的蒸发冷却是绝热的，过程中空气没有显著的焓升或焓降。其过程路径沿等焓线或等湿球温度线变化。图4-1中状态点 A 代表进入直接蒸发冷却器的室外空气，点 B 代表进口空气的湿球温度。当水反复且快速地与空气接触后，水温等于 B 点温度。空气的显热转移到水表面并变为蒸发潜热，空气的干球温度下降。水吸收潜热变成水蒸气进入空气中，空气的含湿

量增大而焓值不变。大部分空气与水接触并沿着从 A 到 B 的等焓线被降温加湿。少部分空气从填料或水滴的空隙间漏出，仍然保持在状态点 A。在离开加湿段时，两部分空气混合得到状态为 C 的空气。C 状态空气在通过风机和风管时，产生摩擦并吸收从外界得到的显热，状态变化到 D。D 状态空气送入数据中心机房，沿热湿比线吸收数据机房得热。大多数进水温度低，水再循环速度快，且遮光良好的直接蒸发冷却器可接近这个理想过程。

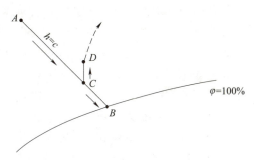

图 4-1　理想的直接蒸发冷却焓湿图

2. 间接蒸发冷却制取冷风

间接蒸发冷却一般有两股气流同时经过冷却器，但它们互不接触。这两股气流通常定义为：

一次空气——需要被冷却的空气。它主要是来自数据中心机房的回风。

二次空气——与水接触使水蒸发从而降低换热器表面温度，从而冷却一次空气。二次空气一般来自室外新风，用完后再排到室外。

间接蒸发冷却可以分为一般的间接蒸发冷却（或湿球温度式间接蒸发冷却）和露点间接蒸发冷却。

（1）一般的间接蒸发冷却　一般的间接蒸发冷却器工作原理[3] 如图 4-2a 所示，其核心部件是换热面，该换热面将一次空气与二次空气分隔开，两股流体的传热通过该换热面进行。一次空气主要来自数据中心机房需要被冷却的回风，一次空气实现等湿冷却。二次空气主要来自室外新风，二次空气通道侧布有水，水与二次空气直接接触发生热湿交换。二次侧水蒸发时将一次空气的热量带走，进而达到冷却一次空气的目的，理论上，一般的间接蒸发冷却可以使一次空气温度趋近二次空气进口湿球温度。

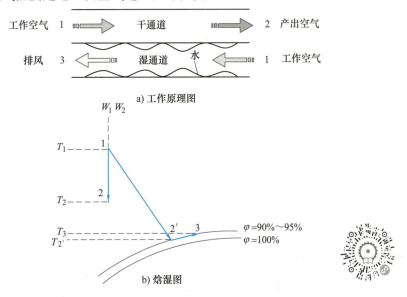

a) 工作原理图

b) 焓湿图

图 4-2　间接蒸发冷却器工作原理和焓湿图（微信扫描二维码可看彩图）

一般的间接蒸发冷却空气处理过程如图 4-2b 所示。在干通道中，一次空气从 1 状态点等湿冷却至 2 状态点，二次空气状态变化过程可简化成两部分：从状态点 1 沿等焓线降温至状态点 2′；吸收一次空气传递的热量后由 2′升温，在升温过程中由于水继续蒸发进入空气，使其状态变化到 3。所以，在间接蒸发空气冷却器中，二次空气出口温度和湿度都高于相同进口条件下的直接蒸发冷却器空气出口状态。

（2）露点间接蒸发冷却 一种逆流式露点间接蒸发冷却器工作原理如图 4-3a 所示，在干通道的末端部分有一些小孔。进入干通道的空气在通道末端分成两部分，一部分沿着通道流动降温后送入需要供冷的空间；另一部分在干通道中被等湿冷却后进入湿通道成为二次空气，其干球温度和湿球温度均降低。干、湿通道之间的传热温差增大，一次空气的温度可降低到设备进口空气湿球温度以下，甚至可以接近其露点。

露点间接蒸发冷却空气处理过程如图 4-3b 所示。状态为 1 的空气进入设备，通过换热面向湿通道传热，温度降低且没有水蒸气传入，空气状态达到点 2。一部分空气送入房间，余下的则进入湿通道，在那里首先吸收了湿通道的水蒸气达到饱和，然后继续吸收由干通道传递的显热。这部分显热使湿通道中更多的水蒸发形成这个蒸汽进入空气中。最终，3 状态湿热的饱和空气排到室外。

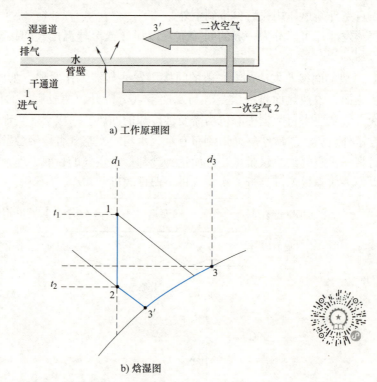

a) 工作原理图

b) 焓湿图

图 4-3 露点间接蒸发冷却器工作原理和焓湿图（微信扫描二维码可看彩图）

4.1.2 水侧蒸发冷却

1. 直接蒸发冷却制取冷水

利用直接蒸发冷却器制取冷水最常见的方式为冷却塔，制取的冷水温度在空气的湿球温度之上，其极限温度为空气的湿球温度。目前其实现方式主要有两种形式，一种是将循环水直接喷淋成细小水滴与空气进行热湿交换；另外一种是将循环水喷淋到填料形成水膜与空气进行热湿交换。

如图 4-4a 所示，循环水在循环水泵驱动下，通过布水器喷淋到填料上，形成水膜，附着在填料上的水膜与空气直接接触进行热湿处理，部分水分蒸发吸收汽化热，使液态水和空气的显热转化为汽化热，从而液态水和空气的温度降低，温度降低后的水向下汇集在水箱，然后再输送到数据中心空调末端。

直接蒸发冷却制取冷水，其前提为喷淋水的温度要高于空气温度，其热湿处理过程在焓湿图上的表示，如图 4-4b 所示，当从用户回来的状态 E 循环水喷淋到填料形成水膜与空气进行热湿处理时，部分水分蒸发从空气和液态水中吸收显热，转为汽化热，进入到空气中，水温被降到状态 G，空气实际情况下发生增焓降温过程，从状态 A 降温增焓到状态 C，液态水发生降温冷却过程。从而实现对循环水的降温，最终获得的冷水温度高于进口空气状态点 A 的湿球温度。

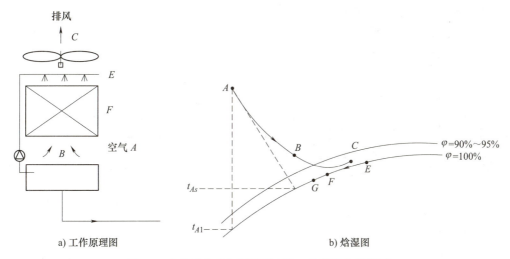

图 4-4　直接蒸发冷却制取冷水的工作原理和焓湿图

2. 间接蒸发冷却制取冷水

间接蒸发冷却制取冷水，即采用间接蒸发冷却和直接蒸发冷却相互组合的方式，将制取的冷水温度降低到空气湿球温度以下，其极限温度为空气的露点温度。

如图 4-5a 所示，室外空气进入空气冷却器，被从水箱里的冷水等湿冷却，之后再进入填料下部淋水区和冷却后的冷水进行充分热湿交换吸收空气和液态水的显热，对循环水进行首次冷却（以空气接触水的顺序，判别冷却水的先后），然后再进入到填料进行充分热湿交换，吸收空气和液态水的显热，对循环水再次冷却。被冷却后的水汇集在水箱，通过水泵输送到用户。

间接蒸发冷却制取冷水的焓湿过程主要包括空气和水在焓湿图（图 4-5b）上的变化，详细叙述如下。

（1）空气焓湿过程　状态 A 的机组进风（室外空气）首先经过空气冷却器进行等湿冷却，由状态 A 等湿冷却到状态 B。

1）状态 B 的空气在填料下方与喷淋水进行热湿交换，水和状态 B 的空气温度都得到降低，此时过程中状态 B 的空气增焓降温到状态 C。

2）状态 C 的空气在排风机作用下继续往上流动，在填料处与喷嘴处的喷淋水进行热湿交换预冷喷淋水，此时状态 C 的空气变成状态 D，最后由排风机排出。

（2）水焓湿过程

1）状态 E 的喷淋水（即冷水机组在喷嘴处开始喷淋的水）首先在填料处与状态 D 的空气进行热湿交换，状态 E 的喷淋水被冷却到状态 F。

2）状态 F 的淋水继续往下流动，在填料上往下流动的过程中再被冷却，最后聚集在水箱，变成状态 G 的冷水。

最终制取的冷水温度低于状态 A 点的湿球温度，高于 B 点湿球温度，高于 A 点的露点温度。

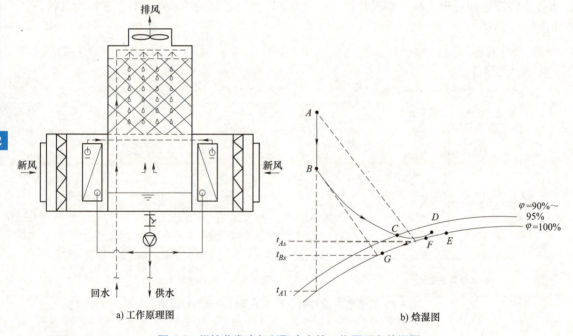

图 4-5　间接蒸发冷却制取冷水的工作原理和焓湿图

4.2 蒸发冷却换热器

4.2.1 直接蒸发冷却器

1. 填料式直接蒸发冷却器

该形式使用各种材料的填料，将水均匀地喷雾或滴淋在填料上，以带有水的填料作为空气和水进行热湿处理的载体，增大了两者的接触面积，波纹型的填料流道也增加了空气的扰流流动，更加强化空气与水的热质交换过程。填料式直接蒸发冷却器热湿交换原理是通过空气与水润湿填料表面的水膜相互接触，当由于蒸气压力差而产生的水分子蒸发或凝结时，就实现了空气与水的湿交换，同时还伴随着显热和潜热的交换。为增大水膜与空气的接触面积，填料通常采用波纹结构，从而同时控制水流和气流交叉流动的方向[4-5]。填料式直接蒸发冷却结构形式如图 4-6 所示，几种不同材质的填料实物如图 4-7 所示。

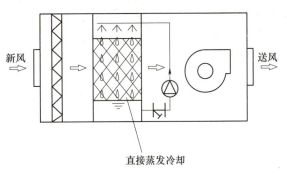

图 4-6　填料式直接蒸发冷却结构形式

2. 喷雾式直接蒸发冷却器

该形式主要利用喷嘴将高压水分散为颗粒度小的小水滴，小水滴的形成使得空气与水的接触面积也进一步增大。对于有两级喷雾的直接蒸发冷却空调机组，其效率更高。喷雾式直接蒸发冷却器的工作原理是水箱中的水经过高压柱塞泵加压至 4MPa 以上，再通过高压管路传输到高压喷嘴，水在喷嘴出口处形成液膜，液膜在表面张力及扰动力的作用

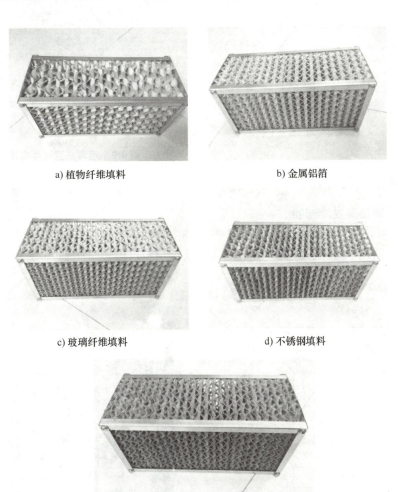

a) 植物纤维填料　　　　　　　　　b) 金属铝箔

c) 玻璃纤维填料　　　　　　　　　d) 不锈钢填料

e) 复合高分子材料填料

图 4-7　几种不同材质的填料实物图（微信扫描二维码可看彩图）

203

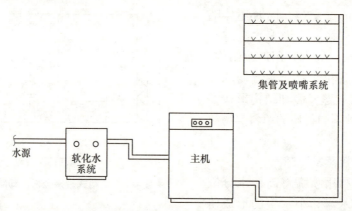

图 4-8 喷雾式直接蒸发冷却系统示意图

下破裂形成液带和液丝，在黏性及环境气流的影响下破碎到与周围空气流场达到动态平衡，最终形成直径小于 $10\mu m$ 的微细水颗粒。颗粒吸收空气的显热，从液态蒸发变成气态，空气温度下降；空气吸收水蒸气使其相对湿度增大，起到降温、加湿的作用。同时也一定程度上起到了对空气降尘和洗尘的效果。喷雾式直接蒸发冷却系统示意如图 4-8 所示，喷雾式直接蒸发冷却器喷嘴如图 4-9 所示。

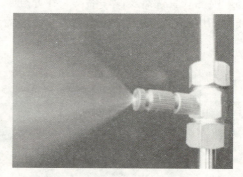

图 4-9 喷雾式直接蒸发冷却器喷嘴

4.2.2 间接蒸发冷却器

1. 板翅式间接蒸发冷却器

板翅式间接蒸发冷却器主要由空气-空气板翅式换热器、送/排风机以及喷淋布水系统组成，如图 4-10 所示。其中，板翅式换热器所采用的材料可以为金属薄板或者高分子材料；

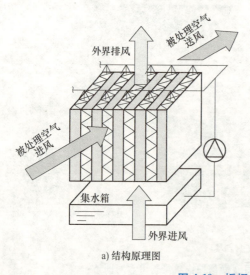

a) 结构原理图

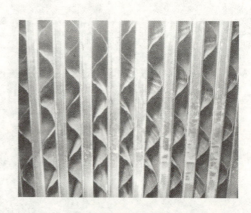

b) 换热芯体实物图

图 4-10 板翅式间接蒸发冷却器

喷淋布水系统主要由储水箱、循环水泵、输水管路以及喷嘴等组成。板翅式间接蒸发冷却换热器，结构紧凑，换热效率高，但是由于流道宽度较小，在空气含尘量大的场所，随着运行时间的增加，在换热干通道内容易积灰，导致换热效率大幅降低，流动阻力增大，而且换热湿通道表面容易结垢，清洗维护困难。

2. 卧管式间接蒸发冷却器

卧管式间接蒸发冷却器主要由换热管束、送/排风机以及喷淋布水系统组成，如图 4-11 所示。其中，换热管可以是聚氯乙烯等高分子材料或铝箔等金属材料的圆管或椭圆管；喷淋布水系统主要由储水箱、循环水泵、输水管路以及喷嘴等组成。与板翅式间接蒸发冷却器相比，卧管式间接蒸发冷却器的流道较宽，可有效缓解随着换热器运行时间的增加而堵塞换热器流道的现象，流动阻力较小。

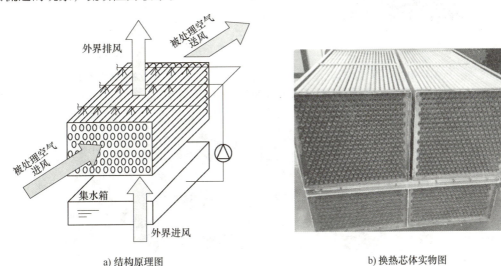

a) 结构原理图　　　　　　　　　　　b) 换热芯体实物图

图 4-11　卧管式间接蒸发冷却器

3. 立管式间接蒸发冷却器

立管式间接蒸发冷却器的结构示意及换热原理如图 4-12 所示，其核心部件为立式布置的、具有一定强度和换热性能的换热管，以及循环水系统和二次风系统。立管式间接蒸发冷却器结构设置与传统卧管式、板翅式间接蒸发冷却器不同。立管式间接蒸发冷却器，其一次空气流经换热管外侧，二次空气与循环水流经换热管内。相较于前两种间接蒸发冷却器而言，立管式间接蒸发冷却器其管外为一次空气流道，流道较宽易于清扫维护；管内为二次空气及循环水流道，循环水自上而下的自冲刷作用，换热管内的堵塞问题大大缓解。同时，换热器采用立式结构可缩小设备在水平方向尺寸，减小机组占地面积。

4. 板管式间接蒸发冷却器

板管式间接蒸发冷却器的核心部件是换热板管，其材质可采用铝箔或聚氯乙烯等高分子材料。换热器由一组按一定方式排列的板管束组成，一次空气和二次空气被换热管隔开，一次空气在板管内流过，经过热湿交换后温度降低，再由送风机送到所需的场合。而在换热板管上方设置布水器，在板管外壁形成水膜，增大换热面积与换热时间，提高换热效率。尽管板管式间接蒸发冷却器紧凑性不如板翅式，但它正好能弥补板翅式的不足，具有的优势是布

205

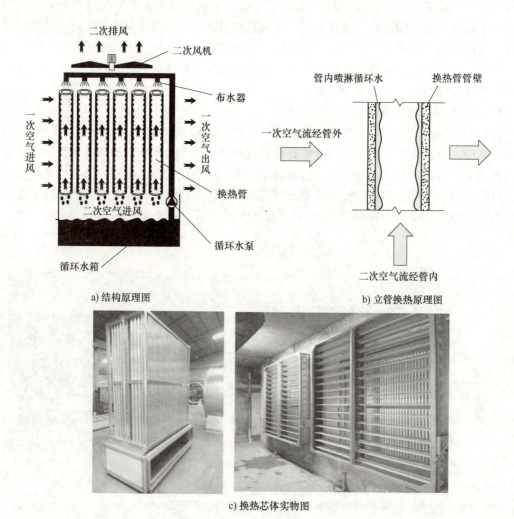

a) 结构原理图

b) 立管换热原理图

c) 换热芯体实物图

图 4-12 立管式间接蒸发冷却器

水均匀,容易形成稳定的水膜,有利于蒸发冷却的进行;流道较宽,不易产生堵塞,因而流动阻力小;容易清洗,且二次空气流道和风机便于布置。板管式间接蒸发冷却器的换热原理和换热芯体实物如图 4-13 所示。

5. 热管式间接蒸发冷却器

热管式间接蒸发冷却器(图 4-14)充分利用热管热传递速度快、传热温降小、结构简单和易控制等特点,广泛应用于空调系统的热回收和热控制。典型的热管是由管壳、吸液芯和端盖组成,在抽成真空的管子里充以适当的工作液作为工质,靠近管子内壁贴装吸液芯,再将其两端封死即成为热管。热管既是蒸发器又是冷凝器。从热流吸热的一端为蒸发端,工质吸收潜热后蒸发汽化,流动至冷流体一端即冷凝段放热液化,并依靠毛细力作用流回蒸发段,自动完成循环。热管换热器就是由这些单根热管集装在一起,中间用隔板将蒸发段与冷凝段分开的装置,热管吸热器无须外部动力来促使工作流体循环,这是它的一个主要优点。

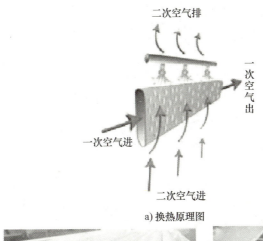

a) 换热原理图

b) 换热芯体实物图

图 4-13　板管式间接蒸发冷却器

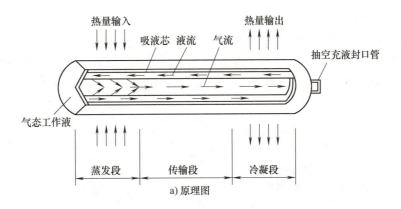

a) 原理图

图 4-14　热管式间接蒸发冷却器

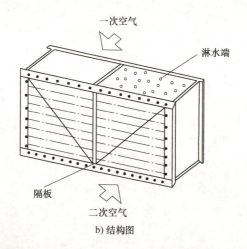

b) 结构图

c) 换热芯体实物图

图 4-14　热管式间接蒸发冷却器（续）

4.3　蒸发冷却技术设备性能评价

4.3.1　直接蒸发冷却空调机组

蒸发效率是对直接蒸发冷却设备性能评价的首要指标。图 4-15 所示为一个悬浮在空气中的水滴与周围空气进行热湿交换的情况。从水与空气热湿交换的原理分析，在小水滴周围有一层较薄的饱和空气层，它的温度接近于水滴的温度。空气与水直接接触时的热湿交换就通过这个饱和空气层进行。当该饱和空气层与周围空气由于蒸气压力差而产生水分子蒸发或凝结时，就实现了空气与水的湿交换，同时还

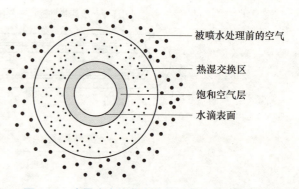

图 4-15　冷雾式直接蒸发冷却设备热湿交换模型

伴随着显热和潜热的交换。当外界条件不变时，即空气的干湿球温度、水温不变时，影响蒸发效率的因素主要有水与空气的接触面积、接触时间、空气质量流量等。

（1）水与空气接触面积的大小　其直接影响空气与水进行热交换的能力，增加接触面积会提高换热能力。无论是主动还是被动冷雾式直接蒸发冷却设备，其产生的水滴与空气相互接触，越是水滴颗粒微小，越能实现高效。另外，水颗粒越是均匀，接触面积就会越大，越能实现高效。因此，无论是采用离心式形成雾化效果还是采用高压喷嘴，都是将水流有效、均匀地切割成细小水颗粒。

（2）水与空气相互接触的时间　随着水与空气接触时间的增长，一方面热湿交换过程中水颗粒会由于重力作用沉降，直径大的水滴沉降速度快，空气与水接触的时间短；另一方面，由于水滴之间存在空隙，会有一部分空气没有和水滴接触就被风机带走。从这点上看，主动冷雾式相对于被动冷雾式蒸发冷却设备而言，接触时间较为短暂。

（3）空气的质量流量　显热交换主要是靠对流、传导和辐射三种方式，当空气的质量流速增加时，空气与水的对流换热加强，热质交换系数会增加，提高换热效果。从这点上看，主动冷雾式相对于被动冷雾式蒸发冷却设备而言，更具优势。

前面从设备本身的特点来叙述分析了蒸发效率，这是设备的内因。而蒸发效率外因也是影响蒸发效率非常重要的因素，即空气的入口条件、淋水的温度。就空气而言，越是干燥炎热的地区，空气的干湿球温度差越大，空气中能够容纳水的能力越强，蒸发后的空气干球温度越低，因此蒸发效率越高。就水而言，不同的水温会对处理过程造成不同的影响，可参考文献［2］（《空调工程》）4.3 节空气的热湿处理过程中对空气与水接触处理 7 个过程的描述。

直接蒸发冷却设备蒸发效率 η 可以定量计算，即。

$$\eta = \frac{t_{g1} - t_{g2}}{t_{g1} - t_{s1}} \tag{4-2}$$

式中　t_{g1}——进风干球温度（℃）；

　　　t_{g2}——出风干球温度（℃）；

　　　t_{s1}——进风湿球温度（℃）。

显热制冷量是指单位时间内水蒸发吸热而使通过的空气显热降低的量值，用 Q 表示，计算公式为

$$Q = q\rho c_p (t_{g1} - t_{g2}) \tag{4-3}$$

式中　ρ——空气的密度（kg/m³）；

　　　c_p——空气的定压比热容 $[kJ/(kg \cdot ℃)]$；

　　　q——空气的体积流量（m³/s）；

　　　t_{g1}——进风干球温度（℃）；

　　　t_{g2}——出风干球温度（℃）。

4.3.2　间接蒸发冷却空调机组

间接蒸发冷却空调机组的产出介质为空气，由于产出介质（冷风或一次空气）不和工作介质（冷却排风或二次空气）直接接触，间接蒸发冷却空调机组可以实现产出介质的等湿冷却。间接蒸发冷却空调机组根据不同的主要工作介质或带走产出介质主要热量的媒介不同，可分为冷却排风（内冷）式和冷却水（外冷）式两种基本的形式。而冷却排风（内冷）式间接蒸发冷却空调机组主要有板翅式、露点式、管式、热管式及转轮式等几种主要形式；冷却水（外冷）式间接蒸发冷却空调机组主要是蒸发冷却冷水机组与表冷器联合供

冷的形式。因为直接蒸发冷却是一个绝热加湿的过程，对所控制环境的含湿量有影响，为了解决这一问题，通常使用间接蒸发冷却技术。间接蒸发冷却技术能够在降温的同时不增加室内的含湿量，做到对被处理空气的等湿冷却。

间接蒸发冷却机组制冷量为

$$Q_J = \rho_i L_i c_p (t_1 - t_2) \tag{4-4}$$

式中　Q_J——间接蒸发制冷量（kW）；

ρ_i——喷嘴处空气密度（kg/m³）；

L_i——机组风量（m³/h）；

c_p——空气比定压热容 [kJ/(kg·℃)]；

t_1——机组一次空气干球温度（℃）；

t_2——机组二次空气干球温度（℃）。

多级蒸发冷却机组制冷量为

$$Q = Q_Z + Q_J \tag{4-5}$$

式中　Q——多级蒸发制冷量（kW）；

Q_Z——直接蒸发制冷量（kW）。

能效比是衡量蒸发冷却设备的另一重要参数，其算法是制冷量与输入功率之比。

$$EER = Q/P \tag{4-6}$$

式中　EER——能效比；

Q——制冷量（kW）；

P——总输入功率（kW）。

季节能效比 SEER（Seasonal Energy Efficiency Ratio）是指在正常的供冷期间，空调器在特定地区的总制冷量与总耗电量之比。SEER 考虑了稳态效率，也考虑了变化的环境和开关损失因素，是一个较为合理的评价指标。

SEER 计算方法如下：

$$SEER = \frac{Q}{P} \tag{4-7}$$

$$P = \sum_{t_{min}}^{e} P_1(t_j) + \sum_{t_{e+1}}^{t_b} P_2(t_j) + \sum_{t_{b+1}}^{t_{max}} P_3(t_j)$$

$$Q = \sum_{t_{min}}^{t_e} \varphi_{2a} \frac{t_j - t_{min}}{t_b - t_{min}} n_j + \sum_{t_{b+1}}^{t_{max}} \varphi_2(t_j) n_j$$

$$t_e = \frac{\varphi_1 + t_a \dfrac{\varphi_{2a}}{t_a - t_{min}} + t_b \dfrac{\varphi_{1(29)} - \varphi_1}{t_a - 29}}{\dfrac{\varphi_{2a}}{t_b - t_a} + \dfrac{\varphi_{1(29)} - \varphi_1}{t_a - 29}}$$

$$\varphi_{1(29)} = 1.077 \varphi_1$$

式中　j——温度区号，自低温向高温编号，$j=1, 2, 3, \cdots, n$；

n——样板地区制冷季节温区数；

n_j——相应的温度带 t_j 一年中的小时数；

t_j——j 温区的代表温度（℃）；

t_{min}、t_{max}——温度带的最低温度和最高温度（℃）；

t_e——空调器负荷与额定中间制冷能力达到均衡时的温度（℃）；

t_b——空调器负荷与额定制冷能力达到均衡的分界点温度（℃）；

t_a——空调器负荷为 0 的温度（℃）；

φ_1——空调器的中间制冷量（kW）；

φ_2——空调器的实测制冷量（kW）；

φ_{2a}——空调器的额定制冷量（kW）；

$\varphi_{1(29)}$——空调器在低温制冷时，以中间制冷能力运行的制冷量（kW）。

蒸发冷却空调机组耗水量主要是由蒸发损失、排污损失、滴漏损失和风吹损失组成的。其中蒸发损失和排污损失占据一大部分。蒸发损失的计算公式为

$$Q = L(d_2 - d_1)/1000 \tag{4-8}$$

式中　L——设备处理的风量（kg/h）；

d_1、d_2——进、出口空气的含湿量 [g/kg（干空气）]。

4.3.3　蒸发冷却冷水机组

1. 机组预冷段的冷却效率

预冷式蒸发冷却冷水机组所能够制取的冷水温度与进入淋水填料的预冷空气湿球温度密切相关。因此，对于机组预冷段，主要考虑的是其对环境空气湿球温度降低的程度，可通过式（4-9）进行计算，并称该冷却效率为"亚湿球效率"。亚湿球效率越大，蒸发冷却冷水机组越容易制取出低于环境空气湿球温度的冷水。通常，亚湿球效率的数值一般为 30%~50%。

$$\omega = \frac{t_{wb,o} - t_{wb,c}}{t_{wb,o} - t_{dp,o}} \tag{4-9}$$

式中　ω——间接蒸发冷却预冷段的亚湿球效率（%）；

$t_{wb,o}$——环境空气的湿球温度（℃）；

$t_{dp,o}$——环境空气的露点温度（℃）；

$t_{wb,c}$——环境空气预冷后的湿球温度（℃）。

2. 机组淋水填料段的冷却效率

预冷后的环境空气与携带热量的机组回水在淋水填料内直接接触进行蒸发冷却热湿交换过程，机组回水被冷却降温可达到的极限温度是环境空气预冷后的湿球温度。因此，经过淋水填料段处理后，机组回水温度的降低程度可利用式（4-10）进行计算，称该效率为"淋水填料水侧冷却效率"。通常，淋水填料水侧冷却效率的数值一般为 60%~80%。

$$\Gamma_w = \frac{t_H - t_G}{t_H - t_{wb,c}} \tag{4-10}$$

式中　Γ_w——淋水填料水侧冷却效率（%）；

t_H——机组回水温度（℃）；

t_G——机组供水温度（℃）；

$t_{wb,c}$——环境空气预冷后的湿球温度（℃）。

对于特定的淋水填料以及确定的机组回水温度条件，环境空气预冷后的状态参数对淋水填料的供水温度与其所能制取冷水的极限温度之间的接近程度具有重要影响，因此可利用式（4-11）进行计算，并称该效率为"淋水填料风侧冷却效率"。通常，淋水填料风侧冷却效率的数值一般为 60%~80%。

211

$$\Gamma_a = \frac{t_{wb,c} - t_{dp,o}}{t_G - t_{dp,o}} \qquad (4-11)$$

式中 Γ_a——淋水填料风侧冷却效率（%）；

$t_{dp,o}$——环境空气预冷前的露点温度（℃）。

3. 机组供水温度的预测

根据环境空气的状态参数，利用机组预冷段的亚湿球效率和淋水填料风侧冷却效率，可以对预冷式蒸发冷却冷水机组的供水温度做出预测，计算公式见式（4-12）。通过将蒸发冷却冷水机组供水温度预测表达式与环境空气的湿球温度进行作差分析，可以得出：当亚湿球效率 ω 和淋水填料风侧冷却效率 Γ_a 之和大于 1 时，机组所制取的冷水温度能够低于环境空气的湿球温度；当亚湿球效率 ω 和淋水填料风侧冷却效率 Γ_a 之和小于或等于 1 时，机组所制取的冷水温度要高于环境空气的湿球温度。通过将蒸发冷却冷水机组供水温度预测表达式看作 $t_{G,pre}$ 关于 ω 和 Γ_a 的二元函数，分别对 ω 和 Γ_a 进行求导处理后比较大小，可以得出：当机组预冷段亚湿球效率 ω 和淋水填料风侧冷却效率 Γ_a 之和大于或等于 1 时，预冷段亚湿球效率 ω 的改变对机组供水温度的变化影响较大；当机组预冷段亚湿球效率 ω 和淋水填料风侧冷却效率 Γ_a 之和小于 1 时，淋水填料风侧冷却效率 Γ_a 的改变对机组供水温度的变化影响较大。

$$t_{G,pre} = \frac{1-\omega}{\Gamma_a}(t_{wb,o} - t_{dp,o}) + t_{dp,o} \qquad (4-12)$$

式中 $t_{G,pre}$——蒸发冷却冷水机组预测供水温度（℃）。

4. 蒸发冷却冷水机组的能源效率

预冷式蒸发冷却冷水机组对能源的利用效率 EER（能效比）指的是机组的制冷量与机组输入总功率的比值，计算式见式（4-13）。机组的输入功率包括淋水填料上的排风机功率、预冷段上的排风机功率和预冷段内的循环水泵功率等。机组的制冷量可通过式（4-14）进行计算。预冷式蒸发冷却冷水机组 EER 数值一般不小于 10。

$$EER = \frac{Q}{P} \qquad (4-13)$$

式中 Q——预冷式蒸发冷却冷水机组的制冷量（W）；

P——预冷式蒸发冷却冷水机组的制冷量的总输入功率（W）。

$$Q = 4.19 G \Delta t \qquad (4-14)$$

式中   4.19——水的比热容［kJ/（kg·℃）］；

G——机组供水流量（m³/h）；

Δt——机组供回水温差（℃）。

4.4 数据中心蒸发冷却系统应用形式

4.4.1 数据中心用直接蒸发冷却

1. 系统概述

数据中心用直接蒸发冷却空调技术进行降温冷却及通风的空调系统叫单元式蒸发冷却通风空调系统。系统由蒸发式冷气机、送排风装置、控制系统和通风场所组成，是能通过有效的气流组织，将数据中心室内热量排出的通风系统[6-8]。

2. 系统流程

单元式蒸发冷却通风空调系统是利用直接蒸发冷却空调技术进行降温冷却，直接蒸发冷却实际上是一个等焓（绝热）加湿过程。

单元式蒸发冷却通风空调系统流程如图 4-16 所示。经蒸发式冷气机过滤冷却后的空气通入数据中心，通过有效的气流组织，将数据中心室内热量、粉尘等排至室外。

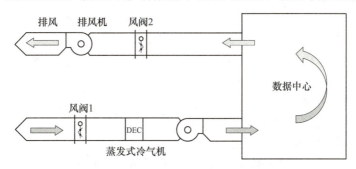

图 4-16　单元式蒸发冷却通风空调系统流程图

3. 气流组织

单元式蒸发冷却通风空调系统蒸发冷却设备处理空气的过程为等焓加湿降温，不宜采用循环空气，应采用全新风直流式。同时，为了保证数据中心室内的湿度不至于过大，应设置良好的排风设施。满足自然排风条件的，可以通过门窗、百叶等形式排放；不满足自然排风条件的，应设置机械排风系统。设计合理的气流组织形式以满足室内温湿度场的稳定。

常见的蒸发式冷气机通风系统的气流组织形式大致可分为四大类，分别为侧送侧排、上送下排、中间送上下排、下送上排。应根据使用空间的要求，结合建筑结构的特点及工艺设备布置等条件合理选择。

4. 运行模式

单元式蒸发冷却通风空调系统有两种运行模式：通风模式和冷却模式。

（1）通风模式　室外新风的比焓小于数据中心室内回风，当室外空气的温度低于数据中心室内温度时，填料不喷淋水，直接通入室外新风。

（2）冷却模式　蒸发式冷气机利用过渡季节的自然冷源，通过水泵不间断地将底盘内的水抽出并通过滴淋式布水器均匀地浸湿填料，室外的热空气通过填料，在其中与水进行充分热湿交换，使水分快速蒸发而吸收空气热量，空气降低温度的同时增加湿度，再由风机加压送入室内，通过机械排风将机房内的热空气排至室外，达到机房降温与排热的效果。

5. 工程案例

该通信机房为基站机房（图 4-17），属于二类通信机房。机房面积 380m²，层高 4m，外墙为水泥砖结构，窗户与室内有一

图 4-17　蒸发式冷气机在机房的应用

213

层硅酸钙板隔热层。

（1）负荷特性 通信机房的建筑负荷特性是具有大显热，蒸发式冷气机是将空气的显热转化为潜热，大显热负荷的建筑湿负荷可忽略不计。使用蒸发冷却空调的优点是送风量大，可以源源不断地往机房空间输入新鲜的冷风，排出热气。一方面，使通信机房（基站）内的温度大幅度下降，满足了通信设备对环境温度及湿度的要求，同时，在一些需要提高空气含湿量的机房，大幅降低通信运营商在加湿系统方面的投入；另一方面在对湿度较高要求的环境中，与机房精密空调等设备联动严格控制内部环境湿度，减少对环境温湿度参数控制不当而造成机房设备运行不稳定、数据传输受干扰、出现静电等问题。

（2）空调方式 该机房蒸发式冷气机全空气通风空调系统的气流组织形式为侧送侧排，在夏季和过渡季节通过门窗的自然通风，为室内引入新风。

（3）设备选型 该机房原配置 3 台海洛斯机房精密空调，每台空调制冷量为 46kW，功耗为 15.6kW；夏季高温季节 3 台机房精密空调均需处于制冷状态，为了保证机房环境温度的均衡性，3 台空调全年 365 天均处于自动运行状态。

改造后安装蒸发式冷气机 5 套，风量为 18000m³/h。为加强排风效果，对应安装 5 台功率为 1.1kW、排风量为 10000m³/h 的轴流排风机。

（4）使用效果 福州夏季室外空调计算干球温度为 36℃，夏季室外空调计算湿球温度为 28.1℃。安装蒸发式冷气机后，机房的环境温度最大值为 24.56℃，最低温度为 18.8℃，机房的相对湿度的最大值为 69.2%，最低相对湿度为 34.5%，满足温湿度要求。

目前，在干燥地区的数据中心使用直接蒸发冷却机组还有以高压喷雾装置和风机墙结合起来的应用形式，如图 4-18 所示，其以高效 EC 风机墙组成的断面均匀送风的风场，配合高效过滤装置保障机房内部的洁净度，利用高压微雾装置将水雾化，吸收室外空气的热量，维持机房内部空间的环境温度。

图 4-18　数据中心用直接蒸发冷却风机墙（微信扫描二维码可看彩图）

4.4.2　数据中心用间接蒸发冷却

1. 系统概述

数据中心用间接蒸发冷却空调技术进行降温冷却的空调系统叫间接蒸发冷却空调系统。系统由间接蒸发冷却联合机械制冷的一体化空调机组、送排风装置及控制系统组成，其系统较为简单，适用于中小型的数据中心。

　　数据中心的空调系统需要全年供冷且不间断运行，为了保障空调系统的可靠性以及持续稳定的运行，数据中心内采用间接蒸发冷却空调系统时通常需要直接膨胀式（DX）机械制冷来辅助。在室外空气温度较高，采用间接蒸发冷却运行模式不能将数据机房内的热回风所携带的热量排出时，需要及时开启 DX 机械制冷将机房内热回风所携带的剩余热量排出，以使数据机房内的送风温度维持在一个稳定的范围内，同时保证数据中心的空气品质。

2. 系统形式

　　按照工作空气（室外新风）与水进行热湿交换形式的不同，又可将间接蒸发冷却空调系统分为低压滴淋式、中压喷淋式和高压喷雾式三种形式：

　　低压滴淋式间接蒸发冷却，如图 4-19a 所示，数据机房内的热回风流经板式（管式）换热器的一侧通道，室外新风首先经过直接蒸发冷却填料降温加湿处理后，气流中携带着部分小水滴进入板式（管式）换热器中另一侧流道，其中气流中携带的小水滴会贴附在换热器壁面，吸收机房内热回风的热量而蒸发，从而增强了室外新风与室内回风的换热效率。

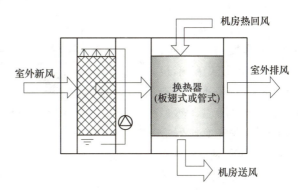

a) 低压滴淋式

　　中压喷淋式间接蒸发冷却，如图 4-19b 所示，机房内热回风流经换热器的干通道，室外新风流经湿通道，中压式循环水泵将集水箱内的水输送至换热器顶端的喷头（喷嘴）等布水装置内，将循环水均匀地喷洒到换热器湿通道壁面形成水膜，室外新风流经湿通道内与水膜进行热湿交换，吸收干通道内热回风的热量。

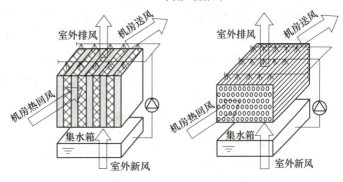

b) 中压喷淋式

　　高压喷雾式间接蒸发冷却，如图 4-19c 所示，与低压滴淋式间接蒸发冷却所不同的是，其具有更高的换热效率，室外新风经过直接喷雾蒸发冷却后，新风气流会携带更多更细小的水滴进入换热器的一侧换热通

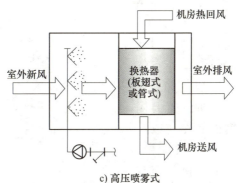

c) 高压喷雾式

图 4-19　间接蒸发冷却系统形式

215

道进行换热，气流中的小水滴吸收换热器另一侧机房内热回风的热量后蒸发，以水分子形式进入新风气流，最后被排出换热器。

3. 运行模式

间接蒸发冷却系统以自然冷却为主，机械制冷作为补充，间接蒸发冷却系统主要的运行模式可以分为干模式、湿模式和混合模式等三种工作模式，如图 4-20 所示[9]。

当外界环境温度较低时，机组运行在干模式。此时喷淋蒸发系统和机械制冷系统都不运行，数据中心较高温度的回风经由空气-空气换热器被室外低温空气直接冷却。

当外界环境温度较温和时，机组运行在湿模式。此时喷淋蒸发系统运转，而机械制冷系统仍然不运行。室外空气通过蒸发冷却系统进行预降温，然后再经由空气-空气换热器冷却数据中心的回风。

当室外温度较高且湿球温度也较高时，机组运行在混合模式。此时喷淋蒸发系统和机械制冷系统同时运行，共同来达到需要的制冷量。

参照某设计工况，三种运行模式在焓湿图上的表现形式如图 4-21 所示。

其中干模式下，机组可以通过空-空换热器冷却数据中心 IT 设备，仅使用外部冷空气；湿模式下，机组可以通过喷淋来实现蒸发效应，降低室外空气干球温度，完成冷却；在混合工况下，机组需要同时开启压缩机制冷（或冷冻水机组）和蒸发喷淋，但是两部分的比例是与空气的温湿度参数有关的，例如，在 24℃，90% 相对

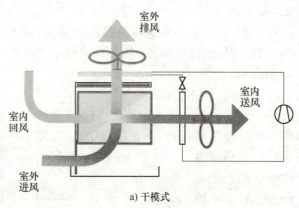

a) 干模式

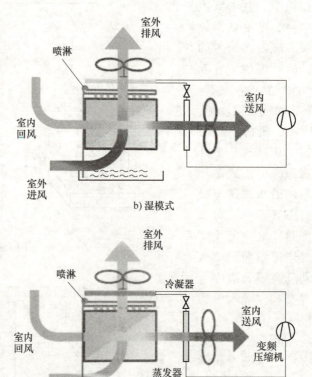

b) 湿模式

c) 混合模式

图 4-20　间接蒸发冷却空调运行模式示意图
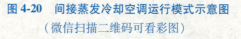
（微信扫描二维码可看彩图）

湿度下，机组可能需要开启 DX/CW混合工况，但是在 30℃（或更高温度），相对湿度 35%（或更低相对湿度）下，机组可使用完全蒸发冷却模式。这就要求后备的冷源系统冷量可调，以适应补充冷量变化，如采用 DX 制冷则建议采用变频压缩机。

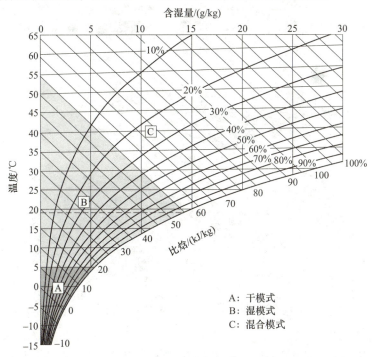

图 4-21　运行模式焓湿图

4. 工程案例

1）英国 Airedale 公司专门为数据中心开发出一种填料滴淋式间接蒸发冷却空调机组，如图 4-22 所示。DX 机械制冷系统内蒸发器位于数据机房内热回风侧板式换热器的后面，在较高室外环境温度时起到补充制冷的作用，而其冷却器布置在室外新风侧板式换热器的后面，目的是充分利用经过直接蒸发冷却填料降温加湿处理后的室外新风气流中携带的冷量。

2）河北张家口某数据中心，采用大平层预制框架结构，建筑面积约 90000m²。在业务上实现了国内多项创新技术，其中包括全方位的间接蒸发冷却模块设计，打造了中国信息技术产业基础设施大规模部署案例中的全新标杆，同时也是蒸发冷却技术在数据中心的集中展示，如图 4-23 所示。

该数据中心的暖通系统采用间接蒸发冷却空调系统，间接蒸发冷却技术与机械制冷联合使用，实现全年不间断冷却，其气流组织形式为侧送侧排。第一期项目，主机房采用 XFlex 系列间接蒸发冷却模块机组 96 台，单台制冷量 200kW，辅助机房采用节能和变频机房空调。根据当地气候条件，全年 85% 以上的时间采用风侧高效换热器冷却和蒸发冷却相结合的方式，实现自然冷却，蒸发冷却湿工况全年大约运行 3000~5000h，节水超过 70%，水使用效率大幅降低，水费和水处理费用也同时降低，可以节约 60% 以上的空调系统能耗。

○　DX 指直接膨胀式机械制冷方式；CW 指外部冷源提供的冷水供给冷却盘管的制冷方式。
○　水使用效率（Water Usage Effectiveness，WUE）计算式如下：

WUE = 数据中心总用水量÷IT 电子信息设备用电量

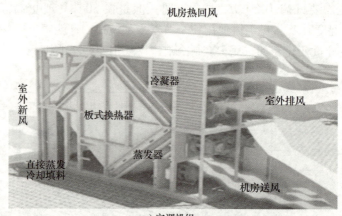

a) 空调机组

b) 应用形式

图 4-22　填料滴淋式间接蒸发冷却空调机组在数据中心的应用（微信扫描二维码可看彩图）

图 4-23　河北张家口某数据中心采用间接蒸发冷却空调系统

4.4.3　数据中心用空气-水蒸发冷却

1. 系统概述

在空气-水蒸发冷却空调系统中，新风经蒸发冷却新风机组集中处理后送入数据中心空调房间，冷水由蒸发冷却冷水机组制取后送入室内显热末端，如图4-24所示。对于适合采用的地区，新风含湿量低于室内含湿量，新风承担室内全部潜热和部分显热负荷，室内显热末端承担室内剩余显热负荷。在冷源中最大限度地合理使用各种自然冷源，可以使空调系统的夏季综合能效得到显著提高，室内空气品质和环境舒适度得到显著改善[10]。

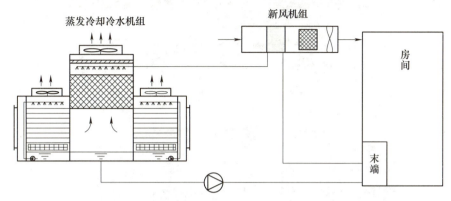

图 4-24　空气-水蒸发冷却空调系统原理图

空气-水蒸发冷却空调系统同时利用空气和水作为承担室内热湿负荷的介质，如风机盘管加新风系统，辐射末端加新风系统等。显热末端通入冷水，对房间空气进行降温处理，同时通过新风机组向房间送入新风来承担排除室内 CO_2 等污染物、满足人员新鲜空气需求的任务。空气-水蒸发冷却空调系统利用空气、水共同作为承担热湿负荷的媒介，送风量远小于全空气系统，占用空间小，是目前普遍采用的一种集中式空调系统形式。

2. 系统流程

（1）水系统流程　对于空气-水蒸发冷却空调系统，蒸发冷却新风机组有各种不同的形式。为了利用系统末端回水或冷水机组的出水对新风进行预冷，蒸发冷却冷水机组第一级设置为表冷式或板翅式换热器，根据不同的连接方式其对应的水系统流程通常有三种方式：

串联式：冷水机组供给显热末端的冷水经显热末端利用后再通过新风机组的空气冷却器预冷新风，然后回至冷水机组循环。

并联式：冷水机组制取的冷水分别单独供给显热末端与新风机组，然后显热末端与新风机组的回水混合后回到冷水机组。

独立式：冷水机组供给显热末端的冷水直接回到冷水机组，新风机组中不利用末端的回水。

（2）空气系统流程　空气-水系统中送入新风的目的是为了满足室内人员卫生需求和排除室内湿负荷同时承担部分室内显热负荷。因此要求送入室内的送风含湿量低于室内设计状态的含湿量。对于炎热干燥地区，室外空气含湿量较低，往往低于室内设计状态含湿量。新风处理根据蒸发冷却原理通过合理地设计新风系统可以在降温的同时保证其含湿量低于室内设计值，满足除湿要求的含湿量限值要求。

3. 工程案例

某数据中心，位于新疆维吾尔自治区乌鲁木齐市，机房地上 5 层建筑，总建筑面积 10761.17m²，可布置 1500 机柜，建筑高度为 23.3m，一至五层单层建筑面积均为 2147.64m²，一层主要为高低压配电室、电力电池室及预留大机房，一期空调系统设计范围为二层的通信机房、传输机房和四楼的 IDC 机房[11-15]，如图 4-25 所示。

（1）冷负荷　一期项目空调系统负荷 2767kW，包括二楼通信机房负荷 1280kW，二楼

图 4-25 乌鲁木齐某数据中心实景图

传输机房负荷为 329kW，四楼 IDC 机房负荷为 1158kW。

（2）水系统 该数据中心共选用 16 台复合乙二醇自然冷却的间接-直接蒸发冷却冷水机组为全年主导冷源（N+3 冗余），单台制冷量为 232kW，流量 40m³/h，单台机组功率 19kW，额定出水温度 16℃，冷水机组实物如图 4-26 所示。

由于该新型蒸发冷却空调系统采用 100%自然冷源，无压缩式制冷，为增加该系统的可靠性，采用集中式新风系统作为备份，系统共设计 44 台外冷式蒸发冷却新风机组。二楼通信机房、四楼 IDC 机房各自设计 18 台外冷式蒸发冷却新风机组（N+4 冗余）；二楼传输机房设计 8 台外冷式蒸发冷却新风机组（N+2 冗余）。蒸发冷却新风机组显热制冷量 80kW，额定输入功率 9.4kW，额定风量 16000m³/h。蒸发冷却新风机组实物如图 4-27 所示。

图 4-26 蒸发冷却冷水机组实物图

图 4-27 蒸发冷却新风机组实物图

系统共设计 22 台机房专用高温冷水空调机组。二楼通信机房、四楼 IDC 机房各配置 9 台机房专用高温冷冻水空调机组（N+2 冗余），其实物如图 4-28 所示；二楼传输机房共配置

4 台机房专用高温冷冻水空调机组（N+1 冗余）。机房专用高温冷水空调机组额定制冷量/显冷量 160.8kW，额定输入功率 8kW，循环风量 39000m³/h。

（3）运行模式

1）冷水机组-机房空调的闭式循环。当蒸发冷却冷水机组提供冷水换热后可以满足室内机房专用空调机组排除室内负荷时，关闭蒸发冷却新风机组，开起蒸发冷却冷水机组及机房专用高温冷水空调机组。系统流程如图 4-29 所示。蒸发冷却制备的冷水通往板式换热器，与机房空调回水间接换热后返回机组循环喷淋。

图 4-28 机房专用空调机组

机房空调回水一部分通往蒸发冷却冷水机组第一级表冷器预冷室外空气，之后与剩余部分混合后通过中间换热器降温后回至空调机组循环。此时系统运行中冷水系统为闭式循环，机房空气亦为闭式循环。

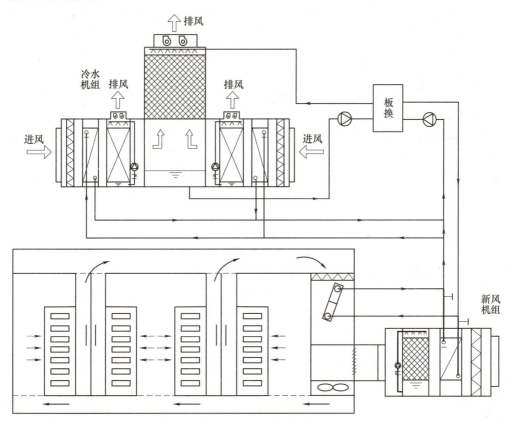

图 4-29 运行模式一（微信扫描二维码可看彩图）

221

2）冷水机组-新风机组的直流式循环。当室内机房专用空调机组不能排除室内负荷，而通过蒸发冷却新风机组开启可以满足要求时，开启蒸发冷却冷水机组及蒸发冷却新风机组运行，使系统空气系统为直流式系统。系统流程如图4-30所示。蒸发冷却制备的冷水通往板式换热器，与新风机组回水间接换热后返回机组循环喷淋。新风机组回水一部分通往蒸发冷却冷水机组第一级表冷器预冷室外空气，之后与剩余部分混合后通过中间换热器降温后回至空调机组循环。此时系统运行中冷水系统为闭式循环，机房空气为直流式系统。

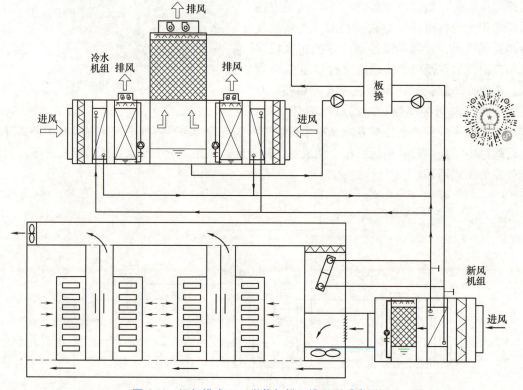

图4-30 运行模式二（微信扫描二维码可看彩图）

3）冷水机组表冷段-机房空调的闭式乙二醇循环。在室外空气干球温度低于3℃时，蒸发冷却新风机组及高温冷机组的循环喷淋段停止运行。通过冷水机组第一表冷器与机房专用空调机组管路循环乙二醇溶液带走机房室内负荷。乙二醇溶液吸收室内负荷温度升高后通往冷水机组表冷器，表冷器通过室外空气与乙二醇溶液换热降低溶液温度后继续通往机房空调机组循环降温。系统原理如图4-31所示。

4.4.4 数据中心用蒸发冷却散热系统

蒸发冷凝式散热空调系统如今在数据中心得到应用与推广。蒸发冷凝式散热空调系统可由蒸发冷凝式空调机组或蒸发冷凝式冷水机组作为冷源，主要核心的部件为蒸发式冷凝器，其结合了水冷和风冷冷凝方式的优点，结构上是将水冷冷凝器的换热管和冷却塔的塔体组合在一起（图4-32），使高温高压的制冷剂蒸汽冷凝过程与冷却水的冷却过程有机地结合，省去了冷却水从冷水机组冷凝器通过加压水泵长距离输送到冷却塔进行冷却的过程。蒸发式冷凝器的换热过程主要是以潜热换热的形式进行，显热换热只是作为其辅助。1kg冷却水只能

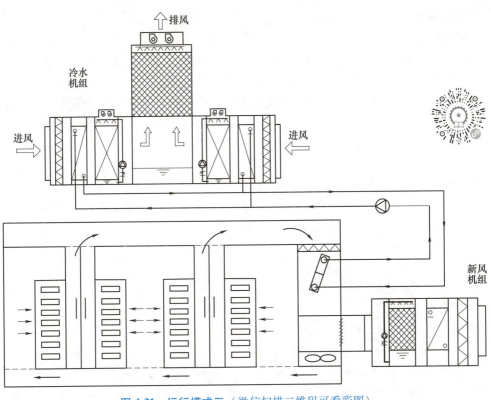

图 4-31　运行模式三（微信扫描二维码可看彩图）

带走 25~35kJ 的显热，而 1kg 冷却水蒸发可以带走 2450kJ 的潜热。由此可见，与水冷式和风冷式冷凝器相比，蒸发式冷凝器具有结构紧凑，用水量小，换热量大等优点，因此蒸发冷凝式散热空调系统在数据中心具有很大的节能潜力[16]。

1. 工程概况

某厂房位于新疆某软件园区东北侧，层高 5.4m，楼面荷载 800kg/m²，建筑高度 28.2m。改造建筑面积为 8350m²，其中大楼一层为电气辅助用房，二、三层为数据机房，四层为监控及配套办公用房，屋顶局部是空调及配电设备用房，采用板管蒸发冷却式冷水机组五台，置于四层屋面，其效果图如图 4-33 所示。

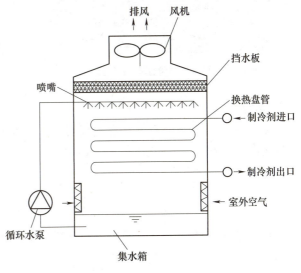

图 4-32　蒸发式冷凝器原理图

2. 冷负荷

空调冷负荷按照工艺和建筑冷负荷逐项计算，冷量按逐时逐项综合最大值考虑，冷负荷最大值为 3650kW，其中，建筑冷负荷 160kW，工艺冷负荷 3290kW，辅助及配套办公用房

223

空调冷负荷 200kW。

3. 空调系统

按照建筑现状及当地的气候条件，该项目在设计过程中，从冷源到末端均采用高效节能型设备；当室外湿球温度低于 5℃时，机组采用自然冷源模式，冷水设计供/回水温度为 12℃/18℃，冷却水设计供/回水温度为 32℃/37℃，冷水机组、冷水泵、精密空调均按四用一备配置[17]。机房专用恒温恒湿精密空调送风采用下沉式 EC 风机（高效离心式风机），循环水泵、精密空调采用变频控制。

4. 冷源系统

考虑到用冷安全余量及主机冷量的修正，安装五台制冷量为 1000kW/台带自然冷源的冷水机组（四用一备），可提供 4000kW 的制冷量，满足机房及辅助用房、配套办公用房等的用冷需求，其空调冷源侧实景如图 4-34 所示。

图 4-33 新疆某软件园区效果图

图 4-34 空调冷源侧实景图

5. 运行效果

该数据中心机房制冷系统满负荷运行，四台 1000kW 制冷机组全年总耗电量为 $2.33 \times 10^6 kW \cdot h$，每台机组全年耗电量为 $5.8 \times 10^5 kW \cdot h$。机组全年平均制冷 COP 为 15.03，节能效果显著。

思考题与习题

4-1 蒸发冷却换热器主要有哪些？分别简述各自的工作原理。

4-2 蒸发冷却技术和传统机械制冷技术的区别是什么？

4-3 间接蒸发冷却器主要分为哪几类？各自的优缺点分别是什么？

4-4 间接蒸发冷却器对空气降温的驱动力是什么？

4-5 蒸发冷却设备主要分为哪几类？分别是什么？

4-6 蒸发冷却设备性能评价指标主要有哪些？

4-7 亚湿球效率如何进行计算？其物理意义是什么？

4-8 数据中心应用蒸发冷却技术的主要形式有哪些？分别适用于哪些场景？

4-9　直接蒸发冷却技术在数据中心应用时需要注意什么？

4-10　间接蒸发冷却设备最核心的部件是什么？影响其性能的主要因素有哪些？

4-11　目前风侧间接蒸发冷却技术在数据中心被广泛应用，分析其原因是什么？

4-12　间接蒸发冷却和机械制冷联合的空调机组在数据中心全年不同气象条件下是如何运行的？

4-13　蒸发冷却冷水机组在数据中心冬季是如何运行的？

4-14　蒸发冷却设备在数据中心应用中具有哪些优缺点？

4-15　数据中心应用蒸发冷却空调系统的形式主要有哪些？

4-16　蒸发冷却技术在数据中心如何更好、更高效地应用？

参 考 文 献

[1] 黄翔. 蒸发冷却空调理论与应用 [M]. 北京：中国建筑工业出版社，2010.

[2] 黄翔. 空调工程 [M]. 3 版. 北京：机械工业出版社，2017.

[3] WATT J R，BROWN W K. 蒸发冷却空调技术手册 [M]. 黄翔，武俊梅，译. 北京：机械工业出版社，2009.

[4] 黄翔. 蒸发冷却通风空调系统设计指南 [M]. 北京：中国建筑工业出版社，2016.

[5] 中国机械工业联合会. 蒸发冷却用填料：JB/T 11964—2014 [S]. 北京：机械工业出版社，2014.

[6] 黄翔，周海东，范坤，等. 通信机房应用直接蒸发冷却空调方式的优化及节能分析 [J]. 暖通空调，2013，43（10）：28-34.

[7] 雷梦娜，黄翔，武以闯，等. 蒸发式冷气机在西安某大空间汽车厂房的应用 [J]. 西安工程大学学报，2018（1）：72-78.

[8] 陈明松. 蒸发式冷气机工作原理及设计应用 [J]. 暖通空调，2010（12）：I0036-I0040.

[9] 贾晨昱，黄翔，田振武，等. 间接蒸发冷却技术在国内外数据中心的应用研究 [J]. 制冷与空调，2020，20（1）：61-67.

[10] 田振武，黄翔，吴志湘，等. 水侧蒸发冷却技术在数据中心的应用 [J]. 西安工程大学学报，2019，33（6）：625-630.

[11] 田振武，黄翔，吴志湘，等. 水侧蒸发冷却技术在数据中心的应用探讨 [C] // 中国制冷空调工业协会. 第九届中国制冷空调行业信息大会论文集. [出版地不详]：[出版者不详]，2018：12-16.

[12] 郭志. 新疆某数据中心自然冷却空调系统的应用研究 [D]. 西安：西安工程大学，2019.

[13] 郭志成，黄翔，耿志超，等. 单双面进风蒸发冷却冷水机组在数据中心的应用对比分析 [J]. 西安工程大学学报，2018，32（3）：296-301.

[14] 郭志成，黄翔，严锦程. 间接-直接蒸发冷却复合冷水机组的理论分析与应用研究 [J]. 制冷与空调（四川），2018，32（4）：359-364，379.

[15] 田振武，黄翔，郭志成，等. 新型蒸发冷却空调系统在数据中心的运行测试分析 [J]. 制冷与空调（四川），2020，34（3）：297-302.

[16] 区志江. 蒸发式冷凝制冷机组节能研究及其在机房空调的应用 [D]. 广州：华南理工大学，2012.

[17] 吴冬青，吴学渊. 间接蒸发冷凝技术在北疆某数据中心的应用 [J]. 暖通空调，2019，49（8）：72-76.

225

5

为了高效地去除局部热点，冷却设备集成机柜应靠近 IT 发热点，以减小气流阻力及减少热损失，实现精准送冷。近年来，开发了水冷柜门空调和热管背板空调等机柜级冷却设备和系统。

传统的数据中心采用集中式送回风方式对数据中心进行冷却，由于气流组织混乱以及热源分布不均匀等多种原因，机房内常常会出现冷热气流掺混，导致机房传热恶化。为了弥补这部分传热能力的损失，往往需要较低的冷源温度，从而造成了数据中心冷却系统能耗过高。采用机柜级冷却设备或系统，由于冷却末端安装在机柜内部，缩短了传热距离，由末端产生的冷空气直接进入服务器进行换热，避免了冷热气流掺混，从而可以使用较高的冷源温度，提升了冷却系统能效，节能效果明显。图 5-1 和图 5-2 分别是传统数据中心（集中式送回风冷却）和机柜级冷却数据中心排热过程 *T-Q* 图，图中横坐标表示传热量，纵坐标表示传热温度，在不同温度的冷热源之间传递一定的热量所围成的面积表示该过程传热能力的损失。从图中可以明显看出，机柜级冷却避免了室内掺混过程造成的传热能力损失，可大幅提升冷源温度[1]。

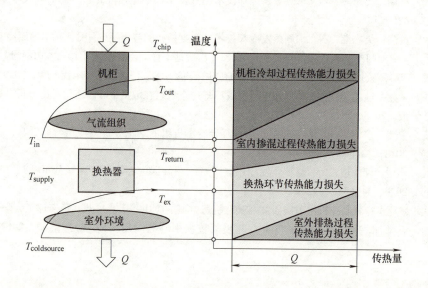

图 5-1　传统数据中心排热过程 *T-Q* 图

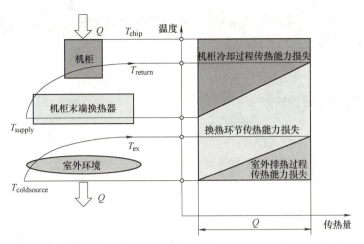

图 5-2　机柜级冷却数据中心排热过程 *T-Q* 图

5.1　空气侧末端设备原理及性能

5.1.1　水冷柜门空调

水冷柜门空调由三部分组成，即冷源部分、冷冻水分配控制部分和空调末端部分，系统可根据空调末端数量和机柜制冷需求的不同调整冷冻水的分配。

水冷柜门空调系统如图 5-3 所示，机房冷冻水在冷水分配柜中与服务器机架循环水换热，制出的冷水在循环泵的驱动下进入机柜前门换热器，将送风冷却至服务器要求的温度。整个系统运行时通过采集换热器、水泵、控制阀、环境温度、压力和流量等数据来调节供水量和风量，以实现单机柜制冷量按需供给，达到精确供冷的目的[2]。

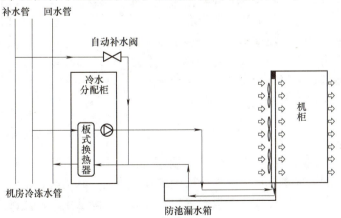

图 5-3　水冷柜门空调系统示意图

1. 水冷柜门空调系统的优点

1）可实现单机柜按需供冷，避免机房出现局部热点。

2）精确制冷，避免冷量的浪费，节能、高效。

227

3）换热环节减少，气流掺混现象减少，机房冷冻水供水温度较高，可有效降低冷源设备的能耗且能更长时间地使用自然冷源。

4）空调末端可实现冷量冗余，从而实现在线维护。

5）空调末端设备直接嵌入机柜前门，不单独占用机房面积，可提高机房利用率。

2. 水冷柜门空调系统的缺点

1）管线复杂，安装难度高，且机柜需要定制。

2）控制复杂，阀门、水泵较多，存在安全隐患，需要设置备用泵。

3）水直接进入机房，威胁到了服务器的安全运行。

4）会对机架形成单点故障。

5.1.2 背板空调

背板空调是一种新型的数据中心空调制冷设备，安装于机柜背面，贴近机柜内热源进行精确供冷，对于降低数据中心局部热点温度、实现高热密度机架冷却以及精确制冷节能均有很大好处。

1. 背板空调的原理

背板空调是由安装在数据中心机架背面的背板制冷终端、冷量分配单元（Cooling Distribution Unit，CDU）和冷源设备三部分组成的。机柜外冷空气（23~25℃）在机柜内部设备风扇或者背板空调风扇的作用下，被吸入机柜中并与服务器进行热交换，服务器排出的热风（35~38℃）与安装在机柜背后的制冷终端内的工质间接进行热交换后变成冷风（23~25℃）排到室内环境中，如此循环往复。背板制冷终端内的循环工质如果是水，则其受热后升温将热量通过 CDU 直接带到冷冻水机组；制冷终端内的循环工质如果是氟利昂，则通过相变传热，氟利昂受热由液态变成气态，由气体管路将热量带到 CDU 中，在 CDU 内与室外系统的冷源设备提供的冷水进行热交换，循环工质受冷由气态变成液态，依靠自身重力沿制冷剂液体管路流回制冷终端，完成一个完整的热力循环，热量依此顺序源源不断地传递到室外。背板空调散热原理如图 5-4 所示。

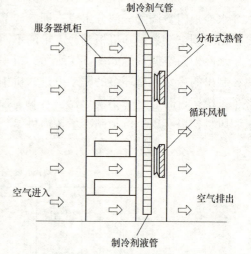

图 5-4　背板空调散热原理图

2. 背板空调的性能

背板空调可以根据机架服务器配置的风扇情况进行有风机设计和无风机设计，电力消耗少或者无消耗。其动态、精确、靠近热源、智能化的冷却技术可以降低制冷能耗，背板安装的末端形式也降低了对机房的要求。与传统数据中心机房空调技术相比，背板空调技术有诸多优点。

1）背板空调的冷却盘管更贴近热源，机柜内设备排风口的温度更高，这为大幅提高冷冻水供、回水温度提供了条件。冷冻水供、回水温度的提高，可以使得外部冷却塔供冷的使用时间增加，从而可大幅降低数据中心机房的空调能耗，比其他空调技术更节能。

2）避免了局部热点。数据中心里机柜内是最大的发热区域，不同的设备发热量也不同，造成不同机柜内部和周围的温度都有很大差别，这导致了局部温度不均匀。背板空调由于紧挨着机柜，安装在每个机柜的背面，一对一冷却设备，直接对局部热点进行降温，从而达到了消除局部热点的目的。

3）提高了机房面积利用率。背板空调占用空间小，不需要放置空调，也取消了架空地板，降低了层高，大大节省了数据中心内部的空间。在寸土寸金的数据中心机房里，单位面积上可以放置更多的业务设备，将大大提升数据中心的机房利用率。

4）解决了机房高热密度机架的应用问题。背板空调贴近热源高效换热，冷却能力大幅度提升，目前单背板空调可以实现单机架 20~30kW 的散热。支持高热密度机架的大面积应用，以提高机房面积利用率和降低单机架全寿命周期成本（TCO）。

5）背板空调换热量对过冷度、过热度非常敏感，并且背板空调具备自动冷量调节能力，可根据机柜热负荷的变化，在温度和制冷量之间取得平衡，在换热量小于额定制冷量时，可以通过调节流量来灵敏调节制冷量。

当然，任何一种技术都有其使用的局限性，背板空调也不例外。虽然和其他空调技术相比，背板空调有着得天独厚的优势，但是仍有一些不足的地方。例如，背板空调离设备过近，如果采用的是水冷背板，一旦发生漏水事故，就会造成不可挽回的损失，大量的设备会被损坏，危险系数较高。如果采用热管背板也有风险，一旦发生氟利昂泄漏，由于它是有毒气体，会对人造成伤害。另外，背板空调不具备加湿功能，若部署背板空调，则还需要在机房配置相应的设备来进行湿度控制。此外，背板空调没有备份功能，在一个数据中心机房里，可以部署多个空调设备，达到备份的目的，但是背板空调很难做冗余备份，一旦坏了，就需要即刻更换，否则部分设备会由于过热而发生宕机。最后应该注意的一点是，热管背板的正常运行受限于水/氟板式换热器与背板空调末端之间的高度差及距离差要求，板式换热器只有高于背板空调末端并在一定的距离范围内，才可以正常使用。所以在数据中心机房，最好将背板空调技术和其他空调技术联合应用，背板空调主要用于消除局部热点问题，而整体的数据中心温度需通过其他空调来降低。

3. 背板空调分类

根据使用的冷媒不同，背板空调可以分为水冷背板空调与热管背板空调。水冷背板空调采用水作为载冷剂，冷冻水机组直接供应冷冻水至背板空调，投资较少且换热效率相对较高。但因为冷冻水进入了机房甚至机柜内，所以机房的安全风险较大，一旦出现漏水问题，就会影响机房正常运行甚至损坏机房主设备。水冷背板空调进入数据中心机房内的所有水管必须经过严格的压力测试和漏水试验，以降低机房漏水的风险。水冷背板空调系统原理如图 5-5 所示。

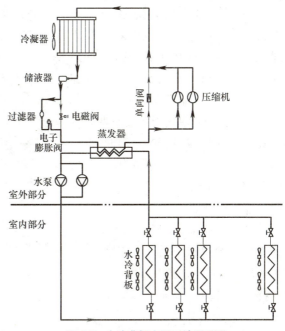

图 5-5　水冷背板空调系统原理图

热管背板空调采用氟利昂作为载冷剂，冷水机组与背板空调之间有水/氟转换板式换热器，冷冻水供水至板式换热器与机柜侧，与回来的热的气态氟利昂载冷剂进行热交换，将气态氟利昂载冷剂冷却液化后再次送回机柜热管背板空调。因为中间加设了一台冷水分配单元，所以无水进入机房，相对来说，此系统的安全性很高。但由于多了一次换热，系统换热效率略低且投资相对偏高。热管背板空调系统原理如图5-6所示。

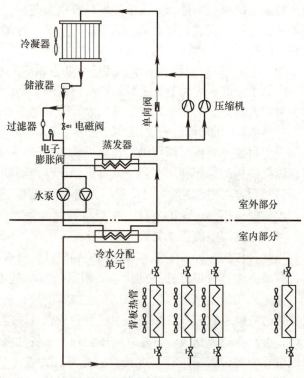

图5-6 热管背板空调系统原理图

4. 热管背板空调

热管背板空调系统与水冷柜门空调系统类似，也是将背板换热器嵌入服务器机架柜门中对服务器进行冷却，不同的是热管背板空调系统采用分离式热管，利用工质氟利昂的相变作用来排出机房的热量。热管背板空调系统由三部分组成：空调末端、冷源部分和中间换热器。

空调末端即为热管背板制冷机柜或热管背板制冷柜门，如图5-7所示。热管背板安装在机架前/后柜门上，以吸收机架中IT设备发出的热量。安装服务器机架出口处的柜门上配置有风机，热管背板将服务器排出的热风吸入柜门，降温后排出，使服务器机架的进、排风温度保持一致，如图5-8所示。在使用热管背板空调系统的数据机房中，各通道的温度相同（取消了传统冷却方式中的热通道），有效地避免了传统空调冷却方式中常见的局部热点问题。

热管背板空调的冷源可以与常规冷源兼容，即可以直接使用传统空调系统的冷冻水/冷却水作为热管背板空调的冷源。此外，由于热管背板空调系统减少了传热环节，且避免了机房

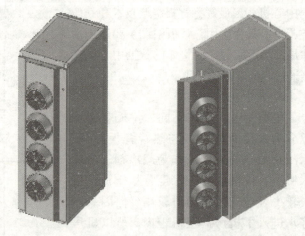

图5-7 热管背板制冷机柜

冷热气流掺混，可使用较高温度的冷源。在条件允许的地区，可考虑长时间使用自然冷源作为热管背板空调的冷源，以达到节能的目的。

热管背板空调的蒸发段通常采用铜管铝翅片式换热器，目前微通道换热器（图 5-9）也被广泛地采用。微通道换热器是指通道当量直径为 $10 \sim 1000 \mu m$ 的换热器。这种换热器的扁平管内有数十条细微流道，在扁平管的两端与圆形集管相连。集管内设置隔板，将换热器流道分隔成数个流程。

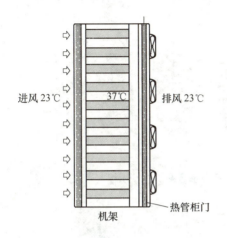

图 5-8　热管背板制冷机柜冷却原理图

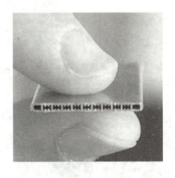

图 5-9　微通道换热器实物图

微通道换热器的特点如下：

1) 体积、质量均减小，方便安装。

2) 换热系数大，换热效率高。

3) 内容积减小，制冷量充注量减少。

4) 空气侧流动阻力小，噪声低。

5) 风机功耗低，系统能效高。

当流道尺寸小于 3mm 时，气液两相流动与相变传热规律将不同于常规较大尺寸的情况，流道越小，这种尺寸效应越明显。当管内径小到 $0.5 \sim 1mm$ 时，对流换热系数可增大 $50\% \sim 100\%$。将这种强化传热技术用于空调换热器，适当改变换热器的结构、工艺及空气侧的强化传热措施，可有效增强空调换热器的传热效果，提高其节能水平。

热管背板空调的冷凝段，即中间换热器，是连接热管背板制冷机柜与冷源的重要部分，由于采用的分离式热管为重力式热管，中间换热器的安装位置须高于热管背板，一般采用板式换热器。

（1）热管背板空调的原理　图 5-10 所示为热管背板空调系统示意图，以分离式热管连接中间换热器与热管背板制冷机柜，将分离式热管蒸发端嵌入机柜柜门形成热管背板，制冷工质在热管背板内吸热蒸发变成气态，经过蒸气上升管流入冷凝器（即中间换热器），并在冷凝器内冷凝为液态，通过导液下降管借助重力回到热管背板继续蒸发；冷凝器释放的热量由冷源系统供给冷冻水或冷却水排到室外，完成一个循环。这种热管背板空调系统已经在部分新建大型数据中心中得到应用，具有较好的节能潜力。图 5-11 所示为热管背板空调机柜在数据中心机房中的现场安装图。

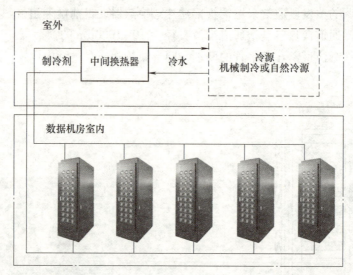

图 5-10　热管背板空调系统示意图

图 5-11　热管背板空调机柜在数据中心机房中的现场安装图

（2）热管背板空调系统的使用条件　当室外温度低于16℃时，即可使用热管背板空调。这样可以有效减少机房或基站空调的运行时间，节约空调用电，延长空调使用寿命，提高能源利用率及机房运行效率。

以30℃/22℃回风干湿球温度、7℃/12℃供回水温度为例，由于蒸发温度接近14℃，高于出风露点温度，故以100%显热比运行，且无冷凝水产生。而对于冷冻水系统，7℃供水的盘管温度低于出风露点温度，产生了凝露，显热比低[3]。

（3）热管背板空调系统的优点

1）分离式热管具有自调节能力，可根据单机柜发热量按需供冷，解决了机房局部热点问题。

2）分离式热管具有极高的传热能力，可解决高发热密度机柜的散热问题。

3）热管背板安装位置灵活，包括后背板、前后背板、上下背板等多种安装形式，可满足不同散热需求。

4）机柜内服务器产生的热量在排出机柜前先被冷却，机房整体环境为冷环境，避免了冷热气流的掺混，且可有效防止单点故障。

5）采用分离式热管连接热管背板和冷凝器，依靠重力完成循环，减少了输配能耗。

6）热管背板空调减少了换热环节，可有效提高冷源温度，降低冷机能耗并延长自然冷源利用时间。

7）冷却工质为不燃、无毒、无腐蚀性、常压下为气态的制冷剂，无水进入机房，大幅提升了数据中心的运行安全性。

8）背板直接安装在机柜柜门上，可自由开关，不影响 IT 设备的正常运行，可实现在线维护。

9）节约机房空间。采用热管背板空调时，机房地板高度仅需要满足地板走线桥架安装要求即可，不用再为满足地板通风要求而增加高度，放宽了对机房建筑层高的要求。此外，机房不需预留安装常规空调室内机的空间，提高了机房的空间利用率。图 5-12 为典型的热管背板空调机房布局示意图。

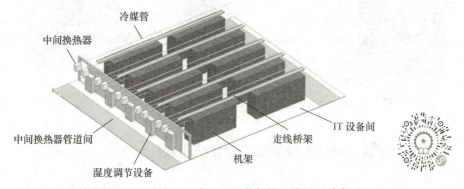

图 5-12　热管背板空调机房布局示意图（微信扫描二维码可看彩图）

233

（4）热管背板空调系统的缺点

1）管线复杂，安装难度较大，且机柜需要定制。

2）热管背板空调仅对机房显热进行处理，而机房湿度需要额外配备加湿除湿设备。

（5）非均匀工况下水冷热管背板空调系统的自适应性能　在数据中心实际运行过程中，背板空调系统可能会遇到多种非均匀工况，需要靠本身的自适应性能（包括不同负载下的运行性能和抗故障性能）减轻对机房热安全的影响[4]。

1）机房的服务器是逐步加载的，部分机柜长期处于部分负载状态[5]。部分负载导致制冷剂蒸发量小，加剧了热管背板空调系统的长距离输送的热漏问题以及各蒸发器之间的分液不均问题，导致液管末端的热管蒸发器出现异常运行。但是，由于热管具有较强的自适应性能，热管背板空调单元的排风通道平均温度依然满足机房推荐温度要求[6]，不会威胁机房热安全。

2）水冷热管背板空调结构如图 5-13 所示，机柜的背板上设置有多个风扇保证蒸发器换热效率，而风扇自身易因为机械电子故障而失效，同时，由于背板紧凑的空间，难以为风扇设置备份，从而影响热管的换热性能。以图 5-14 所示的水冷热管背板空调系统所标注的单元为例，该单元具有 13 个机柜，当单个机柜发生风扇故障时，机柜内部的温度和蒸发器的排风温度都会升高，一方面可能会影响服务器的热安全，另一方面会对周围机柜的进风温度产生影响。但是，由于热管具有较强的自适应性能，当单机柜发生 5 个风扇失效的故障或 3 个机柜发生 3 个风扇失效的故障时，该热管背板空调单元的排风通道平均温度依然满足机房推荐温度要求；只有当 3 个机柜发生 5 个风扇失效的严重故障时，该热管背板空调单元的排风通道平均温度才会超过推荐值，继而影响机房整体的热安全。

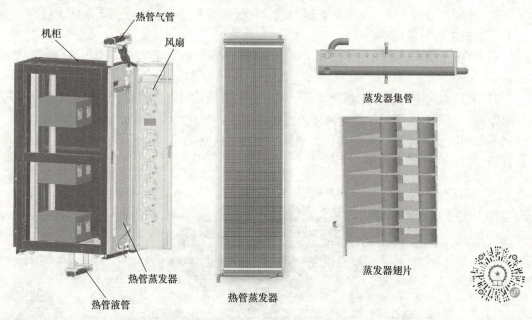

图 5-13　水冷热管背板空调结构示意图（微信扫描二维码可看彩图）

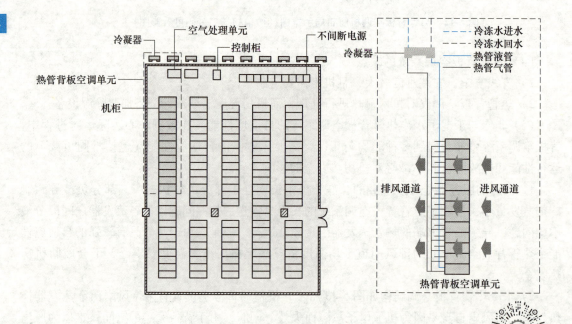

图 5-14　水冷热管背板空调机房布局示意图（微信扫描二维码可看彩图）

水冷热管背板空调系统自适应性能有如下的提升方式：

1）服务器负载位置的影响。在部分负载的情况下，应将服务器布置在机柜下部，使热排风能够直接加热热管蒸发器内的制冷剂液池，以提高低负载下的运行性能。

2）充液率的影响。应该在最佳充液率范围内选择最小的最佳充液率以提升制冷剂侧的抗故障性能。

5.1.3　列间空调

列间空调（也可称行级空调）穿插于机柜中间安装，靠近热源冷却服务器机柜，是针对高热密度数据中心、模块化数据中心、冷通道封闭数据中心、机房局部热点等应用的新型机房制冷技术，其外观风格、设备高度及深度与服务器机架高度一致。

1. 列间空调的原理

列间空调是由安装在机架之间的列间空调制冷终端和冷源设备两部分组成的，如图 5-15 所示。若是冷冻水列间空调，则还需要配置冷量分配单元（CDU）。列间空调采用背部回风、前部送风的气流组织形式，机架设备背面排出的热风（35~38℃）被列间空调从背部吸入列间空调制冷终端，经过换热器盘管后冷却为 20~22℃ 的冷风，并从列间空调终端前端送出至服务器机架前端进风侧，冷空气进入服务器机柜，在吸收服务器的散热后变成热空气从机柜后部排出，如此循环往复。列间空调散热原理如图 5-16 所示。

图 5-15　列间空调

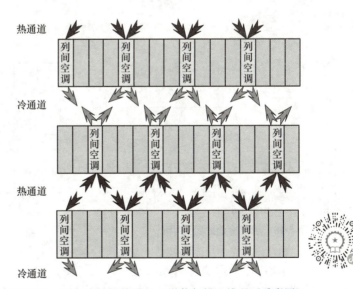

图 5-16　列间空调散热原理（微信扫描二维码可看彩图）

随着数据中心的高速发展，数据中心机房的气流组织形式也得到了很大程度的发展和优化，这也拓展了很多列间空调的应用场合。列间空调的应用场合主要有以下几类：

（1）应用于机柜面对面、背对背摆放的数据中心　如图 5-17 所示，数据中心机房的机架均采用面对面、背对背的摆放方式，形成了热通道和冷通道，列间空调布置于每列机架中，从热通道吸进热空气，经过列间空调制冷后，向冷通道送出冷空气。布置于列头的列间空调送风会形成风幕，起到降低冷热风串流的作用。这种应用方式具有布局简单、易实施的特点。

（2）应用于封闭冷池式数据中心　如图 5-18 所示，机架面对面、背对背摆放，列间空调分布在每列机架中的基础上，采用专门的结构件封闭机柜正面（进风侧）的空间，列间空调从热通道吸进热空气，向封闭空间输出冷空气形成冷池。由于采用物理隔断分隔出冷、热空间，因此无需将空调放在列头，列间空调均匀分布于列间，这样更有利于回风气流组织的优化。这种应用方式具有冷量能够被设备充分利用，冷量损失少及机房环境冷量配置少的特点，高效节能，是当前最广泛的应用形式之一。

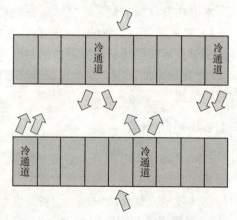

图 5-17　机柜面对面、背对背摆放形式

（3）应用于封闭热通道式数据中心　如图 5-19 所示，机架面对面、背对背摆放，列间空调分布在每列机架中的基础上，利用专门的结构件封闭机柜背面（出风侧）的空间，形成封闭热通道，列间空调从封闭的热通道吸进热空气，向外送出冷空气。由于采用物理隔断分隔出冷、热空间，因此无需将空调放在列头，列间空调均匀分布于列间，这样更有利于送风气流组织的优化。这种应用方式可有效提高列间空调回风温度，使空调运行在高能效比工况下，提高了能效。该类应用需要对机房环境进行制冷，一般应用于面积不大的机房，以避免过多地浪费冷量。

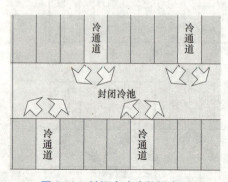

图 5-18　封闭冷池式数据中心

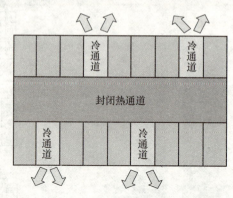

图 5-19　封闭热通道式数据中心

（4）应用于冷热通道全封闭式数据中心　如图 5-20 所示，该应用方式结合了封闭冷通道和封闭热通道的特点，利用专门的结构件封闭机柜正面和背面的空间，既封闭冷池又封闭热通道，形成了全封闭式数据中心。这种应用方式既具备封闭冷池充分利用冷量的优点，又具备封闭热通道以提高空调能效的特点，是最高效的应用方式之一。

（5）应用于机柜级冷却式数据中心　如图 5-21 所示，以全密闭型机柜代替原有的前后通风型机柜，分别打通空调与机柜的前端和后端，以刀片服务器为分界面，则服务器前端至机柜前门的空间为冷通道，服务器后端至机柜后门之间的空间为热通道，将原来在机柜外部的气流路径完全压缩至机柜内部。这种应用方式进一步提高了空调与机柜的匹配性，并进一步减小了空调与机柜所在围护结构的体积，提升了高密度机柜内的空气换气次数，从而有效提升了空调系统应对高密度机柜散热量急剧变化的能力与响应速度。

2. 列间空调的性能

列间空调按照冷源形式可以分为风冷型列间空调和冷冻水型列间空调，不同的冷源形式会表现出不同的优点和局限性。其动态、精确、靠近热源、智能化的冷却技术可以降低制冷能耗。与传统数据中心机房空调技术相比，列间空调技术有如下优点。

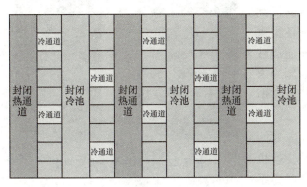

图 5-20　冷热通道全封闭式数据中心

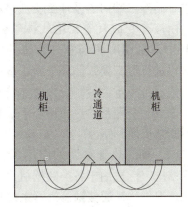

图 5-21　机柜级冷却式数据中心

1）更贴近热源。机柜内设备的高温度出风直接进入列间空调，这为大幅提高冷冻水供、回水温度提供了条件。冷冻水供、回水温度的提高，使得外部冷却塔供冷的使用时间增加，可大幅降低数据中心机房的空调能耗，比其他空调技术更节能。

2）避免了局部热点。数据中心里各机柜设备的发热量不同，机房空调系统必须与之匹配地区别对待以避免出现局部散热能力不足的问题。列间空调由于紧挨着机柜，安装于机柜中间，直接近距离地对局部热点进行降温，达到了消除局部热点的目的。

3）送风功耗更低。列间空调靠近热源，且大多数情况下会设有冷通道封闭的冷池，故冷风的送风距离短而无需太高的机外余压，风机功耗相对较小。

4）可实现冷热通道封闭的良好结合。安装了列间空调的数据中心机房，非常方便实施冷通道封闭、热通道封闭或者冷热通道全封闭的气流组织形式，非常有利于减少或避免空调送风冷量的损失以及提高机房平均温度而实现节能，制冷效果及节能效果非常明显。

当然，任何一种技术都有其使用上的局限性，列间空调也不例外。虽然和其他空调技术相比，列间空调有着得天独厚的优势，但其仍有一些不足之处。例如，列间空调离设备过近，如果采用的是冷冻水型列间空调，则一旦发生漏水事故，会造成不可挽回的损失，大量的设备会被损坏，危险系数较高；列间空调会占用机架的安装位置，从而使机房内机架的安装数量减少，即降低了机房面积利用率。最应该注意的是，列间空调固定安装于机架设备之间，如果列间空调出现故障，尤其是冷冻水列间空调出现故障，几乎无法更换维修，即使是在线维修，也会出现冷热风短路而影响正常制冷效果的问题，同时还会有冷媒泄漏而损坏主设备的安全问题。所以在数据中心机房，列间空调最好结合冷通道封闭、热通道封闭或者冷热通道全封闭的形式使用，并且需要对所有进入机房甚至机架的列间空调接管进行最为严格的试压和检漏试验，以确保其能被安全使用。

3. 列间热管空调

列间热管空调是列间空调的一种，其系统由列间热管制冷末端、冷量分配单元

（CDU）、冷源设备等组成。列间热管制冷末端与机柜并排布置，列间热管采用前部出风、后部回风的方式。列间热管空调实物图如图5-22所示。

（1）列间热管空调的工作原理 系统工作时，服务器排出的热风进入列间热管内与蒸发器内的工质间接进行热交换后变成冷风排到室内环境中。制冷末端内的循环工质通过相变传热，受热后由液态变成气态，由气体管路将热量带到CDU中，在CDU内与室外系统的冷源设备提供的冷水进行热交换，循环工质受冷由气态变成液态，依靠自身重力沿制冷剂液体管路流回制冷末端，完成一个完整的热力循环。热量依此顺序源源不断地传递到室外。

图5-22 列间热管空调实物图

（2）列间热管空调的应用场合 机房列间热管系统广泛适用于各类数据机房、程控交换机机房、卫星移动通信站、银行系统机房、电力系统机房、教育系统机房等，这样的环境对空气的温度、湿度、洁净度、气流分布等各项指标有很高的要求，必须由每年365天、每天24h安全可靠运行的专用机房空调设备来保障。某列间热管空调安装示意图如图5-23所示。

（3）列间热管空调的特点

1）安全可靠。系统利用温差和工质自然相变传热，无压缩机、水泵等大功率部件；采用工质换热，无水进机房；全显热换热，无冷凝水。

2）高效节能。列间热管的安装靠近热源，换热效率极高；系统依靠重力循环，无动力消耗；有铜管铝翅片与平行流换热器两种形式。

3）反应快速。贴近热源

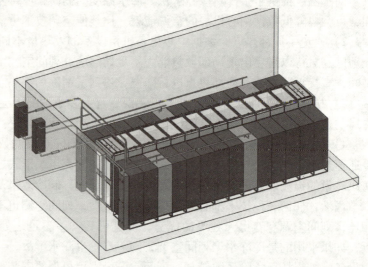

图5-23 某列间热管空调安装示意图

制冷，实时监控热负载变化，快速调整制冷输出，适配负载需求。

4）水平送风。利用机柜前后空间进行送回风，不依赖地板静压箱或风管进行送风。

5）可采用多种气流组织形式。可采用通道开放式、冷通道封闭式、热通道封闭式、机柜密闭式等气流组织形式，送风距离短，降低了气流输送功耗。

6）灵活兼容。机组具备上下走线、走管等接口，方便用户依据现场条件灵活选取走管、布线方式；提供外观及尺寸定制服务，可保证机组外观和服务器机柜协调美观；可任意布置于机柜排列中间或两端，以达成理想的制冷效果。

7) 安装维护方便。制冷末端与机柜一体，采用专用软管连接，安装方便；整个系统只有制冷末端的风机和冷源设备需要维护；系统采用全自动控制，无须人员值守。

5.1.4　机房精密空调

机房精密空调是针对现代电子设备机房设计的专用空调，它的工作精度和可靠性都比普通空调高得多。计算机机房中的设备是由大量的微电子、精密机械设备等组成的，而这些设备使用了大量的易受温度、湿度影响的电子元器件、机械构件及材料。要提高这些设备的稳定性及可靠性，需要将环境的温度和湿度严格控制在特定范围内。机房精密空调可将机房温度误差控制在±1℃范围内，将相对湿度控制在±10%范围内，从而大大提高设备的寿命及可靠性。

1. 机房精密空调的结构

机房精密空调由压缩机、送风机、冷凝器、控制器、热力膨胀阀、蒸发器、冷凝风机、干燥过滤器、视液镜、加热器、加湿器、高效过滤网等主要部件组成，精密空调实物如图 5-24 所示。

空调器的电极加湿器是通过在盛水的加湿桶中插入电极，给电极通电并通过水中杂质形成回路，在电极间产生电流，从而对水进行加热使其蒸发的。电极加湿器是一种非高压型蒸汽加湿器。所生成的蒸汽可通过特殊的分配系统为民用环境或工业生产过程加湿。蒸发量的大小由电流控制，并且可以调节。通过进水阀最初注入加湿桶里的水量取决于水源的水质。在稳定工作状态下，通过控制桶中的水量完成对蒸汽产量的调节，实际上会受到高电流或低电流的影响。加湿工作依靠加湿控制系统智能化自动运行，一般不需要手动干预。空调器的制热是由电加热器的发热来完成的。

图 5-24　某机房精密空调实物图

2. 机房精密空调的适用范围

机房精密空调广泛适用于计算机机房、程控交换机机房、卫星移动通信站、大型医疗设备室、实验室、测试室、精密电子仪器生产车间等高精密环境，这样的环境对空气的温度、湿度、洁净度、气流分布等各项指标有很高的要求，必须由每年 365 天、每天 24h 安全可靠运行的专用机房空调设备来保障。

5.2　气流组织的模拟仿真

5.2.1　数据中心建模

1. 精密模型

Zhang 等人[7]检验了三种服务器建模精密等级对数据中心流场预测结果的影响。他们所采用的模型把机架和服务器模拟器作为一个整体来考虑。其中最精密的模型是带精密服务器模拟器的精密机架（DR-DSS），这种方法对所有的风机、加热器和所有内部障碍物细节都进

239

行了精准建模。在中等精密等级建模中，对服务器模拟器进行粗略建模，但对机架进行高精密等级建模。Zhang 等人在最低等级建模中制造了一个黑箱。图 5-25 所示为这三种机架的建模形式。研究发现，机架模型的细节对温度预测的影响不大。这项研究还发现，与房间尺寸相关的试验参数和结果也不受机架模型细节的影响。

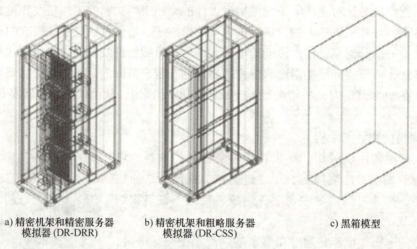

a) 精密机架和精密服务器　　b) 精密机架和粗略服务器　　c) 黑箱模型
　 模拟器 (DR-DRR)　　　　　 模拟器 (DR-CSS)

图 5-25　不同精密等级的机架建模形式

Rolander 等人[8]也运用精密机架模型评估从封闭机架底部输送冷空气的湍流对冷却系统的有效性。在建模过程中，把每个服务器都看作顶部有两个凸起芯片的实心方块，如图 5-26

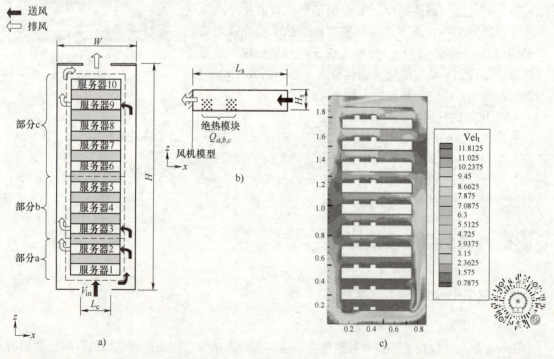

图 5-26　精密机架模型（微信扫描二维码可看彩图）

所示。虽然他们的论文使用了二维模型，但其提到的同样精度的三维模型也曾经被研究和使用过。这篇论文没有对建模结果与试验数据进行比较，但却通过与其他建模方法做对比的方式显示了其在散热方面的改进。

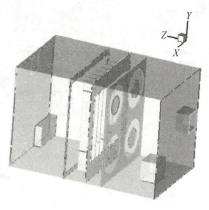

Nelson[9]进行了一项关于 APC 服务器模拟器（图5-27）的详细研究，这个服务器模拟器运用了与上述研究中完全相同的结构。其模型包括风机、加热盘管和服务器模拟器中所有障碍物的建模。他的研究分析可以获取大量关于服务器模拟器特性的数据，如所有部件的压降和大部分机架建模都无法得到的风机细节。总体而言，该项研究得到了单个服务器的准确、合理的模拟结果。

图 5-27　精密服务器模拟器模型

2. 中级模型

Herrlin[10]用 CFD 来评估机架冷却指数是如何衡量不同制冷方案的效率的。他对机架内的水平截面进行了分层建模，但在精细程度方面仍然处于相当粗略的水平，其模型如图 5-28 所示。

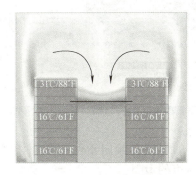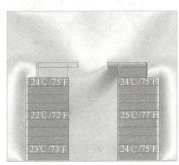

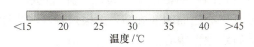

图 5-28　中等精密等级机架模型（微信扫描二维码可看彩图）

3. 黑箱模型

Udakeri 等人[11]在其研究中运用黑箱模型（图 5-29）比较了顶棚送风冷却系统和地板送风冷却系统。他们在机架上应用了统一的气流速度，并在机架出口添加了指定的热流量。然而，这项研究只比较了两种冷却系统而没有对测量结果进行比较。

Bhopte 等人[12]观察了地板静压箱深度、出风穿孔地砖布置方式和顶棚高度对机架进气温度的影响，如图 5-30 所示。他们对这三个变量进行了多参数优化。这项研究并没有考察黑箱机架模型边界条件的细节，但可以认为与 Udakeri 等人[11]的研究中应用的边界条件相似。这项试验同样也只是相对地进行比较研究，并没有与实际实验室条件下的试验结果进行对比。

241

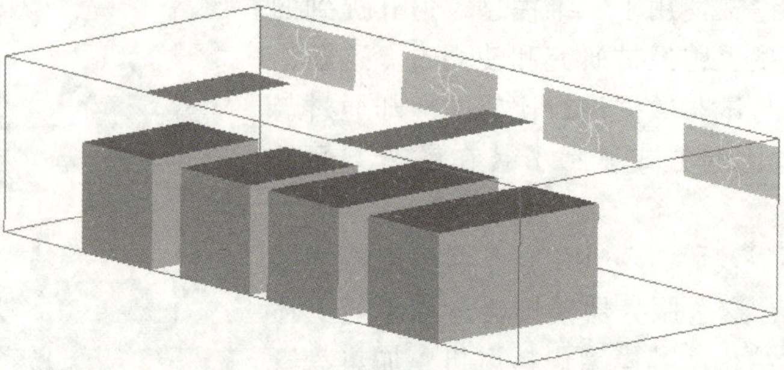

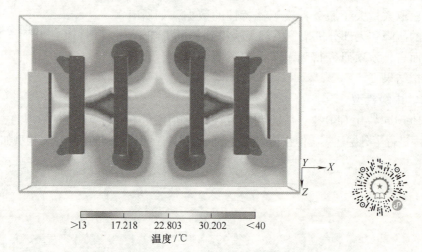

图 5-29　黑箱模型的应用

>13　17.218　22.803　30.202　<40
温度 /℃

图 5-30　**Bhopte** 等人（2006）运用的黑箱模型（微信扫描二维码可看彩图）

　　将实际数据中心的试验数据作为模拟输入的研究都倾向于使用黑箱模型。Shrivastava（2006，2009）着眼于研究位于纽约州波基普西市的 IBM 设施。Prisco（2007）描述了位于加利福尼亚大学圣地亚哥分校校园内的圣地亚哥超级计算机的特征。Shrivastava（2008）还运用一种遗传算法来获取数据中心层面的准确结果，但这种算法必须关联特定数据中心的多个数据集，因此只适用于该特定数据中心。

4. 建模总结

　　几乎所有数据中心层面的 CFD 模型都讨论和使用了标准 κ-ε 湍流模型和带有 Boussinesq 近似的雷诺平均气流场模型。一般情况下，CFD 在大部分研究和设计中仍被用作一种对比工具，用于在数据中心层面以及机架和服务器层面比较不同的制冷方式，以得到最优方案。很少有研究将模拟结论与测量数据进行对比。空间维度模拟的实用分辨率使得黑箱模型仍然是理想的建模等级。但仍有必要量化黑箱建模方法的精确性，并为创造此类模型制定标准。

5.2.2　气流控制方程

1. 流动控制方程的统一表达式

　　不可压缩流体的控制方程和标量输运方程可以概括为以下形式：

$$\frac{\partial(\rho\phi)}{\partial t} + \frac{\partial(\rho U_j\phi)}{\partial x_j} = \frac{\partial}{\partial x_j}\left(\Gamma_{\phi,\text{eff}}\frac{\partial\phi}{\partial x_j}\right) + S_\phi \tag{5-1}$$

式中　ρ——密度（kg/m³）；

ϕ——控制元；

Γ——广义扩散系数；

U_j——速度（m/s）；

t——时间（s）；

x_j——单位长度（m）；

S_ϕ——广义源项。

ϕ 表示问题中的物理变量，见表 5-1。方程具有动态项、对流项、扩散项和源项。表 5-1 中的普朗特数（Pr）是描述动量扩散系数（即运动黏度）与热扩散率之比的无量纲数；斯坦顿数（St）是描述振荡流机理的无量纲数；施密特数（Sc）是被定义为动量扩散系数（即运动黏度）和质量扩散系数之比的无量纲数，并用于描述对流过程中既有动量扩散又有质量扩散的流体。

表 5-1　式（5-1）一般形式中用到的准则

方程	ϕ	$\Gamma_{\phi,\mathrm{eff}}$	S_ϕ
连续性方程	1	0	0
动量方程	U_i	μ	$-\dfrac{\partial p}{\partial x_i} - \rho\beta(T-T_\infty)g_i$
温度方程	T	$\dfrac{\mu}{Pr}$	St
浓度方程	C	$\dfrac{\mu}{Sc}$	Sc

注：U_i 为 X_i 方向的速度（m/s）；μ 为黏度；Pr 为普朗特数；x_i 为坐标位置（m）；$i=1$，2，3，分别表示 x、y、z 三个方向；ρ 为流体密度（kg/m³）；T 为温度（K）；T_∞ 为环境温度（K）；g_i 为重力在 i 方向上的分量；$\beta=\dfrac{1}{\rho}\left(\dfrac{\partial\rho}{\partial\tau}\right)\rho$；$St$ 为斯坦顿数；Sc 为施密特数；C 为物质的量浓度（mol/L）；其他变量意义见式（5-1）。

式（5-1）可以扩展改写成下列单个方程：

质量守恒方程
$$\frac{\partial u_j}{\partial x_j} = 0 \tag{5-2}$$

动量守恒方程
$$\frac{\partial u_i}{\partial t} + \frac{\partial u_j u_i}{\partial x_j} = -\frac{\partial p}{\partial x_i} + \frac{\mu}{\rho}\frac{\partial^2 u_i}{\partial x_j \partial x_j} - g_i\beta(T-T_\infty) \tag{5-3}$$

能量守恒方程
$$\frac{\partial T}{\partial t} + \frac{\partial u_j T}{\partial x_j} = \frac{1}{\rho c_p}\frac{\partial}{\partial x_k}\left(\kappa\frac{\partial T}{\partial x_k}\right) + \frac{q_{\mathrm{else}}}{c_p} \tag{5-4}$$

如果考虑空间中的湿度、污染物等组分的浓度分布，则可以得到与能量方程形式相近的浓度质量守恒方程
$$\frac{\partial C}{\partial t} + \frac{\partial u_j C}{\partial x_j} = \frac{\partial}{\partial x_k}\left(\alpha\frac{\partial C}{\partial x_k}\right) + q_{\mathrm{source}} \tag{5-5}$$

式中　C——组分瞬时浓度；

α——组分的分子扩散率（%）；

q_{source}——组分源。

式（5-2）~式（5-5）提供了气流的瞬时信息。然而，这些方程具有高度的非线性和自耦性，大部分的实际气流问题都不可能通过这些方程得到解析解。因此，只能使用数值近似方法求解流体的控制方程，从而解得流场中压力、流速、温度、湿度和污染物浓度等的离散分布。这就是计算流体动力学（CFD）技术。

式（5-2）~式（5-5）中描述的流体可以是层流、湍流或层流和湍流之间的过渡区流体。湍流的特点是具有混乱的流态，这也是大部分实际流体的状态。由于其非线性动力学本质还没有被完全研究透彻，因此到目前为止还没有关于湍流的完整理论和模型。由于湍流复杂的固有特性，如不规则性、非线性、扩散性、大雷诺数、三维涡旋式波动性、消散性和连续性，一般很难确定空间内流体是局部人为诱导产生的湍流，还是过渡区流体抑或是充分发展的湍流。然而，很少建筑空间内的气流是完全层流的，所有非层流的空间气流都可以被认为是湍流。目前，CFD 技术对于这类湍流的预测方法有三种：直接数值模拟（DNS）法、大涡模拟（LES）法，以及湍流模型中的雷诺平均流动控制方程模拟（RANS）法。

2. 雷诺平均流动控制方程

在设计和研究数据中心等封闭环境中的气流组织时，平均流动参数往往要比湍流瞬时参数更为有用。湍流模拟方法中的 RANS 法能够快速、准确地预测封闭空间内的气流组织和关键参数。RANS 法能够模拟预测稳定和动态流动中各种变量的统计平均值（雷诺平均值），同时可采用不同的湍流模型来模拟湍流扰动对平均气流场的影响。自 19 世纪 70 年代以来，陆续出现了很多湍流模型，但很少有湍流模型是为封闭空间特别发展的。室内环境建模中还是采用一些其他工程应用的常规湍流模型，如标准 κ-ε 湍流模型（Launder 和 Spalding，1974）。虽然在应用雷诺平均法建立湍流模型时仍然伴随着很多难题，但其对计算机资源要求极低和易操作的特点，仍然使其逐渐成为对封闭环境中气流建模的常用方法。

雷诺（1895）将瞬时速度、压力和其他各变量分解成了变量的统计平均值（用大写字母表示）和叠加在其上的湍流扰动项（用上角标"'"表示），即

$$u_i = U_i + u_i' \qquad p = P + p' \qquad \phi = \Phi + \phi' \tag{5-6}$$

这些瞬时平均扰动变量的统计平均处理遵循雷诺平均准则。以速度为例，按雷诺平均准则可以概括为

$$\overline{u_i} = \overline{U_i} = U_i \qquad \overline{u_i'} = 0 \tag{5-7a}$$

$$\overline{u_i' U_j} = 0 \qquad \overline{u_i + u_j} = U_i + U_j \tag{5-7b}$$

$$\overline{u_i u_j} = U_i U_j + \overline{u_i' u_j'} \tag{5-7c}$$

将雷诺平均准则运用于式（5-2）~式（5-5）的所有项中，可以得到不可压缩流体的 RANS 方程。

质量守恒方程

$$\frac{\partial U_i}{\partial x_i} = \frac{\partial u_i'}{\partial x_i} = 0 \tag{5-8}$$

动量守恒方程

$$\frac{\partial U_i}{\partial t} + U_j \frac{\partial U_i}{\partial x_j} = -\frac{\partial P}{\partial x_i} + \frac{\partial}{\partial x_j}\left(\nu \frac{\partial U_i}{\partial x_j} - \overline{u_i' u_j'}\right) - g_i \beta (T - T_\infty) \tag{5-9}$$

能量守恒方程

$$\frac{\partial T}{\partial t} + U_j \frac{\partial T}{\partial x_j} = \frac{\partial}{\partial x_k}\left(\Gamma \frac{\partial T}{\partial x_k} - \overline{u_k' T'} \right) + q_{\text{source}} \tag{5-10}$$

浓度质量守恒方程

$$\frac{\partial C}{\partial t} + U_j \frac{\partial C}{\partial x_j} = \frac{\partial}{\partial x_k}\left(\alpha \frac{\partial C}{\partial x_k} - \overline{u_k' c'} \right) + q_{\text{source}} \tag{5-11}$$

式中　　　　　ν——分子运动黏度（m^2/s），$\nu = \mu/\rho$；

　　　　　　　Γ——温度黏性扩散系数，$\Gamma = \kappa/(\rho c_p) = \nu/Pr$；

　　　　　　　Pr——普朗特数；

　　　　　　　α——浓度黏性扩散系数，$\alpha = \nu/Sc$；

　　　　　　　Sc——施密特数；

$\overline{u_i' u_j'}$、$\overline{u_k' T'}$ 和 $\overline{u_k' c'}$——雷诺应力、湍流热通量和湍流浓度通量，它们代表湍流对平均气流、温度和浓度场变化的影响，这些都需要应用湍流模型来封闭和近似求解。

3. 湍流模型

在过去的上百年中，许多湍流模型都是围绕未知量 $\overline{u_i' u_j'}$、$\overline{u_k' T'}$ 和 $\overline{u_k' c'}$ 的表达式和式（5-8）~式（5-11）展开的。这些湍流模型通常可以划分成两类：涡黏性模型和雷诺应力模型。表 5-2 和表 5-3 所列为常见湍流模型及其在不同室内模拟环境中的性能比较。这些模型的具体细节及其性能对比可以参见 Zhai 等人（2007）和 Zhang 等人（2007）的论文。

表 5-2　用于预测封闭环境气流场的常见湍流模型

模型分类			用于室内空气模拟的初级湍流模型	指定常见模型
RANS	EVM	零方程模型	零方程（Chen and Xu，1998）	室内零方程
		二方程模型	标准 $\kappa\text{-}\varepsilon$ 湍流模型（Launder 和 Spalding，1974） RNG $\kappa\text{-}\varepsilon$ 湍流模型（Yakhot 和 Orszag，1986） 可实现性 $\kappa\text{-}\varepsilon$ 湍流模型（Shih 等，1995）	RNG $\kappa\text{-}\varepsilon$ 湍流模型
			LRN-LS 湍流模型（Launder 和 Sharma，1974） LRN-JL 湍流模型（Jones 和 Launder，1973） LRN-LB 湍流模型（Lam 和 Bremhorst，1981）	LRN-LS 湍流模型
			LRN $\kappa\text{-}\varepsilon$ 湍流模型（Wilcox，1994） SST $\kappa\text{-}\varepsilon$ 湍流模型（Menter，1994）	SST $\kappa\text{-}\varepsilon$ 湍流模型
		多方程模型	v2f-dav 湍流模型（Davidson 等，2003） v2f-lau 湍流模型（Laurence 等，2004）	v2f-dav 湍流模型
	RSM		RSM-IP 湍流模型（Gibson 和 Launder，1978） RSM-EASM 湍流模型（Gatski 和 Speziale，1993）	RSM-IP 湍流模型
LES			LES-Sm 湍流模型（Smagorinsky，1963） LES-Dyn 湍流模型（Germano 等，1991；Lilly，1992） LES-Filter 湍流模型（Zhang 和 Chen，2000，2005）	LES-Dyn 湍流模型
DES			DES（S-A）湍流模型（Shur 等，1999） DES（ASM）湍流模型（Batten 等，2002）	DES-SA 湍流模型

表 5-3　不同室内环境下各湍流模型性能比较

流态	对比项	湍流模型							
		零方程模型	RNG $\kappa\text{-}\varepsilon$ 模型	SST $\kappa\text{-}\varepsilon$ 模型	LRN-LS 模型	V2f-dav 模型	RSM-IP 模型	DES 模型	LES 模型
自然对流	平均温度	B	A	A	C	A	A	C	A
	平均速度	D	B	A	B	A	B	D	B
	湍流度	*n/a*	C	C	C	A	C	C	C
强迫对流	平均速度	C	A	C	A	A	B	C	A
	湍流度	*n/a*	B	C	B	B	B	C	B
混合对流	平均温度	A	A	A	A	B	B	B	A
	平均速度	A	B	A	B	B	A	A	B
	湍流度	*n/a*	A	D	B	A	A	B	A
强浮力流动	平均温度	A	A	A	A	B	*n/c*	*n/a*	A
	平均速度	B	A	A	A	A	*n/c*	*n/a*	A
	湍流度	*n/a*	C	A	B	B	*n/c*	*n/a*	B
单位计算时间		1	2~4		4~8		10~20	$10^2 \sim 10^3$	

注：A=优秀，B=良好，C=合格，D=差，*n/a*=不适用，*n/c*=发散。

5.2.3　机架与服务器模型

1. 数据中心机架开箱模型与黑箱模型

开箱模型（OBM）和黑箱模型（BBM）均是由 Zhai 等人（2010）研发的。如图 5-31 所示，OBM 由机架外壳板、加热板和风机板等组成。外壳板的正面进气板和背面排气板均为孔板，可供气流自然通过。加热板将总热流量合理地分配给各服务器模拟器。风机板用于给出服务器实际风机流速。OBM 虽然是实际机架的简化模型，但可以省去黑箱模型操作中的编程步骤，并可与 BBM 的预测结果进行对比。

与 OBM 相比，BBM 不对机架及服务器内部气流进行模拟，但需要对机架进出口空气边界条件进行编程处理。BBM 根据风机体积流量和横截面面积，统一确定通过前后表面的空气流量，从而确定速度边界条件。该模型从同一水平面相邻的迎风单元网格获取局部温度以确定入口空气温度边界条件，如图 5-32 所示。在排气口或出口处的对应单元网格加入适当的热量，并保持与进口速度相等（以满足动量平衡方程）。研究发现，两种模型对于温度和速度空间分布的预测与试验测试结果基本一致，如图 5-33~图 5-35 所示。

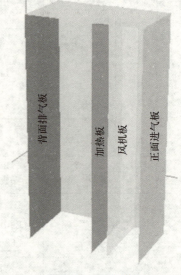

图 5-31　开箱模型

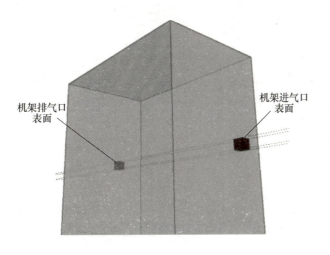

图 5-32　黑箱模型

a) OBM 的等温线

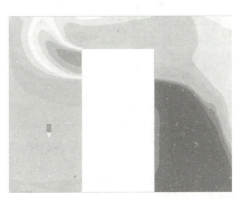

b) BBM 的等温线

温度 /℃
28.00000
27.00000
26.00000
25.00000
24.00000
23.00000
22.00000
21.00000
20.00000
19.00000
18.00000
17.00000
16.00000
15.00000
14.00000
13.00000
12.00000

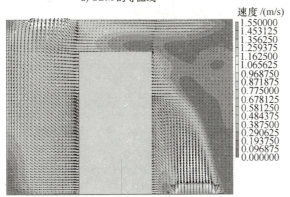

c) OBM 的等速线及速度矢量图

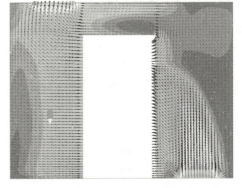

d) BBM 的等速线及速度矢量图

速度 /(m/s)
1.550000
1.453125
1.356250
1.259375
1.162500
1.065625
0.968750
0.871875
0.775000
0.678125
0.581250
0.484375
0.387500
0.290625
0.193750
0.096875
0.000000

图 5-33　服务器周围模拟的等温线、等速线及速度矢量图（微信扫描二维码可看彩图）

注：设定服务器功率为 4kW，服务器风机流量为 800CFM（1CFM = 28.3185L/min），风速为 0.56m/s，均匀分布；地板送风温度为 16.2℃，送风流量为 790CFM。

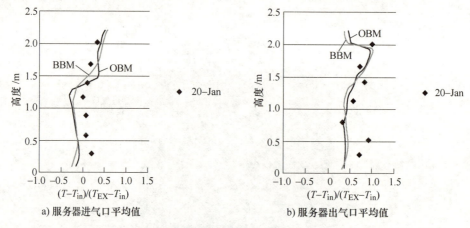

a) 服务器进气口平均值　　　　　　b) 服务器出气口平均值

图 5-34　预测和试验获得的无量纲温度场的比较

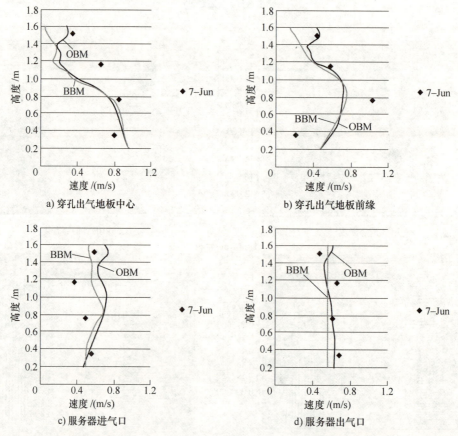

a) 穿孔出气地板中心　　　　　　b) 穿孔出气地板前缘

c) 服务器进气口　　　　　　d) 服务器出气口

图 5-35　预测和试验获得的流速场的比较

2. 数据中心机架建模指南

BBM 在任一 CFD 软件中的应用步骤如下:

1) 设定机架进气口的速度边界条件。这需要合理地评估机架前柜门单位面积的孔隙率,以及通过机架和机架单位横截面面积的合理加权平均体积流量。机架孔隙率一般可取

0.5~0.75。按式（5-12）统一设定通过机架进气口或机架柜门进气口表面的表面流速

$$v_{face} = \frac{q_{V,rack}/A_{rack}}{板孔隙率} \tag{5-12}$$

式中　v_{face}——机架进气口或排气口平面的法向流速（m/s）；

　　　$q_{V,rack}$——通过机架的加权平均体积流量（m³/s）；

　　　A_{rack}——机架的横截面面积（m²）；

　　板孔隙率——单位开放面积的板孔隙率。

　　如果规定进口或出口的表面流速为动量守恒方程的边界条件，则必须注意质量守恒方程的边界条件为体积流量，即

$$v_{face} = \frac{q_{V,rack}}{A_{rack}} \tag{5-13}$$

2）设定机架进气口的温度边界条件。如图 5-36 所示，在机架表面任意给定位置上，温度边界条件就是相邻的迎风单元网格的温度。换句话说，机架进气口处任意位置的温度都等于入射气体的温度。

3）设定机架排气口表面的速度边界条件。为保持动量守恒，排气口表面的速度边界条件要与机架进气口保持一致。

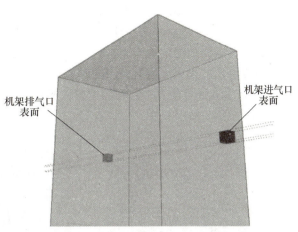

图 5-36　BBM 各边界条件之间的关系

4）设定机架排气口表面的温度边界条件。提取机架进气口表面上相同水平和垂直坐标的单元网格的温度值，并根据服务器的热负荷添加适当的热量。质量流量必须已知，可通过服务器风机的体积流量和服务器所在位置的空气密度来确定。各服务器或各单元网格之间的关系式为

$$T_{ex} = T_{in} + \frac{q_{server}}{c_p q_m} \tag{5-14}$$

式中　T_{ex}——机架排气口平面上单元网格的排气温度（℃）；

　　　T_{in}——机架进气口平面上 Y、Z 坐标相同的点的温度（℃）；

　　q_{server}——来自服务器的热量增量（假设 BBM 中由各服务器产生的总热量平均分布在服务器横截面上）（W）；

　　　c_p——空气的比热容 [J/(kg·℃)]；

　　　q_m——通过单元网格的质量流量（kg/s）。

　　黑箱模型和开箱模型都可以简单有效地表示单机架产生的温度场。使用者可以用最少的信息（服务器发热量和气流量）建立准确而简单的机架模型进行数据中心模拟。这项研究为数据中心机架建模提供了明确的标准。

3. 空气冷却数据中心的 CFD 数值仿真案例

　　在给定的几何空间及边界条件下，通过 CFD 技术求解由质量守恒、动量守恒和能量守恒的控制方程而导出的代数方程组，可以获得数据中心的温度分布及速度分布，由这些数据

可对数据中心的制冷空气调节方案进行评估。下面给出文献中一些典型的案例。Schmidt 等[13]对一个 IBM 的小型架空地板下送风数据中心构建不同的开孔地板分布，预测了不同条件下的数据中心的室内气流组织；Karki 和 Patankar[14]通过改变架空层高度、开孔地板的孔隙率、导流等控制气流组织方法，分析不同条件所产生的影响；Shrivastava 等人[15]对一个 IBM 大型数据中心机房进行模拟，房间采用架空地板，尺寸为 232m×322m，包括大约 6.7kW 和 19kW 两种功率的总共 135 个机柜，CFD 结果的温度场整体统计结果与实测结果较为一致。

利用 CFD 仿真可以找出气流短路和热点所在位置，找出产生局部热点的原因，有针对性地进行优化改进，同时还可以利用 CFD 仿真对冷热气流隔离方案进行验证，评估改造效果。下面给出一个模拟结果的温度及速度分布。

图 5-37 和图 5-38 为采用 CFD 软件对某小型数据中心进行仿真模拟的结果[16]，其中左图均为无冷通道封闭的数据中心，右图均为采用冷通道封闭的情形。从其温度分布的均匀性来看，可以得出：采用冷通道封闭的改造方案改善了房间冷空气旁通和机柜进口气流温度。可见 CFD 仿真在环境仿真中起到的指导性的预测性作用。

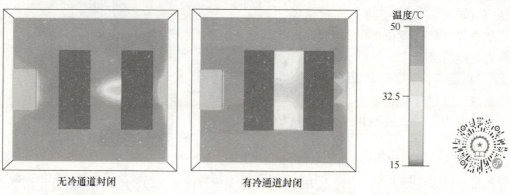

无冷通道封闭　　　　　　　　有冷通道封闭

温度/℃

图 5-37 数据中心 60%送风量的 CFD 计算温度分布（微信扫描二维码可看彩图）

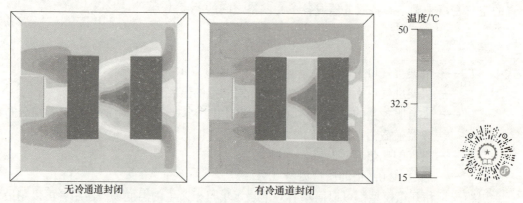

无冷通道封闭　　　　　　　　有冷通道封闭

温度/℃

图 5-38 数据中心 80%送风量的 CFD 计算温度分布（微信扫描二维码可看彩图）

5.3 数据中心气流组织常用性能指标及评价

现今管理密集的设备环境是一项挑战，在过去数年中，数据中心的能源消耗以及 IT 设备的发热量急速上升，随着 IT 设备单位体积发热量的持续上升，IT 设备制造商与数据中心用户发现越来越难提供足够的设备对其进行冷却。若 IT 设备长时间暴露在恶劣的热环境下，将导致设备可靠性降低和使用寿命缩短，严重时甚至会使设备发生故障而宕机。因此，需将 IT 设备存放在适当的环境温度与湿度范围内，使其能够稳定地工作。

5.3.1　机柜冷却指数

机柜冷却指数（Rack Cooling Index，RCI）可评估数据中心内部 IT 设备是否能维持在适当的操作温度下，它提供了一个有意义的指标来衡量机柜冷却效率，并可进而评估机房环境及管理运用的优化设计。RCI 可分为 RCI_{HI} 与 RCI_{LO}，前者用于评估设备进气端是否有温度高于建议的操作温度，后者则用来评估设备进气端是否有温度低于建议的操作温度。

以 ASHRAE[17] 所分类的 "Class 1" 数据中心环境条件为评估标准。在 Class 1 内建议的设备进口温度为 18~27℃，温度允许范围为 15~32℃。在 RCI 评估中，若评估结果为 100% 则为理想（Ideal），≥96% 为良好（Good），91%～95% 为可接受（Acceptable）范围，≤ 90% 为差（Poor）需要改进，见表 5-4。RCI 的计算公式为

$$RCI_{HI} = \left[1 - \frac{\sum (T_x - T_{max-rec})_{T_x > T_{max-rec}}}{T_{max-all} - T_{max-ree}} \right] \times 100\% \qquad (5-15)$$

式中　T_x——进气端温度（℃）；

　　$T_{max-rec}$——最高建议温度（℃）；

　　$T_{max-all}$——最高允许温度（℃）。

$$RCI_{LO} = \left[1 - \frac{\sum (T_{min-rec} - T_x)_{T_x < T_{min-rec}}}{T_{min-rec} - T_{min-all}} \right] \times 100\% \qquad (5-16)$$

式中　$T_{min-rec}$——最低建议温度（℃）；

　　$T_{min-all}$——最低允许温度（℃）。

表 5-4　RCI 评估建议等级

指标	RCI
理想（Ideal）	100%
良好（Good）	≥96%
可接受（Acceptable）	91%～95%
差（Poor）	≤90%

5.3.2　回风温度指数

回风温度指数（Return Temperature Index，RTI）是机柜气流组织的评价指标，它可以评估系统供风是否过量或不足。过多的供风风量会造成旁路气流过多；而当供风风量不足时，则会使得数据中心内有再循环气流产生。RTI 的定义见式（5-17）当 RTI>100%时，被加热的空气没有回到回风口，而是重新进入机柜内部，形成再循环气流，数据中心内受到再循环气流的影响，将会造成设备入口温度升高，从而使设备可靠度降低。而当 RTI<100%时，从 IT 设备旁通的冷气流直接返回 CRAC 造成散热气流的浪费，同时会造成 CRAC 进出

口温差降低，制冷效率变差，如表5-5及图5-39所示。由于RTI利用实际温度差进行评估，因此较低的回风温度并不一定代表空气管理不良，如果电子设备只提供了一个较小的温升，则不能期望会有较高的回风温度。

$$\text{RTI} = \frac{T_r - T_s}{\Delta T_{\text{equip}}} \times 100\% \tag{5-17}$$

式中　T_r——回风温度（加权平均）（℃）；

　　　T_s——供风温度（加权平均）（℃）；

　ΔT_{equip}——设备温升（加权平均）（℃）。

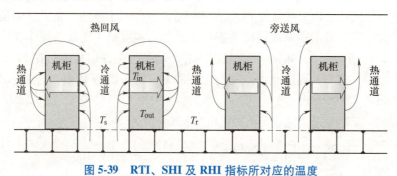

图 5-39　RTI、SHI 及 RHI 指标所对应的温度

表 5-5　RTI 评估等级

评价指标	RTI
目标（Target）	100%
再循环（Recirculation）	>100%
旁通（Bypass）	<100%

5.3.3　供热指数与回热指数

供热指数（Supply Heat Index，SHI）用来确认空调系统提供至机柜散热的冷空气是否受到环境中热空气的影响而造成温度上升，进而造成机柜内部气流温度升高，使机柜散热效果降低。而数据中心散热最理想的情况是机柜的进气端温度与空调系统供风温度相同，这表示冷空气在进入机柜散热前并没有因为环境中热空气的影响而产生损失。SHI的定义见式（5-18），SHI值介于0~1之间，数值越小代表损失越少，当SHI=0时，表示所有机柜进气端温度等于空调系统的供风温度。

回热指数（Return Heat Index，RHI）主要用来评估数据中心内的回风机制是否将全部热气都带回至空调系统中，还是在将热气带回的时候也带回了一部分冷空气而产生旁路气流。旁路气流并未利用在设备散热上，若数据中心内有过多的旁路气流，则会造成能源的浪费。RHI的定义见式（5-19），RHI值介于0~1之间，理想的情况为空调系统的回风温度并未受到冷空气的影响而降低，并且与机柜排气端温度相同。SHI值越接近1，代表冷空气利用在设备散热上的情况越好。SHI+RHI=1。

$$\text{SHI} = \frac{T_{\text{in}} - T_s}{T_{\text{out}} - T_s} \tag{5-18}$$

$$RHI = \frac{T_{out} - T_{in}}{T_{out} - T_s}$$

(5-19)

式中　T_{in}——机柜进气端温度（℃）；

　　　T_{out}——机柜排气端温度（℃）；

　　　T_s——空调系统供风温度（℃）。

5.3.4　掺混指数

掺混指数（Index of Mixing，IOM）[1]用来评价和描述单个机架发生高温渗透的程度，IOM 等于机架进风截面最高温度与最低温度之差除以该机架进排风平均温差，即

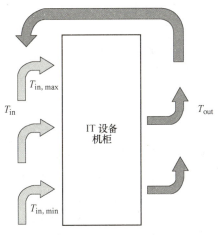

$$IOM = \frac{T_{in,max} - T_{in,min}}{T_{out} - T_{in}}$$

(5-20)

式中　$T_{in,max}$——机柜进气端最高温度（℃）；

　　　$T_{in,min}$——机柜进气端最低温度（℃）；

　　　T_{out}——机柜排气端平均温度（℃）；

　　　T_{in}——机柜进气端平均温度（℃）。

图 5-40　IOM 对应的温度

IOM 对应的温度如图 5-40 所示。IOM 的值越大，说明该机架出现局部热点的可能性越大，热环境恶化的风险越高。IOM 能有效地描述不同机柜局部热点的分布特征，便于发现设备宕机概率较高的机柜位置，从而进行相应优化。

253

5.4　数值仿真在数据中心的应用

5.4.1　数值仿真技术概述

数值仿真是对工程领域或自然科学中的问题，根据问题的物理模型利用计算机构建其相应的计算模型，确定其中的几何空间、物理信息、边界条件、计算方法，并进行仿真计算的技术。与实验研究方法相比，数值仿真技术具有相对较易实现和费用低廉的优点。根据数值仿真的应用目的的不同，分为面向建筑设计的 BIM 技术、面向环境控制的 CFD 技术与面向系统和建筑设备的能耗模拟技术。

1. BIM 技术

BIM，全称为建筑信息模型（Building Information Modeling），是对建筑建立三维模型，将数据信息与物理模型进行整合，实现从概念到拆除的建筑全寿命周期各环节的共享与传递，为决策人员提供可靠依据的技术[18]。BIM 技术的核心是信息（Information），从建筑的设计、施工、运行直至建筑全寿命周期的终结，所有信息始终集成于一个可视化模型中，该信息库不仅描述建筑物构件的几何信息和物理属性，还包括了环境及运行等的状态信息。BIM 的信息库是动态变化的，在应用过程中不断更新充实。作为最早介入且贯穿全寿命的数值仿真技术，BIM 提供了最准确的物理模型与最全面的计算条件。

目前常用 BIM 技术的软件有 Autodesk Revit、Bentley、MagiCAD 等。图 5-41 所示为用 BIM 技术建立的三维建筑模型。

2. CFD 技术

CFD 即计算流体动力学（Computational Fluid Dynamics），是进行传热、传质、流动、燃烧、多相流和化学反应研究的重要技术。它是流体力学、数值方法和计算机科学相互融合的一个交叉学科，被广泛应用于航天设计、汽车设计、生物医学工

图 5-41 BIM 技术三维模型（微信扫描二维码可看彩图）

业、半导体设计、HVAC&R 等诸多工程领域。CFD 技术在最近 20 年中得到迅速发展，并成为进行科学研究的三大方法之一，在探索未知，发展科技和国防安全中起到重要作用。由于实际问题的复杂性，对其物理模型所决定的偏微分方程（称为控制方程）及相应的定解条件无法得出数学上的分析解。CFD 技术对在所研究区域内的选定地点上将控制方程转换成代数方程，然后利用计算机快速的计算能力得到控制方程的近似解[20]。CFD 技术具有成本低和能模拟较复杂或较理想的过程等优点。

目前通用广泛采用的 CFD 软件有 FLUENT、CFX、AIRPAK、PHEONICS 等。图 5-42 所示为由 CFD 技术获得的数据中心空气流动的流场图像。

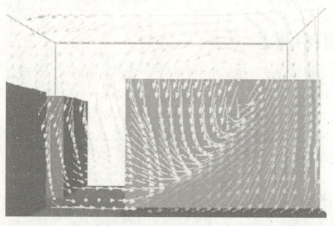

图 5-42 CFD 流场示意图[21]（微信扫描二维码可看彩图）

3. 能耗模拟技术

能耗模拟技术是一种对建筑环境与系统设备的整体能源消耗性能进行模拟分析的一种方法，用户需输入建筑的物理特征和相关设备参数，通过设定的物理模型，计算得到设定条件下的冷热负荷，以及空调冷热源和末端风机等设备的具体能耗，或全天运行中的逐时能耗。

建筑能耗模拟技术可用于新建建筑的设计阶段，通过建筑能耗的模拟与分析比较不同的设计方案和优化；也可以用于既有建筑，通过模拟和分析建筑能耗和节能改造方案来达到降低能耗节省费用的目的。

常用能耗仿真软件有 Energy Plus、TRNSYS、DeST 等。图 5-43 是仿真软件 Energy Plus 的说明。

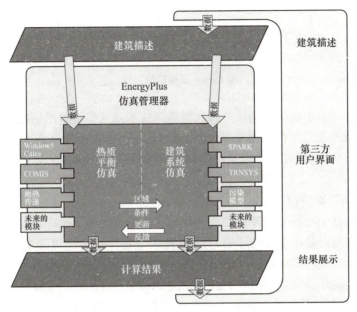

图 5-43　**Energy Plus 计算说明**（微信扫描二维码可看彩图）

上述三种数值仿真技术可根据不同的使用需求进行选择。BIM 技术为建筑的工程设计、建造、管理提供技术支持，CFD 技术可给出建筑环境的温度、气流分布等的详细信息，能耗分析可提供建筑环境与设备系统的整体能耗。如实现两两相通、甚至三者融合，有利于充分发挥数值仿真技术的作用，更有力地促进建筑-环境-能源一体化的设计，实现更有效的减排与节能。

5.4.2　基于数值仿真技术的数据中心热管理

在数据中心巨大的能源需求中，IT 设备消耗的电能基本转化为了热量，数据中心冷却系统用来带走这部分热量，以保持电子元器件长期稳定工作在可靠的温度区间内，以上过程占据了数据中心的绝大部分能源消耗。Nie 与 Joshi[22] 首先指出了数据中心中热量传递的多尺度特性，随后参考文献[23，24]等进一步强调了这一特性。对空气冷却的数据中心，从服务器内芯片（尺度大小为 10^{-3}m）的冷却到尺度为几十米的数据中心房间温度波动，空间尺寸从 10^{-3}m 变化到 10~100m，而热性能响应时间则从 10^{-1}s 到 10min[23]。本文稍后将对这一多尺度问题做进一步阐述。数据中心在数值仿真研究中发展了三种建立模型方法，按照参考文献[23]，如图 5-44 所示。

等效热阻模型的案例可见参考文献[25，26]，降阶模型见参考文献[27，28]，这两种方法本文中不做展开。

数据中心的热管理研究主要关注机房内的气流组织、自然冷却、其他各种冷却技术、空

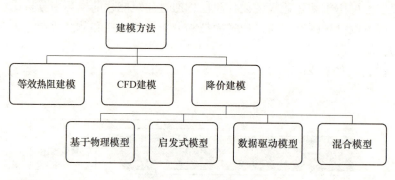

图 5-44 三种建模方法

气调节系统以及各环节中的能源消耗等。数值仿真技术在这些环节的研究中均起到十分重要的作用。在《工业和信息化部—国家机关事务管理局—国家能源局关于加强绿色数据中心建设的指导意见》中明确指出："鼓励应用数值模拟技术进行热场仿真分析，验证设计冷量及机房流场特性"。

1. 一次冷却与二次冷却

为全面了解数据中心的热管理有必要区分一次冷却过程与二次冷却过程。

一次冷却指的是对数据中心内部的 IT 元器件的直接冷却，该过程中的冷却介质在被 IT 元器件加热后需要再被冷却以便循环使用，对一次冷却介质的冷却则称为二次冷却。一次冷却过程是冷流体与发热表面之间的对流换热，而二次冷却过程则是流体与流体之间的传热过程。图 5-45 清楚地表示了这两个过程：一次冷却介质在机房内的空气调节器（CRAH）中实现了与二次冷却介质的热交换；二次冷却介质也需要循环使用，在二次冷却系统中通过制冷（换热）设备实现对二次冷却介质的再冷却。

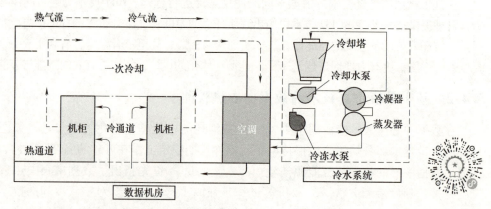

图 5-45 一次、二次冷却过程示意图（微信扫描二维码可看彩图）

数值仿真技术在一次、二次冷却过程中均有着广泛应用。在一次冷却过程中，经常出现冷热气流混合、冷量逸散、流场紊乱等气流组织问题，导致 IT 设备冷却效率降低，易出现热点。通过数值仿真技术可以模拟、改善数据中心内部的气流组织，提高 IT 设备冷却效率，进而提高一次冷却的能量利用效率。对于图 5-45 所示的二次冷却系统，强化 CRAH 中热空气与冷冻水之间的换热，强化冷却水系统中蒸发器、冷凝器内的传热以及冷却塔内的传热传质过程都能对降低数据中心能耗做出贡献，而这些传热传质过程都可以通过数值仿真技术进行分析研究。但目前国内外文献中关于 CFD 在数据中心的应用多限于一次冷却问题，而二次冷却的许多传热传质过程并非数据中心所特有。以下对一次冷却问题做进一步讨论。

2. 一次冷却的多尺度系统

数据中心的冷却是一个典型的多尺度问题，从几何尺度上可分为：房间级—机柜级—服务器级—芯片级，其尺度范围从几十米级跨越至几个厘米。针对不同级别进行数值模拟，可以获得不同级别能强化传热的结构，最终提高全局的冷量利用效率。例如：

（1）芯片级　对芯片设置适当地进行热沉、热管、均温板、石墨烯膜等冷却过程模拟改进。

（2）服务器级　通过对服务器风道及风扇设计、服务器内部的主要 IT 组件（CPU、GPU、硬盘、内存、电源）排布等采用数值仿真模拟，优化通过服务器的气流组织，提高服务器散热效率。服务器级 CFD 数值仿真主要计算条件包括：

1）服务器细节尺寸、进风面的开孔布置、服务器风扇流量、壳体传热性能。

2）服务器内部的 IT 组件布置、主要组件实际发热量、导流风道。

（3）机柜级　通过对盲板设置、柜门孔隙率、局部强化通风等方法采用数值仿真模拟，改进机柜气流路径，提高机柜散热能力。机柜级 CFD 数值仿真主要计算条件包括：

1）机柜细节尺寸、柜门的孔隙率、壳体传热性能。

2）机柜内部的服务器数量、布置、实际发热量。

（4）房间级　通过对空调送风/回风方案、冷/热通道封闭、调整架空层/开孔地板参数等方法采用数值仿真模拟，改善数据中心房间级气流组织，提高冷量利用效率。房间级 CFD 数值仿真主要计算条件包括[29]：

1）三维空间的几何尺寸、围护结构传热系数、室外环境温度。

2）机柜的数量、布置、尺寸、实际发热量。

3）CRAH 等冷却设备的数量、布置、尺寸、实际制冷量、送风口温度及流量。

4）架空层高度，开孔地板的数量、位置、尺寸、孔隙率、开孔计算模型。

5）配电柜等供电设备的数量、位置、尺寸、功率及发热量。

6）线缆、结构柱等障碍物的位置、尺寸。

3. 准确建立机柜模型

对数据中心进行数值仿真时，机柜是数据中心热源电子设备与房间冷却系统的第一级交界面，准确地建立机柜模型是数据中心热分析的关键。目前，机柜模型可以主要分为以下三种建立方法：黑盒模型、压降模型和详细模型。

黑盒模型如图 5-46a 所示，将研究对象简化为中空模型，忽略其内部区域的热交换过程，仅对进口与出口的流动与传热进行简单计算。该方法给定机柜或服务器的三维模型、流量及热量，算得进口与出口的平均速度，再根据能量守恒定律，在进口计算节点的温度分布加入局部热量，从而获得出口相应节点的温度[30]。CFD 商用软件中采用循环开口"Recirculation opening"边界条件建立的机柜模块就是黑盒模型。

压降模型如图 5-46b 所示，即建立反映气流通过的实际压降的几何模型。通常设置进口或出口满足风机实际性能曲线，采用具有相同压降-流量的多孔介质"Porous medium"边界条件简化机柜或服务器模型[31]，根据质量、动量、能量三个守恒定律求解压降模型前后气流组织的速度场与温度场。

数据中心房间级的数值仿真大多采用上述两种机柜建模方式，参考文献［17］认为机柜建模方式的选择对房间级的流场和温度场预测影响较小。然而上述两种机柜建模方式仅能对机柜外部离开机柜较远处的房间级流场和温度场进行较精确的仿真模拟，对于实际进入及流出气柜的气流却无法准确模拟，更不用说模拟机柜内部的流场。因而，准确地建立机柜模型仍然是值得研究的课题。

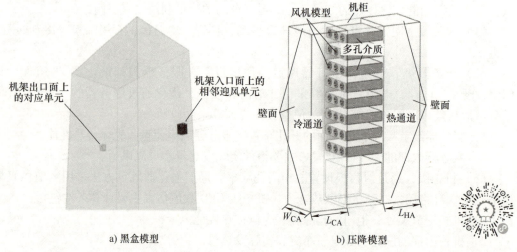

a) 黑盒模型

b) 压降模型

图 5-46 黑盒模型[30]及压降模型[32]示意图（微信扫描二维码可看彩图）

详细模型应包括研究范围中所有对象的绝大部分细节模型与物理特征，通过数值计算获得整体的流场分布，同时有能力分辨细节处的热性能。数据中心的机柜详细模型由机柜壳体和服务器两个部分构成，前者主要影响有柜门开孔、通风盲板、机柜空调等，后者包括数据中心的根本热源电子设备（如芯片、硬盘、内存、电源）、热沉及风道、服务器风扇等[32]。然而以此方法构建机柜详细模型从壳体到芯片的空间尺度跨度较大、模型复杂，实际中单个机柜中也往往布置有不同功能、不同型号、不同结构的多种服务器，给机柜详细模型的建立增加了极大的工作量，并且需耗费大量巨大的计算资源和求解时间，故目前研究仅针对单个服务器建立详细模型进行仿真分析，如图 5-47 所示。

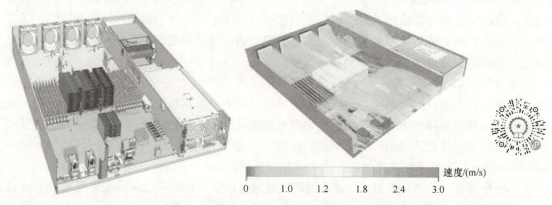

速度/(m/s)

0   1.0   1.2   1.8   2.4   3.0

图 5-47 服务器详细模型及内部流场仿真示意图[33]（微信扫描二维码可看彩图）

4. 热管理与系统能耗的关系

对一次冷却过程的改善与优化，主要包含设备级的热设计优化和房间级的气流组织改善，使冷量更加精确地送至热源，提高 IT 设备冷却效率。在相同散热需求下，一次冷却效率高的工况可以利用更少风量或更高温度的冷气使 IT 设备的温度维持在耐温规格以下。通过这样的方式，数据中心对空调风量需求下降、送回风温差增大、送回风温度升高，不仅减少了一次冷却过程所需功耗（送风功率与风量成正比），同时二次冷却效率（即空调系统制冷性能系数）也升高，使空调系统整体能耗下降。

二次冷却过程的改善与优化需要根据二次冷却系统的特点来进行，包括自然冷源利用、间接蒸发冷技术、冷冻水供回水温度自控技术等。改善与优化的主要目的：在提供相同冷量条件下，减少机械功消耗，提高空调系统制冷性能系数（EER）等。

对于液冷技术在数据中心内的应用（采用微细通道换热器、浸没式液冷等），与空气冷却相比，原理上只是一次冷却介质不同，其冷却方式依然是冷流体与发热表面之间的对流换热。目前，间接液冷技术主要在芯片级和电路板级的冷却中应用，直接液冷技术主要在服务器级和机柜级的冷却中应用。液冷介质的热物性、流动特性、是否相变等问题，液冷过程中流场及温度场均匀性、元件冷却效率等问题都需要严谨分析，数值仿真技术同样是该研究过程的重要手段。

5.4.3　基于数值仿真技术的室内应用场景

室内应用场景主要针对白色空间，可以是设计阶段的机房或者是运行的机房，通过数值分析验证冷却系统的合理性，评价标准就是 IT 设备进风温度是否满足国标要求。如果 IT 设备进风温度不满足要求，数值分析可以定位设备过热原因，分析人员根据问题提出改进方案，再次用仿真技术验证改进方案直至消除热点。同时数值分析还可以发现冷空气冷却效率低下的原因，实现冷却系统高效制冷，通过提高末端或者冷冻水的控制温度实现机房节能运行。室内应用场景包括五个方面：

1）机房内局部热点分析：通过仿真计算得到机柜的进风温度分布，显示最大进风温度的设备所在位置，用流线图查看温度高的原因。

2）升温改造仿真分析：目的是实现机房冷却设备节能运行，主要针对已建好机房，通过数值分析发现现存的或者潜在的热点。提出改造建议，实施改造方案，在此基础上提高末端的控制温度或者冷冻水温度实现节能的目的。

3）设备上下架仿真分析：目的是指导运维人员合理规划 IT 设备上下架位置，比如在安装 IT 设备时首先在虚拟模型中安装好 IT 设备，进行仿真计算，判断设备是否会出现过热，如果没问题就可以在现场实际安装，减少设备过热风险。

4）空调关停方案仿真分析：机房空调在采用冷备份的时候，关闭不同的空调会对 IT 设备的进风温度产生不同的影响，仿真分析可以确定哪种关停方案是可行的。

5）其他冷却方案仿真分析：其他冷却方式分析，包括水冷前门，热管背板，微模块，集装箱等。

1. 机房局部热点仿真分析

机房局部热点分析主要是为了确定机柜的进风温度是否超过要求，可以用于设计阶段或者运营阶段。

259

机房会因为设计或者运维缺陷导致机房出现局部热点。机房空调的选型、冗余配置、部署的位置、送回风形式都会影响机房的气流组织，通道中没有注意到的缝隙和泄漏都可能导致局部热点问题，良好的气流组织有助于提高单机柜的负载。

以下为某项目热点分析的案例介绍。

空调：14 用 2 备，控制回风温度约为 23℃，风量 26150m³/h，制冷量 120.5kW。

机柜：374 台机柜，根据实际运行功率设置机柜功率，机柜总负载 603kW，最大的单机柜负载为 2.17kW，最小 1.14kW，48U$^{\ominus}$。

架高地板：600mm。

气流组织系统：地板下送风房间回风。

图 5-48a 为机柜热点分布图，有两台机柜超过 32℃（红色机柜），还有 48 台机柜进风温度超过 27℃。经分析确定高温机柜的进口没有地板出风口，导致机柜进风量不足，图 5-48b 为机柜的进风流线图，表明有热空气流入机柜进风口。

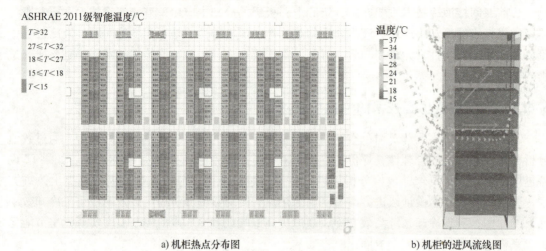

a) 机柜热点分布图　　　　　　　　　　b) 机柜的进风流线图

图 5-48 机柜热点分布图（微信扫描二维码可看彩图）

根据问题做改造方案：为了整体解决 50 台过热机柜问题需要增加气流遏制系统，封闭冷通道，机柜空 U 位安装盲板，求解计算后所有机柜的进风温度均在 18～27℃之间，如图 5-49 所示。

2. 升温改造分析

升温改造分析主要应用于运营的机房，升温指的是空调控制温度提高或者冷冻水温度提高，目的是实现机房节能运行。

升温节能原理：数据中心常用的冷源形式为冷水机组，冷冻水温度与蒸发温度息息相关，提高蒸发温度可以提高压缩机效率；同时，提高蒸发温度对于利用自然冷源是有利的，对于同一个气候区来说，蒸发温度越高，每年可利用的自然冷却时间则越多；空调末端控制温度提高可以有效降低风机转速，实现节能。

升温前提：提高冷冻水温度或空调末端控制温度的前提是机房内不会出现局部热点，所

$\ominus$ U 为服务器外部尺寸单位，1U=1.75in=4.445cm。

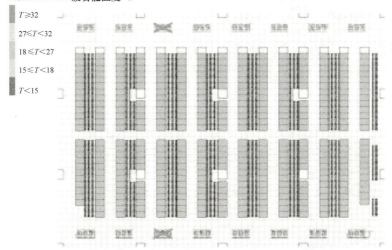

ASHRAE 2011级智能温度/℃

- $T \geqslant 32$
- $27 \leqslant T < 32$
- $18 \leqslant T < 27$
- $15 \leqslant T < 18$
- $T < 15$

图 5-49　改造后机柜热点分布图（微信扫描二维码可看彩图）

以首先需要通过 CFD 分析，有针对性地消除热点，使整个流场更加均匀化、合理化，为后期机房的升温做好准备。

以下为某项目升温改造的案例介绍。

空调：5 台一台备用，额定风量 24790CMH，显冷能力 90.9kW，输入功率 34.3kW，回风温度控制 22℃。

机柜：59 台机柜，根据实际运行功率设置机柜功率，总功率 94.6kW，最高机柜负载 4kW，42U。

架高地板：1000mm。

气流组织系统：地板下送风吊顶回风。

图 5-50 所示为升温改造前机柜热点区域，机柜顶部进风温度超过 30℃，图 5-51 所示为机柜的流线图，可以看出机柜顶部的交换机进口在侧面，有热空气回流到交换机。

图 5-52 所示为改造后的机柜以及机柜的进风温度变化。改造方案：所有机柜顶部的三个交换机增加相同的挡板结构，封闭空槽位，只有交换机的机柜在其后部增加挡板。改造之前空调的送风温度为 18℃，改造后空调送风温度为 20℃。机柜最大进风温度为 26℃，满足国标要求。

图 5-53 所示为现场实测的空调末端输入功率变化，可以看出升温 2℃空调末端节能 11.8%。

3. 设备上下架预测分析

设备上下架预测分析主要应用于运营的机房。在安装 IT 设备时首先就要确定设备安装在哪个机柜中，在没有 CFD 预测手段前通常是盲目的安装设备，均匀地从机房某一侧或者两侧开始布置，无法避免因安装位置而出现的热点问题。CFD 预测方法可以在实际部署前在虚拟模型中验证可行性，分析出在哪个机柜上可以安装，减少机柜过热风险。

以下是一个示例：

空调：6 台，设置随回风温度变化的显冷量，23.9℃回风的显冷量为 50.55kW，显冷量见表 5-6，最大风量 25920m³/h，控制送风温度 18℃。

261

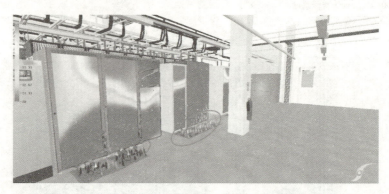

图 5-50　升温改造前机柜热点区域（微信扫描二维码可看彩图）

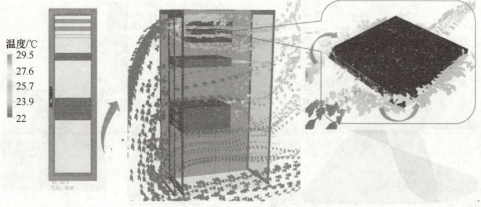

图 5-51　机柜流线图（微信扫描二维码可看彩图）

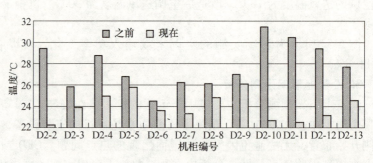

图 5-52　机柜结构优化与机柜进风温度变化（微信扫描二维码可看彩图）

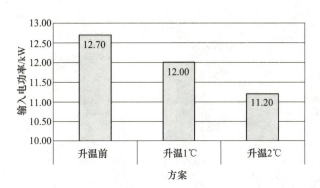

图 5-53　空调末端输入功率变化（微信扫描二维码可看彩图）

表 5-6　显冷量表

回风温度/℃	显冷量/kW
22.2	44.45
23.9	50.55
26.7	60.05

机柜：47 台机柜，封闭冷通道，根据实际运行功率设置机柜功率，如图 5-54 所示，总功率 131kW，最高机柜负载 5.25kW，42U。

架高地板：600mm。

气流组织系统：地板下送风房间回风。

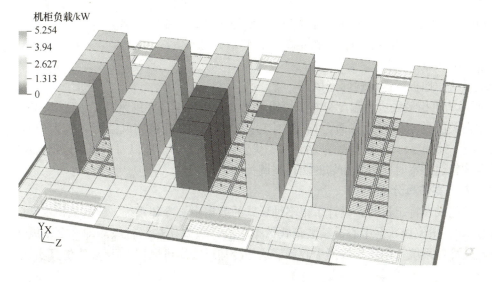

图 5-54　机柜负载分布图（微信扫描二维码可看彩图）

图 5-55 所示为经过仿真计算得到的机柜可用冷量分布图，表示当前机柜可用的冷量还有多少，部署 IT 设备时选择可用冷量多的机柜，而每次部署设备都会对冷空气的分布产生影响，借助 CFD 软件可以可视化这些影响，为每次部署设备提供依据。

可用冷量/kW

图 5-55　机柜可用冷量分布图（微信扫描二维码可看彩图）

4. 空调冗余方案分析

空调的冗余方案主要是考虑两个方面，第一是关闭哪些位置的空调，第二是关闭多少空调，主要针对冷备份方案，可以用于设计阶段或者运营阶段。在设计之初就可确定合理的备份空调数量，减少空调的投资成本，在运营阶段合理的备机数量可以减少空调的运行电费。

以下是确定关闭空调位置的示例：

空调两侧布置，第一个方案关闭同一侧的相邻两个空调，第二个方案是两侧空调各关闭一台。

空调：14 台，额定显冷量 120kW，最大风量 25920m³/h，控制送风温度 18℃。

机柜：12 个模块，封闭冷通道，单机柜 5kW，42U。

架高地板：600mm。

气流组织系统：地板下送风房间回风。

图 5-56 所示为机柜最大进风温度分布，可以看出方案一机柜最大进风温度达到 26.4℃，高温机柜出现在关闭的空调附近，两台相邻空调关闭对附近的机柜进风温度有较大影响。图 5-57 所示方案二机柜最大进风温度为 24.4℃，优于第一种方案。所以对于现场运维人员，在制定备份空调轮巡方案时要避免相邻的两台空调关闭。

5. 其他冷却方案仿真分析

为了达到节能或者特定目的，设计了很多种形式的数据中心冷却系统，比如机柜水冷前门/热管后门形式，微模块数据中心，集装箱式数据中心，板式换热器行级冷却，全新风式数据中心，蒸发冷却系统，创新型数据中心等。这些冷却形式均可以用 CFD 数值仿真实现，分别介绍如下：

（1）机柜水冷前门/热管后门形式　这种类型的冷却系统能够最大限度地增加 IT 设备的容量。因为 IT 设备排出的热量被机柜后门的水冷板或热管冷却，所以整个房间内都没有高温点。图 5-58 和图 5-59 所示为机房模型与距地板 1m 高度处的温度截面，可以看出机房内温度分布非常均匀。

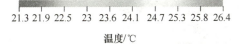

温度/℃

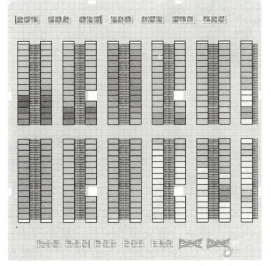

图 5-56　相邻两台空调关闭方案
（微信扫描二维码可看彩图）

温度/℃

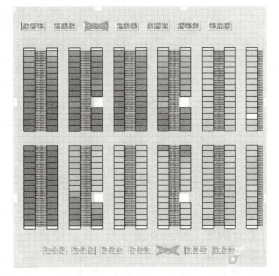

图 5-57　两侧各一台空调关闭方案
（微信扫描二维码可看彩图）

265

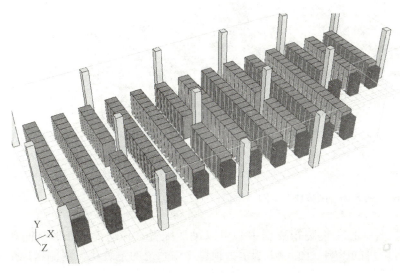

图 5-58　设备布置图（微信扫描二维码可看彩图）

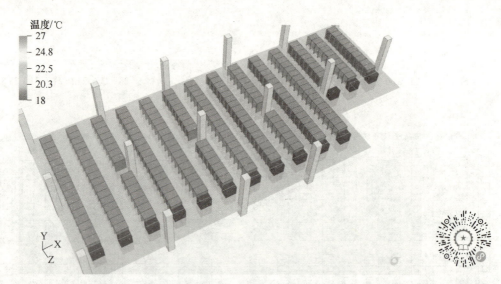

图 5-59　机房截面云图（微信扫描二维码可看彩图）

（2）微模块数据中心　微模块数据中心可以实现按需供给，按需布置，能够有效提高机房的 PUE。图 5-60 所示为一个微模块机房，当机房内模块数量较多的时候，模块间的相互影响增加，列间空调采用回风温度控制，中间的模块在热通道区域会存在热空气聚集情况，导致空调回风温度增高，会有部分空调的水阀和风机转速都开到最大，但实际上并不需要都开到最大，此时空调不能实现有效控制。回风温度提高必然导致送风温度升高，送风温度升高就会影响 IT 设备的进风温度。图 5-61 所示随着这种影响的增加，模块内出现一个机柜过热现象，即使是封闭冷通道，机柜过热的问题也不能避免。

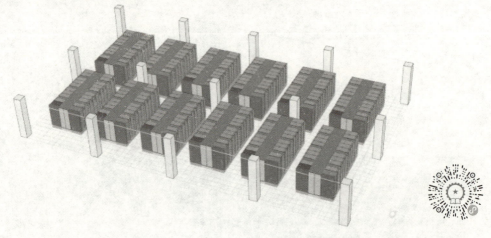

图 5-60　微模块布置图（微信扫描二维码可看彩图）

（3）集装箱数据中心　集装箱数据中心可以灵活配置，移动部署，但空间相对狭小，还要充分考虑室外环境的影响。图 5-62 所示为顶置冷却系统的集装箱，两侧送风中间回风，封闭冷通道，目的是评估这种冷却方式是否会导致 IT 设备进风温度过高。图 5-63 所示为计算得到的 IT 设备进风温度分布，红色的 IT 设备进风温度超过 29℃，出现过热的原因为冷通道局部区域出现负压，有热空气回流导致的。

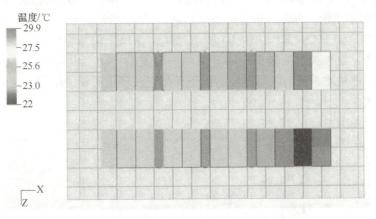

图 5-61　截面云图（微信扫描二维码可看彩图）

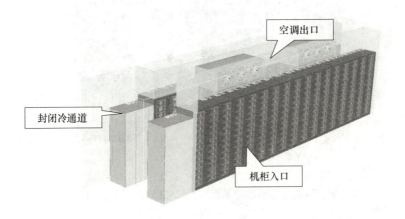

图 5-62　顶置冷却系统的集装箱（微信扫描二维码可看彩图）

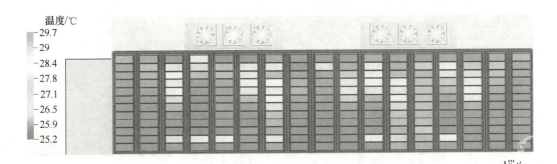

图 5-63　集装箱数据中心（微信扫描二维码可看彩图）

（4）板式换热器行级冷却　图 5-64 所示为一个板式换热器冷却系统，上部交叉放置两块板式换热器，机柜排风从上部进入板式换热器，空气被冷却后进入冷通道内。这个方案的好处是隔离冷热空气，减少冷热空气混合的冷量损失，同时可以增加机房内布置 IT 设备的空间，提高空间利用率。

（5）全新风数据中心研究　图 5-65 所示为某全新风系统数据中心的气流组织分布图，PUE 在 1.2 以下。这种类型的数据中心建筑结构较复杂，动力设备简单，在内部设置风扇墙，同时还要考虑过滤系统与外部环境。由于外部空气环境质量的限制，国内应用全新风系统的数据中心较少。

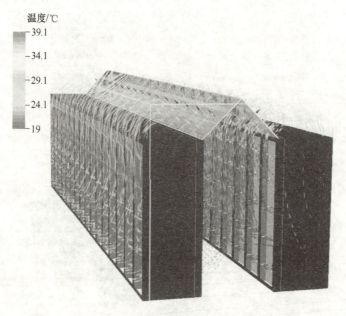

图 5-64　板式换热器冷却系统（微信扫描二维码可看彩图）

图 5-65　全新风冷却系统（微信扫描二维码可看彩图）

（6）蒸发冷却系统　该系统主要应用于我国西北干燥地区，比如西安。蒸发冷却可以分为直接式和间接式两种形式，两种形式的核心换热过程均为水与空气的直接蒸发换热，空气经过处理后变为低温高湿状态，使空气实现加湿冷却过程。图 5-66 所示为间接式蒸发冷却系统，间接蒸发冷却模型是节能制冷系统，在控制过程中主循环与辅助循环依次进行。

主循环是空气换热器所在的间接空气换热循环；辅助循环为两个辅助冷却系统。第一辅助循环为空气绝热处理系统，位于室外侧，室外新风通过绝热处理再与室内空气间接换热，最后热风排除室外，空气绝热处理设备为蒸发冷板（cooling pad）或水流喷雾（water spray）。第二辅助循环为机械制冷，位于室内侧，室内侧出风先经过机械制冷处理再送到室内，机械制冷分为直接膨胀冷却系统和冷冻水冷却系统。

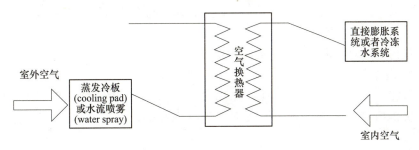

图 5-66　间接式蒸发冷却系统原理图

冷量需求小时，仅主循环工作，直接用室外空气间接冷却机房中的空气。冷量增加，主循环的室外风扇转速不断增加，当转速增加到最大的时候还不能满足冷量需求的话，第二循环的空气绝热处理系统开启；如还不能满足冷量需求，则第二个辅助冷却系统开启。

（7）创新型数据中心（概念）图 5-67 所示是一个圆形的数据中心，在数据中心顶部中间位置有一个 25m 高的烟囱，数据中心共有 356 个机柜，建筑面积 768m²，全部用自然风冷却，室外冷空气从四周进入，没有电制冷系统，充分利用热气上升的烟囱效应排走热空气，理论 PUE 值可以达到 1。

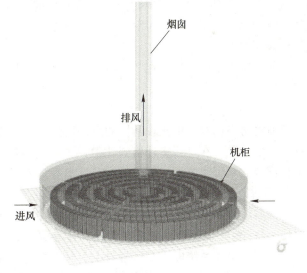

图 5-67　创新型数据中心

5.4.4　基于数值仿真技术的室外应用场景

室外应用场景主要分析风冷室外机、柴油发电机和冷却塔这三个设备，分析时均需要考虑室外的气候条件，比如环境温度、风速与风向、太阳辐射等。设备布局会对三种设备的进风温度产生很大影响，数值仿真可以确定不同布局的气流组织、设备的进风温度分布，找出

269

进风温度高的原因，为设备合理布局提供依据。

风冷室外机局部热岛效应仿真分析：对于风冷室外机，当外机进风温度过高时，冷凝器不能有效冷却高温的制冷剂，导致外机报警或者制冷量衰减，必然会造成机房内 IT 设备进风温度升高，设备宕机。通过仿真计算得到外机的进风温度分布，显示最大进风温度的设备所在位置，用流线图查看温度高的原因，提出合理的改进方案消除局部热岛问题，为外机合理布局提供依据。

CFD 仿真技术是目前业界用来模拟优化热管理解决方案的最佳手段，针对项目中多台室外机集中布置，室外机排风沿周围遮挡物（墙面、装饰格栅等）形成热量叠加效应，导致设备散热效果不佳的现状，采用 CFD 仿真技术对空调室外机周围热环境进行模拟仿真，依据仿真结果优化设备布置方案。

室外机布置方案的优化主要有下面几种形式：

1. 室外机移位

在现场条件许可的情况下，将空间内的部分空调室外机挪至有效接管距离内的其他位置，将大容量机组置于外侧区域，加大室外机排列间隔，使室外机分散安装，确保排风顺畅。

2. 优化建筑物风口结构

对于有外立面装饰结构遮挡的室外机，将外立面通风百叶改为格栅风口，格栅风口的通风面积不小于 70%，减少通风阻力；条件允许时，可以直接拆除室外机风口遮挡物，增强空气流通，充分利用自然风对室外机进行换热。

3. 安装方式

水平安装受限时，可以在竖向将室外机叠加安装、隔层安装、错层错列安装，减少气流短路现象。

4. 强化室外机散热

目前机房空调改造中比较常用的室外机强化散热方案主要有水喷淋、雾化喷淋以及湿膜换热等技术手段。在进行室外机强化散热方案比较时，可利用 CFD 仿真对各个方案改善效果进行模拟，从可实施性、改善效果、成本等角度进行综合评估。

5. 系统改造

系统改造方案主要有风冷冷凝器水冷改造和室外机风道系统改造。

1）风冷冷凝器水冷改造是在原有风冷空调系统的基础上，串联一套水冷壳管式冷凝器。改造后的空调系统以水冷运行为主，风冷系统作为辅助冷凝器。

2）室外机风道系统优化一般做法是安装封闭隔板或导流罩，加设室外机导风管，将狭小空间内的热风进行引流，排至室外；或者对部分室外机采用轴流风机强制对流，以此增加室外机的通风量，减少冷凝器的排风阻力。该方案主要针对同层阳台或者夹层内多台室外机集中放置的情况，需要根据现场情况制订方案，可应用范围较小。

6. CFD 仿真室外机布局应用场景

在机房空调系统室外机设计或空调系统室外机改造过程中，当现场条件复杂，无法准确评估室外机散热效果时，需利用 CFD 仿真对设计或改造方案进行预先模拟，评估气流流场和温度场分布，以保证室外机布局的合理性。通常，可利用 CFD 仿真对室外机进行以下模拟：

（1）不同室外机方案的效果对比　利用 CFD 仿真对不同的室外机布置方案进行对比，通过仿真结果对不同方案的室外气流组织和热点分布进行对比，更加合理地选择室外机方案。常规风冷冷凝器（图 5-68）和集中式冷凝器（图 5-69）的仿真结果对比，主要是评估室外机是否存在局部热岛问题。分析条件：夏季室外 30℃，西北风 10m 高度处风速为 0.15m/s，室外风速近似无风，室外机输入参数为实测的冷凝温度与风机风量。普通室外机布置方案，外机底部进风顶部排风，最大进风温度为 30.2℃，基本与环境温度相同，没有局部热点问题。集中式冷凝器布置方案，侧面进风顶部排风，外机布置间距更小，进口的温度截面图显示存在局部热点问题。

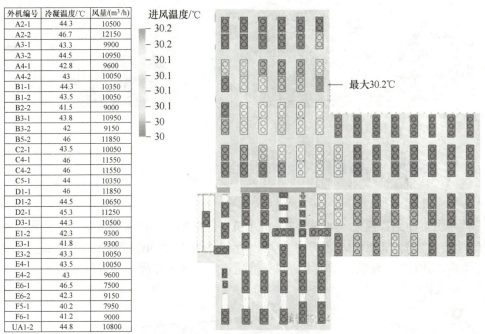

外机编号	冷凝温度/℃	风量/(m³/h)
A2-1	44.3	10500
A2-2	46.7	12150
A3-1	43.3	9900
A3-2	44.5	10950
A4-1	42.8	9600
A4-2	43	10050
B1-1	44.3	10350
B1-2	43.5	10050
B2-2	41.5	9000
B3-1	43.8	10950
B3-2	42	9150
B5-2	46	11850
C2-1	43.5	10050
C4-1	46	11550
C4-2	46	11550
C5-1	44	10350
D1-1	46	11850
D1-2	44.5	10650
D2-1	45.3	11250
D3-1	44.3	10500
E1-2	42.3	9300
E3-1	41.8	9300
E3-2	43.3	10050
E4-1	43.5	10050
E4-2	43	9600
E6-1	46.5	7500
E6-2	42.3	9150
F5-1	40.2	7950
F6-1	41.2	9000
UA1-2	44.8	10800

进风温度/℃：30.2、30.2、30.1、30.1、30.1、30.1、30.1、30、30

最大30.2℃

图 5-68　普通室外机布置密度方案 CFD 仿真（微信扫描二维码可看彩图）

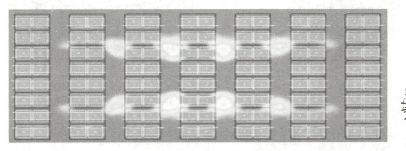

图 5-69　LVC 集中式冷凝器布置方案 CFD 仿真（微信扫描二维码可看彩图）

（2）改造方案的可行性分析　近年来，老旧机房的改造问题越来越突出，常见针对室外机的改造有风冷系统改水冷、消声降噪改造、水喷淋改造、室外机导流风管改造等。

如图 5-70a 所示的室外机降噪声改造方案，外机底部进风顶部排风，主要在外机的三个侧面增加隔音墙，阻挡声音的传播，但是增加的隔音墙会阻挡室外空气流入室外机，造成外机冷凝器不能有效冷却，通过 CFD 分析可以确定增加的隔音墙是否会对外机进风有影响，以及确定隔音墙可以设置多高。图 5-70b 所示为外机进口截面的温度分布，在外机底部区域没有局部热点（红色）；图 5-70c 所示为排风口温度截面，室外风速是从左上角到右下角，上风向与下风向室外机的排风温度没有显著区别，所以以确定改造方案是可行的。

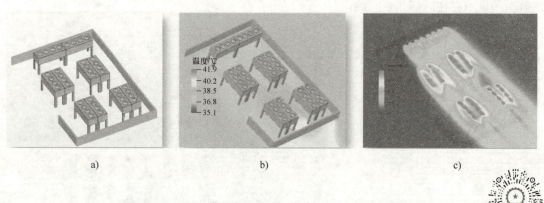

a)　　　　　　　　　b)　　　　　　　　　c)

图 5-70　降噪改造方案 CFD 预估（微信扫描二维码可看彩图）

（3）非常规方案的结果预估　如图 5-71a 所示机房顶部布置多种室外设备，有常规冷凝器外机，有间接蒸发冷却外机，还有冷却塔，外机多布置密集，但是高度空间有余。图 5-71b 所示拟采用架高室外机，提供下进风气流通道，来满足冷凝器的进风要求。

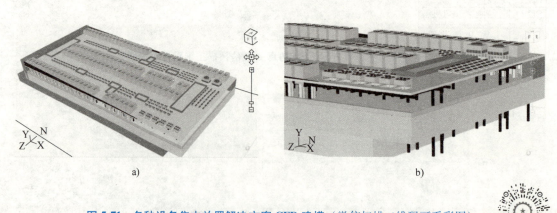

a)　　　　　　　　　　　　　　　　　b)

图 5-71　多种设备集中放置解决方案 CFD 建模（微信扫描二维码可看彩图）

（4）外围因素影响效果预估　当室外机放置区域有其他热源时，其热排风气流通道恰好位于室外机上部空间或对室外机进风、排风产生干扰时，可通过 CFD 仿真进行方案优化。图 5-72 所示为油机排气对冷凝器气流路径产生影响的效果评估。

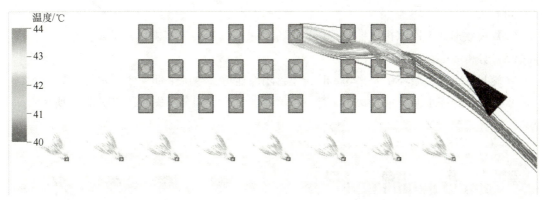

图 5-72　外围因素影响评估（微信扫描二维码可看彩图）

5.4.5　基于数值仿真技术的空调故障停机分析

空调故障停机指的是冷却系统出现故障不能有效制冷的情况，将导致 IT 设备进口温度过高出现宕机。基于数值仿真技术的空调故障停机分析的目的主要是确定故障停机时间对 IT 设备进风温度的影响。

空调故障停机主要分析两个冷却系统：直接膨胀式风冷机房空调系统和冷冻水系统；涉及压缩机、室内风机、冷冻水泵三个部件，对于不同部件可以控制何时重起。

1. 数值仿真分析的意义

确定时间：通过分析能够确定 IT 设备进风温度到某个值时候的时间。

确定方案：为空调失效保证策略提供决策依据，验证不同方案的可行性。

减少风险：虚拟环境的仿真技术减少现场实验对设备造成的风险。

2. 空调故障仿真分析的内容

直膨系统故障仿真分析，分析对象为风冷直膨式空调，涉及的部件主要是压缩机与室内风机，可以选择压缩机或者风机的重起时间，或者风机故障。

冷冻水系统故障仿真分析，分析对象为冷冻水系统，涉及的部件主要是冷水机组，冷冻水泵与室内风机，可以设置冷水机组冷量随时间变化的曲线，冷冻水泵与风机重起时间，或者风机故障。

3. 冷冻水空调系统失效仿真分析案例

冷冻水系统主要组成部分为冷水机、冷冻水泵、冷却水泵、冷却塔、末端装置等，冷水机中有制冷压缩机，末端装置主要设备为风扇和蒸发盘管，当考虑空调失效时涉及压缩机失效（冷水机不能制冷）、风扇失效、冷冻水泵失效或三种部件的任意组合，不考虑冷却水泵与冷却塔等设备。

下面以一个地板下送风系统数据中心为例考虑全部空调失效的情况。

（1）空调失效的评价目的　针对下述模型，对比两个方案，通过空调控制服务器进口温度保持在 18℃，评价服务器进口温度在 15min 内能否低于 28℃，预测达到 28℃的时间。

（2）失效形式　冷水机压缩机停机，冷冻水泵继续运转，室内风机运转。

（3）分析方案

方案 1：冷冻水循环量为 998kg 时，无封闭冷通道，空调全部失效，如图 5-73 所示。

方案 2：冷冻水循环量为 998kg 时，封闭冷通道，空调全部失效，如图 5-74 所示。

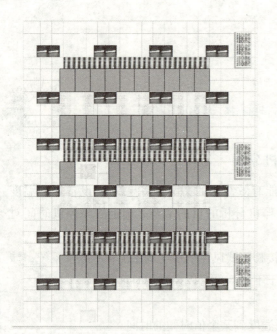
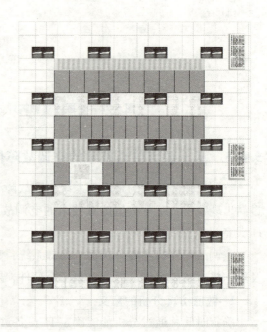

图 5-73　方案 1 机房平面布置图
（微信扫描二维码可看彩图）

图 5-74　方案 2 机房平面布置图
（微信扫描二维码可看彩图）

（4）分析模型　三台地板下送风冷冻水式精密空调，总冷量 308kW，仿真全部失效，单台显冷功率为 102.7kW，送风量 20808m³/h，通过机柜进口的温度传感器控制空调冷量输出，稳态计算时控制传感器温度（18±1）℃。设定所有机柜功率为 3kW，共 59 台机柜，IT 设备功率根据机柜功率调整平均分配，IT 设备总功率 177kW，机柜前后门设置为网孔门，设定开孔率为 64%，机柜空插槽设置盲板；照明设备总功率 0.86kW。

设置模拟总时间（total simulation time）900s。

（5）分析结果　瞬态分析的前提之一是以稳态计算结果为初始条件，所以必须保证所有设备进口温度在稳态计算时稳定在（18±1）℃，这样才可进行瞬态计算。

稳态计算结果如图 5-75 与图 5-76 所示。

分别显示封闭通道和不封闭通道温度传感器控制温度，稳态求解结果均在（18±1）℃之内，满足瞬态分析的前提条件。

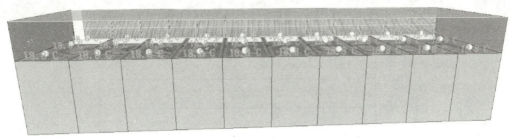

图 5-75 封闭通道内传感器温度（微信扫描二维码可看彩图）

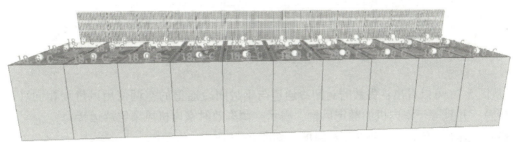

图 5-76 非封闭通道内传感器温度（微信扫描二维码可看彩图）

　　以上述稳态计算结果作为瞬态计算的初始条件，求解瞬态 CFD。将查看的结果包括三种方案的空调的显冷量、使用风量、冷冻水温度随时间的变化情况，以及最关心的设备进口温度随时间的变化情况，并分析方案结果不同之处及原因。

　　1）方案 1、方案 2 空调显冷量，如图 5-77 所示。

　　从图 5-77 可以看出：失效时封闭冷通道的空调输出显冷量略高于无封闭的情况；初始阶段的 260s，显冷量是一条水平线，这是由于低温冷冻水与设备热容的存在，此时 IT 设备散热量与冷冻水及维护结构吸收热量相平衡，所以空调输出冷量没有明显变化；随着 IT 设备继续散热，冷冻水温差逐渐减小，冷量逐渐减小，冷量从最高 50kW 减小到 10kW。

　　2）方案 1、方案 2 空调使用风量，如图 5-78 所示。

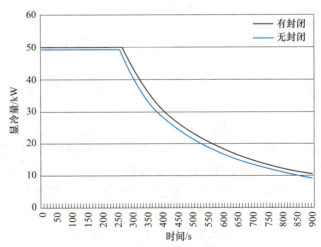

图 5-77 方案 1、方案 2 空调显冷量对比

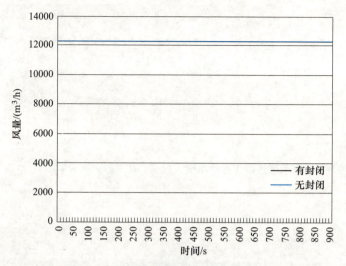

图 5-78　方案 1、方案 2 空调使用风量对比

从图 5-78 可以看出：失效时封闭冷通道与不封闭冷通道的空调使用风量均相同（两条线重合），并且等于室内机的额定风量，表示空调失效时室内机风扇继续运转。

3）方案 1、方案 2 空调冷冻水温度，如图 5-79 所示。

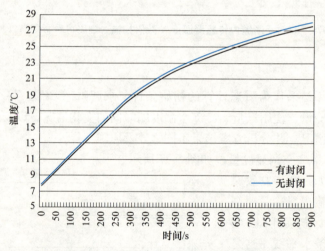

图 5-79　方案 1、方案 2 空调冷冻水温度对比

从图 5-79 可以看出：失效时封闭冷通道的冷冻水温与无封闭的情况大致相等；在初始阶段；冷冻水温升的变化率相同，时间为 260s，时间与空调显冷曲线的水平段（图 5-77）相同，随后冷水温升变化率逐渐减小，冷冻水温度在 900s 时最高达到约 28℃。

4）方案 1、方案 2 机柜进口传感器温度，如图 5-80 所示。

从图 5-80 可以看出：失效时封闭冷通道的机柜进口温度低于无封闭的情况；在失效开始阶段与空调显冷输出曲线相对应，也有一段水平曲线，也是由于冷冻水温较低并且设备与围护结构热容的存在，IT 设备的散热量能被完全吸收，机柜进口温升并不显著；280s 后，进口温度上升显著；15min 之内，封闭与不封闭两种情况机柜进口温度均在 28℃ 之内，没有

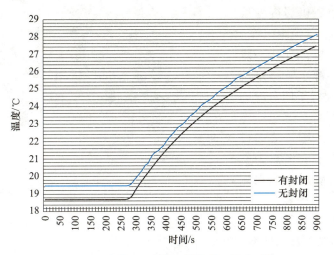

图 5-80　方案 1、方案 2 设备进口温度对比

封闭冷通道的机柜进口温度比封闭冷通道机柜进口温度高约 0.6℃。

5.4.6　数值仿真应用趋势

伴随云计算、人工智能、物联网、5G 技术的快速发展，数据中心已是现代社会事关国计与民生之根本、经济稳定与发展之前提的重要物理实体的支撑，在节能基础上保证其安全运行，是数据中心的根本任务。如何更准确、智能、及时地预测数据中心的运行情况，如何将人工智能与数值计算相结合，如何建立数值模型和新型冷却方法的试验研究及验证基地都将是数值仿真技术在数据中心应用的重要发展趋势。

1. 1D 冷冻水系统与 3D 空调末端联合仿真

数据中心的数据仿真技术随着客户需求的增长，正向着系统化、动态化方向发展。系统化要求数值仿真做得更全面。比如冷冻水系统，通常 CFD 分析只考虑机房内的 3D 环境，只分析末端空气侧的换热情况，不考虑冷冻水的管路系统的影响，当冷冻水温度提高时只分析末端空气侧的换热，不能反映冷冻水温度对末端送风温度的影响，也不能体现冷冻水管路内的流量分配问题，出现的结果可能是冷冻水温度提高，影响了末端的制冷量，但是数值分析没有体现冷量变化的影响。1D 冷冻水系统与 3D 空调末端联合仿真时，1D 能够创建冷冻水管路系统模型，包括冷机、冷冻泵、管件等，能够计算出管路的流量分配情况，3D 虚拟环境读取末端的流量分配，评估冷量与出风温度的变化，联合仿真模型能够更真实地反映水温变化的影响。

通常的 3D 数值仿真只包括一个机房包间，这个包间的气流组织是独立的，在与其他包间没有气流串通的情况下，可以为该包间创建一个单独的仿真模型，以减少计算量。但是，只考虑 3D 模型时，对于冷冻水系统空调末端就不能考虑冷冻水侧的影响，比如冷冻水温度提高后对送风温度的影响，冷冻水管路系统的流量分配对不同空调末端冷量的影响，因此需要将 1D 冷冻水系统与 3D 空调末端进行联合仿真。1D 系统包括冷冻水管路系统或者风管系统，采用 1D 管路可以降低计算量。

采用 CFD 仿真工具对管道和流量设备进行仿真，可得到计算冷却系统中的压降、流量分配、冷冻水温度、机房内温度分布、机柜热点图、气流组织等。

图 5-81 和图 5-82 所示为三维数据中心模型和冷冻水管路系统 1D 模型。机房共配置了四台冷冻水空调，冷冻水管路系统包括冷机、冷冻泵、空调末端等关键设备，3D 与 1D 模型的交汇点为空调末端，在求解计算时末端水侧与空气侧换热可同时计算，从而得到更精确的结果。

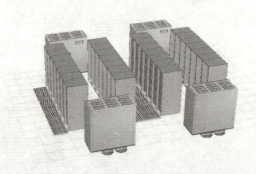

图 5-81　三维数据中心模型

3D 与 1D 模型输入对比见表 5-7。

表 5-7　3D 与 1D 模型输入对比

模型	类　别	对　　象
3D	建筑结构	主要包括：架空地板、立柱、横梁、外墙、内墙、通风孔、吊顶
3D	机房设备	主要包括：IT 设备、机柜、列头柜、精密空调、UPS、线缆、管道以及其他影响气流组织的基础设施
1D	冷冻水系统设备	主要包括：冷机、冷冻泵、末端、管道、管件、控制器、温度、流量、压力传感器设施等

2. 多尺度系统的耦合计算

数据中心是典型的多尺度系统，常规的数值仿真技术难以实施。需要发展多尺度系统数值仿真方法。多尺度系统数值仿真方法的主要思想是[22]：首先，建立机柜及服务器等设备的适当简化物理模型，采用较疏网格进行房间级整场的数值分析；然后，从第一步整场计算的结果中提取所关心机柜周围区域的局部热及流动信息，并插值到所关心区域的密网格上，作为局部区域的边界条件来对设备细节进行仿真计算。此阶段的计算区域较小，可以采用详细模型及密网格进行计算，获取更多影响结构细节的温度分布。上述步骤重复进行，直至所感兴趣部分的热流信息被充分揭示。这种自上而下的多尺度模拟方法[31]如图 5-83 所示，是下一步数值仿真的重要研究方向之一。

3. 智能控制与试验验证基地

数值仿真模型的正确与否需要通过可靠的试验结果来验证。一方面，由于数据中心的特殊性，所采纳的数值模型的正确性已经无法采用一般的试验结果来验证，必须用在数据中心的模拟实验室中获得数据来考核与验证，目前国内外这样的模拟实验室还很缺乏，需要积极构建；另一方面，在实际运行中收集的数据和利用数值仿真技术得到的模拟数据的基础上，如何利用人工智能（AI）的模型，发展基于传热学和热力学基本原理的智能算法，实现对数据中心系统的实时全方位监控，使数据中心运行在一个时间周期的最佳工作状态点，也是数据中心未来发展的重要方向。

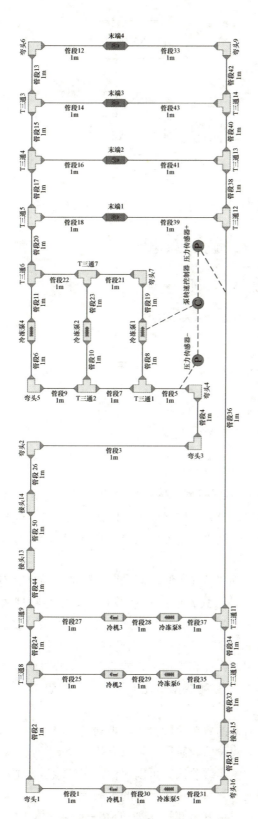

图 5-82　冷冻水管路系统 1D 模型示意图（微信扫描二维码可看彩图）

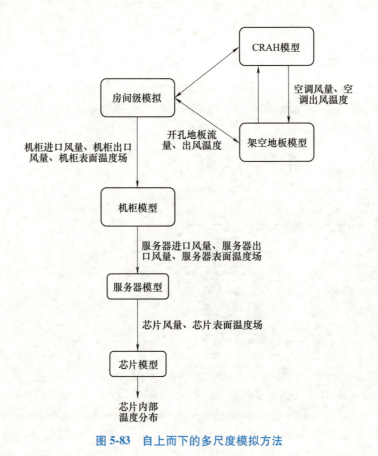

图 5-83　自上而下的多尺度模拟方法

280

4. 数字孪生技术的发展

数字孪生（Digital Twin）是充分利用物理模型、传感器采集、运行历史等数据，集成多学科、多物理量、多尺度、多概率的仿真过程。数字孪生是以数字化方式创建物理实体的三维虚拟模型，使其在虚拟空间中完成实际过程的全方位映射（图 5-84），从而反映相对应的实体装备的全寿命周期过程。

Gartner 定义数字孪生是虚拟世界与真实世界的动态连接[22]。数值仿真所搭建的 3D 数据中心模型是数据中心数字孪生模型的一种形式，创建的 CFD 模型能够与物理数据中心动态连接，实现与实际数据中心运行参数的匹配，因此称为数据中心孪生模型。数字孪生模型能够预测数据中心未来运行状态，以及可能产生的风险，因此能够让业主更加了解数据中心。从而能够最大化数据中心的资源利用率，提高数据中心的能源效率和投资效率。

数据中心数字孪生模型的搭建，需要与实测数据对比，保证孪生模型的精确度。通常 CFD 模型仿真与实测对比的精度要求应达到 90% 以上。

数字孪生模型可以用于数据中心寿命期的各个阶段：①在规划设计阶段，可以对冷却系统进行验证、空调冗余方案制定等；②在建设验收阶段，可以有效减少实际施工对冷却系统的影响，降低测试验收的工作量；③在运营运维阶段，可以评估机房节能运行情况、节能改造方法验证、评估局部热点问题、设备上下架对机房热环境的影响等。

将 BIM、CFD 及能效模型有机结合可以更好地获得建筑-环境-能源一体化的设计效果，

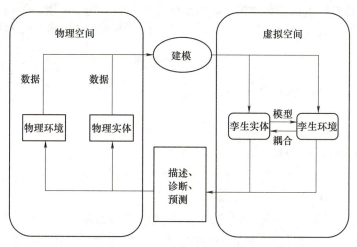

图 5-84　数字孪生虚实映射模型

可以说，数字孪生技术是这种思想的进一步推广，其关键仍是各种仿真技术。

数据中心机房数字孪生模型包括机房 3D 模型、机房温度场和气流组织模型、机房控制决策模型、机房总体能耗模型等（图 5-85）。信息正向传递：采集物理机房中的资产信息、配电信息、温湿度信息等数据通过传感器发送至数字机房模型，实时更新模型参数。信息反向传递：机房数字孪生模型在数据中心运维过程中根据物理机房的实际温度分布、期望的控制温度、机房精密空调的台数及配置信息、IT 设备负载信息等建立机房温度场模型，进行实时采样和处理，每隔一段时间生成优化的机房精密空调温度设定值指导空调设备的运行，使得该机房能耗最低。

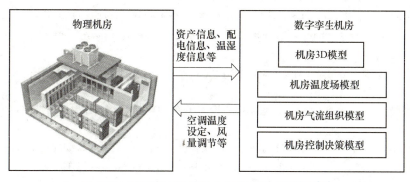

图 5-85　数据中心机房数字孪生虚实映射模型[23]

以数据中心的能效指标 PUE 的控制为例，数字孪生技术建立了制冷系统中影响 PUE 值的几十种因素的深度学习神经网络模型。外界气候条件、数据中心 IT 设备负载情况也是 PUE 能效模型的输入。通过机房数字孪生模型得出的配电柜电力使用情况、温度场分布情况、用电量、制冷量等参数给出运行中数据中心冷却系统 PUE，并在 PUE 超标时发出改进运行的指令。

实现数字孪生技术，既需要雄厚的科研力量投入与技术储备，也需要大量资金投入和完善的人员管理，这是数值仿真技术的发展目标之一。

综上，数值仿真技术已经在数据中心的热管理中得到了初步应用，但仍存在巨大的发展空间，需要更大的投入及更深入的研究，以充分发挥其在数据中心的设计与运维中的作用。

思考题与习题

5-1　简述水冷柜门空调系统的工作原理、优点及缺点。

5-2　背板空调的工作原理是什么？

5-3　热管背板空调的工作原理是什么？

5-4　简述热管背板空调的优缺点。

5-5　列间空调的工作原理是什么？列间空调的应用场合主要有哪些？

5-6　数据中心建模的方法主要包括哪几类？

5-7　用于预测封闭环境气流场的常见湍流模型主要有哪些？

5-8　数据中心机架的模型主要有哪几种？

5-9　数据中心气流组织常用的性能指标有哪些？其定义分别是什么？

5-10　水冷热管背板空调系统自适应性能的提升方式有哪些？

5-11　基于数值仿真技术的室内应用场景主要包括哪几个方面？

5-12　室外机布置方案的优化主要有哪几种形式？

5-13　数值仿真在数据机房应用趋势是什么？

参 考 文 献

[1] 田浩. 高产热密度数据机房冷却技术研究 [D]. 北京：清华大学，2012.

[2] 彭殿贞. 绿色数据中心空调设计 [M]. 北京：中国建筑工业出版社，2015.

[3] 杨彦霞，杨子韬. 数据中心设备冷却要求及空调方案选择 [J]. 制冷与空调，2015，15（9）：75-80.

[4] ZOU S，ZHANG Q，YU Y，et al. Field study on the self-adaptive capacity of multi-split heat pipe system（MSHPS）under non-uniform conditions in data center [J]. Applied Thermal Engineering，2019，160：113999.

[5] 中国制冷学会数据中心冷却工作组. 中国数据中心冷却技术年度发展研究报告 2019 [M]. 北京：中国建筑工业出版社社，2020.

[6] 中华人民共和国住房和城乡建设部. 数据中心设计规范：GB 50174—2017 [S]. 北京：中国计划出版社，2017.

[7] ZHANG X，IYENGAR M，VANGILDER J W，et al. Effect of rack modeling detail on the numerical results of a data center test cell [C]//Proceedings of 2008//th Intersociety Conference on Thermal and Thermomechanical Phenomena in Electronic Systems. Orlando，FL，USA：IEEE，2008：1183-1190.

[8] ROLANDER N，RAMBO J，JOSHI Y，et al. An Approach to Robust Design of Turbulent Convective Systems [J]. Journal of Mechanical Design，2006，128（4）：844-855.

[9] NELSON G M. Development of an experimentally-validated compact model of a server rack [D]. Atlanta，GA，USA：Georgia Institute of Technology，2007.

[10] HERRLIN M K. Rack Cooling Effectiveness in Data Centers and Telecom Central Offices：The Rack Cooling Index（RCI）[J]. ASHRAE Transactions，2005，111（2）：725-731.

[11] UDAKERI R，MULAY V，AGONAFER D. Comparison of Overhead Supply and Underfloor Supply with Rear Heat Exchanger in High Density Data Center Clusters [C]//Proceedings of 2008 24th Annual IEEE Semiconductor Thermal Measurement and Management Symposium. San Jose，CA，USA：IEEE，2008：165-172.

［12］ BHOPTE S, AGONAFER D, SCHMIDT R, et al. Optimization of Data Center Room Layout to Minimize Rack Inlet Air Temperature ［J］. Journal of Electronic Packaging, 2006, 128 (4): 33-41.

［13］ SCHMIDT R R, KARKI K C, KELKAR K M, et al. Measurements and predictions of the flow distribution through perforated tiles in raised floor data centers. ［C］// Proceedings of IPACK 01 the Pacific Rim/ASME International Electronic Packaging Technical Conference and Exhibition. Kauai, Hawaii, USA: ASME, 2001.

［14］ KARKI K C, PATANKAR S V, RADMEHR A. Techniques for Controlling Airflow Distribution in Raised-Floor Data Centers ［C］// Proceedings of the ASME 2003 International Electronic Packaging Technical Conference and Exhibition. Maui, Hawaii, USA: ASME, 2003: 621-628.

［15］ SHRIVASTAVA S K, SAMMAKIA B G, SCHMIDT R, et al. Experimental-Numerical Comparison for a High-Density Data Center: Hot Spot Heat Fluxes in Excess of 500 W/FT2 ［C］// Thermal and Thermo-mechanical Proceedings 10th Intersociety Conference on Phenomena in Electronics Systems. San Diego, CA, USA: IEEE, 2006.

［16］ GONDIPALLI S, BHOPTE S, SAMMAKIA B, et al. Effect of isolating cold aisles on rack inlet temperature ［C］// 2008 11th Intersociety Conference on Thermal and Thermomechanical Phenomena in Electronic Systems. Orlando, FL, USA: IEEE, 2008.

［17］ ASHRAE T C. 9. 9. 2011 Thermal guidelines for data processing environments: Expanded data center classes and usage guidance ［M］. ［S. l.］: ［s. n.］, 2011.

［18］ 田浩, 李震, 刘晓华, 等. 数据中心热环境评价指标研究 ［J］. 制冷学报, 2012, 33 (5): 5-9.

［19］ SUERMANN P C, ISSA R R A. The US National Building Information Modeling Standard ［M］. ［S. l.］: ［s. n.］, 2010.

［20］ 陶文铨. 数值传热学 ［M］. 2 版. 西安: 西安交通大学出版社, 2001.

［21］ JOSHI Y, KUMAR P. Energy Efficient Thermal Management of Data Centers ［M］. New York: Springer, 2012.

［22］ NIE Q, JOSHI Y. Multiscale Thermal Modeling Methodology for Thermoelectrically Cooled Electronic Cabinets ［J］. Numerical Heat Transfer, 2007, 53 (3): 225-248.

［23］ ATHAVALE J. Thermal Modeling of Data Centers for Control and Energy Usage Optimization ［J］. Advances in Heat Transfer, 2018, 50: 123-186.

［24］ HE Y L, TAO W Q. Multiscale Simulations of Heat Transfer and Fluid Flow Problems ［J］. Journal of Heat transfer. 2012, 134: 031018.

［25］ ZHANG X, VANGILDER J W, HEALEY C M, et al. Compact Modeling of Data Center Air Containment Systems ［C］// Proceedings of the ASME 2013 International Technical Conference and Exhibition on Packaging and Integration of Electronic and Photonic Microsystems. Burlingame, CA, USA: ASME, 2013.

［26］ ZHANG X S, VANGILDER J W. Real-Time Data Center Transient Analysis ［C］// Proceedings of the ASME 2011 Pacific Rim Technical Conference and Exhibition on Packaging and Integration of Electronic and Photonic Systems Portland, OR, USA: ASME, 2011: 471-477.

［27］ GHOSH R, JOSHI Y. Rapid Temperature Predictions in Data Centers using Multi-Parameter Proper Orthogonal Decomposition ［J］. Numerical Heat Transfer, 2014, 66 (1): 41-63.

［28］ SAMADIANI E, JOSHI Y. Proper Orthogonal Decomposition for Reduced Order Thermal Modeling of Air Cooled Data Centers ［J］. Journal of Heat Transfer, 2010, 132 (7): 271-291.

［29］ 钟景华, 黄冬梅. 数据中心 CFD 技术白皮书 ［M］. 北京: 中数智慧信息技术研究院, 2019.

［30］ ZHAI Z, HERMANSEN K A, AL-SAADI S. The development of simplified rack boundary conditions for numerical data center models ［J］. ASHRAE Transactions, 2012, 118: 436-449.

283

［31］SAMADIANI E, JOSHI Y, MISTREE F. The Thermal Design of a Next Generation Data Center: A Conceptual Exposition ［C］//Proceedings of 2007 International Conference on Thermal Issues in Emerging Technologies Theory and Application. Caito, Egypt: IEEE, 2007.

［32］CHU W X, WANG C C. A review on airflow management in data centers ［J］. Applied Energy, 2019, 240: 84-119.

［33］FRACHTENBERG E, HEYDARI A, LI H, et al. High-efficiency server design ［C］//Proceedings of 2011 International Conference for High Performance Computing, Networking, Storage and Analysis. Seattle, WA, USA: IEEE, 2011.

第 6 章
数据中心的可视化监控节能系统

数据中心的节能离不开控制技术，传统的 PID 控制不能解决数据中心过热问题，随着荷载增加，数据中心的热负荷会快速增加，需要采用合适的现代控制技术调控局部过热点。同时，对室外自然冷源的利用也需要进行控制切换，以实现最大限度的节能。

数据中心由于监控管理不到位，可能会发生服务器宕机，甚至造成设备损毁的巨大损失。因此，应利用可视化监控技术保障数据中心的安全运行。本章将介绍可视化监控节能系统构建的原则、特点，为实现数据中心的安全、稳定、节能运行打下基础。

6.1 控制原理简介

在现代工程技术的众多领域中，自动控制技术担负着重要的角色。自动控制是指在没有人直接参与的情况下，利用外加设备或装置（控制器），使机器、设备或生产过程（被控对象）的某个工作状态或参数（被控量）自动地按照预定的规律运行[1]。

6.1.1 基本概念

（1）自动控制系统　为实现一个或多个控制目标所需要的所有物理部件的有效组合体，由自动控制装置和受控对象组成。

（2）受控对象　被控制的机器、设备或过程称为受控对象或对象。受控对象可能是一台设备，它由一些机器零件有机地组合在一起完成一种特定的操作，如数据中心的风扇；也可能是一个复杂的系统，如数据中心的温湿度调节系统。

（3）测量装置　一般指传感器，用来感受或测量被控变量或某一物理量的值，并将其变换为可比较的信号，如温度、湿度等。

（4）执行机构　能够影响受控过程的装置或设备，如电磁阀、电机等。

（5）给定量　决定被控量的物理量称为给定量或参考输入量，如风量、供水温度、流量等。

（6）被控量　被控制的物理量称为被控量或输出量，如温度、湿度等。

（7）干扰量　妨碍输入量对输出量进行正常控制的所有因素称为干扰量。如果干扰量产生在系统内部，则称为内扰，如设备散热量；干扰量产生在系统外部时称为外扰，如室外气象参数。给定量和干扰量都是自动控制系统的输入量。

（8）反馈　它是将系统的输出返回输入端，并以某种方式改变输入，进而影响系统功能的过程。

（9）回路　一个控制器根据一个输入量，按照一定的规则和算法来决定一个输出量。这样，输入和输出就形成了一个控制回路。

（10）系统　由相互作用、相互依赖的若干组成部分结合而成的，具有特定功能的有机整体称为系统，而且这个有机整体又是它所从属的更大系统的组成部分，如空调系统、建筑系统等。

6.1.2　基本控制方式

在控制系统中，典型的控制方式[1,2]有三种：开环控制、闭环控制（反馈控制）和复合控制。

（1）开环控制　这是一种最简单的控制方式，它不将被控量的结果反馈回来影响当前控制过程。在这种控制中，只有输入端对输出端的信号前向通道，不存在输出端到输入端的反馈通道。

（2）闭环控制　将被控量的结果反馈到控制器，使其也参与系统控制，又称为反馈系统。在这种控制方式中，既存在输入端到输出端的信号前向通道，也存在从输出端到输入端的信号反馈通道，两者组成一条闭合回路。

（3）复合控制　反馈控制在输入对控制对象产生影响之后才能做出相应的控制，对于有较大延迟特性的控制对象，则不能及时调节输出的变化。前馈控制可以预测输出随外部输入的变化规律，在控制对象受到影响之前就做出相应的控制动作，使系统在偏差即将产生之前就提前将其消除。前馈控制和反馈控制的结合就构成了复合控制。复合控制是开环控制和闭环控制相结合的一种控制方式，具有更好的控制性能。

6.1.3　系统的数学模型

在研究控制系统时，首先要建立系统的数学模型[1,3]。因为各种分析方法和计算机工具都需要基于系统的数学模型来综合分析系统的特性。系统的数学模型是一类方程式，它能够精确地或相当好地描述系统的输入、输出特性。对于给定的系统，数学模型不是唯一的，可以有多种形式。时域中常用的数学模型有微分方程、差分方程和状态空间表达式；频域中常用的有传递函数、方块图和频率特性。随着具体系统和具体条件不同，一种模型可能比另一种模型更加合适。例如，在最优控制系统中，采用状态空间表达式比较合适；在单输入、单输出、定常系统的瞬态响应或频率响应分析中，采用传递函数表达式比较合适。

系统的数学模型可以概括为三类：白箱模型、黑箱模型和灰箱模型。

（1）白箱模型（White-Box Model）　白箱模型是根据对象所依据的物理或者化学规律（如热力学第一、第二定律，质量守恒定律等）建立起来的系统的数学方程式。模型的各个参数都具有物理意义，因此也称为机理模型。建立这类模型的前提是必须对所描述对象的运行规律有清楚的认识，对于影响对象输入输出关系的相关因素也要有深刻的了解。

（2）黑箱模型（Black-Box Model）　黑箱模型也称经验模型，它利用适当的数学模型（如统计回归、神经网络、模糊逻辑等）来逼近对象的输入输出关系。可以通过人为地给系统施加某种测试信号，并记录输出信号来训练这类模型，直到模型精度满足要求。这类模型完全不追求内在机理，是一种纯经验模型。

（3）灰箱模型（Grey-Box Model）　灰箱模型是根据系统的物理或化学规律确定其数学模型的基本结构，并基于系统测试的输入、输出信号，辨识出模型的未知参数（没有特定的物理意义）。这类模型又称为半机理模型。

6.1.4　系统方块图

控制系统通常是由多个元件组成的。为了表明每个元件在系统中的功能，在控制工程中，常常用到系统方块图的概念。系统方块图[1,4]简称方块图，它是系统中每个元件的功能和信号流向的图解表示，用来表明系统中各个元件之间的相互关系。系统方块图不同于纯抽象的数学模型表达式，它的优点是能够更加真实地表明实际系统中的信号流向情况。

在方块图中，通过功能方块，可以将所有系统变量相互联系起来。功能方块又称方块，是对加到方块上的输入信号的一种数学运算符号，运算结果用输出量表示。元件的传递函数通常写进相应的方块中，并用标明信号流向的箭头将其连接起来。信号只能沿着箭头的方向通过。因此，控制系统的方块图能清楚地描述信号的单向特性。

方块图的元素如下：

（1）功能方块（Block Diagram）　功能方块表示输入到输出单向传递间的关系。任何一个被研究的对象，如果可以抽象地用输入该对象的信号（或变量）以及从该对象输出的信号（或变量）表达，则可以运用方块图方法中的功能方块来描述。

（2）信号比较点（Summing Point）信号比较点表示对两个或者两个以上的输入信号进行加减比较的元件。"+"表示两个输入信号相加，"-"表示两个输入信号相减，如果信号线旁不带运算符号"+"或"-"，则默认为"+"。

（3）信号分支点（Branch Point）　信号分支点表示信号测量或引出的位置。方块图中的信号分支可在信号线上的任意点引出，分支点上的信号与原来的信号完全相同，如图 6-1 所示。

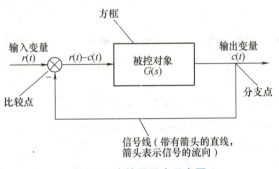

图 6-1　方块图元素示意图

6.1.5　控制性能指标

无论是哪类控制系统，其基本要求[4]都是相同的，包括稳定性、快速性和准确性，即"快、准、稳"要求。

（1）稳定性　稳定性是控制系统正常工作的先决条件，是指系统受到扰动作用偏离原来的工作状态后，能否重新回到稳定工作状态的能力。如果扰动消失后，系统能回到原来的工作状态，则称系统稳定；如果扰动消失后，系统不能回到原来的工作状态，甚至随着时间的推移越来越偏离原来的工作状态，则称为系统不稳定。图 6-2 所示为四种典型被控变量的动态特性，图 6-2a、b 所示的控制系统是稳定的；图 6-2c、d 所示控制系统中的被控量出现了等幅振荡或发散振荡的现象，被认为是不稳定的。

（2）快速性　对控制系统瞬态过程的形式和快慢提出的要求，一般称为瞬态性能。通

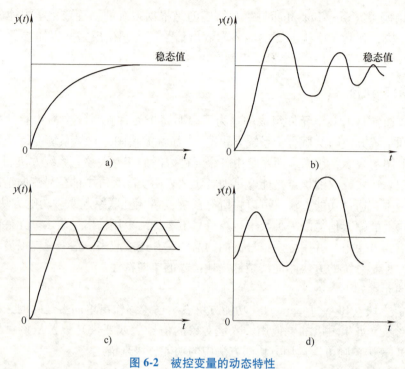

图 6-2　被控变量的动态特性

常希望系统的瞬态过程既快又平稳。例如，变风量温度控制系统要求送风量能根据室内外扰动快速做出变化。如果风量变化缓慢，则室内温度不能快速维持到设定范围，显然这样的控制性能很差。

（3）准确性　对稳态过程的精度提出要求，用稳态误差来表示。对于一个稳定的系统，系统被控量的实际值与期望值之差称为稳态误差。通常情况下，希望系统的稳态误差尽可能小，即表示系统的输出跟随期望值的精度越高。例如，对于温度控制系统，若设定温度为 25℃，而房间真实温度在 24~26℃ 之间波动，则系统的控制精度为 1℃。

6.1.6　系统的分析方法

在确定系统的数学模型后，便可以分析系统的稳态和动态性能。控制系统常用的分析方法[1]主要有四种：时域分析法、根轨迹分析法、频域分析法以及状态空间分析法。其中时域分析法、根轨迹分析法、频域分析法属于经典控制理论，而状态空间分析法属于现代控制理论。

（1）时域分析法　控制系统在一定的输入信号作用下，根据系统输出量的时域表达式，分析系统的稳定性、瞬态和稳态性能，称为时域分析法。时域分析是一种在时间域中对系统进行分析的方法，具有直观和准确的优点。由于系统输出量的时域表达式是时间 t 的函数，所以系统输出量的时域表达式又称为系统的时间响应。

（2）根轨迹分析法　1948 年，W. R. Evans 提出了一种求特征根的简单方法，即根轨迹法。该方法不直接求解特征方程，而是用作图的方法表示特征方程的根与系统某一参数全部数值之间的关系，当这一参数取特定值时，对应的特征根可在上述关系图中找到。根轨迹法具有直观的特点，利用系统的根轨迹可以分析结构和参数已知的闭环系统的稳定性和瞬态响应特性，还可分析参数变化对系统性能的影响。在设计线性控制系统时，可以根据对系统性能指标的要求确定可调整参数以及系统开环零极点的位置，即根轨迹法可以用于系统的分析与综合。

（3）频域分析法 控制系统的信号可以表示为不同频率正弦信号的合成，而系统对正弦输入信号的稳态响应，称为频率响应。应用控制系统的频率特性研究系统的性能，称为频域分析法。频率响应的优点是采用容易提供的正弦信号产生器和精密的测量装置，所完成的频率响应试验比较简单，可以做得比较精确，而且频率特性的物理意义明确。

（4）状态空间分析法 经典控制理论是建立在系统的输入/输出或传递函数的基础上的，对于单输入/单输出系统的分析和综合是比较有效的。其显著的缺点是只能揭示输入/输出间的外部特性，难以揭示系统内部的结构特性，同时难以处理多输入/多输出系统。然而，一个现代的复杂系统可能有多个输入和多个输出，并且以某种复杂的方式相互关联。分析这样的系统时，必须对其复杂的数学表达式进行简化。现代控制理论是以 n 个一阶微分方程来描述系统的，这些微分方程又组合成一个一阶向量-矩阵微分方程，即状态空间表达式。利用状态空间法描述输入/状态/输出变量间的关系，不但可以反映系统输入/输出的外部特性，而且揭示了系统内部的结构特性，是一种既适用于单输入/单输出系统，又适用于多输入/多输出系统的分析方法。

6.1.7 案例——定风量系统的基本控制

图 6-3 所示为含 Free Cooling 的定风量系统及其控制示意图，它由空气处理机组、送风机、回风机、风阀、水阀、传感器及控制器组成[2]。

控制目标：在维持室内设定温度的条件下，实现对 Free Cooling 的最大利用。

系统的控制变量：室内空气温度。

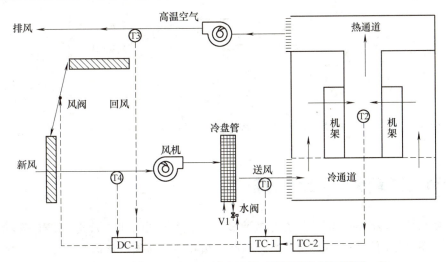

图 6-3 含 Free Cooling 的定风量系统及其控制示意图

DC-1：风阀控制器 TC-1：送风温度控制器 TC-2：送风温度设定值控制器
T1：送风温度 T2：回风温度 T3：排风温度 T4：新风温度

过程控制变量：供水温度、室外空气流量。

控制执行机构：风阀及水阀。

图 6-4 所示为该系统分段控制策略的基本原理，图 6-5 所示为温度反馈控制器的输出（u）与控制信号（风阀的开度 u_D 及水阀的开度 u_V）的关系。

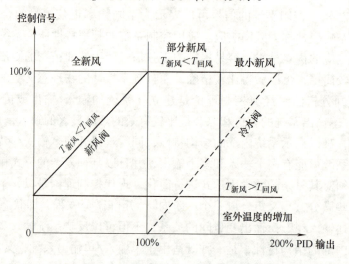

图 6-4　含 Free Cooling 的定风量系统分段控制策略的基本原理

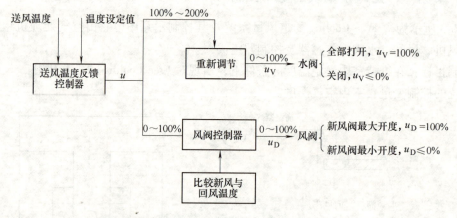

图 6-5　温度反馈控制器的输出与控制信号的关系

6.2　节能控制理论与分析方法

数据中心节能控制理论的分类方法多种多样，采用不同的划分标准，就有不同的分类方法。本节简单介绍两种常见的划分标准：控制方法和控制对象。根据控制方法可以分为：经典底层控制方法、模型预测控制、优化控制、自适应控制、鲁棒控制、神经网络控制、模糊控制、专家控制等。根据控制对象可以分为：部分负荷自动调节、自然冷源切换、蓄冷系统蓄/放冷策略湿度控制等。

6.2.1　常用控制方法

图 6-6 所示为自动控制系统按控制方法的分类。下面分别简单介绍每种控制方法的定义及工作原理[5,6]。

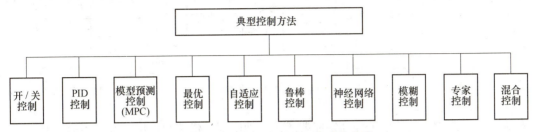

图 6-6　自动控制系统按控制方法的分类

1. 经典底层控制方法（Classic Local-loop Control）

经典底层控制方法一般是指开/关控制和 PID 控制方法。开/关控制广泛应用于离散变量的控制系统。例如，在直接空气侧省煤器系统中，采用定速风机控制自然冷源的利用，根据最简单的干球温度控制策略，当室外干球温度比室内干球温度低 2℃时，风机打开，采用自然冷源模式；否则，采用压缩机制冷模式。

相对于开/关控制，PID 控制方法是较为复杂的控制方法，其在空调系统中有着广泛的应用。图 6-7 所示为一种控制对象的 PID 控制结构示意图。PID 控制的价值在于结构简单、不需要知道对象模型以及对大多数控制系统具有广泛适用性，可以提供令人满意的控制。但是，它在许多给定的情况下还不能提供最优控制。

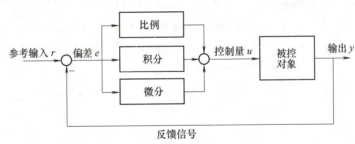

图 6-7　典型 PID 控制结构示意图

2. 最优控制（Optimal Control）

最优控制是指在给定的约束条件下，寻求一组控制信号，使给定的被控系统性能指标取得最大值（或最小值）的控制方法。在空调系统中，这个性能指标通常是系统运行能耗或费用、控制器的性能指标和热舒适性。最优控制方法能有效地提高能源利用效率，减少空调系统的运行费用。但是，该方法对系统的模型精确性要求高，复杂的数学模型和约束条件导致了复杂的计算负担，限制了该方法的推广和应用。图 6-8 所示为最优控制的基本结构示意图。

3. 模型预测控制（Model Predictive Control）

模型预测控制是指利用过程模型预测系统在一定的控制信号作用下的未来动态行为，在

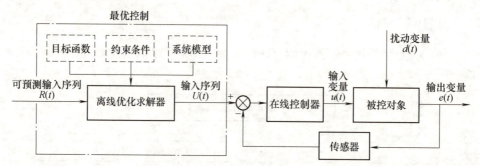

图 6-8　最优控制的基本结构示意图

此基础上，根据给定的约束条件和性能要求滚动地求解最优控制作用并实施当前控制，在滚动的每一步通过检测实时信息来修正对未来动态行为的预测。图 6-9 所示为模型预测控制的基本结构示意图。模型预测控制方法的基本原理可以归结为预测模型、滚动优化和反馈校正。模型预测控制是一种新型控制方法，其基于模型、滚动实施并结合反馈的优化控制算法，体现了一般控制理论中优化与反馈两种基本机制的合理结合。而前文介绍的 PID 反馈控制和最优控制则分别代表了控制问题中的两个极端。一个极端是对于对象、环境信息一无所知，只借助反馈信息进行控制，PID 反馈控制就是典型的不需要模型，根据反馈"后发制人"的控制器。反馈控制虽然可以及时克服实际过程中出现的各类位置因素的影响，但仅依靠反馈是缺少预见性的，无法做到性能最优。另一个极端是拥有对象和环境的全部先验信息，根据模型和性能指标事先求出最优的控制输入。最优控制理论为此提供了完美的理论和算法。这个开环求解出的最优控制虽然在模型和环境信息准确的情况下可以实现性能最优，但对象的模型和环境信息都是假设理想化的，在实际过程中，一旦模型失配或环境发生变化，事先求解出的最优控制输入就不再能保持系统性能最优。预测控制是一种介于最优控制和 PID 反馈控制之间的，既能保持优化特点，又能引进反馈机制的闭环优化控制方法。

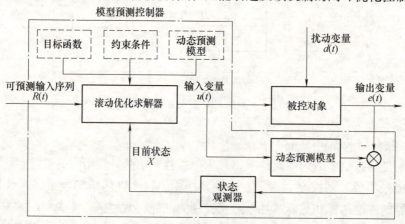

图 6-9　模型预测控制的基本结构示意图

4. 自适应控制（Adaptive Control）

自适应控制是指在实时控制系统中，当控制输出信号不能令人满意时，根据系统的某些性能测量值，修正控制器的部分或者全部参数，使控制系统的参数能随运行状况的变化而自适应变化。图 6-10 所示为自适应控制的基本结构示意图。

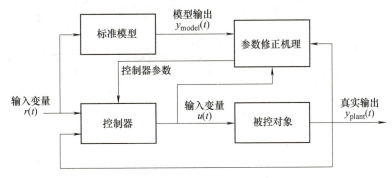

图 6-10　自适应控制的基本结构示意图

5. 鲁棒控制（Robust Control）

所谓鲁棒性，是指控制系统在一定（结构、大小）参数的摄动下，维持某些性能的特性。鲁棒控制适用于将稳定性和可靠性作为首要目标的应用，同时过程的动态特性已知且不确定因素的变化范围可以预估。

6. 神经网络控制（Neural Network Control，NNC）

神经网络控制是指在控制系统中应用神经网络技术，对难以精确建模的复杂非线性对象进行神经网络模型辨识，或作为控制器，或进行优化计算，或进行推理，或进行故障诊断，或同时兼有上述多种功能。图 6-11 所示为标准 BP 神经网络结构示意图。

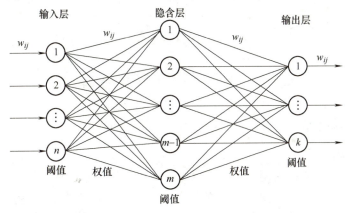

图 6-11　标准 BP 神经网络结构示意图

7. 模糊控制（Fuzzy Logic Control）

模糊控制是以模糊集合论、模糊语言变量及模糊逻辑推理为基础的计算机智能控制。该机制的输入是通过模糊化将原本 0 和 1 的资料变成 0~1 之间的数值，与非 0 即 1 的二分法相比，这种方法更接近人类的思维。在推论的过程中资料是模糊的，但通过解模糊化的步骤，可使得输出为精确值。其基本思想是用语言归纳操作人员的控制策略（知识、经验和直觉等），运用语言变量和模糊集合理论形成控制算法。不需要建立控制对象的精确数学模型，只要求把现场操作人员的经验和数据总结成比较完善的语言控制规则。因此，它能避免对象的不确定性、不精确性、噪声以及非线性、时变性、时滞等的影响。图 6-12 所示为模糊控制的基本结构示意图。

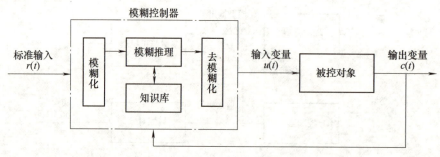

图6-12　模糊控制的基本结构示意图

8. 专家控制（Expert Control）

专家控制是一种能在某个领域内，以人类专家的知识和经验来解决该领域中高水平的困难任务的计算机系统。专家控制的基本流程：观察、监测系统中的有关变量和状态；综合运用自己的知识和经验判断当前系统运行的状态；分析比较各种可以采用的控制策略并选择其中最优者予以执行，用计算机予以实现。图6-13所示为专家控制的基本结构示意图。

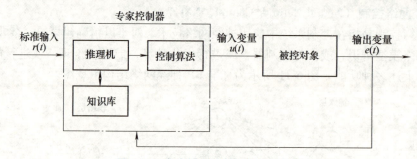

图6-13　专家控制的基本结构示意图

6.2.2　基本节能策略

1. 部分负荷运行

在数据中心的整个生命周期中，冷负荷变化非常显著。这主要有两个原因：其一，虽然数据中心的冷负荷与室外环境温度的关系不大，但其制冷设备的真实容量（制冷能力）随室外环境温度变化很大；其二，数据中心在不断地发展，体现在服务器的数量和任务量不断增加，内部散热量增加，导致空调负荷发生变化。然而，其空调系统大都是按照最不利条件设计的，这使得数据中心的空调系统在其整个生命周期内基本上都处于部分负荷运行状态。因此，空调系统在部分负荷运行状况下仍保持高效运行，将显著提高数据中心的空调能效，以及减少整个生命周期的运行费用。

2. 自然冷源切换

根据前文对数据中心负荷特性的分析，因为全年均需要制冷，使得室外的自然冷源得到了广泛应用，节能潜力巨大。目前，自然冷源在数据中心中的应用可以概括为三类：直接空气侧省煤器、间接空气侧省煤器和水侧省煤器。所谓省煤器，ASHRAE（1991）给出的定义是"可以减少机械制冷或加热时间的控制系统"。在室外空气质量达到要求时，空调系统利用省煤器排出室内热量，称为自然冷源模式。但是，要充分利用自然冷源，需要设计一个合适的自然冷源切换策略。

图 6-14 所示为直接空气侧省煤器的工作原理[7]：在合适的室内外条件下，通过直接通风的形式对室内空间进行降温，减少压缩机的运行时间，从而达到节能的目的。目前普遍采用的控制方式有两种：一种是标准干球温度控制策略，仅根据室内外干球温度来控制风阀的开度，将室外空气相对湿度值作为是否可以使用新风的条件（相对湿度超过某个设定值时，新风阀关闭，即关闭自然冷源模式）；另一种是湿球控制策略，根据室内外的干球温度、相对湿度，通过比较两者的焓值来控制风阀的开度。

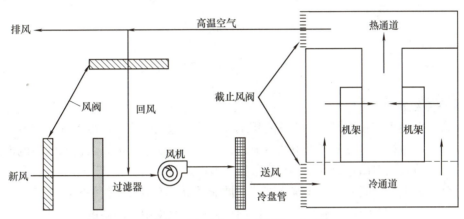

图 6-14　直接空气侧省煤器的工作原理

图 6-15 所示为间接空气侧省煤器的工作原理：室外低温空气不直接进入数据中心内，而是通过气-气换热器对室内循环空间进行冷却，并带走室内热量。这种自然冷源的利用方式有如下优势：其一，可以减少因需要对数据中心湿度进行控制而产生的空调能耗（数据中心的含湿量主要来源于室外空气）；其二，对室外空气质量的要求相对较低，增加了空气侧省煤器的应用区域和时间（颗粒物对数据中心服务器的危害巨大）。自然冷源模式的切换在于对新风阀、回风阀开度的控制。

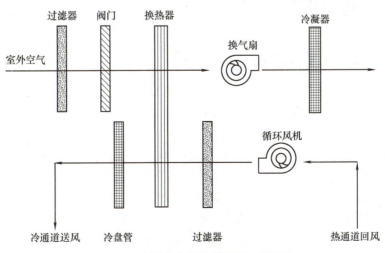

图 6-15　间接空气侧省煤器的工作原理

图 6-16 所示为水侧省煤器的工作原理：室外低温空气通过冷却塔对室内进行降温。水侧省煤器的优势在于其对末端设备没有影响，使服务器散热不再局限于风冷换热形式，也可以利用液冷和浸没式冷却方式。自然冷源模式的切换是通过对冷却塔出水的分配控制来实现的。

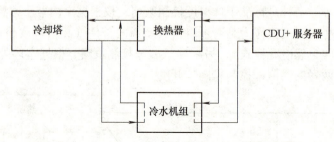

图 6-16　水侧省煤器的工作原理

3. 蓄冷系统蓄/放冷策略

近年来，储能系统在数据中心中的应用迅速发展，包括冷冻水蓄冷系统、冰蓄冷系统以及相变材料蓄冷系统，这主要有以下两点原因：其一，储能系统可以在夜间低谷电价阶段时蓄能，在峰电阶段放出储存的能量，减少数据中心的运行费用，尤其适用于日负荷有显著波动、高能耗与高电价时间一致的建筑；其二，储能系统虽不能长期代替制冷机组对数据中心进行降温，但在制冷系统出现故障的短时间内可以稳定数据中心的温度，提高数据中心运行的安全性。然而，蓄冷系统的蓄/放冷策略对整个系统运行费用的影响非常明显。因此，针对蓄冷系统的控制策略的研究十分迫切。

4. 集中湿度控制

前文提到，由于数据中心内人员很少或者无须人员，其主要的负荷是显热负荷，湿负荷主要来源于室外空气且非常小。因此，采用湿度集中控制方法，末端设备只需处理数据中心负荷中的显热部分，提高了机组的工作效率（采用较高的供水温度），减少了运行总能耗。

6.3　数据中心高压直流系统

6.3.1　数据中心电源系统方案

传统数据中心行业一直采用 UPS 电源系统供电或低压直流系统（48V）供电。随着互联网数据中心业务的持续快速发展，传统的 UPS 供电模式在很多实际应用中不断暴露其自身的缺陷：

（1）系统效率较低　采用 AC/DC 整流、DC/AC 逆变的双变换，从 UPS 输入到通信设备的电力变换次数多，每次变换都有能量损耗，降低了系统供电效率。

（2）系统灵活性和可扩展性不高　不同于 HVDC 电池直挂输出母线，因为 UPS 输出的是交流电，其蓄电池不能直接供电给负载，必须通过逆变模块变成交流电输出。所以如果逆变模块出现故障，即使此时蓄电池正常，也无法供电负载。

（3）系统复杂、可靠性较差　为了提高可用度，一般 UPS 采用 "$N+1$" 并联冗余或

"2N"或"2(N+1)"系统。而由于并机复杂，正常情况下只有 2~3 台并机。假设 N=1，理论上每台 UPS 的最大负载率为："2N"系统为 50%，"2(N+1)"系统为 25%。而实际负载率为："2N"系统为 30%~50%，"2(N+1)"系统为 15%~25%。在如此低的负载率下，UPS 的系统效率将会进一步下降。

（4）系统维护难度大　交流 UPS 并机系统比较复杂，如果出现故障，往往需要厂家的维护人员进行操作，不间断割接困难。而高压直流系统结构简单，维护工作容易开展，高压直流模块支持带电热插拔，可快速更换。

传统交流 UPS 系统由整流器、逆变器、蓄电池和静态开关等组成。在市电正常时，市电交流电源经整流器变换为直流电供给逆变器，同时给蓄电池充电，逆变器将直流电变换为 50Hz 交流电供给负载。在市电异常时，蓄电池放出电能，通过逆变器变换为交流电，供给负载。

为了提高运行效率及可维护性，提高系统部署的灵活性，降低成本以应付高速增长的海量数据中心服务器规模，大部分新项目均采用了高压直流 DC240V 供电系统向 IT 设备供电。高压直流系统（HVDC）主要由交流配电单元、整流模块、蓄电池、直流配电单元、电池管理单元、绝缘监测单元及监控模块组成。在市电正常时，整流模块将交流配电单元输出的 380V 交流转换成 240V 高压直流，高压直流经直流配电单元给通信设备供电，同时也给蓄电池充电。在市电异常时，由蓄电池给通信设备供电，原理如图 6-17 所示。

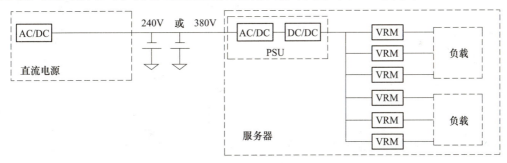

图 6-17　高压直流系统原理

AC—交流　DC—直流　PSU—电源供电单元　VRM—电压调节模组

297

240V 高压直流技术和传统的 UPS 技术相比起来，主要的优点表现在下面几点：

（1）系统功率较高　采用功率 MOS 高频软开关技术的 240V 高压直流可高达 96% 以上效率，比采用晶闸管或 IGBT 的传统 UPS 效率更高，体积更小。高压直流的输入功率因数高、谐波小，且输出负载率可以比 UPS 高，可降低柴油发电机容量等。节能休眠技术可以大大提升轻载下的系统效率，减少机房初期的运行能耗。

（2）系统稳定性高　电池直接挂在输出母线上，可靠性更高，且可在线扩容、不掉电割接等。拓扑简单，可靠性高。

（3）可维护性高　模块化设计，按需配置、边成长边投资。模块热插拔维护，像更换硬盘一样更换故障模块，减少依赖厂家维保服务。

（4）安全性高　高压直流比传统 UPS 要更安全，因为输出浮地，即便误碰到单极母排电压，触电电压也只有 135V，比交流要低近 1 倍，且交流 220V 的正弦波峰值电压高达 314V，也高于高压直流 270V 的电压。

另外，240V 高压直流可以直接使用在绝大多数的标准交流设备上（380V 高压直流等其他电压等级则不行），IT 设备不用定制电源及设备改造，也较容易推广。

6.3.2 数据中心高压直流系统的设计对比

在高压直流供电系统的设计中，会遇到如何选取系统架构的问题，需要在系统的安全性、可靠性与工程建设的经济性之间做出取舍。这里对主流的几种供电系统结构做一个说明，供工程人员根据现场实际情况及负荷重要性等诸多因素灵活选取。

1. 高压直流系统的供电方式

（1）第一种方式 高压直流单电源系统双路供电，如图 6-18 所示。这种方式系统结构简单，建设投资小。缺点是由于服务器双路输入均来自于同一套高压直流电源系统，系统在电源侧存在单点故障瓶颈。

（2）第二种方式 高压直流双电源系统双路供电，如图 6-19 所示。与高压直流单电源系统双路供电相比，高压直流双电源系统双路供电中每台列头柜配置的输入电源分别来自两套电源系统，消除了系统的单点故障风险，提高了供电的可靠性，缺点是系统配置采用"2N"方式，系统的冗余度较大，建设投资大。

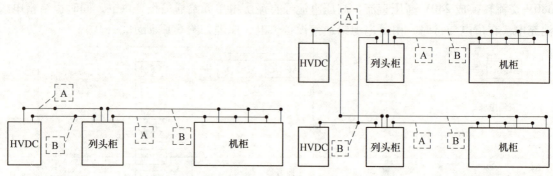

图 6-18 高压直流单电源系统双路供电　　图 6-19 高压直流双电源系统双路供电

（3）第三种方式 市电 + 高压直流双路供电，如图 6-20 所示。这种方式采用一路市电电源，一路高压直流电源的双路供电形式，该方式该供电方式消除了系统的单点故障瓶颈，提高了供电的可靠性，且在每个机架内提供了交直流两路电源，且市电路无须电能的转换，可最大限度地提高系统效率。

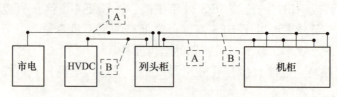

图 6-20 市电+高压直流双路供电

2. 供电方式对比

目前新建的互联网数据中心，综合成本和可靠性大量采用第三种设计方式，即市电 + 高压直流双路供电。那么下面将从设备占地空间和用电效率两个角度，将"市电 + 高压直流"与传统 UPS 供电架构进行进一步的对比。

图 6-21 所示为"2N UPS"和"市电（AC）+240V HVDC"从低压侧到服务器的供电拓扑。目前数据中心应用最为广泛的容量等级约为 400kVA、UPS 输出功率因数典型值为 0.8 ~0.9，折算成 360kW，相当于同样功率的单套 1200A 的高压直流系统。即两套 400kVA 的"2N UPS"和一路 360kW 市电 + 另外一路 360kW 的"240V HVDC"混合供电架构做对比，两者容量基本一样，供电可靠性也基本处于一个等级，具备可比性。

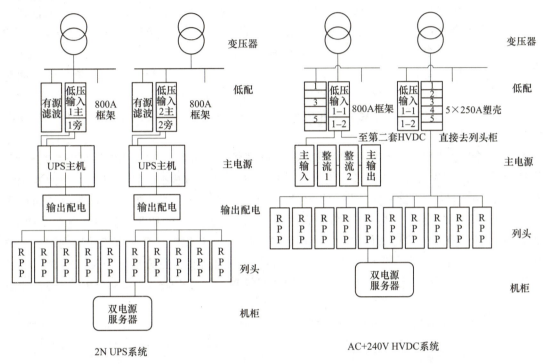

图 6-21　两种供电架构供电拓扑对比

由于变压器及其输入前级基本一样，不再比较，这里分别从变压器输出柜、不间断电源系统、电源输出配电柜、末端列头柜等多级配电路由来进行对比，定量分析配电柜的造价成本及配电柜数量，后者会影响到机房空间占用面积及场地租金等成本。

（1）低压配电侧　对于 400kVA 的 UPS，变压器输出侧给到 UPS 需要 2 个 800A 左右的框架断路器，一个给到主路，另外一个给旁路，占用整个低压配电柜。因此两套 UPS 占用 2 个整低压配电柜。而对于"市电 +240V HVDC"供电架构，市电直供支路直接由低压母线排直联的 1 个低压配电柜直接输出多路到各个列头柜，比如该低压配电柜内有 5 个 250A 的抽屉式塑壳开关，输出 5 路直接连到 5 个市电直供的列头柜。而高压直流系统只需要 1 个 800A 的框架断路器，占用半个低压配电柜，剩余 1 个 800A 框架开关预留给另外一套高压直流系统用。所以，在低压侧"2N UPS"系统需要 2 个整低压配电柜，共 4 个 800A 的框架断路器；而"市电+240V HVDC"系统在低压配电部分会占用半个低压配电柜，即 1 个 800A 框架断路器，以及 1 整个低压配电柜，带 5 个 250A 的塑壳断路器。

（2）不间断电源系统　考虑同样大小的负载及同样 15~30min 时长的后备电池时间，理论上电池的安时数应该是基本一样的，这里不再深入比较。再考虑不间断电源系统本身，

400kVA 的 UPS 通常都有 1 个输入配电柜、2 个主机柜及 1 个主输出开关共 4 个配电柜，1200A 的"240V HVDC"也类似，有 1 个输入配电柜、2 个整流柜及 1 个输出熔丝配电柜共 4 个柜子。可见，不管是电池还是不间断电源系统的机柜数量及占地面积两者差异不大，各占用了 4 个不间断电源系统柜。但这个配电层，市电直供支路无须任何开关及配电柜。因此，"2N UPS"架构占用了 8 个机柜位，而"市电+240V HVDC"架构只占用 4 个机柜位。

（3）输出配电柜 每套 400kVA 的 UPS 输出通常都需要一个 800A 或者 630A 的框架断路器，以及 5 个左右的 250A 抽屉柜到每个列头，所以每套 UPS 的输出配电柜部分会占用 2 个配电柜位，即 1 个 800A 的框架断路器及 5 个 250A 的塑壳断路器。因此，两套"2N UPS"系统共需要 4 个配电柜位、2 个 800A 框架断路器及 10 个 250A 的塑壳断路器。而对于"市电+240V HVDC"系统，市电直供支路无须配电柜及开关，同样对于"240V HVDC"系统，由于其输出配电部分已经包含在电源系统的输出熔丝柜内了，所以也不需要额外输出配电柜及输出开关等。

（4）列头柜层级 基于同样总功率及单机柜功率密度来测算，"2N UPS"和"市电+240V HVDC"两个方案在列头柜数量及配电开关数量方面可以认为基本一样，只是会在微断及线缆方面会有些差异，造价有所不同。直流微断比交流微断贵，因此配电空开造价"市电+240V HVDC"架构会贵一些。在线缆投资方面，UPS 系统因为增加两套输出配电柜及线缆，以及手动维修旁路线缆等；而"240V HVDC"因为是单相供电，高压直流输出到列头柜的单相线缆成本会比"2N UPS"的三相传输线缆成本稍高些，但总功率一样，耗铜量差别不会很大。可以认为"市电+240V HVDC"的线缆总投资不会超过"2N UPS"的线缆总投资。

所以，供电能力均为 360kW 的"市电+240V HVDC"相比"2N UPS"，减少配电柜数量。按项目经验估算降低一次性投资 42 万元左右，约节省 37.5% 的投资成本，并节省占地面积 6 个配电柜以上。

3. 用电成本对比

前面分析了很多一次性投资成本 CAPEX 及占地面积的比较。对于数据中心而言，更长的生命周期处于运营阶段，而运营成本构成中很大一块是电费。下面继续分析 OPEX 中的用电成本，对于 360kW 的系统，这里按 320kW 的实际负载来估算，分别比较"2N UPS"和"市电+240V HVDC"在 8 年生命周期内的总电费差异。

UPS 系统的效率往往随着负载率的提升而增加，如果 UPS 系统长期处于轻载状态，那么运行的实测效率并没有达到宣称的最高效率点。对于"2N UPS"架构，每套 UPS 的负载率往往只有 30%~40%，虽然选用了最高效率为 94% 的 UPS，但实际的运行效率很可能只有 90% 左右。而对于"240V HVDC"系统，由于有电池直接挂接母线，那么高压直流系统是允许节能休眠的，监控会自动开启需要工作的电源模块数量，并使电源系统在任何负载情况下都可以工作在最高效率点附近，即高压直流可以在全负载范围内都达到 94% 以上效率，而市电直供支路基本是 100% 供电效率，因此"市电+240V HVDC"综合供电效率为 97%。

由于每千瓦 IT 设备都需要经过不间断电源系统供电，因此 320kW 的 IT 设备负荷经过 90% 效率的"2N UPS"架构每年损耗的电费（按每度电 0.8 元估算）高达 22.43 万元，而"市电+240V HVDC"损耗 6.73 万元。此外，电力室内的不间断电源设备产生的热量需要额外的空调系统带走，还需考虑这部分空调能耗产生的电费，为简化分析按电力空调的散热能效 COP 为 4 估算。这样 320kW 的 IT 设备负荷在数据中心 8 年的生命周期内，仅仅计算不间断电源系统效率损耗及电力室空调能耗，"2N UPS" 供电架构损耗电费为 224.32 万元，而 "市电 +240V HVDC" 损耗电费为 67.28 万元，节省了 157 万元的运营电费。

　　综上所述，在类似可靠性及输出能力的 "2N" 配置 400kVA UPS 和容量为 360kW 的 "市电 +240VHVDC" 供电架构，在带 320kW 负载的模型下。"市电+240V HVDC" 供电架构比传统的 "2N UPS" 架构减少投资 42 万元，并节省 6 个配电柜。还在机房运营的 8 年生命周期内，节省运营电费 157 万元。折算成 TCO，仅仅在 CAPEX 及 OPEX 的电费部分就节省投资 200 万元。

6.3.3　数据中心高压直流系统的应用

　　腾讯第三代数据中心供电系统，采用 "市电 +240V HVDC" 系统架构，该架构开启 ECO 模式后的供电效率高达近 98%，比双路高压直流系统节能 2% 以上，比传统 UPS 节能 6% 以上。且节能效果在轻载下尤为明显，开启 ECO 模式后的高压直流系统在负载为 30% 及以下时，总系统节能高达 10% 以上，这还未算电源系统散热能耗带来的额外节能收益。

　　在对腾讯数据中心过去两三年的基础设施事故进行统计后，发现 UPS 故障发生的次数较多，总发生次数占比达 9%，基本上每年都会发生四五起 UPS 故障导致的服务器掉电的恶性事故。但采用高压直流供电的数据中心，虽然偶尔会有整流模块故障发生，但从来没有发生因高压直流电源系统故障而导致的服务器掉电事故（腾讯从 2010 年开始采用高压直流技术，目前存量在用的高压直流系统数量占多数），所以从基础设施测故障次数上看，采用高压直流供电的数据中心可靠性要高于采用 UPS 供电的数据中心。

　　从基础设施故障导致服务器掉电总数量的层面来分析，高达 41% 的服务器掉电原因是 UPS 故障。虽然 UPS 故障发生次数占比仅仅 9%，但其中某次 UPS 故障就影响到了上千台服务器掉电，故障波及面非常大。同样的，因为高压直流供电机房没有出现过因为高压直流电源系统问题导致的服务器掉电事故，所以从这个层面上看，受高压直流系统故障影响的服务器数量为零，采用高压直流的数据中心供电可靠性方面有了非常大的提升。

6.4　数据中心空调系统典型故障简介

　　数据中心空调系统是一种存在多种热/热质交换和功热转换形式的复杂热力系统，由于长时间连续运行不可避免会发生各类故障。这些故障一方面会导致空调系统偏离最佳运行区域，降低系统运行效率造成能耗浪费；另一方面也会影响数据中心内部温湿度、对 IT 设备造成不可挽回的损失，甚至产生安全性问题[8]。

6.4.1　数据中心空调系统故障种类

　　故障是指能够导致系统特性出现不可容忍性偏差的系统失灵。在数据中心空调系统中，故障是指系统中部分元器件功能失效而导致系统中至少有一个重要运行参数超过了其正常波动范围，使系统呈现出不期望的异常状态。故障的分类可以从多个不同层面进行[9,10]。

1. 按故障的严重程度分类

按故障的严重程度可以分为硬故障与软故障。硬故障是指器件完全丧失其特定功能，如风机停转、阀门卡死、传感器不再读值、执行器失效等。软故障是指器件随着使用时间的推移性能逐渐下降但没有完全丧失其功能，如盘管结垢、阀门泄漏、传感器偏差与漂移等。

2. 按故障的发展进程分类

按故障的发展进程可分为突发性故障和渐发性故障。突发性故障通常会导致系统某些运行参数突然剧烈变化，容易被检测到；渐发性故障是由于元器件老化等其他原因，设备性能逐渐下降并最终超出阈值而引发的故障，其发展较慢，在初期往往难于被检测到。

3. 按故障的持续时间分类

按故障的持续时间可将故障分为永久故障、瞬时故障和间歇故障。永久故障是指元器件发生了不可逆损坏，必须更换新的零部件才能恢复功能；瞬时故障的持续时间有限，只引起元器件当前参数值的变化，不会导致不可逆损坏；间歇故障是每隔一段时间重复出现的故障，主要由元件参数的变化、不正确的设计和工艺方面的原因所引发。

4. 按故障发生的部位分类

按发生的部位进行分类是最常见的故障分类方式，下文将按此种分类方式逐一介绍传感器故障、元部件故障、控制器故障和线路故障。

（1）传感器故障 数据中心空调系统配置有多种类型传感器，包括温度、流量、湿度、压力等。传感器故障有多种不同的类型，主要分为以下四种（图6-22）[11]：

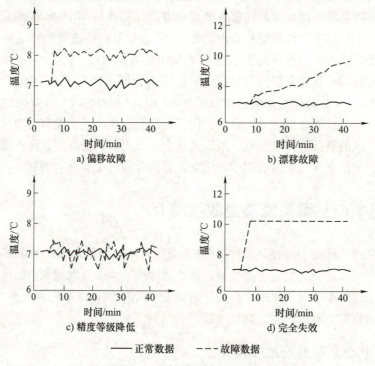

图 6-22 传感器故障类型图示

1）偏移故障：测量值与真值存在偏差，该偏差是一个定值。

2）漂移故障：测量值和真值的差值是时变的，比如线性变化时故障测量值与真值之间的差距随时间的推移而不断加大。

3）精度等级降低：偏差、漂移故障表现在测量的平均值出现了偏差。精度等级降低时，测量的平均值并没有发生变化，而是测量的方差发生了变化。

4）完全失效：不再读数，即测量值不随实际变化而变化，始终保持某一读数。这一恒定值一般是零或者最大读数。

（2）元部件故障　数据中心空调系统形式多种多样，下面列出几种常见的元部件故障：

1）阀门故障：包括各类水阀、电子膨胀阀等。故障类型可分为阀门卡死（维持在某一固定开度）和阀门泄漏。

2）风机故障：包括室内风机、室外冷凝器风机、冷却塔风机等。故障类型可分为堵转、转速卡死（维持在某一固定转速）、性能下降和完全失效。

3）压缩机故障：包括风/水冷直膨式压缩机和冷水机组内压缩机。故障类型可分为电机故障、转子抱死、散热片过脏、油气分离器故障、润滑油不足、管路泄漏等。

4）盘管结垢、翅片脏堵：包括蒸发器、冷凝器、冷却盘管、水冷换热器等。

5）干燥过滤器、电子膨胀阀堵塞。

6）加热器故障：电热丝烧断、电热管破裂、漏电等。

7）加湿器故障：加湿浮子故障、喷嘴堵塞、电极结垢等。

8）水泵故障：变频水泵工频运行、性能下降和完全失效等。

9）冷却塔故障：由于吸入空气过脏、水质不佳造成的各种堵塞问题，主要包括填料堵塞、进/出风口堵塞、布水器堵塞、集水盘出水口堵塞等。

（3）控制器故障　控制器故障的发生会导致执行器运行不受控、系统运行参数偏离设定值等问题。常见的控制器故障有以下四种：

1）控制器不稳：输出的控制信号或执行器的反馈信号不稳定，出现高频振荡特性。

2）控制器失效：当被控参数偏离设定值时，输出的控制信号或执行器反馈信号保持恒定不变，控制器完全丧失其控制调节功能。

3）控制器偏差：输出的控制信号和执行器的反馈信号存在较大偏差。

4）控制器反向控制：输出的控制信号和执行器反馈信号完全呈相反的趋势变化。

（4）线路故障　线路故障包括供电线路和通信线路，是由于线路老化、接线操作不当等产生的故障，通常发生于各类传感器，或室内风机、室外风机、膨胀阀、压缩机驱动器、水阀、加湿浮子等各类执行器处。

6.4.2　典型故障影响机理

数据中心空调机组的大部分故障发展缓慢，从产生到具有明显征兆，通常需要相当长的时间。当故障发展到一定严重程度时，部分关键热力参数如压缩机吸排气温度/压力、送风温度、制冷量等，以及部分控制信号和反馈信号会产生相应征兆。由于空调机组的自适应性，系统大多时候会通过提高压缩机转速、调整膨胀阀开度等方式补偿故障发生带来的负面影响。

本节选取数据中心常见空调系统形式，分析其典型故障的征兆产生的热力学机理，总结见表 6-1 和表 6-2。由于实际项目中在设备种类、控制策略和运行工况上有较大的不确定性，面对具体故障场景需因地制宜地进行类推分析。

303

表 6-1　直膨式空调典型故障的征兆产生机理

空调系统形式	故障类型	征兆产生机理
风/水冷直膨式空调	制冷剂泄漏或充注不足	蒸发器供液不足，蒸发压力和蒸发温度均下降，制冷量下降，空调送风温度升高。蒸发器中制冷剂流经的过热段变长，吸气过热度增大
	制冷剂充注过量	蒸发器内的制冷剂蒸发不完全，多余的制冷剂贮存在冷凝器中造成换热有效面积减少，冷凝效果下降，冷凝温度和冷凝压力升高，间接导致蒸发温度和蒸发压力升高
	空气与不凝性气体	不凝气体进入冷凝器后形成一层气膜阻碍传热，使冷凝温度和冷凝压力升高，吸气压力升高，不凝性气体还会使得压缩机的功率增大
	室内风机故障	故障风机转速控制信号远大于反馈信号 单风机：送风温度降低 多风机：系统会根据设定温度与实际温度的偏差调整风机台数和转速，故障造成的温度偏差会被抵消。只有当所有风机全部处于最高转速运行时，一台或多台风机故障会影响送风温度
	膨胀阀卡死	阀门开度无法调整，制冷剂流量维持定值不变 卡死在较大开度：蒸发器出口含有液态制冷剂，与制冷剂充注过量相似 卡死在较小开度，则制冷剂在蒸发器内会提前蒸发完毕，与制冷剂泄漏相似 膨胀阀卡死会对压缩机吸气压力、吸气温度、送风温度产生直接影响，对压缩机排气温度、排气压力有间接影响
	冷凝器结垢	热阻增大，传热系数下降，冷凝效果下降，冷凝温度和压力升高，压缩机排气压力和温度升高，间接影响压缩机吸气压力和温度
	干燥过滤器堵塞	产生局部节流，干燥过滤器前后会产生较明显的压降。膨胀阀开度会相应增大以抵消其负面影响。当膨胀阀开度开到最大仍无法抵消该故障的影响时，机组会产生一系列显性征兆，包括冷凝压力升高，压缩机排气压力升高，蒸发器压力下降，压缩机吸气压力下降等
风冷直膨式空调	室外风机故障	冷凝器换热风量减小，换热效果下降，冷凝温度升高，压缩机排气压力和温度升高。同时室外风机转速的控制信号会远大于反馈信号
水冷直膨式空调	冷却塔故障	冷却水向外界释放热量的能力降低，水冷冷凝器中冷却进水温度偏高，制冷剂冷凝效果下降，冷凝温度和压力升高，压缩机排气压力和温度升高，间接影响压缩机吸气压力和温度

表 6-2　集中冷冻供水+冷冻水型机房专用空调

空调系统设备	故障类型	征兆产生机理
室内机	室内风机故障	风机转速控制信号远大于反馈信号，送风温度降低
	冷冻盘管结垢	传热系数降低，送风温度升高
	电加热器故障	再热功能失效，可能会出现送风温度过低的情况
	加湿器故障	加湿功能失效，可能会出现送风湿度过低的情况

（续）

空调系统设备	故障类型	征兆产生机理
冷水机组	制冷剂泄漏或充注不足	蒸发器供液不足，蒸发压力和蒸发温度均下降，制冷量下降，空调送风温度升高。蒸发器中制冷剂流经的过热段变长，吸气过热度增大
	制冷剂充注过量	蒸发器内的制冷剂蒸发不完全，多余的制冷剂贮存在冷凝器中造成换热有效面积减少，冷凝效果下降，冷凝温度和冷凝压力升高，间接导致蒸发温度和蒸发压力升高
	空气与不凝性气体	不凝气体进入冷凝器后形成一层气膜阻碍传热，使冷凝温度和冷凝压力升高，吸气压力升高，不凝性气体还会使得压缩机的功率增大
	冷凝器结垢	传热系数降低，冷却水流量减少，冷凝器冷凝效果下降，冷凝温度和冷凝压力升高，压缩机的功耗也会升高
	蒸发器结垢	传热系数降低，冷冻水流量减少，蒸发器蒸发效果下降，此时蒸发温度和蒸发压力均下降
水泵	冷却泵故障	冷却水流量不足，冷却水进出水温差增大，冷凝温度升高
	冷冻泵故障	冷冻水流量不足，冷冻水的进出水温差增大。当流量严重不足时，蒸发温度下降，蒸发压力下降，吸气压力下降，机组会实行低压保护停机
冷却塔	风机故障填料、进/出风口、布水器脏堵	冷却水向外界释放热量的能力降低，冷机冷却进水温度偏高，制冷剂冷凝效果下降，冷凝温度和压力升高，压缩机排气压力和温度升高，间接影响压缩机吸气压力和温度

6.4.3　故障检测与诊断理论方法

故障检测与诊断指的是通过监测设备的运行参数及相关信息，对其进行分析从而判断设备是否出现故障以及确定故障具体方位和类型的过程。对数据中心空调系统进行故障检测与诊断，能够及时发现运行异常和早期故障，提示运维人员进行有针对性的排查和移除，对提高数据中心的能效水平和能源利用效率，具有积极作用。

1. 基本概念

故障检测与诊断经常使用的基本概念介绍如下：

（1）故障检测　判断系统或设备是否出现故障以及何时出现故障的过程，称为故障检测。

（2）故障诊断　在检测出故障后确定故障的具体方位和类型，并进行故障模式分析的过程，称为故障诊断。

（3）故障传播　故障的发生往往具有传播性，某些设备故障发生后未能得到及时诊断和处理则会引起关联设备的故障或造成系统级别故障，该过程称为故障的传播。在故障诊断过程中，通常将第一个失效的单元称为故障源，其引起的故障称为原发性故障。

（4）故障征兆　故障发生后引起特征参数或特征指标状态变化的现象，称为故障征兆。

（5）故障评价　对诊断出的故障进行定性或定量评价，判断和估计该故障对系统或设备性能指标的影响，并计算故障严重程度、故障持续时间等指标，该过程称为故障的评价。

（6）诊断方案　通过分析故障特征变量或故障征兆表现，利用先验的辅助诊断信息，

305

定位故障方位并确定故障类型，得出移除故障的方法的过程，称为诊断方案。针对不同的诊断对象和不同的诊断环境，拟采取的诊断方案也会有所差异。同时，在一次诊断过程中也可同时耦合多种诊断方案，以获得更好的诊断效果。

2. 常用的故障检测与诊断方法

图 6-23 所示为典型的数据中心空调系统故障检测与诊断方法的分类[12]。从方法论角度而言，故障检测与诊断方法可以分为知识驱动的方法和数据驱动的方法。知识驱动的故障检测与诊断方法侧重于引入领域理论知识，可以进一步分为基于规则的方法、基于模型的方法、基于模糊逻辑的方法和基于贝叶斯网络的方法等。数据驱动的故障检测与诊断方法完全依赖数据，可以进一步分为基于人工神经网络的方法、基于主成分分析的方法、基于支持向量机的方法和基于关联规则的方法等。下面分别简单介绍几种故障检测与诊断方法的定义及工作原理。

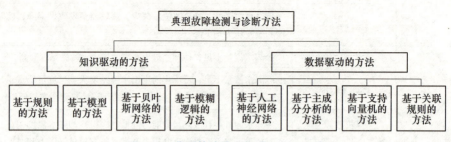

图 6-23　典型故障检测与诊断方法分类

（1）基于规则的方法[13]　基于规则的方法的故障检测与诊断方法的工作原理是：依靠专家知识及经验建立规则库，诊断规则通常采用 IF-Then 的结构来表示故障与征兆之间的相关关系，推理机基于已获得诊断信息对规则库内的相关诊断规则进行匹配识别，进而判断故障发生及故障类型。该方法不需要准确的数学模型以及大量的计算工作，是目前实际应用中最为常见的一类方法。

（2）基于模型的方法[14]　基于模型的故障检测与诊断方法的工作原理是：通过建立一系列对特定故障敏感且具有物理意义的指标模型来模拟受诊对象正常运行情况下的输出，再通过对比实际测量值和模型输出值之间的偏差来实现故障的检测与诊断。该方法的故障诊断正确率与模型准确性息息相关，由于数据中心空调系统是一个非线性耦合的复杂热力系统，为提高诊断模型准确性，建模过程往往会加入一些数学拟合的方法，据此可进一步将模型分为白箱模型、灰箱模型和黑箱模型三类。

（3）基于贝叶斯网络的方法[15-18]　贝叶斯网络（Bayesian Network，BN）是由代表随机变量的节点及连接这些节点的有向边构成的有向无圈图，节点变量可以是任何问题的抽象。基于贝叶斯网络的故障检测与诊断方法的工作原理是：节点变量主要包括故障和征兆，每一种故障和征兆都有不同的状态表现，这些状态表现都可视为一个事件。节点间的有向边代表了节点间的互相关系，而条件概率可用于描述节点之间的关系强度。例如故障节点可以指向一个或多个相关征兆节点，条件概率是指故障在各种状态下（例如有故障状态和无故障状态）导致征兆节点各种状态（例如观测到状态和未观测到状态）发生的概率。图 6-24 所示为典型的故障检测诊断贝叶斯网络的基本结构。在故障检测与诊断过程中，输入可观测征兆节点的状态值，通过概率推理过程可计算所有故障节点的后验概率，进而分析相应故障的发生可能性。

（4）基于模糊逻辑的方法[19]　基于模糊逻辑（Fuzzy Logic）的故障检测与诊断方法的工作原理是：基于专家知识和经验建立模糊规则用以描述故障与征兆之间的相关关系（一般采用 IF-Then 型结构），模糊推理机根据当前获得的诊断信息，结合模糊规则库中的相关规则进行模糊推理，并基于故障可信度得出故障检测与诊断结果。

（5）基于人工神经网络的方法[20]　人工神经网络（Artificial Neural Network，ANN）分为输入层、隐含层和输出层，其中第一层为输入层，最后一层为输出层，隐藏层可以有多层。人工神经网络中的每一个神经元节点上的偏置以及神经元间连线的权值作为待定参数，在训练过程中不断被调整，直至输出层的输出值理想化。基于人工神经网络的故障检测与诊断方法的工作原理是：利用训练数据建立起故障特征变量，并将故障特征变量作为输入层变量，故障作为输出层变量，隐含层可根据具体情况进行调整，利用训练数据实现输入层和输出层的映射，然后将训练好的网络用于对新观测数据的故障检测与诊断。图 6-25 所示为三层故障检测诊断人工神经网络的基本结构。

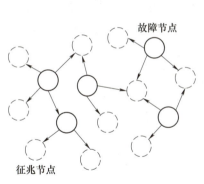

图 6-24　故障检测诊断贝叶斯
网络基本结构示意图

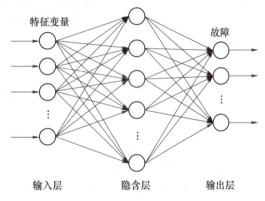

图 6-25　三层故障检测诊断人
工神经网络基本结构

307

（6）基于主成分分析的方法[21]　主成分分析方法（Principle Component Analysis，PCA）将高维数据组成矩阵，进行一系列矩阵运算后确定若干正交向量，根据数据在这些向量上的投影，选取数据变化最大的几个方向，舍去数据变化较小的方向，实现了数据的降维表示。基于主成分分析的故障检测与诊断方法的工作原理是：利用主成分分析方法将正常运行的高维历史数据进行降维表示，正交向量的个数表明数据降维后的维度，将观测数据向量映射到正交向量所指的方向上，并判断观测数据是否异常，从而实现故障检测。图 6-26 所示为基于主成分分析的故障检测与诊断方法。

（7）基于支持向量机的方法[22]　基于支持向量机（Support Vector Machine，SVM）的故障检测与诊断方法的工作原理是，当数据在本身维不可分时，利用核函数将数据映射到高维空间，根据不同原则选取参数构造超平面对数据进行分类，从而达到故障检测与诊断的目的。支持向量机在分类问题上仅考虑二值分类，为实现故障检测与诊断，需要建立多个支持向量机。图 6-27 所示为基于支持向量机的故障检测与诊断方法。

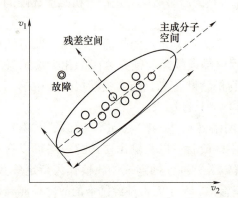

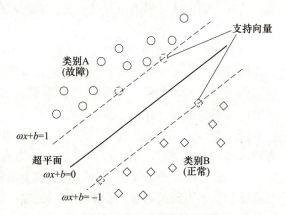

图 6-26 基于主成分分析
的故障检测与诊断方法
图 6-27 基于支持向量机的
故障检测与诊断方法

（8）基于关联规则的方法[23]　基于关联规则（Association Rule，AR）的故障检测与诊断方法的工作原理是：挖掘故障特征变量和故障类别之间的关联规则，设定最小支持度和最小置信度阈值，并从所有规则中筛选出支持度和置信度大于设定值的类别规则，从中挑选更有价值的有限数量类别规则用来构建故障分类模型。在故障检测与诊断过程中，通过判断观测数据的所属类别，实现故障检测与诊断。

思考题与习题

6-1　典型的控制方式有哪些？其定义分别是什么？

6-2　系统的数学模型包括哪三类？

6-3　如何理解系统方块图？

6-4　控制的性能指标分别是什么？

6-5　用于分析系统稳态和动态性能的方法有哪些？

6-6　常用的控制方法有哪些？这些方法的定义和工作原理分别是什么？

6-7　在数据中心制冷系统的控制中，常采用的节能控制策略有哪些？

6-8　数据中心空调系统的故障是如何分类的？分为哪几种类型？

6-9　硬故障和软故障分别指什么？请举例说明。

6-10　传感器故障分为哪几类？请分别说明其定义。

6-11　试列出 10 种数据中心空调系统常见部件故障。

6-12　简述风冷+冷冻水双冷源机组典型故障及其征兆产生机理。

6-13　试分析故障检测、故障诊断与故障评价过程的主要区别。

6-14　数据中心空调系统故障检测与诊断的常见方法有哪些？

6-15　试列出三种常见故障检测与诊断方法的具体工作原理。

参 考 文 献

［1］KATSUHIKO OGATA. 现代控制工程［M］. 5 版. 卢伯英，佟明安，译. 北京：电子工业出版社，2011.

［2］WANG S. Intelligent Buildings and Building Automation［M］. Oxford：SPON Press，2010.

[3] WANG J, ZHANG Q, YU Y. An advanced control of hybrid cooling technology for telecommunication base stations [J]. Energy & Buildings, 2016, 133：172-184.

[4] 胡寿松. 自动控制原理 [M]. 4 版. 北京：科学出版社，2001.

[5] AFRAM A JANABI-SHARIFI F. Theory and applications of HVAC control systems-A review of model predictive control (MPC) [J]. Building & Environment, 2014, 72 (1)：343-355.

[6] YU Z, HUANG G, HAGHIGHAT F, et al. Control strategies for integration of thermal energy storage into buildings：State-of-the-art review [J]. Energy & Buildings, 2015, 106：203-215.

[7] ASHRAE T C 9. 9. 数据通信设施节能最佳实践：Best Practices for Datacom Facility Energy Efficiency [M]. 任兵，杨国荣，陈亮，译. 北京：中国建筑工业出版社，2010.

[8] 黄荣庚. 基于关联规则的数据中心用空调系统制冷剂泄漏故障检测 [D]. 武汉：华中科技大学，2019.

[9] 李裴婕. 基于 TRNSYS 的变风量空调系统故障检测与诊断仿真研究 [D]. 杭州：浙江大学，2018.

[10] 孟小忖，赵蕾. 基于专家规则的一次回风空调系统在线故障检测与诊断 [J]. 建筑科学，2009，26 (5)：61-67.

[11] 陈友明，郝小礼. 建筑能源管理与控制系统中传感器故障及其检测与诊断 [J]. 暖通空调，2004 (2)：83-88.

[12] ZHAO Y, LI T, ZHANG X, et al. Artificial intelligence-based fault detection and diagnosis methods for building energy systems：Advantages, challenges and the future [J]. Renewable and Sustainable Energy Reviews, 2019, 109：85-101.

[13] HOUSE J M, VAEZI-NEJAD H, WHITCOMB J M. An Expert Rule Set For Fault Detection In Air-Handling Units [J]. ASHRAE Transactions, 2001, 107 (1)：858-871.

[14] ZHAO Y, WANG S, XIAO F, et al. A simplified physical model-based fault detection and diagnosis strategy and its customized tool for centrifugal chillers [J]. HVAC & R Research, 2013, 19 (3)：283-294.

[15] ZHAO Y, WEN J, XIAO F, et al. Diagnostic Bayesian networks for diagnosing air handling units faults-part Ⅰ：Faults in dampers, fans, filters and sensors [J]. Applied Thermal Engineering, 2016, 111：1272-1286.

[16] ZHAO Y, WEN J, WANG S. Diagnostic Bayesian networks for diagnosing air handling units faults-Part Ⅱ：Faults in coils and sensors [J]. Applied Thermal Engineering, 2015, 90：145-157.

[17] XIAO F, ZHAO Y, WEN J, et al. Bayesian network based FDD strategy for variable air volume terminals [J]. Automation in Construction, 2014, 41：106-118.

[18] ZHAO Y, XIAO F, WANG S. An intelligent chiller fault detection and diagnosis methodology using Bayesian belief network [J]. Energy & Buildings, 2013, 57 (2)：278-288.

[19] NGO D, DEXTER A. A robust model-based approach to diagnosing faults in air-handling units [J]. ASHRAE Transaction, 1999, 105 (1)：1078-1086.

[20] LEE W Y. HOUSE J M. KELLY G E. Fault Diagnosis of an Air-Handling Unit Using Artificial Neural Networks [J]. ASHRAE Transactions, 1996, 102 (1)：540-549.

[21] WANG S, XIAO F. AHU sensor fault diagnosis using principal component analysis method [J]. Energy & Buildings, 2004, 36 (2)：147-160.

[22] HAN H, GU B, KANG J, et al. Study on a hybrid SVM model for chiller FDD applications [J]. Applied Thermal Engineering, 2011, 31 (4)：582-592.

[23] ZHANG C, XUE X, ZHAO Y, et al. An improved association rule mining-based method for revealing operational problems of building heating, ventilation and air conditioning (HVAC) systems [J]. Applied Energy, 2019, 253：113492.

309

第 7 章
数据中心节能规划设计与标准

数据中心的节能减排一直是行业关注的重点。近年来，能源消耗呈逐年增加趋势，在这些能源消耗中，制冷系统是除 IT 设备之外的第二能源消耗大户，其能源消耗约占能源消耗总量的三分之一[1]。由此可见，空调系统的节能减排在数据中心的节能减排中占有重要地位，机房设计温度每升高 1℃，空调系统可以节能 3%~5%。要实现数据中心的节能减排，首先需要认识数据中心的能效指标，然而，目前我国尚未建立统一的数据中心能效指标体系，也缺乏相应的评估标准。过去企业在进行内部评估时，各个数据中心都是自行测试并公布能效数据，但是往往不能反映真实的能耗水平，不同数据中心的能耗结果也缺乏可比性。数据中心标准参差不齐，不仅给业界评估带来了很大的不便，也不利于找出节能降耗的落脚点，不利于节能减排目标的实施与落实，更不利于数据中心节能减排目标的实现[2]。

7.1 数据中心的能效指标

数据中心能效指标[2,3]的作用是在衡量数据中心能效时提供一个量化的标准，见表 7-1。它可以衡量数据中心运行过程中的电能利用情况，作为数据中心设计和运维改进的重要依据，有助于寻找节能点，为节能减排的实施提供数据依据，并为不同数据中心之间的能效比较提供依据。

表 7-1 数据中心能效指标

能效指标	名 称	字母表示	公 式	意 义
PUE	电能利用效率	PUE	数据中心总能耗/IT 设备能耗	反映了机房内 IT 设备的电能利用率
PUE 延伸指标	基础设施效率	DCIE	$\dfrac{1}{\text{PUE}} \times 100\%$	表示 IT 设备所消耗的电量占数据中心总耗电量的比例
	局部 PUE	pPUE	$(N_i + \text{IT}_i)/\text{IT}_i$	用于对数据中心内局部区域进行能效评估和分析，使能效评估和分析更具针对性
EEUE	电能使用效率	EEUE	数据中心总电能消耗/数据中心 IT 设备电能消耗	用于分析数据中心电能能效状况，可作为数据中心电能能效水平评级的依据

（续）

能效指标	名　称	字母表示	公　式	意　义
制冷/供电 负载系数	制冷负载系数	CLF	制冷设备耗电/IT 设备耗电	表示制冷系统的能源效率
	供电负载系数	PLF	供配电系统耗电/IT 设备耗电	表示供配电系统的能源效率
可再生能源利用衡量标准	可再生能源利用率	RER	可再生能源供电/数据中心总耗电	用于衡量数据中心利用可再生能源的情况
	碳使用率	CUE	数据中心总 CO_2 排放量/IT 设备能耗	表示每千瓦时用电产生的碳排放密集程度

7.1.1　电能使用效率（PUE）

1. PUE 的定义

业界的许多厂商和组织都自行提出了数据中心的能效指标架构，其中普遍被人们所接受和使用的是 2007 年 The Green Grid Association（TGGA）发布的 PUE（Power Usage Effectiveness），其因概念明晰、易于理解、结构简单等诸多优点，已经迅速得到全球机房建设和管理人员的普遍认可和广泛采用，现在已成为衡量机房基础架构能源利用效率的重要指标，我国政府和相关产业界也认可并采用该指标作为机房建设和运维的重要标杆。

PUE 是数据中心消耗的所有能源与 IT 设备消耗的能源之比，其计算公式为

$$PUE = \frac{数据中心年总耗电量}{IT 设备年耗电量} \tag{7-1}$$

数据中心的总耗电量是维持数据中心正常运行的所有耗电量，包括 IT 设备、制冷设备、供配电系统和其他设施的耗电量总和。如果数据中心所在建筑同时用于办公等其他用途，则办公等所消耗的电能不包括在数据中心总耗电量中。PUE 反映的是为满足 IT 设备供电要求的数据机房的总供电率，PUE 值越小越好，PUE 的最小值趋近于 1，即 IT 设备能耗。PUE 值越接近于 1，表示一个数据中心的绿色化程度越高。

但是，PUE 定义的是 IT 设备所消耗的电量占总耗电量的比例，它只是一个相对的数值，并不能知道其绝对消耗量。而且 PUE 并未引入时间的概念，这对于节能改造造成了很大的不便。2010 年 7 月，TGGA 意识到了 2007 年 PUE 定义的局限性与不足，对 PUE 进行了划分，在此过程中引入了时间的概念。TGGA 将 PUE 分为 PUE_0、PUE_1、PUE_2 和 PUE_3 四大类。其中 PUE_0 即 2007 年定义的 PUE，而在 PUE_1、PUE_2 和 PUE_3 中引入了时间的概念，对 IT 设备耗电量的界定均有所不同。

（1）PUE_0　相对于原来的 PUE，它仍然是在离散时间点上测量的数据中心总输入功率和 IT 负载功率，主要的改进是它规定读数采用 IT 设备利用率峰值期间的数值。PUE_0 不能展现动态负载的影响，因此测量时机不同，最终结果的偏离也很大。此外，IT 负载功率采用的 UPS 的输出会增加非 IT 负载的开销，如 PDU 损耗、机柜风扇损耗等。PUE_0 仍然是基于功率而非能量的，因此它只能用于 100% 电力驱动的数据中心，目前没有办法校准不同燃料。简单来说，PUE_0 用于跟踪独立数据中心各种变化的效果还是很有效的，但不应该用于不同数据中心之间的对比，即使它们的设计是一样的。

（2）PUE_1　这是第一级基于能源或电源消耗计算的新 PUE，它需要过去 12 个月内的总能耗（kWh）数值，所有燃料类型产生的能量都将转换成通用值，即千瓦时（kW·h），与 PUE_0 相比，这是最主要的一个改进。但它仍然沿用了 UPS 输出作为 IT 负载能量，因此在计算 IT 负载时会出现与 PUE_0 同样的错误。根据实际情况，这些错误会不同程度地影响到 PUE 的值。如果没有 PDU，没有机柜风扇，并且其他一切都按照 PUE_1 方法进行测量，则最终计算出的 PUE 值将非常接近真实值。

（3）PUE_2　PUE_1 和 PUE_2 唯一不同的地方是 IT 负载能量的测量方法，PUE_2 汇总了 PDU 的输出，正如前面提到的，如果输电线路没有用到 PDU，则 PUE_1 和 PUE_2 之间的差别就很小了。

（4）PUE_3　这是最准确的 PUE 测量方法，最终所有数据中心都会热切地希望采用这种测量方法。它需要精确测量 12 个月内每个 IT 设备的输入功率，目前只有少数数据中心有能力做到这一步，但毫无疑问这是最精确的方法。

如图 7-1 所示，测量不同节点 A、B、C、D 处的能耗，进行 PUE 的计算，计算公式见表 7-2。

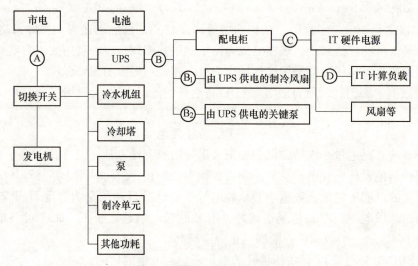

图 7-1　各 PUE 测量点分布情况

A—数据中心总能耗　B—UPS 负载能耗　C—硬件负载能耗　D—计算负载能耗

表 7-2　各 PUE 的计算公式

PUE	$Power_{DC}$	$Power_{IT}$	$Power_{DC}/Power_{IT}$
PUE_0	$Power_A$	$Power_B - Power_{B1+B2}$	$Power_A/Power_B - Power_{B1+B2}$
PUE_1	$Power_A$	$Power_B - Power_{B1+B2}$	$Power_A/Power_B - Power_{B1+B2}$
PUE_2	$Power_A$	$Power_C$	$Power_A/Power_C$
PUE_3	$Power_A$	$Power_D$	$Power_A/Power_D$

2. PUE 指标的不足

PUE 指标可以进一步分解为

$$PUE = \frac{数据中心总耗电量}{IT\ 设备耗电量}$$

$$= \frac{IT\ 设备能耗 + 制冷设备能耗 + 供电系统能耗 + 其他能耗}{IT\ 设备能耗}$$

$$= 1 + CLF + PLF + 其他能耗因子$$

在目前的技术水平下，高能效数据中心的 PUE 值为 1.6~1.8，CLF 值在 0.45 左右，PLF 值在 0.11 左右。在 PUE 概念中，IT 设备的能耗始终是常数 1，它所能够衡量的是在 IT 设备运行能耗的基础上，空调、供配电系统及照明系统增加的能耗系数。因此，用 PUE 指标来解决数据中心的节能问题，只涉及空调的能效、供配系统电的能效和其他附属部分的能效，并没有涉及 IT 设备本身的能效问题，这显然存在着研究缺陷。

3. 对 PUE 的评价

对 PUE 这一指标，国际上对其评价褒贬不一。2016 年 3 月 ASHRAE 宣布在其今后的标准中不再使用 PUE 这一指标；同年 4 月，美国绿色网格组织对此发表声明，表述了自己的不同观点。2016 年 4 月 15 日，国际标准化组织发布了 ISO/IEC30134.1 标准，PUE 被称为数据中心的 "关键性能指标"。关于 PUE 的争论是否就此告一段落，尚不得而知。尽管 PUE 存在一些问题，但它目前仍然是我国评价数据中心水平的唯一指标。如上所述，我国数据中心 PUE 的真实水平尚缺乏权威调查结果，主要原因如下：

1）缺乏全面、正确的检测方法。尽管我国将 PUE 视为评价数据中心水平的重要指标，但是迄今为止，国家标准并未给出 PUE 的完整、正确的检测方法。

2）没有国家级权威检测机构。国内目前尚无国家级的 PUE 检测机构，虽然一些民间组织和设计研究院开展了这方面的业务，但是从测试结果来看，不但缺乏权威性，而且存在诸多不合理的地方，因此才会出现对国内 PUE 水平评价不一的现象。

3）数据中心 PUE 的测量点布置不合理，未能细化各种设备的耗电量，未能剔除非数据中心设备的耗电量，因此导致所测试的数据未能正确反映实际耗电量。

4）采用实时测量值替代全年平均值。由于 PUE 的测试十分复杂，且需要进行全年不间断的测试，在缺乏测试标准和权威测试机构的条件下，被测单位和测试单位往往以实时测量值或一年内某一时段的测试值替代全年平均值，结果导致 PUE 值失去了其真实性。

5）将处于不同气候区的数据中心的 PUE 混为一谈。建设在不同气候区的数据中心，由于室外温度对冷水机组能耗的影响，以及可采用的冷却技术（如自然冷却等）的不同，即使是其他条件相同，其 PUE 也会不同。ASHRAE 根据数据中心所在地理位置划分了 17 个气候区，对每个气候区的数据中心设定 PUE 最大值，其中最小为 1.2，最大为 1.61，地理位置不同，PUE 差异明显。相关部门把我国数据中心的布局分为四类地区，只有同一地区的 PUE 才有可比性，如果把全国绿色数据中心的 PUE 值统一规定为小于 1.4 实际上是需要通过采取不同的方案实现的。显然，PUE 可以达到 1.4 以下的哈尔滨的数据中心，如果搬到海口就需要采取多种节能措施来维持 PUE 等于 1.4 了。

6）未考虑不同负荷率的影响。从投资方的角度出发，总是希望数据中心的负荷率越高越好，最好是 100% 满负荷运行。但是实际上，数据中心的负荷率远低于设计值，尤其是在数据中心投运初期，当负荷率低于 30% 时，不间断电源 UPS 的效率急剧下降，PUE 相应上升。对于租赁式数据中心，由于用户的进入很难一步到位，数据中心开始运行后，在最初的一段时间内负荷率会较低，如果采用设计 PUE，也就是满负荷时的 PUE 来评价或验收数据中心的 PUE 则是不合理的。

7.1.2 其他能效指标

虽然 PUE 反映了基础设施能效的高低，对选择机房空调系统、供配电系统以及设计和构建数据中心的基础设施很有指导意义，但其不足以衡量整个数据中心的节能状况，无法指导整个数据中心的能耗建设，因此提出以下能效指标来完善数据中心评价体系。

1. DCIE

DCIE（Data Center Infrastructure Effectiveness）即数据中心基础设施效率，它是世界上另一个广受认可的评价体系，其值是 PUE 的倒数，即

$$DCIE = \frac{1}{PUE} \times 100\% = \frac{IT 设备总能耗}{数据中心总能耗} \times 100\% \tag{7-2}$$

DCIE 表示 IT 设备所消耗的电量占数据中心总耗电量的比例，其值必定小于 1，而且越接近 1 越好。

2. 局部 PUE

局部 PUE（Partial PUE, pPUE）是数据中心 PUE 概念的延伸，主要用于对数据中心内的局部区域进行能效评估和分析，使能效评估和分析更具针对性，其计算公式为

$$pPUE_i = \frac{N_i + IT_i}{IT_i} \tag{7-3}$$

式中　i——数据中心的局部区域；

　$N_i + IT_i$——i 区域的总能耗（W）；

　N_i——i 区中非 IT 设备的能耗（W）；

　IT_i——i 区中 IT 设备的能耗（W）。

局部 PUE 用于反映数据中心的部分设备或区域的能效情况，其数值可能大于或小于整体 PUE。提高整个数据中心的能源效率，一般要先提升 pPUE 值。

3. 电能使用效率（EEUE）

电能使用效率（Electric Energy UsageEffectiveness，EEUE）是数据中心总电能消耗与数据中心 IT 设备电能消耗的比值，即

$$EEUE = E_{total} / E_{IT} \tag{7-4}$$

式中　E_{total}——数据中心总电能消耗（kW·h）；

　E_{IT}——数据中心 IT 设备电能消耗（kW·h）。

4. 制冷/供电负载系数（CLF/PLF）

制冷负载系数（Cooling LoadFactor，CLF）给衡量空调制冷系统的能耗提供了评估标准，其定义为数据中心中制冷设备耗电与 IT 设备耗电的比值，即

$$CLF = \frac{制冷设备耗电}{IT 设备耗电} \tag{7-5}$$

供电负载系数（Power LoadFactor，PLF）是数据中心中供配电系统耗电与 IT 设备耗电的比值，即

$$PLF = \frac{供配电系统耗电}{IT 设备耗电} \tag{7-6}$$

制冷负载系数 CLF 和供电负载系数 PLF 可以看作是 PUE 的补充和深化，通过分别计算这两个指标，可以进一步分析制冷系统和供配电系统的能源效率。

5. 可再生能源利用衡量标准

尽管 PUE 被长期作为数据中心运营者衡量其电力使用效率的标准，但它没有涉及性能和开销，更没有考虑评价绿色环保程度（如消耗能源的碳含量）。例如，与主要依赖煤燃料供能而具有较低 PUE 的数据中心相比，一个主要依靠新能源供能的数据中心虽然可能具有较高的 PUE，但其产生的污染更少。

可再生能源利用率（Renewable EnergyRatio，RER）可用于衡量数据中心可再生能源的情况，以促进可再生、无碳排放或极少碳排放的能源利用。RER 的定义为

$$RER = \frac{可再生能源供电}{数据中心总耗电} \tag{7-7}$$

碳使用率（Carbon UsageEfficiency，CUE）表示每千瓦时用电产生的碳排放密集程度，其计算方法是用数据中心总的 CO_2 的排放量除以 IT 设备能耗（kW·h），即

$$CUE = \frac{数据中心总 CO_2 排放量}{IT 设备能耗} \tag{7-8}$$

根据 CUE 的定义，其计算方法也可以转化为能源的碳排放量因子乘以能源的耗用量，即

$$CUE = \sum 碳排放因子 F_i \times 能源的耗电量 E_i \tag{7-9}$$

碳排放因子是相应能源的碳密度，即消耗单位能量所排放的碳量，单位为 $kg(CO_2)/(kW·h)$。

7.1.3 日本的 DPPE 能效指标体系

由日本 GIPC（Green IT Promotion Council）组织提出的 DCPPE（Data Center Performance Per Energy）指标[4]包括：IT 设备利用率（IT Equipment Usage，ITEU）、IT 设备的电力效率（IT Equipment Energy Efficiency，ITEE）、PUE 的电力使用效率和绿色能源利用率（Green Energy Coefficient，GEC）。

DPPE 表示整个数据中心的能源生产力，即数据中心消耗单位能源（不包含可再生能源）所带来的工作性能，其计算公式为

$$DPPE = \frac{IT 设备利用率 \times IT 设备总功率}{IT 设备的能耗} \times \frac{IT 设备总容量}{IT 设备总功率} \times$$
$$\frac{IT 设备的能耗}{数据中心的能耗} \times \frac{数据中心的能耗}{(数据中心的能耗 - 绿色能源)} \tag{7-10}$$
$$= ITEU \times ITEE \times \frac{1}{PUE} \times (1 - GEC)$$

上式前两项提出了 IT 设备本身的能耗指标，第三项考虑了设施的能耗（设施能耗与建筑能耗紧密相关），最后一项引入了可再生能源的指标。式（7-10）中各指标的含义、公式和意义[5]见表 7-3。

表 7-3　日本数据中心单位能耗性能子指标

子指标名称	公　　式	意　　义	改善措施
ITEU	IT 设备利用率×IT 设备的总功率/IT 设备的能耗	表明软件与设备运行的效率	IT 设备有效运行虚拟化
ITEE	IT 设备的总容量/IT 设备总功率	表明硬件的效率	引进高效的 IT 设备
PUE	数据中心的能耗/IT 设备的能耗	设施的效率	节能设施空调、电源效率等
GEC	绿色能源/数据中心的能耗	能源获取的效率	使用绿色能源

数据中心能源流向与指标范围如图 7-2 所示。在逻辑上，将流入数据中心的能源分为商用电力、燃气燃料和现场绿色电力三部分，能源流入数据中心后产生设施能耗和 IT 设备能耗等。对应表 7-3 可知，现场绿色电力产生 GEC 指标；数据中心环境（设施能耗）影响 PUE；IT 设备硬件能耗产生 ITEE 指标；而 ITEU 主要与软件和运营有关。

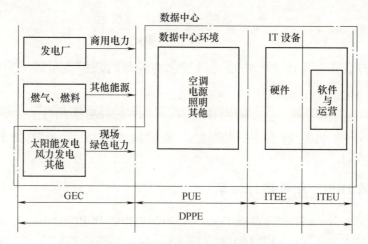

图 7-2　数据中心能源流向与指标范围

日本 DPPE 指标在国际通用的 PUE 指标的基础上，考虑了绿色能源的使用。特别是 ITEU 和 ITEE 进一步考虑了 IT 设备软、硬件使用对数据中心能源使用效率的影响。在关注 IT 设备节能的前提下使用 PUE 概念，才能达到整个数据中心的节能目标。

（1）ITEU

$$ITEU = \frac{IT\ 设备总的实际能耗}{IT\ 设备总的额定能耗} \tag{7-11}$$

一般取总能量消耗为一个月累计的电力消耗。如果不能测量一个月的累计能耗，就测量一个月连续的电压、电流和电力影响因素并将其相乘，从而转化为一个月累计的能耗，即

$$总的额定能耗 = 分类的额定电能 \times 测量时间(24h \times 测量天数) \tag{7-12}$$

（2）ITEE

$$ITEE = (\alpha \sum 服务器容量 + \beta \sum 存储器容量 + \gamma \sum 网络设备容量)/IT\ 设备总功率 \tag{7-13}$$

式中　α——服务器系数，α=7.72；

　　　β——存储器系数，β=0.0933；

　　　γ——网络装置系数，γ=7.14。

　　一般取 IT 设备总额定容量为能量保护法规定的总容量（服务器容量、存储器容量和网络设备容量乘以系数）；取 IT 设备总额定电量为分类的额定电量；只是基于服务器、存储器和网络设备进行计算（不包括其他设备）。

7.2 数据中心空调系统设计标准

　　近年来随着大数据技术的兴起，数据中心快速发展，它们承载着众多企事业、机构的核心业务，有很高的重要性。数据中心的稳定运行需要一个长期稳定的外围物理环境来保证。一旦数据中心出了故障，将会给企事业单位造成巨大的经济损失。因此，IDC 数据中心一般根据 TIA942 标准的 Tier4 和 Tier3 标准建设，可靠性要求在 99.999% 以上，以保证在大部分异常故障和正常维护情况下，数据中心能够正常工作，核心业务不受影响。数据中心机房内设备散热属于稳态热源，全年不间断运行，这就需要有一套不间断的空调保障系统全年不间断地运行，即使在冬季也需要提供相应的制冷能力，保证数据中心内部 365 天恒温恒湿。随着 IT 技术的不断发展，机柜的功率密度不断提高。当机柜热密度较高时，一旦制冷系统出现故障，机房内部升温会非常快，1min 之内温度可上升 10~20℃，将严重影响 IT 设备的正常运行，甚至引起宕机，导致严重故障，给数据中心造成不可挽回的损失[6]。

　　数据中心的业务不同，对可靠性的要求也不同，其基础设施的架构要求会有所区别，投资费用有很大差别。可靠性过高，会造成投资和运行费用偏高；可靠性过低，则可能无法满足需求，一旦出现故障，会造成较大的经济损失。所以，数据中心建设应根据业务对可靠性的需求选择正确的级别，并按级别正确配置相应的空调系统。目前世界上的很多机构组织都制定数据中心基础设施建设的相关标准，对数据中心空调系统都做了推荐和规定，但要求不尽相同。本节就国内外标准对数据中心空调系统的要求进行对比和分析。

1. 可靠性及可用性的要求

　　可靠性（Reliability）[7]是关于系统无失效时间间隔的描述，以发生的失效个数为驱动。可用性（Availability）是关于系统可供使用时间的描述，以丢失的时间为驱动。两者都用百分数的形式来表示。

　　可靠性与故障率之间的关系为

$$可靠性 = 1 - 故障率 \quad (7-14)$$

　　正常运行时间即平均故障间隔时间（Mean Time Between Failure，MTBF）是故障率 λ 的倒数，即

$$MTBF = 1/\lambda \quad (7-15)$$

　　可靠性 $R(t)$ 与 $1/\lambda$ 的关系如图 7-3 所示。可靠性的计算公式为

$$R(t) = e^{-\lambda t} \quad (7-16)$$

　　由式（7-16）可见，可靠性是一个与时间

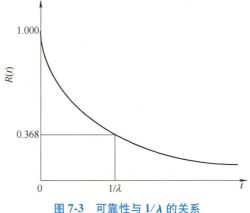

图 7-3　可靠性与 $1/\lambda$ 的关系

有关的概念，时间越长，系统的可靠性越低。

可用性的计算公式为

$$可用性 = \frac{正常运行时间}{正常运行时间 + 故障停机时间} \tag{7-17}$$

其中，正常运行时间即平均故障时间（MTBF），它是故障率 λ 的倒数；故障停机时间即修复故障所需时间（Mean Time to Restoration，MTTR）。

在一般情况下，可用性不等于可靠性，可用性高并不代表可靠性高，可靠性高也不代表可用性高。只有在没有宕机和失效发生的理想状态下，两者才是一样的。表 7-4 所列为国家标准《电子信息系统机房设计规范》（GB 50174—2017）和美国 TIA 标准 ANSI/TIA-942-A-2012[8]对数据中心空调系统的要求。

表 7-4　标准对空调系统可靠性和可用性的要求

项目	国家标准			美国 TIA 标准			
	A 级	B 级	C 级	T I	T II	T III	T IV
主机房保持正压	应		可	无要求	保持正压	保持正压	保持正压
冷冻机组、冷冻和冷却水泵	$N+X$ 冗余 $(X=1\sim N)$	$N+1$ 冗余	N	无要求	$N+1$ 备份，供电系统故障会造成制冷系统故障	$N+1$ 备份，短时间的供电系统故障不会造成制冷系统故障，但是会使主要运行设备的温度升高	$N+1$ 备份，长时间的供电系统故障不会造成主要设备的制冷系统故障
机房专用空调	$N+X$ 冗余 $(X=1\sim N)$ 主机房中每个区域冗余 X 台	$N+1$ 冗余	N	无冗余	关键区域冗余有一个冗余	数量应该能够保证一路电源出现故障时，关键区域的制冷不受影响	数量应该能够保证一路电源出现故障时，关键区域的制冷不受影响

由表 7-4 可以看出，国家标准和美国 TIA 标准的每个级别都对空调系统的可靠性有所要求。总体来看，国家标准中的 A 级与 TIA 标准的 T III 级和 TIV 级相对应，国家标准的 B 级与 TIA 标准的 T II 级相对应，国家标准的 C 级与 TIA 标准的 T I 级相对应。对 TIA 各级的阐述如下[9]。

（1）T I 级（基本级）　Tier I （简称 T I）级（图 7-4）的基础设施提供一个最基本的环境设施，投入 IT 系统固定的空间，由 UPS 系统过滤电流尖峰和低谷，保证暂时断电设备的运行。保证制冷系统在正常的工作时间不出现故障；设置发电机组，保证 IT 系统在供电系统出现故障时能够正常工作。

（2）T II 级（部件冗余级）　Tier II 级（图 7-5）在关键点元和空调的容量方面都有冗余，以保证基础配置发生故障时能够正常工作。备份的设备有 UPS 模块、制冷机组、散热装置、水泵、制冷单元和发电机等。一次正常的维修或者故障会导致系统容量的损失。

（3）T III 级（在线维护级）　Tier III 级（图 7-6）的基础设施在 Tier I 级和 Tier II 级之

外提出了一个并行维护的概念。并行维护是指数据中心 IT 设备能够有计划地运行，而不受周围环境的影响。这在基础设施建设拓扑上的影响相对于 Tier II 级，增加关键设备的制冷系统和供电系统需要增加冗余的传送通道。可以对设备进行经常的或者基础的维护，使设备处于全新的水平。

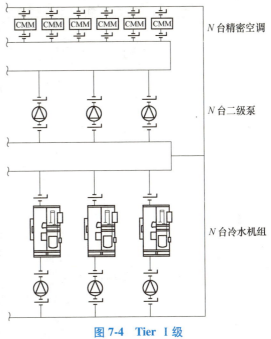

图 7-4　Tier I 级

　　因此，这个系统会像最初预设的一样可靠地、可以预测地运行。此外，为了同时允许数据中心基础设施的维护和 IT 操作的进行，要求每一个系统或组件支持 IT 设备的脱机在线维护，而不受环境的影响。这个概念已延伸到重要的子系统，如控制系统、起动系统的发动机、发电机组、动力源、冷却设备、水泵、阀门等设备和部件。

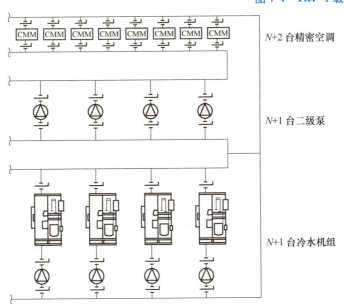

图 7-5　Tier II 级

　　（4）TIV 级（容错级）　Tier IV 级（图 7-7）是在 Tier III 级数据中心基础设施的基础上增加容错的概念拓扑。类似于并行维护的概念，容错延伸到每一个系统或每一个组件来支持 IT 运营。Tier IV 级认为，每一个系统或部件均可在任何时候发生故障或者非计划停运。Tier IV 定义是基于单个组件或路径故障的。

　　该级别的设计必须能够很好地考虑破坏系统和输送路径的累积影响。一个 Tier IV 级的数据中心将容忍这些累积误差，而不影响机房的正常运行。

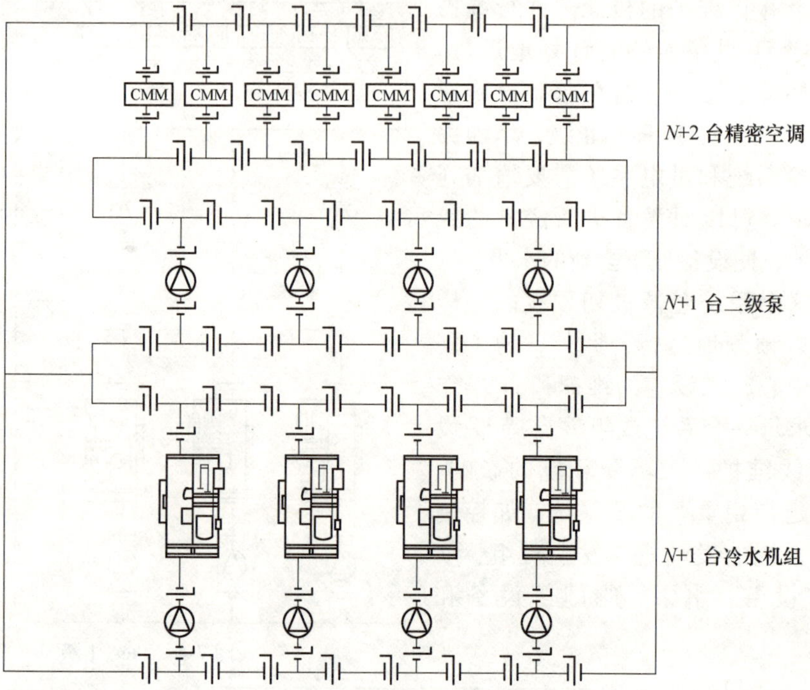

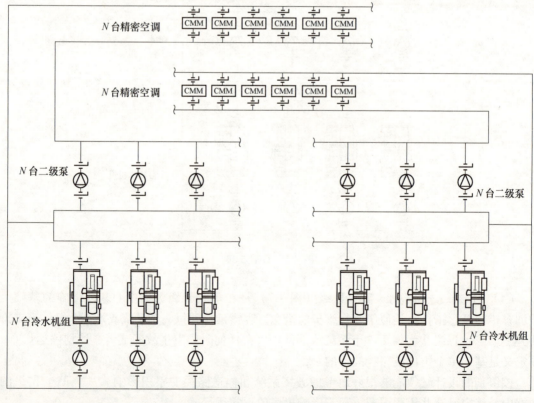

图 7-6　Tier Ⅲ级

图 7-7　Tier Ⅳ级

由以上介绍可以看出，TIA942 标准的要求较为概念化，只是规定需要实现什么功能，建成之后系统能够如何运行，关于怎么实现这些功能并没有强制的规定；而我国标准的要求则较为具体，规定了空调末端系统、冷源和配送系统的备份方法。

2. 温湿度的要求

对数据中心温湿度的要求和建议，比较权威的有我国国家标准、美国 TIA 标准和美国 ASHRAE 的 TC9.9 工作组提出的《数据中心设备环境指南》。对比发现，美国 TIA 标准对环境温度的要求是完全按照 ASHRAE 环境分级的 A1、A2 标准进行规定的，见表 7-5。因为绝大部分数据中心都是 7×24h 不间断工作的，所以表中未列出标准中规定的停机时的参数。

表 7-5　各标准对数据中心温湿度的规定

项　　目	国家标准			美国标准（TIA942）ASHRAE（TC9.9）	
冷通道或机械进风区域的温度/℃	A 级	B 级	C 级	T I ~ TⅣ（2005）20 ~ 25	T I ~ TⅣ（2012）18 ~ 27
	18 ~ 27				
冷通道或机柜进风区域的相对湿度和露点温度	露点温度 5.5 ~ 15℃，同时相对湿度不大于 60%			40% ~ 55%	最低露点温度为 5.5℃，最高湿度为 60%
主机房和辅助区温度变化率/(℃/h)	使用磁带驱动时<5 使用磁盘驱动时<20			<5	使用磁带驱动时<5 使用磁盘驱动时<20
辅助区温度、相对湿度（开机时）	18 ~ 28℃，35% ~ 75%			无要求	无要求
不间断电源系统电池室温度/℃	20 ~ 30			无要求	无要求

由表 7-5 可以看出[10]，我国国家标准的要求较为严格，A 级、B 级、C 级数据中心要求温度控制在（18~27）℃，相对湿度也要控制在标准范围内。这和 2012 年版的 TIA 标准的要求类似。从表中可以看到，在 2017 版国标和 2012 年版的 TIA 标准中，数据中心内的温度和湿度范围都有了较大的扩展，不再要求得那么严格。这是因为随着电子工业的不断发展，各大厂家都研发出了新型产品，能够适应更宽泛的温度和湿度范围。由此降低了精密空调系统的设计精度，另一方面能够提高数据中心的室内设计温度，对整个数据中心空调系统的节能有重要的意义。我国今后推出新的数据中心设计规范时，也会对温度和湿度的要求有所放宽。

3. 洁净度的要求

我国国家标准对洁净度的规定是，A 级和 B 级机房的空气含尘浓度，在静态条件下测试时，每升空气中大于或等于 0.5μm 的尘粒数应不多于 17600 粒。主要的实现方法是在新风系统中设置粗效和中效过滤器，并且维持主机房的正压，主机房与其他房间、走廊的压差不宜小于 5Pa，与室外静压差不宜小于 10Pa。美国 TIA 标准中，Tier I 级的主机房对保持正压没有要求，其他级别的主机房需要与附属房间或机房外保持正压。

4. 其他要求

美国 TIA 标准还规定，每一个级别的机房均需要设置排水管道，我国国家标准也有相应的规定。除此之外，我国国家标准对机房建设的规定更为具体，有一些指导性的规定。例如，建议气流组织形式、根据不同条件推荐采用不同的节能措施、推荐设备冗余量等。

思考题与习题

7-1　数据中心能效的评价指标主要包括哪些?

7-2　日本 DPPE 指标在采用国际通用 PUE 指标的基础上,考虑了什么因素的影响?

7-3　数据中心空调系统可靠性和可用性的要求是什么?

参 考 文 献

[1] IYENGAR M, SCHMIDT R R. Analytical Modeling of Energy Consumption and Thermal Performance of Data Center Cooling Systems: From the Chip to the Environment [C] //ASME 2007 InterPACK Conference collocated with the ASME/JSME 2007 Thermal Engineering Heat Transfer Summer Conference. Vancouver, ASME, 2014: 877-886.

[2] 中国制冷学会数据中心冷却工作组. 中国数据中心冷却技术年度发展研究报告 2016 [R]. 北京: 中国建筑工业出版社, 2016.

[3] 全国信息技术标准化技术委员会. 数据中心　资源利用　第 3 部分: 电能能效要求和测量方法: GB/T 32910. 3—2016 [S]. 北京: 中国标准出版社, 2016.

[4] 倪静, 王振全, 易久, 等. 绿色数据中心能源效率评价研究 [J]. 电气应用, 2013 (7): 78-84.

[5] 丁麒钢. 数据中心节能建设的逻辑与方法 [J]. 智能建筑, 2009 (9): 31-36.

[6] 安真. 数据中心空调系统可靠性研究 [J]. 暖通空调, 2013, 43 (10): 35-38.

[7] KOOMEY J G. Estimating total power consumption by servers in the US and the world [Z]. 2007.

[8] Telecommunication Industry Association. Telecommunication Infrastructure Standard for Data Centers [S]. TIA STANDARD, 2012.

[9] TURNER P, SEADER J, RENAUD V. Data Center Site Infrastructure Tier Standard: Topology [Z]. 2012.

[10] ASHRAE. 2008 ASHRAE Environmental Guidelines for Datacom Equipment [M]. Atlanta: ASHRAE, 2008.

第8章
国内外典型数据中心的
节能设计思路及案例

8.1 设计中常见的问题及对策

数据中心内聚集了大量服务器、存储设备、网络设备等 IT 设备，产热量极大。同时，由于数据中心机房内设备全年 8760h 不停运转，常年满负荷工作。为了保证机房内的温度、湿度和空气洁净度要求，机房一般是全封闭的，机房内的空调设备一般全年运行。

数据中心能源消耗巨大，高性能服务器致使单个机柜的发热密度急剧升高，目前已经高达 20~30kW/机柜，一个 10 万台服务器规模的数据中心的功率有时高达 4.5 万 kW，年耗电约 4 亿 kW·h。

1. 数据中心机房空调系统的特点

1）设备单机散热量大，散热量集中。机房内没有特定的湿源，湿负荷主要来自于渗入机房的外部空气以及偶尔进入机房的工作人员，散湿量小。

2）机房的散热主要是显热，潜热量小，热湿比近似为无穷大；送风焓差小。空调器的空气处理过程可近似看作等湿降温过程，在此工况下，必然需要较大的送风量，对温湿度要求高。

3）机房内部的通信设备全年不间断运行，即使是在冬季，也可能存在需要供冷的情况，空调运行周期长、能耗大。

4）IT 设备对空气洁净度要求严格，对新风和送风要进行空气净化处理。

2. 空调系统设计应考虑的综合因素

随着数据中心的发展，单机架功耗越来越大，空调负荷需求也越来越大，必须高度重视空调水系统设计的合理性。选择何种空调系统，要综合考虑建筑规模、用途、机房等级、所在地区的气象条件、能源结构、政策、价格及环保规定等情况。设计的合理性和空调设备的效能将对通信设备安全、建筑节能和运营成本有很大影响。数据中心制冷空调原理如图 8-1 所示。

3. 空调水系统设计原则

1）力求水力平衡。

2）防止大流量、小温差。

3）水输送系统要符合规范要求。

4）变流量系统宜采用变频调节。

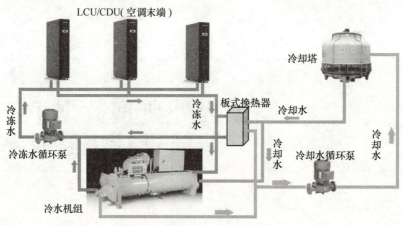

图 8-1　数据中心制冷空调原理

5）要处理好水系统的膨胀与排气问题。

6）要解决好水处理与水过滤问题。

7）要注意管网的保冷与保暖效果。

4. 数据中心设计常见问题及其对策

（1）常见问题 1　空调系统设计配置不满足国家标准的分类要求。

对策：

1）A 级机房空调系统配置要求。

① 空调系统制冷量满足主设备冷负荷，并应 24h 不间断运行。

② 运行空调系统出现故障时，应设有一套独立的备份空调系统以完全保证温湿度要求。

③ 末端空调按 $N+X(X=1\sim N)$ 原则备用，N 不宜小于 3 台。

④ 空调水管道系统为环路或双管路。

2）B 级机房空调系统配置要求。

① 空调系统制冷量满足主设备冷负荷，并应 24h 不间断运行。

② 末端空调按 $N+X(X=1\sim N)$ 原则备用，N 不宜小于 3 台。

③ 空调水管道系统为环路或双管路。

3）C 级机房空调系统配置要求。

① 空调系统制冷量满足主设备冷负荷要求，并应 24h 不间断运行。

② 末端空调宜按 $N+1$ 原则备用。

（2）常见问题 2　高密度机架区域空调系统设计不合理。

对策：

1）机房需要有良好的通风制冷条件，应有良好的送风和回风组织，机架应靠近空调设备安装。

2）当机房内高功率密度设备数量较少时，宜在整个机房内平均分布，不宜聚集在一起安装。

3）高功率密度区域应与低功率密度区域隔离，宜在封闭的小范围内设置专门的空调系统。

4）布置机柜时应分冷、热通道，并充分考虑机柜的散热要求。

5）空调系统送回风方式宜采用下送风、侧回风。

6）机柜间距应根据空调的回风要求合理布置。

（3）常见问题 3　机房环境不达标。

对策：

1）数据中心室内环境设计参数、空调机组运行参数、空调的数量、送风方式及冷却方式，应根据设备具体的工艺要求以及机房的冷负荷情况并结合机房实际、机房的空调气流组织形式确定。在满足工艺要求的前提下，应尽量提高环境温度设定值。

2）数据中心空调宜采用大风量、小焓差、高显热比的恒温恒湿空调，机房需补充新风，新风设备宜设置过滤网和电动调节阀。

3）新风量应满足机房的正压要求和现行国家标准《工业建筑供暖通风与空气调节设计规范》（GB 50019—2015）的要求。

4）主机房与其他房间、走廊间的正压差应不小于 4.9Pa。

5）新风系统或空气系统应设粗效、中效空气过滤器，末端过滤装置宜设在正压端。

6）空调设备宜选择高效、低噪声、低振动的设备。

7）空调系统的运行噪声要求应满足国家现行相关规范要求。

8）机房洁净度要求：每升空气中大于或等于 $0.5\mu m$ 的微尘粒数不大于 18000 粒。

（4）常见问题 4　机房空调和气流组织不利。

对策：

1）数据中心的空调设备及数据设备均应根据设备的散热需求合理布置，宜将冷风直接送达服务器的进风口，回风气流应能够顺畅回到空调机，减少在机房内的滞留时间。

2）机架设备的布置应与空调机房送风面和回风面垂直。机房的柱位不应布置在热通道上。

3）数据中心内气流组织形式应结合建筑条件，通信设备本身的冷却方式和结构，设备布置方式、布置密度，设备散热量，室内风速，防尘、噪声等要求选择。新建机房宜采用下送风的气流组织方式。高功率密度机架可采用列间空调、背板空调等供冷方式。

4）数据中心空调系统布置时宜遵循"先冷设备、后冷环境"的原则，改造机房宜采用精确送风的气流组织方式，以节省空调能耗。

5）数据中心根据实际情况，宜采用冷热通道封闭方式。

6）架空地板的高度应通过计算确定，确保将地板下断面风速控制在 $1.5\sim2.5m/s$。

7）对于单机架安装功率不大于 1.5kW 的机房，也可选用上送风的气流组织方式。

8）采用上送风方式的机房，宜通过风管、调节阀门、送风器等对冷通道进行封闭，直接把冷风送至机柜内部进风口，送风量可通过自动或手动的方式分配。

9）数据中心采用高功率密度机柜时，空调气流组织宜采用列间送风、背板等与机柜功耗相匹配的气流组织方式。

（5）常见问题 5　冷源系统方案选择不合理。

对策：

数据中心的冷源应根据数据中心空调负荷的规模，建设地点的能源条件、能源结构、能源价格，以及国家节能减排和环保政策的相关规定等，通过综合论证确定。

1）选择水冷电动压缩式冷水机组时，宜按照表 8-1 中所列冷量范围，经性能价格综合比较后确定。

表 8-1　冷水机组参考冷量范围

单机名义工况制冷量/kW	冷水机组类型
<116	涡旋式
116~1054	螺杆式
1054~1758	螺杆式、离心式
>1758	离心式

2）冷水机组的选型应采用名义工况制冷性能系数（COP）较高的产品，并同时考虑满负荷和部分负荷因素，其性能系数应符合现行国家标准《公共建筑节能设计标准》（GB 50189—2015）以及其他相关标准的规定，并应优先选用能效等级较高的节能型产品。

3）电动压缩式冷水机组中电动机的供电方式应符合下列规定：

① 当单台电动机的额定输入功率大于 1200kW 时，应采用高压供电方式。

② 当单台电动机的额定输入功率大于 900kW 而小于或等于 1200kW 时，宜采用高压供电方式。

③ 当单台电动机的额定输入功率大于 650kW 而小于或等于 900kW 时，可采用高压供电方式。

4）选择电动压缩式制冷机组时，其制冷剂应符合国家现行有关环保政策的规定。

5）选择冷水机组时，应考虑机组水侧污垢等因素对机组性能的影响，应采用合理的污垢系数对供冷量进行修正。

6）冷水机组的工作压力不应大于其额定工作压力。

7）有安全可靠的可供利用的废热或工业余热时，冷源宜采用吸收式冷水机组。

8）天然气供应充足且安全的地区，当数据中心能够充分发挥三联供系统的能源综合利用效率且经济技术比较合理时，宜采用分布式燃气冷热电三联供系统。

9）具有多种能源的地区，可采用复合式能源供冷。

（6）常见问题 6　自然冷源利用方案不合理。

对策：

1）数据中心空调系统应满足国家节能、环保的相关要求，在保证机房安全生产的前提下，宜充分考虑空调系统运行的节能性。根据当地气候条件，严寒地区、寒冷地区、夏热冬冷地区、温和地区应充分利用自然冷源。在室外温度较低时，可利用冷却塔及热交换器进行制冷。

2）集中式空调系统冷源设计应考虑制冷机组的合理选型配置，以保证空调系统部分负荷时的制冷效率。

3）设计集中式空调系统的数据中心时，宜根据机房所在地的热源状况、供热需求，通过技术经济比较，设置机房余热回收装置，利用机房余热提供供暖和生活热水，以提高能源的综合利用率。

4）过渡季节及冬季室内需要降温时，在兼顾安全性和经济性的前提下，宜根据项目所在地的气候特点和空气质量，通过直接、间接等方式引入室外自然冷源。

5）重要性高或高功率密度机架的机房，宜考虑不间断供冷保障措施。不间断供冷时长宜按停电后发电机起动后制冷机起动并能恢复供冷的总时长确定。

6）集中式空调系统冷水主机的冷却方式应根据数据中心建设地区的水资源状况进行选择。水资源满足需要且可靠性有保证时，应优先采用水冷却方式。水资源供应只有一路或可靠性无法保证时，也可采用风冷式方式。

（7）常见问题 7　空调系统设计节能措施不得当。

对策：

1）空调系统应根据当地气候条件，充分利用自然冷源，可采用机械制冷与自然冷却相结合的方式。

2）大型数据中心宜采用水冷冷水机组或风冷冷水机组的空调系统，其中采用水冷冷水机组的空调系统在低温季节可利用室外冷却塔作为冷源，并应通过换热器对空调冷冻水进行降温；采用风冷冷水机组的空调系统，其室外冷水机组应具备低温季节的自然冷却功能。

3）具备余热回收利用条件时，应在对自然冷却和余热回收利用进行综合的经济技术分析后，确定空调系统设计方案。

4）空调系统工艺复杂，节能技术手段丰富，宜设置必要的检测与集成控制系统，对系统进行自动控制与能量管理。

（8）常见问题 8　防水安全性欠考虑。

对策：

如图 8-2 所示，通过土建隔墙将空调区域与主设备区域隔开，冷冻水管只经过空调区域，并在空调区域做排水地漏和防水处理。

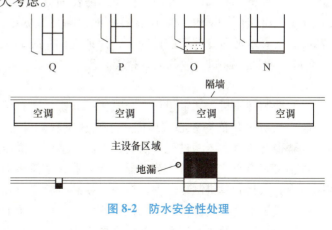

图 8-2　防水安全性处理

（9）常见问题 9　单点故障安全性欠考虑。

如图 8-3 所示，机房空调的供水管由两路管线组成，分别来自两个水管井，即使有一路管路出现故障，另外一路供回水管路仍然能保证空调的正常运行。

（10）常见问题 10　水冷空调系统安全性欠考虑。

对策：

1）水冷空调系统机组备份安全性考虑。为保证机组设备出现故障情况下的机房安全性，冷水机组和末端空调设备均需要考虑设置安全备份。一般情况下，可采用主机 $N+1$ 备份方案：冷冻机房的 N 台冷水机组能满足整个机房楼的负荷要求，另外再增加 1 台主机作为备份。末端空调设备也做 $N+1$ 的安全备份考虑。

2）水冷空调系统机组供电安全性考虑。引入两路市电，每台机组接一路不同市电。另外，还可以考虑采用蓄冷罐作为瞬时停电时冷冻水系统的备用系统，其在保障机房空调不间断工作上具有一定意义。

3）水冷空调系统市政断水的安全考虑。由于冷却塔在散热过程中是依靠水的蒸发散热的，因此存在冷却水损失，需要不断进行补水。一旦市政断水，将无法及时补充冷却水，冷却塔的散热将受到影响，进而影响冷水机组的正常运行。因此，采用水冷空调系统时，需考虑市政断水情况下的冷却水补水问题。一般考虑设置冷却水蓄水池，设计两路冷却塔补水管，平时由市政自来水补水，在市政断水时，切换至蓄水池补水。

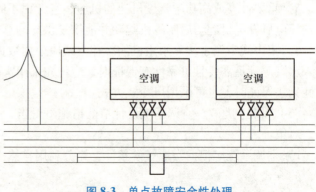

图 8-3　单点故障安全性处理

4）空调系统的安全考虑总结如下：

① 主机和末端设备 $N+1$ 备份，在任一机组出现故障的情况下，保证机房的正常运行。

② 水管采用双管路设计，避免单点故障，即使有一路管路出现故障，另外一路供回水管路仍然能保证空调的正常运行。

③ 断电时的不间断供冷。设置蓄冷罐，满足数据中心 15min 的不间断供冷需求，在市电断电且发电机未起动的情况下，由蓄冷罐作为应急冷源对数据中心进行供冷。

④ 断水时的不间断供冷。设置蓄水池，满足数据中心 12h 的冷却塔补水需求，在市政断水时，由蓄水池对冷却塔进行补水，保证空调系统的正常运行。

（11）常见问题 11　冷源的选择不合理。

对策：

冷源即制冷主机，通常包括离心式机组和螺杆式机组，两种机组的对比如下。

离心式机组是依靠离心式压缩机中高速旋转的叶轮产生的离心力来提高制冷剂蒸汽压力，以获得对蒸汽的压缩过程，然后经冷凝、节流、降压、蒸发等过程来实现制冷的。其组成部件主要有离心式压缩机、蒸发器、冷凝器、节流机构、抽气回收装置、润滑系统和电气控制柜等。它具有单机制冷量大、机组效率高等特点。

螺杆式机组是利用螺杆式压缩机中两个阴、阳转子的相互啮合，在机壳内回转而完成吸气、压缩与排气过程的。其组成部件主要有螺杆式压缩机、冷凝器、蒸发器、热力膨胀阀以及其他控制元件，部件数量较离心式机组要少。它具有结构紧凑、运行平衡可靠、易损件少、部分负荷效率高等特点。

离心式机组与螺杆式机组都具有较高技术水平，一般都采用微型计算机自动控制，具有自动诊断、自动调节功能及各种安全保护装置，对操作水平要求不高。在低负荷状态下，离心式机组有一个"喘振"的问题。一般来说，离心式机组的能量调节范围为 40% ~ 100%，在低于 40% 负荷运行时，离心式机组比较容易发生"喘振"现象，"喘振"严重时，会使机组的整个核心部件——叶轮损坏，使离心压缩机受损。螺杆式机组是利用液压推动滑阀开关控制容量的，部分负载时，绝无不平衡冲击现象。而对于多机头的螺杆式机组来说，其能量调节范围一般在 7.5% ~ 100% 之间，而且可以连续进行能量调节。

对于 400RT 以上的机组，选用离心式水冷机组较为经济合理。虽然单台离心式水冷机组的一次投资高于相同容量的螺杆式冷水机组，但是离心式冷水机组的运行效率比螺杆式冷水机组高 10% 以上,大大地降低了选用机组的数量及运行费用。

一般应根据数据中心夏季总冷负荷需求选择冷水机组。考虑数据机房的安全性,空调冷源需考虑备份,一般为 N+1 备份。鉴于通信设备是分期安装的,建设初期设备功耗较少,机房总冷负荷需求较少,考虑制冷主机的运行效率,选型时宜考虑制冷主机容量大小合理搭配,离心式机组、螺杆式机组合理搭配,定频、变频合理搭配,真正适应冷负荷的全年变化规律。

也有室外冷源选用风冷热泵机组(空气-水热泵机组),以室外空气作为冷却介质的。该系统整体性好,安装方便,可直接安装在室外,不占用有效建筑面积,没有冷却塔、水泵和冷却水系统等其他附属设施。但机组依靠空气冷却,COP 值比水冷式主机低;制冷量随室外气候变化明显,气温升高,效率降低;使用寿命比制冷主机低;机组容量小,适用于中小系统,一般不推荐用于大型数据中心。

8.2　我国数据中心节能设计案例分析

8.2.1　资兴市东江湖大数据产业园一期新建机楼

1. 项目概况

东江湖数据中心位于湖南省郴州市资兴市东江湾,机楼楼层高 22.2m,4 层建筑,占地面积 3782.25m^2,建筑面积 15406.6m^2,包括三栋主机楼和办公区域。配套建设空调冷冻站、变配电站、给水排水、暖通、道路等附属设施。项目共建设 3000 个标准机架,空调逐时计算冷负荷约为 10849.17kW。三期共建设 10000 个标准机架,电力总负荷约为 60MW。东江湖云数据中心利用东江冷水资源,采用"自然水冷技术",能源效率指标 PUE 低于 1.2,将成为长江以南最节能的绿色示范数据中心。

该数据中心一层(图 8-4)主要是动力层,中压配电房、柴油发电机房、冷冻站以及运营商接入机房和监控室,分别放置接入 10.5kV 高压电路的配电系统,柴油发电机房放置 10.5kV 的高压柴油发电机,冷冻站放置冷水机组、冷冻泵、冷却泵、板式换热器。二~四层(图 8-5)主要是机楼,每层有 4 个机房模块,在机房模块之间有 IT 设备的低压配电室及 UPS 和电池室,机房采用冷通道封闭下送风方式。

2. 项目优势

1)东江湖属于国家 5A 级景区,拥有良好的气候环境,地质结构稳定,远离自然灾害地带,同时又有高铁、高速公路经过,交通便利,城郊结合,地理位置优越。

2)东江湖为我国中南地区最大的人工湖,拥有极为丰富的冷水资源。资兴市境内东江湖面积 160km^2,蓄水量 81.2 亿 m^3。由于采取深水发电,其下游小东江水温常年低于 10℃,水流稳定且水质达到国家一级标准,是数据中心的巨大自然冷源。根据对东江湖历年的水位和水温进行的调查,推算出自然冷源利用时间占数据中心总运行时间的 99%,使东江湖数据中心成为全国最节能的数据中心之一。

3)资兴市同时坐拥东江水力发电厂及华润电力鲤鱼江发电厂,电力资源充沛,符合大数据企业用电量高和供电稳定的需求,且在数据中心耗电量巨大的情况下,较低的电价可极大地减少数据中心运行费用。

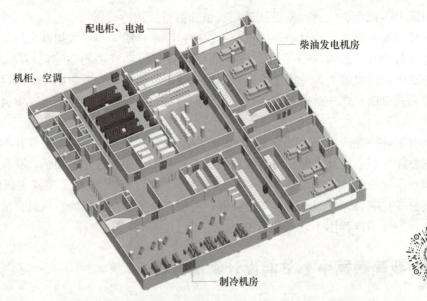

配电柜、电池

机柜、空调

柴油发电机房

制冷机房

图 8-4 东江湖数据中心一层平面布置图（微信扫描二维码可看彩图）

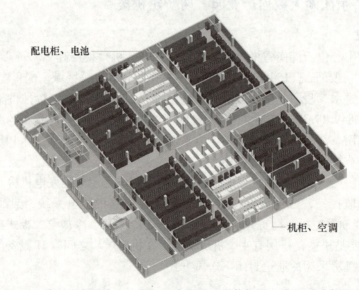

配电柜、电池

机柜、空调

图 8-5 东江湖数据中心二层平面布置图（微信扫描二维码可看彩图）

3. 空调系统建设方案与性能

该项目采用两套制冷系统，一套为湖水直供系统，深层湖水经板式换热器制取冷冻水为服务器降温，换热后的湖水经密闭管道排放至东江湖下游，整个过程不对湖水水质造成影响，不影响周边环境和生态。另一套为集中式冷冻水系统，系统配置四台 1200RT 的 10kV 高压离心式水冷机组及配套设施作为备用，当湖水制冷量不足或湖水不能使用时，逐步开启制冷机组对数据中心进行制冷；系统配置两个 180m³ 的蓄冷罐，当系统进行模式切换或冷源突然中断时对系统进行供冷，确保空调制冷连续不中断。

当湖水温度≤13℃时，系统由湖水单独制冷，冷机及配套设施均不起动，冷冻水经过板式换热器降温后直接送至供水主管。通过控制湖水水泵频率，实现控制板式换热器二次侧出口温度基本恒定在 15℃。

当湖水温度为 13~18℃时，开启混合制冷模式，冷冻水经板式换热器一次降温后再进入冷冻机组二次降温，同时监控离心式机组的出水温度恒定为 15℃。

当湖水温度>18℃或湖水不能使用时，自动关闭板式换热器管道上的电动阀，进入冷冻机组单独供冷模式，监控离心式机组的出水温度恒定为 15℃。

为了提高配电系统的安全性和可靠性，电力室和配电间全部采用柜式热管空调，通过制冷剂进行热量交换，减少配电间漏水的可能性。

（1）节能性分析

1）数据中心常年采用湖水进行制冷，90%的时间不需要进行电制冷，极大地降低了数据中心能耗，预计年均 PUE 为 1.15。

2）冷冻水采用高温水，空调冷冻水供回水温度达 15℃/20℃，提高了空调系统的能效比，同时降低了机房的除湿加湿功耗。

3）水泵、主机、冷却塔等均采用变频设计，以降低部分负荷时的运行功耗。

（2）可靠性分析

1）系统严格采用 T3+标准进行设计，更可平滑过渡至 T4 标准；系统管路采取冗余配置，不但可满足在线维护和调控需要，也拥有不因重大失误而停止运行的能力。

2）数据中心坐拥资兴市充沛的电力资源，具有电力的高可靠性，市电中断时，应急电源启动期间依靠蓄冷罐给整个空调系统提供冷量，制冷过程连续不中断。

4. 不同制冷系统方案的全年能耗及节能性能评估

通过建立东江湖数据中心采用不同制冷系统的全年能耗模型[1]，主要分析利用湖水源的制冷系统（3 号）相对于传统机房空调系统（1 号或 2 号）的节能潜力。各制冷系统的组成见表 8-2。

表 8-2　各制冷系统的组成

制冷系统	冷源侧	室内侧
1 号	水冷冷水机组	传统机房空调系统
2 号	湖水源+水冷冷水机组	传统机房空调系统
3 号	湖水源+水冷冷水机组	水冷多联分离式热管系统

东江湖数据中心采用不同制冷系统的全年能耗模型，具体步骤如下：

1）了解数据中心中各个数据机房的功能与机柜的数量，以第二层为例，该层主要包括标准数据机房（Internet Data Center，IDC）1~4、电池房和辅助设备机房。其中，IDC 的总面积为 1836m²，共有 740 个电源分配单元（Power Distribution Unit，PDU）集成机柜，以及 42 个不间断电源（Uninterruptible Power Supplies，UPSs）机柜，见表 8-3。IDC 的外墙、地面和屋面的传热系数为 0.45W/（m²·K）[2]。由于高热密度的数据机房内的平均负荷为 1.5kW/m² 或 4~8kW/机柜[3]，本案例中取每个机柜满负荷时的负荷为 4kW。该 IDC 采用地板下送风与冷通道相结合的送风方式。除了 IDC1~4，其他电池房与辅助设备机房同样采用水冷多联分离式热管系统，但其送风方式为房间级送风，由于这些房间内设备的散热量很小，其冷负荷基本保持不变。因此，这些房间的水冷多联热管系统的耗电量是通过实测获得的，其值为 13.4kW。

331

表 8-3 IDC1~4 内机柜数量及容量情况

房　　　间	面积/m²	机 柜 数 量
IDC1	473.5	190 个 PDU 集成机柜、11 个 UPSs 机柜
IDC2	473.5	192 个 PDU 集成机柜、11 个 UPSs 机柜
IDC3	440	178 个 PDU 集成机柜、10 个 UPSs 机柜
IDC4	449	180 个 PDU 集成机柜、10 个 UPSs 机柜

2）了解制冷系统的运行性模式和控制策略。本案例中所提出的利用湖水源的制冷系统主要由离心式冷水机组、冷却塔、水-水换热器、冷却水泵、湖水源泵、冷水泵和水冷多联分离式热管系统组成，如图 8-6 所示。该系统根据湖水源温度的不同，具有以下三种工作模式：

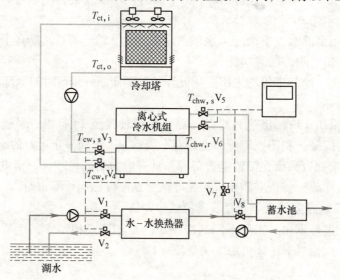

a) 模式 1

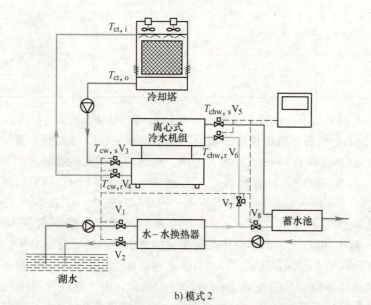

b) 模式 2

图 8-6 利用湖水源的制冷系统三种运行模式示意图

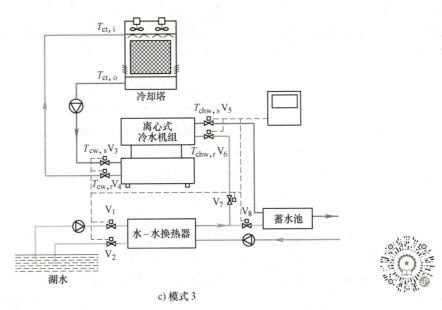

c) 模式 3

图 8-6　利用湖水源的制冷系统三种运行模式示意图（续）（微信扫描二维码可看彩图）

① 模式 1：免费冷却运行模式，冷水完全由湖水源提供。

② 模式 2：部分免费冷却运行模式，冷水由湖水源与冷水机组共同提供。

③ 模式 3：普通冷却运行模式，冷水完全由冷水机组提供。

该系统的控制策略为基于模型预测控制策略，它主要根据湖水源温度、机房内回风温度、CDU 部分的供水温度设定值、水冷多联分离式热管系统蒸发段送风温度设定值、冷却水供水温度设定值、冷却水供回水温度差设定值等参数来控制阀门 $V_1 \sim V_8$，通过对湖水源水泵流量、冷水泵流量、蒸发段送风风量、冷却水水泵流量、冷却塔风机风量等参数的控制来满足数据机房的制冷需求，其控制策略参考表 8-4。

其中，湖水源水泵流量的调节使得水-水换热器出口的冷水温度达到设定值的要求；冷水泵流量的调节使得水冷多联分离式热管系统蒸发段的送风温度达到设定值的要求；冷却水泵流量的调节使得冷却水的供回水温度差达到设定值的要求；冷却塔风机风量的调节使得冷却水的供水温度达到设定值的要求；水冷多联分离式热管系统蒸发段风量的调节使得室内的回风温度达到设定值的要求。

表 8-4　利用湖水源的制冷系统的控制策略

运行模式	运 行 条 件	控 制 策 略
1	免费冷却运行模式 $T_{hx,h,o}(i) \leqslant T_{chw,s}(i)$	1) 阀门 $V_3 \sim V_7$ 关闭 2) 阀门 V_1、V_2、V_8 开启 3) 冷却塔、冷水机组和冷却水水泵关闭 4) 湖水源水泵和冷水泵开启
2	部分免费冷却运行模式 $T_{chw,r}(i) > T_{lake}(i)$	1) 阀门 V_8 关闭 2) 阀门 $V_1 \sim V_7$ 开启 3) 冷却塔、冷水机组、冷却水泵、湖水源水泵和冷水泵开启

（续）

运行模式	运行条件	控制策略
3	普通冷却运行模式 $T_{chw,r}(i) \leqslant T_{lake}(i)$	1）阀门 V_1、V_2、V_8 关闭 2）阀门 $V_3 \sim V_7$ 开启 3）冷却塔、冷水机组、冷却水泵和冷水泵开启 4）湖水源水泵关闭

本模拟中，送风温度的设定值（T_s）为24℃，供水温度的设定值（$T_{chw,s}$）为15℃，冷却水供水温度的设定值（$T_{cw,s}$）为30℃，冷却水供回水温度差（ΔT_{cw}）的设定值为4℃，室内温度的下边界值（T_{low}）为32℃、上边界值（T_{high}）为35℃。

3）计算数据中心冷负荷，具体方法参考第2章的内容。

4）制冷系统的换热及能耗模型的建立。根据数据机房制冷系统的热量传递分别建立制冷系统的换热模型，其中利用湖水源的水冷多联分离式热管系统的热量传递如图8-7所示。根据能量守恒定律，各个运行模式中系统各部件之间制冷量的关系可以通过以下公式进行计算。

模式1：

$$Q_{lake} = Q_{hx} = Q_{mshps} = Q_{data} \tag{8-1}$$

模式2：

$$Q_{lake} = Q_{hx} \tag{8-2}$$

$$Q_{ch,e} + Q_{hx} = Q_{mshps} = Q_{room} \tag{8-3}$$

$$Q_{ct} = Q_{ch,e} + P_{ch} \tag{8-4}$$

模式3：

$$Q_{ch,e} = Q_{crah} + Q_{mshps} = Q_{room} \tag{8-5}$$

$$Q_{ct} = Q_{ch,e} + P_{ch} \tag{8-6}$$

为了研究这些制冷系统的全年运行特征，针对制冷系统的主要设备分别建立其数学模型，主要包括水冷冷水机组模型[4]、冷却塔模型[5]、泵与风机模型、水-水换热器模型、水冷微通道分离式热管系统模型[6]和传统机房空调模型[7]。

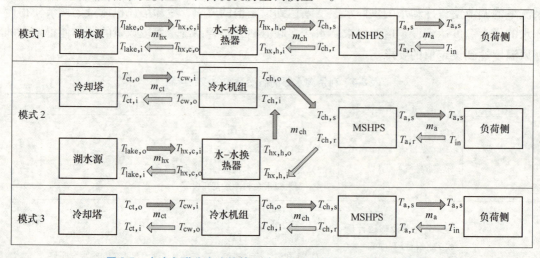

图8-7　水冷多联分离式热管系统三种运行模式的热量传递示意图

5）节能潜力的评价指标。主要对数据机房制冷系统 1 号、2 号和 3 号的能耗进行对比分析，采用节能率（ESR）作为客观指标对这些制冷系统进行评价，其计算公式如下：

$$ESR_{2-1} = \frac{P_{1号} - P_{2号}}{P_{1号}} \times 100\% \tag{8-7}$$

$$ESR_{3-1} = \frac{P_{1号} - P_{3号}}{P_{1号}} \times 100\% \tag{8-8}$$

$$ESR_{3-2} = \frac{P_{2号} - P_{3号}}{P_{2号}} \times 100\% \tag{8-9}$$

式中　$P_{1号}$、$P_{2号}$、$P_{3号}$——制冷系统 1 号、2 号、3 号的全年耗电量（kW·h）；
　　　　ESR——节能率（%）。

6）节能潜力评估。本节主要模拟和对比分析制冷系统 1 号~3 号的全年耗电量，见表 8-5。制冷系统 1 号与制冷系统 2 号的区别主要在于是否利用湖水源免费冷却，而制冷系统 2 号与制冷系统 3 号的区别主要在于机房内的空调设备是否采用水冷多联分离式热管系统。由表 8-5 可以看出，采用湖水源免费冷却方式，其节能率高达 64.82%，全年 72% 的时间可以完全利用湖水源进行免费冷却，28% 的时间可以利用湖水源进行部分免费冷却。从制冷系统 2 号与制冷系统 3 号的对比可以看出，当数据机房内采用水冷多联分离式热管系统时，节能率高达 11.28%，这主要是由于水冷多联分离式热管相对于传统机房空调器具有很好的换热性能。

表 8-5　制冷系统 1 号~3 号的耗电量和节能率对比

制冷系统	全年耗电量 /(kW·h)	节能率 (%)	运行时间/h		
			模式 1	模式 2	模式 3
1 号	7337615	$ESR_{2-1} = 64.82$	0	0	8760
2 号	2581227	$ESR_{3-1} = 68.79$	6313	2447	0
3 号	2289962	$ESR_{3-2} = 11.28$	4857	3903	0

8.2.2　中国移动通信集团湖南有限公司核心机楼

1. 项目概况

该工程为西片区一期 B 栋机楼水冷空调系统安装，项目位于湖南省长沙市岳麓区，为 4 层建筑，机楼内包含传输机房、电子商务机房、IDC 机房、湖南省电子政务云机房等。该机楼占地面积 2520m²，可装机 1000 架，总制冷负荷约为 4680kW，一期装机 350 架，占终期比例 35%。

2. 空调系统建设方案与性能

项目原计划采用风冷直膨式机房专用空调，室外机置于同层室外机平台。由于风冷直膨式机房专用空调室外机集中布置，能耗较高，为切实降低能耗与运行成本，确保数据中心的节能性、可靠性和智能化，项目采用集中式冷冻水系统方案。

由于该机楼无制冷机房位置，空调冷源采用 350RT（制冷量为 1300kW，COP≥3.3）带自然冷源冷却的风冷冷水机组，四用一备。机组能实现部分自然冷却和完全自然冷却的功能，在过渡季节时（室外干球温度为 7~17℃），机组采用压缩机和自然冷却同时工作模式；在夏季（室外干球温度高于 17℃），机组完全采用压缩机制冷；在冬季（室外干球温度低于

7℃），完全使用自然冷却系统来供冷，如图8-8所示。机组、变频水泵、水处理设备均于屋面集中布置。

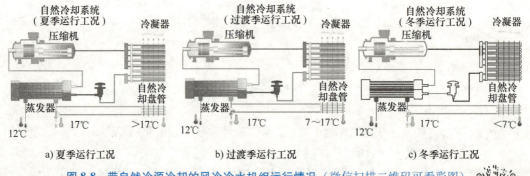

a) 夏季运行工况   b) 过渡季运行工况   c) 冬季运行工况

图8-8　带自然冷源冷却的风冷冷水机组运行情况（微信扫描二维码可看彩图）

为了防止水进机房，提高数据中心的安全性和可靠性，空调末端全部采用热管空调，在室外机平台侧布置CDU。CDU完成了冷冻水和氟利昂的转换，通过铜管连接将氟利昂送至热管空调，随后冷空气对IT设备进行降温，风机将根据冷水温度以及设备机柜的实际负荷调节风量。

（1）节能性分析

1）采用带自然冷却的风冷冷水机组，充分利用自然冷源。根据长沙历年气象参数推算，室外干球温度低于7℃时，占总运行时间的17%，室外干球温度为7~17℃时，占总运行时间的32%，大幅节省了数据中心空调系统的能耗。

2）空调末端采用列间空调并进行冷通道封闭（图8-9），行间级制冷，靠近热源，能源

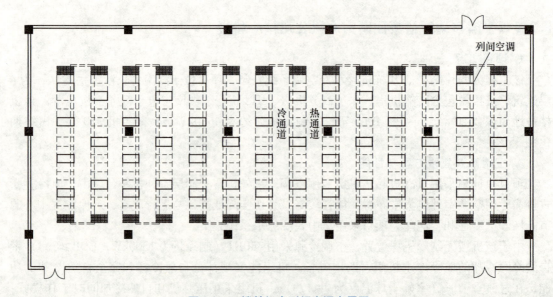

图8-9　二楼某机房列间空调布置图

利用效率更高，同时可有效避免局部热点。

3）水泵、末端风机采用变频调速，以满足部分负荷时的空调使用需求。

（2）可靠性分析

1）采用 T3 标准设计，管路采用环状布置，系统不存在单点故障，可满足在线维护的使用要求。

2）空调末端采用制冷剂进行换热，水不进入机房及配电室，提高了数据中心机房及配电室的安全性。

3）采用集散式数字控制系统（DDC 系统）作为空调自控系统（图 8-10），智能化管理，减少了因人为原因造成的操作失误。

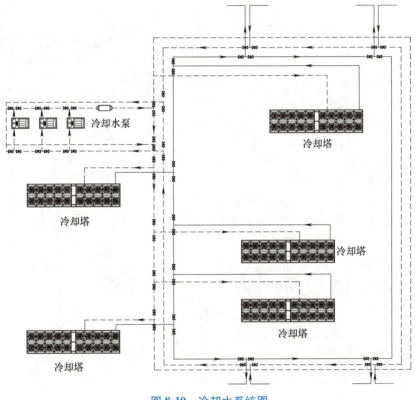

图 8-10　冷却水系统图

8.2.3　中国联通呼和浩特云数据中心

1. 项目概况

中国联通呼和浩特云数据中心总建设规模用地面积 973 亩（648666.7m²），建筑总规模为 59.8 万 m²，分三期建设，共 11 栋机房楼及其他配套用房，总规划机架数为 36000 架。已投产的数据机房楼建筑规模为 30000m²，设计 IDC 机架约 3500 架，单机架功率达 4.4~9kW。

2. 空调系统建设方案与性能

机房楼配置东西两个冷冻站，采用节能型的水冷集中式空调系统，每个冷冻站按 3+1

的形式配置大制冷量（单台制冷量为 3868kW）、高能效比的离心式冷水机组，并配置相应的冷冻水泵、冷却水泵、补水泵、冷却塔、水处理设备等。冷水机组、空调水泵等均采用变频技术，可对系统设计富余量进行有效调节，改善运行工况，提高空调工作效率，达到节能的目的。

数据中心制冷系统如图 8-11 所示。空调冷冻水系统采用一次泵变流量机械循环式系统，在部分负荷工况运行时可达到节能目的；采用高位膨胀水箱进行系统定压，冷冻水和冷却水的主干管采用 2N 配置且每层末端空调采用环网方式，避免了管网单点故障；每个冷冻站配置一个体积为 500m³ 的蓄冷罐，每个蓄冷罐配置 2 台释冷水泵（流量为 900m³/h），以实现空调系统全年不间断供冷，保障通信设备正常运行。

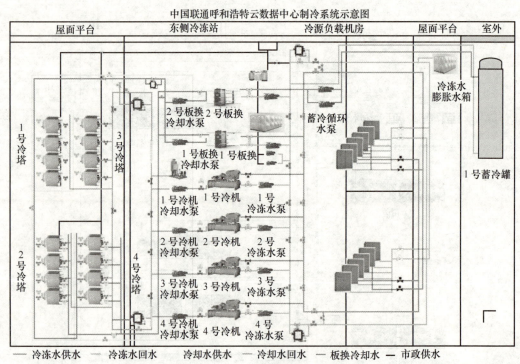

图 8-11　呼和浩特云数据中心制冷系统示意图（微信扫描二维码可看彩图）

呼和浩特的自然气候条件优越，从图 8-12 中可以分析出，室外温度低于 10℃ 的时间占全年的 55.1%，低于 0℃ 的时间占 35.9%。这意味着呼和浩特室外蕴含着丰富的天然冷源，如果高效利用，必能大幅降低能耗，实现节能的效果，自然冷却技术应运而生。

自然冷却技术是指在室外空气干球温度或湿球温度较低的工况下，利用自然冷源使冷水机组或其他机械制冷系统停止运行或者降低容量运行，从而实现降低能耗的目的。

呼和浩特云数据中心采用水侧自然冷却技术，其原理是在常规空调水系统基础上增加了水-水板式换热器及部分管路与设备（图 8-13），当室外湿球温度低于某个值时，冷冻水利用冷却塔+冷却水泵+板式换热器组成的循环系统进行换热，降低机房温度。板式换热器和

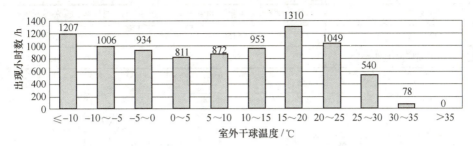

图 8-12　呼和浩特室外逐时干球温度统计图

冷水机组并联，两者配置独立的冷却水泵和冷冻水泵。冷却水和冷冻水在板式换热器中进行换热后，若冷冻水供水温度可以满足要求，则关闭冷水机组，开启板式换热器，实现自然冷却；若冷却水温度不能将冷冻水回水温度降到所需的供水温度，则关闭板式换热器，转为冷水机组直供冷模式。

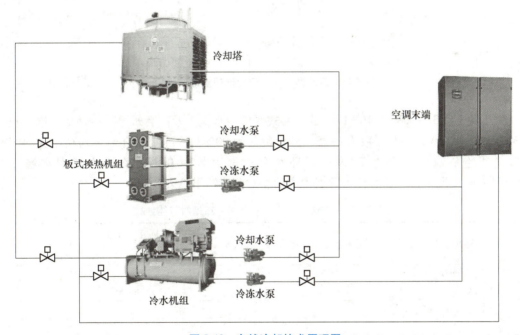

图 8-13　自然冷却技术原理图

开式冷却塔最大极限能把冷却水温度处理至室外空气湿球温度。在冬季自然冷却工况下，当冷却塔出水温度与室外空气湿球温度的温差为 4℃时，开启板式换热器，考虑板式换热器的换热效率，换热器两侧的换热温差取 1.5℃。冷冻水供回水温度为 10℃/15℃。2016年 11 月 16 日中午 12 时呼和浩特云数据中心关闭冷水机组，开启板式换热器，板式换热器运行时间统计见表 8-6，自然冷却时间可占全年时间的 41.1%。

2016 年 3 月 14 日 15 时 30 分至 3 月 15 日 15 时 30 分（总计 1440min）的室外空气湿球温度统计如图 8-14 所示，可看出室外湿球温度均低于 5℃，通过开启板式换热器可产生10℃的冷冻水。

表 8-6   呼和浩特地区自然冷却时间分布

制冷模式	冷冻水机组制冷	自然冷却
各制冷状态时间/h	5160	3600
各制冷状态时间所占比例（%）	58.9	41.1

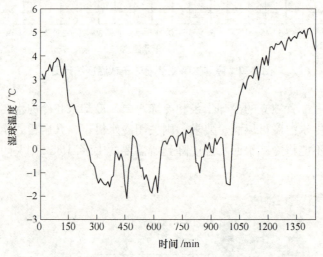

图 8-14   呼和浩特室外逐时湿球温度统计图

在开启 3 台 3868kW（1100RT）的离心式水冷冷水机组及配套水泵、冷却塔，冷水机组输入功率为 687kW，功率因数为 0.95，运行负荷为 90%，冷冻水循环泵输入功率为 90kW，冷却水循环泵输入功率为 75kW，循环水泵功率因数为 0.88，冷冻水供回水温度为 10℃/15℃ 的工况下，呼和浩特云数据中心的相对节能结果见表 8-7。

表 8-7   呼和浩特云数据中心自然冷却相对节能结果

运行方式	冷水机组全年运行	冷水机组+板式换热器	
		冷水机组运行	板式换热器运行
运行时间/h	8760	5160	3600
耗电/(kW·h/a)	18870748.2	12526990.2	
节能量/(kW·h/a)	6343758		
节能率	33.6%		

采用板式换热器与冷水机组的冷却水耗水量对比如图 8-15 所示。由图可看出，开启板式换热器进行自然冷却后，每日冷却水耗水量减少约 80m³，具有良好的节水效益。

通过上述分析，可以得出以下结论：

1）在呼和浩特室外空气湿球温度低于冷冻水温度时，可关闭冷水机组，通过板式换热器间接换热产生冷冻水，减少冷水主机运行时间，从而降低能耗。呼和浩特地处严寒地区，具有夏季时间短且室外温度偏低、常年室外气温平均约为 6.5℃ 的气候特点，自然冷却的相对节能优势比较明显。

2）呼和浩特云数据中心采用自然冷却方式后，年节电量为 6343758kW·h，具有很好的节能效益。自然冷却较冷水机组运行更安全，即使冷却回水流量不足也能运行，而冷水机

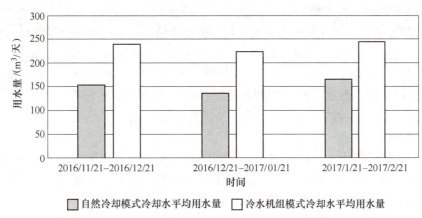

图 8-15　呼和浩特云数据中心自然冷却与冷水机组耗水量对比图

组回水流量不足即停机；自然冷却的维护量也较冷水机组有所减少。

3）采用自然冷却时，由于冷却水温度低，蒸发减弱，补充水量减少，达到了节水的目的。

8.2.4　阿里云千岛湖数据中心

1. 项目概况

阿里云千岛湖数据中心建筑面积为 30000m²，共 11 层，可容纳至少 5 万台设备，如图 8-16 所示。

图 8-16　阿里云千岛湖数据中心

（1）数据中心工业设计层面概况

1）90%的时间不需要电制冷，深层湖水通过完全密闭的管道流经数据中心，帮助服务器降温，再流经 2.5km 的青溪新城中轴溪，作为城市景观呈现，自然冷却后回到千岛湖。

2）设计和建设等级接近最高的 Tier Ⅳ 级。例如，双盘管空调系统采用 2(N+1) 的标准，分为湖水和冷冻水的双路 N+1 系统；2 个不同的 110kW 变电站引入 3 路 10kW 市电，保证 2N 标准；多组高压柴油发电机作为应急电力设备等。

3）采用光伏太阳能、水力发电等可再生能源，服务器余热也被回收用于办公区供暖。

4）预计可实现年平均 PUE = 1.3（在亚热带环境中，数值已经极低），最低时为 PUE = 1.17，设计年平均 WUE（水分利用率）可达到 0.197。

（2）硬件和软件等技术层面概况　数据中心微模块（ADCM）从工厂生产到现场交付仅需 45 天，独创的铝合金预制框架实现了精密的契合结构，进一步精简了现场的安装工作；整机柜服务器（AliRack）2.0 版本，服务器上架密度和传统机柜相比提升了 30%，同样的服务器空间硬盘容量增加了一倍。AliRack 支持即插即用，服务器交付方便；PCIe 固态硬盘（AliFlash）打破了接口瓶颈，绕过控制器开销，使吞吐量、IOPS 提升了 5～10 倍，延迟下降了 70% 以上；自主掌控的驱动逻辑，进一步提升性能表现。

2. 空调系统建设方案

阿里云千岛湖数据中心为国内首个利用深层湖水来降低室内温度的冷却系统（湖水直供空调系统），它以节能环保和运行费用低廉的双重优势，取代了传统的以氟利昂作为制冷剂的空调系统。湖水直供空调系统通过远端水泵取千岛湖水下约 35m 水位的湖水（水温为 12℃左右）至蓄水池，再由循环水泵将湖水经分水器送至机房空调末端进行制冷，运行时只需开启取水泵及末端设备，PUE 值小于 1.3。湖水使用完后温度约为 20℃左右，一部分输送至园区其他建筑作为空调冷却水使用，另一部分输送至园区中作为景观水使用。其空调系统如图 8-17 所示。

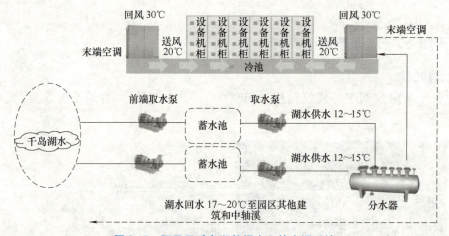

图 8-17　阿里云千岛湖数据中心的空调系统

当湖水水位降低导致水温升高时，开启另外一套独立的集中式冷冻水空调系统（采用离心式水冷空调系统），其特点是制冷量大且整个系统的能效比高。湖水系统逐步关闭，保证机房的正常运行。冬季完全利用自然冷却，冷冻机关闭，通过阀门控制冷冻水利用板式换热器和冷却塔进行免费冷却。在过渡季节，冷冻水首先经过板式换热器和冷却塔进行预冷，无压缩机功耗，自然冷却不够的部分，再由常规压缩制冷接力。

同时，十一层机房可利用室外新风对服务器进行冷却，节省了大量能源，提高了系统整体能效。

机房余热通过全热换热器为网管中心提供冬季供暖。

利用湖水直供空调系统的回水进行水力发电。对部分能源进行再利用，达到节能的目的。

应急制冷：当湖水水质出现问题或取水量不足时，启用集中式冷冻水空调系统；在市电中断时，通过湖水蓄水池或闭式蓄冷罐进行释冷，保障系统运行的连续性。

8.2.5　中国联通绥化分公司数据中心

1. 项目概况

中国联通绥化分公司数据中心采用了 9 台风量为 $18000\text{m}^3/\text{h}$ 的蒸发式冷气机进行节能改造,改造前机房内采用的是 6 台精密空调对 IT 设备进行冷却,平均每天的耗电量达到了 $1430\text{kW}\cdot\text{h}$。

2. 空调系统改造方案与性能

中国联通绥化分公司数据中心空调系统改造后的冷却设备布置情况如图 8-18 所示,蒸发式冷气机与机房精密空调联合运行。当外界环境空气干球温度很高且湿球温度较高时,需要关闭蒸发式冷气机与机房内的排风系统,开启精密空调单元对机房热回风进行冷却;当外界环境空气干球温度较低且湿球温度也较低时,可关闭精密空调单元,开启蒸发式冷气机与机房内的排风系统,外界环境空气经蒸发式冷气机冷却处理后送入数据中心机房内,吸收热量被排至机房外。

a) 蒸发式冷气机送风口布置情况　　　　　　b) 蒸发式冷气机布置情况

图 8-18　中国联通绥化分公司数据中心节能改造情况

在该数据中心空调系统改造完成后,对蒸发式冷气机空调系统进行了测试,机房内 IT 设备机架与空调设备的布局及测点布置如图 8-19 所示。该数据中心机房内送风、排风温度与室外温度的对比如图 8-20 所示,蒸发式冷气机的送风温度在测试时间内随室外温度略有波动,波动幅度在 $0.3℃$ 以内,其送风平均温度为 $21.9℃$ 左右,机房排风平均温度为 $30.1℃$ 左右。图 8-21 所示为机架服务器的进风与排风的温度变化情况,设备机架中上部与中下部进风温度的波动范围不大,其进风平均温度分别为 $30.7℃$ 和 $29.5℃$,排风温度分别为 $33.6℃$ 和 $34℃$。由于相邻的 IT 设备机架列的进风与排风气流存在严重的掺混现象,致使 IT 设备机架进风的温度相对较高,但依然在允许的进风温度范围内。

改造前机房精密空调系统正常运行时平均每天耗电量为 $1430\text{kW}\cdot\text{h}$,改造后蒸发式冷气机空调系统正常运行时平均每天耗电量为 $286\text{kW}\cdot\text{h}$,运行蒸发式冷气机空调系统的节能率可以达到 80%,见表 8-8。

表 8-8　改造前后空调系统的耗电量测试情况

系统类别	设备类别	数量	平均每天耗电量	节能率
精密空调系统	精密空调	6 台	$1430\text{kW}\cdot\text{h}$	运行蒸发式冷气机空调系统节能率为 80%
蒸发式冷气机空调系统	冷气机	9 台	$286\text{kW}\cdot\text{h}$	
	配套排风	9 台		

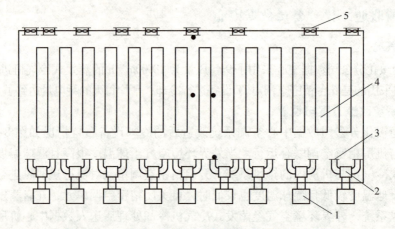

图 8-19 IT 设备机架与空调设备的布局及测点布置图

1—蒸发式冷气机 2—中效过滤器 3—送风口 4—IT 机柜 5—排风机

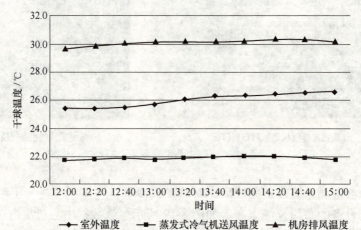

◆ 室外温度 ■ 蒸发式冷气机送风温度 ▲ 机房排风温度

图 8-20 数据中心机房内送风、排风温度与室外温度的对比

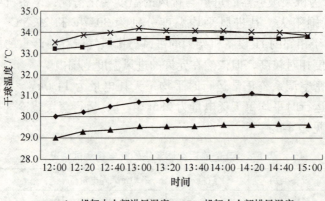

◆ 机架中上部进风温度 ■ 机架中上部排风温度
▲ 机架中下部进风温度 ✕ 机架中下部排风温度

图 8-21 机架服务器的进风与排风的温度变化情况

8.2.6　宁夏中卫奇虎 360 云计算数据中心

1. 项目概况

奇虎 360 云计算数据中心楼建筑分为 4 个数据中心模块，如图 8-22 所示，每个模块的机房区域分为三层，其主要功能作用分别为：一层为送风均压腔及不间断电源（UPS）电池存档区域，此区域一侧全部为风机墙，顶部通过二层的开孔地板与机柜的冷通道相连；二层为机柜布置区域，所有的机房机柜均采用封闭热通道的气流组织方式；三层为内部气流组织处理的空间夹层，与封闭热通道相连，主要用于机房冷却 IT 设施后的热风排放以及制冷的不同场景提供机房内部气流组织的导流处理。

a) 数据中心建筑外观图

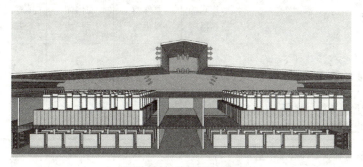

b) 数据中心建筑结构示意图

图 8-22　宁夏中卫奇虎 360 云计算数据中心

2. 空调系统建设方案

宁夏中卫属于温带大陆性半干旱气候，寒冷 B 区，具有典型的大陆性季风气候和沙漠气候特点。春暖迟、秋凉早、夏热短、冬寒长，干旱少雨。年平均气温在 8.2 ~ 10℃ 之间，极端最高温度 36.7℃。该地区的气候特点为蒸发冷却空调技术的应用创造了得天独厚的条件。

奇虎 360 云计算数据中心的空调系统采用了风侧外冷式间接蒸发冷却空调系统，包括了多级空气过滤单元、直接蒸发冷却单元、高效板翅式换热器单元、直接膨胀式制冷单元（DX）、风机墙单元、系统控制单元等，如图 8-23 所示，其在传统的间接新风自然冷却空调系统室外新风侧通道中加入了蒸发冷却段，进一步延长了数据中心自然冷却空调系统的自然冷却年运行小时数。与直接新风蒸发冷却空调系统相比,间接新风蒸发冷却空调系统最大的优点是将机房外新风与机房内热回风完全隔离,从而使得机房内环境空气不受室外新风温湿度变化及空气品质的影响,大大提高了 IT 设备运行的可靠性。

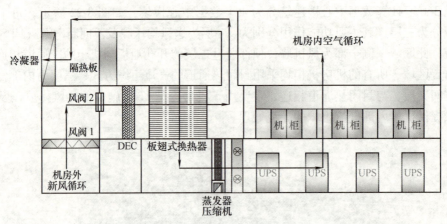

图 8-23　外冷式间接蒸发冷却空调系统示意图

根据外界环境空气温湿度的变化情况,该云计算数据中心外冷式间接蒸发冷却空调系统存在 3 种运行模式,见表 8-9。

表 8-9　间接新风蒸发冷却空调系统的 3 种运行模式

不同运行模式	板翅式换热器	室外侧风机墙	室内侧风机墙	直接蒸发冷却填料	直膨式制冷
运行模式 1: 空气-空气换热(冬、春、秋季节,室外温度相对较低)	开	开	开	关	关
运行模式 2: 间接蒸发冷却(夏、春、秋季节,室外温度相对偏高)	开	开	开	开	关
运行模式 3: 直膨式辅助制冷(夏季室外温度很高)	开	开	开	开	开

8.2.7　国家超级计算郑州中心

1. 项目概况

国家超级计算郑州中心是依托郑州大学建设运营,围绕人工智能、装备制造、精准医学、生物育种等方面特色应用,提供基础设施支撑的超级计算中心,其建筑面积 8843m²,其效果图如图 8-24 所示,该中心的总计算能力可达 100PFlops,存储可达 100P,既是具有重要影响力的重大科研装置,同时也能为我国产业转型发展提供强有力的计算能力保障。

超算中心一般具有规模大、用电功耗高的特点,其运营期内电费开支是一项不小的开销。因此,在数据中心的设计建设过程中,如何尽可能地采用节能环保技术,在大幅降低运维费用的同时真正实现绿色低碳运营,成为一项重要的研究课题。

与此同时，越来越高的计算力要求也迫使服务器的设计功耗密度越来越高，也带来了芯片功耗的与日俱增，而传统的散热方式却由于无法满足高功耗芯片的散热需求，而间接成为制约芯片发展的瓶颈。

在郑州中心的计算系统建设中，率先使用了液冷技术，采用高效的相变浸没式液冷与冷板式液冷混合制冷模式，在实现运算性能的同时，也使数据中心真正做到了绿色节能。

图 8-24　国家超级计算郑州中心效果图

2. 空调系统建设方案

郑州中心共计部署 192 箱曙光 TC8600H 浸没式液冷刀片，计算系统总负荷高达 8075kW。浸没式液冷液冷数据中心主要由浸没式液冷服务器、末端浸没式液冷换热设备以及室外冷源系统组成。

（1）浸没式液冷服务器　浸没式液冷服务器（图 8-25）是液冷数据中心的核心设备。曙光 TC8600H 浸没式液冷服务器，主板采用高效的相变液冷散热技术，即把主板浸泡在低沸点、高潜热的冷媒中，通过相变带走热量，其高效的换热能力使得服务器可以支持高功率密度设计，达到单刀片功率 4kW；而与服务器配套的电源模块、网络模块、管理模块、交换机等则采用"单相冷板液冷"进行散热，通过冷媒的温升带走热量。尽管散热方式不同，两套散热系统却可以共用一套末端液冷模块换热设备，大大简化系统复杂度。此外，在结构上浸没式液冷服务器使用以单刀片为单位的密封形式，可使得每个刀片形成一个独立末端，便于维护。

图 8-25　浸没式液冷服务器实物图

（2）浸没式液冷换热设备 为减少液冷系统复杂度，提高系统可靠性，浸没液冷系统的末端液冷换热设备（图 8-26）采用与计算节点就近部署的形式，并采用模块化设计与末端管路预制，形成一个末端液冷换热设备支持两个计算机柜冷量的"一拖二"模组形式（图 8-27），使得数据中心可实现以模组为单位的灵活部署，并且大大减少末端的管路施工量，同时高度的预制化，也可使设备的稳定性与可靠性大幅提升。

图 8-26　浸没式液冷
换热设备实物图

当"一拖二"模组两侧的计算机柜内的服务器正常工作时，各类芯片和电子元器件产生大量的热，在浸没液冷服务器内部充注的低沸点冷媒，冷媒受热后，将在服务器内部发生汽化，由液态转化为气态，这些气态的冷媒经收集汇总后，通过管路流向中间的液冷换热设备，在液冷换热设备内部进行换热后冷凝，重新变为液态，这些冷却后的液态冷媒再经各分支管路被重新输送到服务器刀片内部，从而完成服务器内冷媒的循环换热过程。

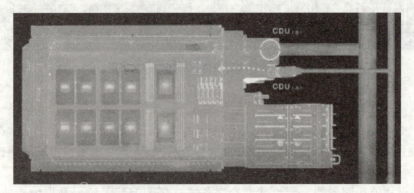

图 8-27　液冷换热设备支持两个计算机柜冷量的"一拖二"
模组形式（微信扫描二维码可看彩图）

（3）浸没式液冷系统 由于浸没式液冷技术换热效率高，因此制冷系统并不需要低温水源，33℃以下的高温水即可满足需求，因此整体浸没式液冷系统为高温冷源系统，主要由浸没式液冷换热设备、高效板式换热器、室外冷却塔等设备组成。

当系统工作时，冷却塔为液冷循环系统提供一次冷却水，供回水温度为 32℃/40℃，经地下一层换热机房高效板式换热器制得二次冷却水，供回水温度为 33℃/41℃；再经浸没式液冷换热设备与服务器内产生的高温气态冷媒换热，从而达到为服务器元器件换热的目的。浸没式液冷系统工作原理如图 8-28 所示。

3. 价值与收益

（1）超低能耗 应用相变全浸没液冷散热技术，PUE 值降至 1.05 及以下，相比传统风冷数据中心节能超过 30%。

（2）高密度部署 在高 2600mm×宽 2100mm×深 1400mm 空间内，最多可部署 8 箱 80 片 160 个计算节点的浸没液冷刀片服务器，总功耗高达 320kW。

（3）高换热效率 浸没冷却方式使得服务器发热部件直接与液体接触，减少了散热部件的接触热阻，换热能力加强，从而大大提高了制冷效率，在"一拖二"模组中，单台末端液冷换热设备的额定换热量高达 340kW。

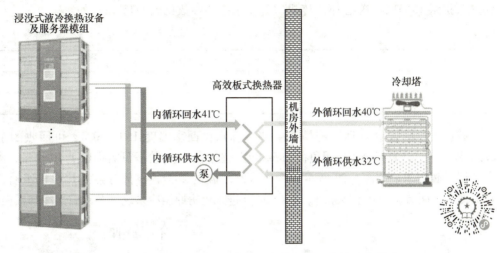

图 8-28　浸没式液冷系统工作原理示意图（微信扫描二维码可看彩图）

（4）高可靠性　浸没冷却方式从根本上解决了服务器灰尘的问题，真正做到了一尘不染，并且服务器内部的温度场分布更加均匀，CPU 等核心部件可长期处于一个较低的温度下运行，有效地延长了核心部件的寿命，降低故障率。

（5）超低噪声　采用浸没式液冷技术，服务器主板 100% 的器件均可通过液冷方式散热，因而无须风扇。这种无风扇的设计从根本上解决了数据中心机房噪声过大的问题，可以有效地控制服务器系统噪声在 45dB 以下。

8.2.8　腾讯天津数据中心余热回收项目

1. 项目概况

腾讯天津数据中心余热回收项目位于天津滨海新区腾讯数据中心，园区占地面积 9 万 m²，办公区域 9200m²，供办公区域余热回收利用的机房为园区 DC1 栋，其建筑使用面积 2 万 m²，冷冻水系统采用 5 台 1300RT 离心式冷水机组，冷冻水供回水温度 10℃/18℃，园区办公楼安装一台冷水机组为办公区域夏季供冷，冬季为北方统一市政供暖。本项目利用 DC1 栋机房冷冻水余热二次提温替代市政供热，提取低品位热源，节省供暖费用的同时降低冷却水系统耗电量，且进一步增强机房冷却效果，减少煤炭或天然气能源的消耗。

项目选取磁悬浮热泵机组，其设备参数见表 8-10，采用"磁悬浮"技术结合成熟的离心压缩机技术，制热效率高于传统电制冷机（螺杆机、离心机等），运行省电、噪声低。机组制热额定 COP 高达 4.9，比其他电热泵节电 40%，同时相对于传统机组，体积减小 30%~50%，重量减轻 30%。

表 8-10　主机设备参数

设备	制热量/kW	最大输入功率/kW	冷冻水（低温水）额定出/入口温度/℃	冷却水（中温水）额定出/入口温度/℃
磁悬浮热泵	600	135	15/20	55/45

349

选取 DC1 栋冷冻系统末端回水为取水口，通过园区内一段地埋管道冷冻回水输送到办公楼冷机房内。在办公楼冷机房内安装两台循环水泵，将 20℃冷冻回水送至热泵机组，并将热泵机组 15℃回水送至 DC1 栋机房。其水泵的参数见表 8-11。

表 8-11　水泵设备参数

设备	流量/(m³/h)	扬程/m	功率/kW
低温泵	80	38	15
中温泵	50	34	7.5

腾讯天津数据中心 DC1 栋精密空调冷冻水供回水温度 15℃/20℃，可回收的余热高达 5233kW，通过计算办公楼供暖负荷为 540kW，在热泵运行阶段只需提取 1/10 热量，即可满足办公楼供暖需求。如图 8-29 所示，冷冻水回水温度 20℃，一部分经过热泵机组后，转换为 15℃冷水返回数据中心制冷系统，剩余 9/10 进入机房原制冷系统（冬季自然冷却板换模式）。

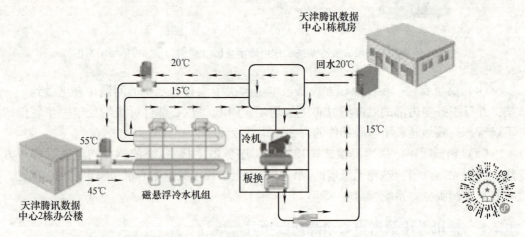

图 8-29　腾讯天津数据中心余热回收运行图（微信扫描二维码可看彩图）

2. 余热回收节能分析

（1）DC1 栋余热回收节能量计算　热泵机组通过回收 DC1 栋冷冻回水低品位热源，一方面向园区办公楼提供冬季供暖，减少每年碳排放量；另一方面向机房返回 15℃冷冻水用于机房制冷，减少机房冷却负荷和水资源消耗。

根据额定工况下参数计算，对比通过余热回收与传统市政供暖所需成本支出，实测天津冬季供暖一周数据后取平均值，电力消耗成本统计见表 8-12。可以看出，余热回收比原市政供暖（未加设备成本及政府补贴）每日成本节省 2828.48 元，以天津开发区 6 个月供暖季计算，冬季节省成本约 50 万元。

表 8-12　余热回收与市政供暖每日成本对比值

供暖方式	供暖费（元）	热泵系统每日电费（元）	原市政水泵用电电费（元）	DC1 栋制冷系统用电电费（元）	成本（元）
市政供暖	3167	0	171.6	2808	6146.6
余热回收	0	588.12	0	2730	3318.12

据天津住建委要求，对余热回收改造前后进行能耗计算：减少能耗标煤量达 1620.87t，相当于减少约 4040t 标准煤二氧化碳排放量，碳排放当量约为种植 22 万棵大树，年节能量达 461.62t 标准煤，总节能率达 28.48%。所节省能耗明细见表 8-13。

表 8-13　住建委改造节能率计算表

指标	单位	数值
年用电量	kW·h	5145620
电折标系数	t 标准煤/(万 kW·h)	3.15
年用电标煤量	t	1620.87
年用气量	m³	N/A
气折标系数	t 标准煤/(万 m³)	12.9971
年用气标煤量	t	0.00
合计能耗标煤量	t	1620.87
单位面积能耗	kg 标准煤/m³	163.30
单位面积能耗	kW·h/m³	518.40
年节能量	t 标准煤	461.62
节能率	%	28.48

（2）大型数据中心全园区余热回收可行性分析　腾讯天津数据中心园区共计 3 栋 IDC 大楼，仅回收 DC1 栋数据中心 1/10 余热用于办公楼供暖，投资回报周期约 3 年；若将腾讯天津数据中心 1/3/4 号楼全部进行余热回收并供给热力公司来供暖，则可覆盖的供暖面积达到 46 万 m²，如果用于家庭供暖，可满足 5100 多户居民的用热需求，减少二氧化碳量达 16 万 t，碳排放当量约为种植 880 万棵大树，有效减少地球不可再生能源的消耗。

若考虑全年余热回收，将夏季回收热用于满足民用热水及周边公建的需求，冬季将数据中心全部热源用于民用供暖，由此减少的能耗极为可观。同时采用此方案将减少制冷系统部分运行费用及园区办公楼供暖费用，累加售卖出去的余热费用，收益将极为可观。在开展社会公益的同时，也增加了执行者的收益，让绿色环保深入数据中心行业内。

近年来，我国北方地区开始建设大型数据中心，基于北方供暖需求，若将数据中心余热回收用于居民冬季供暖，则可极大地减少能源损耗，推动行业向绿色建筑发展。基于此，腾讯提出以下能源利用方案：

1）在数据中心外建立一个能源站，将数据中心余热回收利用后产生的中高温水并入市政热力管网，实现冷量和热量的合理利用。

2）能源站在为数据中心提供冷源及为市政热力管网提供热源的同时，将采用燃气发电技术，供数据中心用电。

3）能源站采用直燃热泵制冷制热，热泵维护期间，峰平时段利用自发电、谷值时段利用低谷电，通过磁悬浮热泵制冷。

该方案将改变数据中心传统基础设施冷量和电力供给方式，利用能源站保证数据中心双冷源和双电来源的同时（对于 T1、T2 级别数据中心可完全依赖能源站冷电源，免去基础设施建造成本），还可将余热作为盈利来源，以较低价格售卖给热力公司。如果走北欧政府签约模式，居民即可以较低价格获取市政供暖，不仅减少数据中心成本，同时减少自然能源使用，一举多得。

8.2.9 华为智能预制模块化数据中心

1. 项目概况

廊坊华为云数据中心（图 8-30）位于河北省廊坊市区以北 7km，距北京 40km，首批投资达 10 多亿元人民币（不含建筑），是华为自建大型云数据中心。数据中心由闲置厂房改造，地上建筑 2 层，其中 1 层 9m，设置冷冻站、电力设施支撑区、展厅、大厅、开闭站等区域；2 层 6m，部署微模块机房及控制中心、办公室、库房等。项目通过分期部署，目前四期已全部完成建设并投入使用。该数据中心秉承经济、节能、先进、

图 8-30　廊坊华为云数据中心（全景，2020 年 9 月）

可靠的设计理念，成功应用华为仓储式微模块、模块化 UPS、列间空调、iCooling 等创新技术，实现"高 SLA、低 PUE、低 TCO"的技术要求。

此外，由于业务需求增长迅猛，数据中心园区在原四期的基础上，通过预制模块化解决方案实现快速扩容，其新一期如图 8-31 所示。结合智能电力模块、智能锂电、智能间接蒸发冷却、AI 节能等创新方案，实现 9 个月完成 1000+机柜的设计和部署，年均 PUE 低至 1.22。项目通过分期部署，目前新一期已完成建设并投入使用。

图 8-31　廊坊华为云数据中心（新一期）

华为廊坊数据中心多次荣获业界奖项，如亚太区 DCD 行业"奥斯卡"大奖，在国家第一批绿色数据中心里名列前茅。

2. 仓储式数据中心架构概况

该数据中心园区一期至四期采用仓储微模块方案，工厂预制，现场积木式快速拼装，实现快速、标准化机房交付，防护等级达到 IP44。配电房和发电机分区模块部署，T3+高可靠等级，"2N"供电架构，链路分区标示，电力可靠等级>99.8%。

仓储微模块具有快速灵活复制，支持弹性扩容的特征，其设计如图 8-32 所示。仓储微模块的设计包含以下几个部分：

1）顶部防护罩：在模块顶部，对模块起防尘、防水、密封及保温的作用，并在顶部设

置大窗口透明视窗，提高微模块通道内日光利用率。

2）底座组件：底座组件支撑模块，宽度分为 800mm，600mm 和 300mm 三种规格，单个称重为 1500kg。底座组件构成模块完整六面体的底面，同时配置节水装置，避免冷冻水和冷凝水溢流。

3）通道照明：采用 LED 等，每两个 600mm 宽的机柜使用一个 LED 灯，在通道的两侧顶部安装，可实现智能照明，即人来灯亮，人走灯灭。

4）通道消防：通道级消防无管网气体灭火系统，独立的火灾报警控制系统，可与模块外的消防报警系统分别管理。

5）热通道组件：模块化设计同时密封冷热通道结构，冷热空气循环完全在模块内完成。热通道组件对模块具有防尘、防水、密封、保温作用，避免模块内空气冷量损失和空气污染。

仓储微模块的末端采用行级冷冻水近端制冷、微模块同时封闭冷热通道，结合华为独有的 iCooling@ AI 能效优化解决方案，最终实际年均 PUE 约为 1.26。该项目作为数据中心行业唯一入选案例，成功入选国家节能中心重点节能技术应用典型案例（2019）名单。

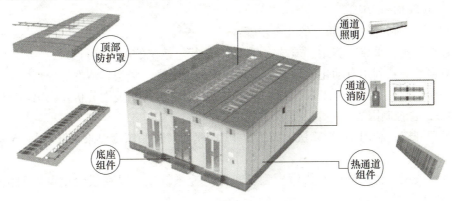

图 8-32　仓储微模块示意图

3. 仓储式数据中心制冷系统方案

一期至四期数据中心均采用水冷冷冻水制冷系统。以 3 期为例，空调系统的总冷负荷近 14MW（4000RT）。空调系统的冷冻站由 5 台低压离心冷水机组（1100RT）组成，4 用 1 备，设计供回水温度分别为 13℃/19℃，采用一次泵系统。冷冻水、冷却水管道系统均采用环路布置，确保系统单点故障不影响其他部分的正常运行。为保证冬季冷却水免费供冷时冷却塔能够安全可靠运行，冷却塔配置集水盘电加热等防冻功能。室内侧采用的是行级冷冻水空调。

4. 仓储式数据中心节能性分析

项目在设计和运维两个维度，从器件到系统实现数据中心节能，主要体现在以下几个方面：

1）选用高效模块化 UPS，模块效率>97.5%，系统效率>97.1%，大幅降低配电损耗。

2）选用高效行级冷冻水空调、变频高效冷机、变频水泵等提高设备能效。

3）机房还同时对冷/热通道进行密闭，将冷热气流隔离，这样更有利于机房内气流循环，并将气流回路极致缩短，实测机房垂直温升仅 1℃，消除了顶端热点风险。

4）冷冻水系统采用中温水方案、提高冷机效率，同时通过并联板式换热器充分利用过渡季和冬季室外空气自然冷源。系统主要根据冷却水的出水温度（T_{cws}）和室外空气湿球温度（T_s）来判断采用哪种运行工况：

① $T_{cws} \geq 18℃$ 时，采用冷水机组制冷模式。

② $T_{cws} \leq 11℃$ 时，采用冷却水自然冷却模式，冷水主机停止运行，冷却水通过板式换热器换热后直接供冷。

③ $12℃ < T_{cws} < 17℃$ 时，采用部分冷却水免费供冷模式，冷却水和冷冻水先经过板式换热器换热后再进入冷水机组制冷运行。

5）针对冷冻水系统，多种设备独立控制、人工调优技能要求高、实时性差等问题，采用华为 iCooling 能效优化解决方案，利用人工智能，建立能耗与负载、气候条件、设备运行数量等可调节参数间的机器学习模型，在保障设备、系统可靠的基础上，实现运行能耗实时最低。

5. 仓储式数据中心 AI 节能

iCooling 系统基于人工智能的数据中心能效优化技术，是通过对大量数据进行业务分析、清洗，利用机器学习，探索影响能耗的关键因素，形成一套可对耗能进行预测、调优的模型（图 8-33），并将该模型应用到实践体系中，通过规范化的实践引导和目标导向评测，不断调整优化，获取均衡 PUE。

基于大数据的分析具有如下的几个步骤：

1）数据采集：采集冷冻站、末端空调及 IT 负载等系统的相关运行参数。

2）数据治理：利用自动化治理工具，对参数进行降维、降噪、清洗等处理。

3）特征工程：利用数学工具，对治理完成后的表格进行相关性分析，找出与 PUE 相关的关键参数，含控制因子、环境因子及过程因子。

4）模型训练：利用 DNN 算法，训练出 PUE 模型（预测精度要求不低于 99.5%，误差不超过 0.005）。

5）推理决策：将预测以及决策模型发布到集控系统中，以在线给出可以调优的决策模型。

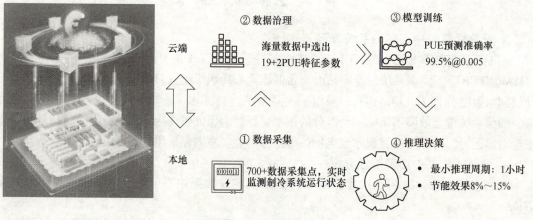

图 8-33　iCooling 决策模型

6. 仓储式数据中心测试数据

在廊坊华为云数据中心 3 期部署 iCooling 系统，IT 负载 40%~50%，完成模型训练后，通过直接测量法（其步骤见表 8-14），对 AI 节能效果进行分析，评价周期为 1 年，结果对比分析见表8-15。

表 8-14　直接测量法

步　骤	内　容
Step1：选择典型工况测量日	评价周期内，取室外温度相近的 6 天，AI 开启与关闭状态时各选 3 天
Step2：测量与记录	开启/关闭 AI 节能，分别测得一组 PUE_{on} 和 PUE_{off}
Step3：计算与对比	根据 PUE_{on} 和 PUE_{off} 均值进行计算评估

示例：

周期开始							AI_{ON}	AI_{ON}	AI_{ON}	AI_{OFF}	AI_{OFF}	AI_{OFF}								

PUE_{on1}　PUE_{on2}　PUE_{on3}　PUE_{off1}　PUE_{off2}　PUE_{off3}

表 8-15　AI 节能效果对比

实测比较	无 iCooling	iCooling	对比结果
IT 负载率	40%~50%	40%~50%	—
冷冻水出水温度/℃	13	18	提升 5℃
冷却水进水温度/℃	21.2	21.2	—
冷冻站总能耗/kW	512	186	降低 326kW
冷冻站 COP	8.7	16.9	提升 8.2
PUE	1.36	1.28	降低 0.08

由表 8-15 可以看出，采用 iCooling 系统后冷冻站 COP 提升 94%，实时 PUE 降低 0.08，主要是因为 iCooling 系统可以实时根据 IT 负载调整供水温度，IT 低负载时调高水温，从而提升冷机能效，有效延长自然冷却运行时间。

通过对该数据中心进行全年能耗监测，实测数据中心制冷系统全年能效为 8.13，全年 PUE 为 1.26。

7. 预制模块化数据中心创新技术应用

由于业务需求增长迅猛，数据中心园区在原四期的基础上，通过预制模块化解决方案实现快速扩容。其中 1 期项目实现 5 层堆叠，1000+机柜，由近 400 个预制模块（包含 AHU 模块）建设而成，3 个月设计，6 个月部署。

每层预置模块化机房包括设备模块、MEP 模块和 AHU 模块。设计具体架构为：

1 层：由预制模块构成供配电间和电池间。

2~5 层：每层由预制模块构成模块化机房和间接蒸发冷却温控系统，其平面布置如图 8-34 所示。

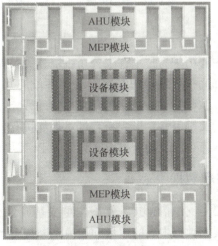

图 8-34　预制模块化数据中心 2~5 层平面图（微信扫描二维码可看彩图）

355

该新型数据中心，创新性采用了智能电力模块、智能锂电池和智能间接蒸发冷却 AHU 等先进技术，如图 8-35 所示。

（1）智能电力模块

1）全模块冗余设计，提升供电可靠性。

2）iPower 全链路监控，智能化提升供电可靠性。

3）系统效率 97%，生命周期节省电费 40 多万元；供配电融合设计节约 40% 占地。

4）母排预制，节省 60% 安装工时；模块热插拔设计，5min 完成运维。

（2）智能锂电

1）LFP 电芯，热失控不起火。

2）三层 BMS 系统，层层保障。

3）主动均流技术（<2%），降低冗余。

4）模块化架构，支持新旧电池组混并，分期部署。

（3）间接蒸发冷却 AHU

1）年均 PUE<1.22，年省电费 14%。

2）工厂预制化，快速交付缩短 50% 上线时间。

3）故障信息一键收集，维护简单。

4）iCooling 节能。

a) 智能电力模块   b) 智能锂电池   c) 智能间接蒸发冷却机组

图 8-35　智能电力模块、智能锂电池、智能间接蒸发冷却机组

8. 小结

该数据中心由华为技术有限公司投资建设，位于河北省廊坊市，先后采用的是水冷冷冻水制冷系统和间接蒸发冷却制冷系统，并配有华为数据中心智能管理系统（含 iCooling 节能），使用 AI 自学习的方法，能够实现基于人工智能的数据中心能效优化技术，该技术探索影响能耗的关键因素，形成一套可对耗能进行预测、调优的模型，并将该模型应用到实践体系中，在保障可靠性的前提下，让实际 PUE 更贴近于设计值。

8.2.10　海底数据中心

数据中心是支撑信息技术发展的重要基础设施建筑，随着工业互联网、人工智能、5G 等技术的发展，数据中心的数量和规模不断提升。仅我国截至 2018 年大型（指规模大于等于 3000 个标准机架）和超大型（指规模大于等于 10000 个标准机架）数据中心的数量已经达到 200 个，规划在建的大型和超大型数据中心数量达到 134 个[8]。数据中心由于不间断的运行模式导致其能耗量十分巨大，而冷却系统是其中能耗占比最大的辅助设施，因此降低冷却系统的能耗对数据中心节能意义重大。海洋是天然的蓄冷池，海平面几十米以下的海水常年维持在 25℃ 以下，可为数据中心提供全年的自然冷源，因此在海底建设数据中心可有效解决冷却系统能耗高的问题，同时为沿海经济发达地区提供低延时、高质量的数据传输服务，是沿海经济带解决数据中心高能耗问题的可行方案之一。

1. 海底数据中心的意义

在这样一个万物皆可数据化的时代，数据量呈爆炸式增长，海量的数据需要传输、计算和存储，这就需要大量的数据中心对这些数据进行集中处理。新兴的信息技术刺激了数据中心的发展，然而数据中心的能耗却制约了其在经济发达地区的布局。数据中心机房全年不间断的运行模式使其年运行小时数为普通商业建筑的 3 倍，设备的密集摆放使其用能量大而集中，单位面积能耗可达办公建筑的 100 倍[8]。环保组织"绿色和平"与华北电力大学联合发布了《中国数据中心能耗与可再生能源使用潜力研究》报告，报告显示我国 2018 年数据中心总用电量达到 1608.89 亿 kW·h，占中国全社会用电量的 2.35%，预计到 2023 年，我国数据中心总用电量将超过 2600 亿 kW·h[8]。数据中心的能耗量巨大，且能效普遍不高，2018 年，我国超大型数据中心的平均 PUE 为 1.4，大型数据中心的平均 PUE 为 1.54[8]，上海地区大型及以上数据中心平均 PUE 为 1.9，全国大型以下数据中心的 PUE 均值约为 2.6[9]。造成数据中心能效低下的主要原因是冷却系统能耗过高。为了降低数据中心冷却系统的能耗，寻求合适的自然冷源是目前常见的节能措施，因此，大量数据中心规划建设在我国北方寒冷地区，以利用这些地区冬季或过渡季的室外低温空气。地区对数据的需求量与经济发达程度呈正相关，经济越发达的地区对数据中心的需求越高，而我国经济发达地区大多处于南方沿海地带，若将这些地区的数据中心建设在北方寒冷地区，虽然提高了数据中心的能效，但却无法解决时延较高、运行维护困难等问题。若将数据中心建设在这些地区附近，首先土地资源紧缺，其次能耗巨大的数据中心将为本来就电力供应紧张的城市带来更大的用能压力。因此，各地纷纷出台政策限制低能效数据中心的建设。例如，2018 年北京市公布《北京市新增产业的禁止和限制目录》，只允许在中心城区以外建设 PUE 值低于 1.4 的云计算数据中心。2019 年 1 月上海市发布《关于加强本市互联网数据中心统筹建设的指导意见》，要求新建互联网数据中心 PUE 值严格控制在 1.3 以下，改建互联网数据中心 PUE 值严格控制在 1.4 以下。2019 年 4 月深圳市发改委发布《关于数据中心节能审查有关事项的通知》，对 PUE 值低于 1.40 以下的数据给予不同程度的新增能源消费量支持。2020 年 6 月，广东省发布《广东省 5G 基站和数据中心总体布局规划（2021—2025 年）》，提出到 2022 年，PUE 值不超过 1.3，到 2025 年，PUE 值不超过 1.25。

从上述分析看，经济发达地区对数据中心的需求主要是数据总量和数据流通量庞大，大多数据要求低时延性；而限制主要是土地资源紧缺，电力供应紧张。从这两个方面出发，将数据中心建设在海底，可以有效解决沿海经济发达带的数据中心限制问题。海洋是天然的蓄冷池，海平面以下 50m 左右的海水常年保持在一个温度水平，随着纬度的升高略有降低，例如我国南方珠海附近海域，海平面以下 50m 处海水常年处于 20℃ 左右，属于高温冷源的范畴。若将这些海水作为数据中心的自然冷源，可取消制冷压缩机的使用，有效解决数据中心冷却系统能耗过高的问题。将数据中心直接部署在海底，还能解决沿海经济带土地资源紧缺的问题，同时可以实现低时延性。发展海底数据中心具有天然的节能优势，但还需考虑复杂的海洋环境对数据中心部署的影响，包括海水腐蚀性、海水水质、海洋生物等的影响。此外，海底数据中心与传统数据中心不同，常年处于无人值守的状态，因此海底数据中心在技术选择和维护手段上也与传统数据中心存在较大差异。

2. 海底数据中心的技术方案

与传统数据中心最大的不同是海底数据中心所处的海洋环境，一旦数据中心部署到海平面下，再次打捞上岸的成本是十分昂贵的，因此，在设计和规划的时候必须考虑到数据中心的免维护性，因此，无论是冷却系统还是供电系统都需要尽可能减少故障点。此外，还需要针对复杂的海洋环境增加一些特殊的处理方法，使得海底数据中心可以保持五年以上的服务周期。海底数据中心一般以数据舱的形式进行部署，目前国内外所采用的海底数据中心形式均为圆柱形舱体形式，如图 8-36、图 8-37 所示。

图 8-36　国外某海底数据中心舱体照片[8]

图 8-37　我国某海底数据中心舱体照片[10]

（1）冷却系统　以海洋表层海水为自然冷源的海底数据中心，其冷源全部来源于自然的洋流，靠近城市的近海岸大约海平面以下 50m 是最适合部署海底数据中心的区域。海底数据中心的建设、部署和单次维护成本均高于陆地数据中心，因此，从经济性上考虑，适合在海底发展高功率密度数据中心，再考虑到冷源温度较高，机柜级冷却方式是较为合适的冷却形式。

为了满足南方沿海经济发达地区的数据中心需求，采用海底数据中心时其海水冷源温度可能在 20~25℃范围，按 10℃温差设计，数据中心内环境可维持在 30~35℃，基本满足服务器运行要求。考虑到海底数据中心冷源温度的特殊性，采用高温服务器或许是更好的解决方案。

海底数据中心机柜级冷却系统可以有两种形式，一种是直接利用海水冷却服务器出风，中间没有任何换热环节，低温海水经过过滤装置后，由海水泵直接泵入背板换热器中，在背板内吸收服务器出风的热量，再排入到海洋环境中，其冷却系统示意如图 8-38 所示。采用这种冷却形式的海底数据中心冷却传热流程简洁，服务器出风直接与冷源换热，可以最大化换热效率。由于海水直接进入了背板换热器内，而背板换热器通常由小管径管束的管翅式换热器构成，因此这种方式对海水水质要求较高，要防止换热器内结垢或堵塞造成冷却能力下降。直接利用海水冷却的系统需要对海水进行较为严格的过滤处理，以确保进入背板换热的海水满足换热器对水质的要求。

为了降低对海水水质的要求，扩宽海底数据中心的适用范围，可以采用与海水间接换热的形式，其系统如图 8-39 所示。用一个内循环将舱体内服务器散发的热量传递到舱外与海水换热，低温海水在冷凝器中与冷媒换热，冷媒经冷却后流至背板换热器中吸收服务器热风

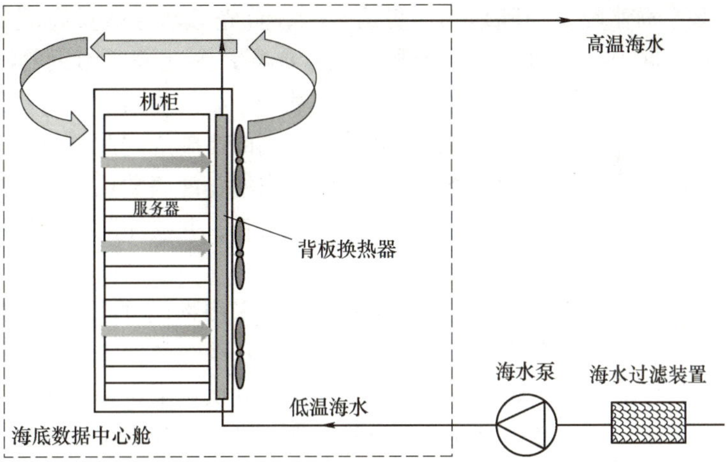

图 8-38 直接利用海水冷却的系统示意图（微信扫描二维码可看彩图）

的热量，然后回流至冷凝器中将热量传递给海水，如此完成一个循环。根据冷媒的形式不同，内循环可能需要增加动力泵。这种冷却方式不直接将海水引入数据中心内，与直接利用海水冷却的系统相比，其对海水水质要求较低，但由于增加了一个换热环节，其换热温差略高。采用与海水间接换热的形式时，海水只进入到冷凝器中，冷凝器可以采用管壳式换热器或板式换热器。考虑到海水的洁净程度，可能管壳式换热器是更好的选择。间接利用海水冷却的系统同样地也需要对海水进行过滤处理，一般还会设计反冲系统定期对管道进行反向冲刷，防止杂质堆积造成堵塞。

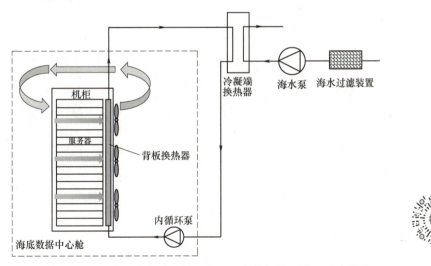

图 8-39 间接利用海水冷却的系统示意图（微信扫描二维码可看彩图）

（2）供电系统 根据海底数据中心部署位置离海岸的距离，可以采取不同的供电方式。当海底数据中心部署位置离海岸在数百米之内时，可以采用低压供电方式，变压器置于陆地，在海岸修建岸站变压器；如果部署位置离海岸超千米，考虑压降等因素，可以采用中压供电到数据中心舱体内，舱内安装变压器。随着供电技术的发展，未来海底数据中心还可采用海上风能、潮汐能和波浪能等多能互补的模式供电。

（3）海水处理　海水环境与陆地相比更为复杂，首先海水含盐量高，具有较高的腐蚀性；其次搁置海底数据中心的海床一般堆积了大量淤泥，因此海底附近的海水泥沙含量较高；再次，海生植物、鱼类和微生物也可能在海底数据中心周边活动。这些因素均有可能对海底数据中心的安全运行造成威胁，因此需要采取适当的措施规避此类风险。

对于海水的腐蚀性，船舶工业已经有相当成熟的技术，海底数据中心只需借鉴相应的技术即可。一般来说数据中心舱体选材使用耐腐蚀性的材料，并喷涂防腐蚀涂层，再在舱体表面增加牺牲阳极材料。

对于海水中含的泥沙、藻类、鱼类和微生物，一般采用物理过滤和辐射处理等方法防止其被引入海底数据中心的冷却系统中。海底数据中心冷却系统的取水点一般设置在舱体上方远离海床的位置，尽可能减少海底淤泥对取水的影响。其次可采用辐射或化学处理的方法防止微生物和藻类的滋生。尽管经过了物理和化学处理，进入冷却系统的海水的洁净程度还是难以保证，长期运行可能会出现生物附着等造成系统堵塞的情况，为了防止这一现象发生，海底数据中心的海水流速一般设置较高，已有研究表明，高流速可有效抑制生物附着[9,11]。

（4）部署方案　海底数据中心以数据舱的形式放置在海底，每个数据舱类似一个潜艇，可进行模块化部署，每个数据舱自成一个模块，根据使用需求，按模块为单位沉入海底指定区域，可实现快速安装。一般来说，海底数据中心的规划以几个或十几个数据舱为一个单元，进行统一供电和数据传输，图 8-40 为我国海兰信公司发布的海底数据中心部署示意图[12]，一组数据中心舱共用一个海底分电站，岸站与海底分电站之间用海底光电复合缆连接，实现供电和数据传输。

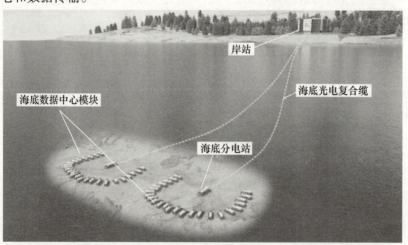

图 8-40　海底数据中心部署示意图（海兰信）[12]

微软于 2020 年发布了其第三代海底数据中心的部署思路，和我国海兰信公司类似，同样是多个海底数据中心舱为一组，统一安装在一个基座上，进行统一供电和数据传输，如图 8-41 所示。

3. 海底数据中心的前景

（1）海底数据中心的运维　海底数据中心由于采用了海水这一自然冷源，可实现全年不依赖压缩机，能效较传统数据中心大幅度提升，从节能角度来说，海底数据中心的应用前景非常好，可节省数据中心的运行成本。

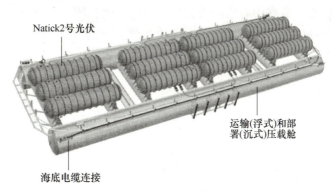

Natick2号光伏

运输(浮式)和部署(沉式)压载舱

海底电缆连接

图 8-41　海底数据中心部署示意图（微软）[13]（微信扫描二维码可看彩图）

由于海底数据中心特殊的运行模式，其运行期间几乎无法实现人为的维护操作，尽管已有案例显示海底数据中心的故障率远低于陆地的数据中心[14]，但依然存在发生故障的时候，因此，海底数据中心在设计时就必须考虑到运行中可能出现的故障情况，在舱体内充注惰性气体以减少故障发生的可能性，并进行适当的设备冗余备份。此外，可以定期将海底数据中心打捞上岸，开展周期性的设备更换和维护。

（2）海底数据中心对海洋环境的影响　数据中心的功率密度普遍较高，考虑到经济性，海底数据中心的功率密度较传统数据中心进一步增加，如此的发热密度对部署海底数据中心的海域会造成什么样的生态影响也是发展海底数据中心需要考虑的问题。从国内外海底数据中心实际测试发布的数据来看，海底数据中心的热量对海水温度的影响非常小，海兰信海底数据中心样机出水温度最高温升仅为 2℃，且影响范围仅为设备周边小范围内，基本不会对海洋生物产生负面影响[12]。而微软海底数据中心样机测试发现仅下游几米的水会变暖且最多上升几千分之一摄氏度，对整体环境影响是积极的[15]。图 8-42 所示为微软海底数据中心运行两年后打捞上岸的图片，从图片可以看出舱体表面附着着一层藻类、藤壶和海葵，这也从侧面上说明了数据中心舱体附近海域对海洋生物的生存未产生负面影响。

图 8-42　数据中心舱体常年运行后的海生物附着情况[15]（微信扫描二维码可看彩图）

4. 小结

本节从南方沿海经济发达地区对数据中心的需求出发，分析了在这些地区的近海海域建设海底数据中心的优势和可能性。海洋是天然的蓄冷池，利用海水为数据中心冷却可实现全年自然冷源的利用，提升数据中心的能效，且不占用土地资源，有效解决经济发达城市建设数据中心所面临的土地资源紧缺和用电压力大的难题。海底数据中心目前尚处于探索阶段，国内外也仅有个别案例实施，从能效角度来看，具有天然的优势，但也存在维护困难等实际运行问题，尽管如此，海底数据中心也是沿海地区未来发展高能效数据中心的方案之一，具有较好的发展前景。

思考题与习题

8-1　数据中心机房空调系统的特点主要有哪些？

8-2　数据中心空调水系统的设计原则有哪些？

8-3　数据中心设计中常见的问题和采取的对策分别是什么？

参 考 文 献

［1］凌丽. 数据机房用微通道分离式热管换热特性及节能研究［D］. 长沙：湖南大学，2017.

［2］HAM S W，KIM M H，ChOI B N，et al. Energy saving potential of various air-side economizers in a modular data center［J］. Applied Energy，2015，138（C）：258-275.

［3］FULPAGARE Y，BHARGAV A. Advances in data center thermal management［J］. Renewable & Sustainable Energy Reviews，2015，43：981-996.

［4］LUIUC. EnergyPlus engineering reference：the reference to EnergyPlus calculations［M］. Washington DC：US Department of Energy，2005.

［5］STOUTPE M，JAMESW，LEACH P E. Cooling tower fan control for energy efficiency［J］. Energy Engineering，2002，99（1）：7-31.

［6］LING L，ZhANG Q，YU Y，et al. Experimental study on the thermal characteristics of micro channel separate heat pipe respect to different filling ratio［J］. Applied Thermal Engineering，2016，102：375-382.

［7］KLEIN S A，BECKMAN W A. TRNSYS 16：A transient system simulation program：mathematical reference［Z］. 2007.

［8］工业和信息化部信息通信发展司，全国数据中心应用发展指引-2019［M］. 北京：人民邮电出版社，2019.

［9］刘继华，钱士强. 海洋生物附着及其防护技术［J］. 腐蚀与防护，2010，31（1）：78-81.

［10］国内首个海底数据舱来了［EB/OL］.［2021-08-30］. https：//xw. qq. com/cmsid/20210111A0B53B00.

［11］李春曦，薛全喜，张湘珊，等. 流场环境对微结构表面防微生物附着的影响［J］. 系统仿真学报，2019（4）：687-695.

［12］韩声江. 中国首个海底数据中心样机测试数据揭晓，达世界先进能效水平［N/OL］. 澎湃新闻，2021-01-11［2021-08-30］. https：//www. thepaper. cn/newsDetail_ forward_ 10743774.

［13］KENNEDY P. Microsoft Project Natick Gen 3 Undersea Azure AZ［EB/OL］.（2020-07-11）［2021-08-30］. https：//www. servethehome. com/microsoft-project-natick-gen-3-undersea-azure-az/.

［14］IT 之家. 海底运行两年后，微软水下数据中心被捞出［EB/OL］.（2020-09-15）［2021-08-30］. https：//baijiahao. baidu. com/s? id=1677894211147736252&wfr=spider&for=pc.

［15］CDCC. 微软水下数据中心，故障率为陆地1/8，数据存储模式有新进展［EB/OL］.（2021-02-01）［2021-08-30］. https：//mp. weixin. qq. com/s/Wm2YvMJxo-NNMrLFQbM0Jg.

第 9 章
高热密度数据中心及 5G 机房设计

数据中心发展至今，其规模越来越大、密度越来越高，数据中心散热问题受到前所未有的关注。一方面，制冷系统要足够强大，以提供大规模、高密度数据中心所需要的散热能力，同时解决均衡性问题，消除局部热点；另一方面，制冷系统要提高能源利用效率，降低数据中心 PUE 值，减少碳排放，为企业节约运营成本。

目前，很多数据中心的服务器散热采用风冷技术，即用空气来冷却。空气的散热效果较差，其热导率为 $0.024 \sim 0.031 W/(m \cdot K)$，相比较而言，水的热导率约为 $0.62 W/(m \cdot K)$，铜的热导率约为 $377 W/(m \cdot K)$，热管的热导率约为 $3000 \sim 10000 W/(m \cdot K)$。由此可以看出，空气作为冷媒并不是最佳选择，若采用液冷技术，其冷却效果可达到空气的几十倍甚至上万倍，风冷所面临的高能耗、低性能等问题，通过采用液冷技术均可以得到显著的改善。引入液冷技术，数据中心 PUE 值下降到 1.2 以下并非难事，同时服务器 CPU 可超频运行，计算性能可提高 10% 以上。国外研究表明，CPU 核心温度每提高 10℃，其可靠性将降低一半。而液冷服务器的 CPU 核心温度比风冷极限温度低 20~30℃，其可靠性及寿命必将大大提高。

9.1 高热密度数据中心概况

高热密度数据中心是指部署有高功率密度 IT 设备的数据中心。信息技术对高性能和高速度的不懈追求，导致 IT 设备的功率密度不断增加。在器件级，为了获得更高的性能，晶体管的集成度随着工艺特征尺寸的减小而持续增加，芯片的表面功率密度也随之增大；在系统级，为了提高传输速度、减少传输延迟、降低部署空间，设备的组装密度不断增大，体积功率密度也在相应地增大。当前，部分高性能处理器的功耗超过 300W，满载的 42U⊖刀片式服务器机柜的热功耗超过 30kW。图 9-1 所示为 ASHRAE 公布的各类服务器发热密度年增长图，可以发现，服务器的发热密度在逐年增加[1]。高性能计算和大数据的快速发展，刀片式服务器的广泛应用，使高热密度数据中心如雨后春笋般出现。围绕效率、能耗和可靠性，解决高功率密度设备的散热、供电和管理问题，已成为数据中心发展的关键。

高热密度数据中心的首要特征是常规机房空调结合架高地板下送风的冷却方案不能全面满足冷却要求[2]。常规数据中心即使部署少量高热密度设备，也会形成热点，局部气流短路循环，导致部分设备因温度过高而不能正常工作。当高热密度服务器较多时，即使采取封闭冷通道等气流遏制措施，也会因循环风量大，不但需要较大的送风地板面积和较高的地板

⊖　1U = 44.45mm，后同。

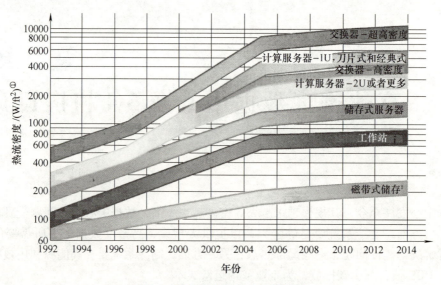

图 9-1　服务器发热密度年增长图

① 　$1ft^2 = 0.0929m^2$，后同。

架高高度，而且难以实现多排设备均匀送风。当 IT 设备的发热功率密度接近或超过常规机房精密空调的散热密度时，需要的空调设备占地面积过大，不利于提高数据中心空间有效利用率，也不利于 IT 设备的有效部署。

其次，高热密度数据中心对能效更敏感，节能的要求更迫切。高热密度数据中心往往功耗巨大，一个部署有大规模高性能计算机的数据中心，其功耗达数兆瓦。降低散热和制冷设备的能耗，将极大地减少能源消耗。另外，不恰当的设计，如通过增加机房空调数量或降低机房工作温度，也可能解决局部热点问题，但降低了空调设备的运行效率，增加了数据中心的电力消耗。

再次，高热密度数据中心对散热和制冷设备的可靠性要求更高。由于高热密度数据中心的发热密度大，一旦冷却系统出现故障，机柜内升温将非常迅速，服务器将很快达到其可承受的安全温度。因此，为了保障数据中心基本的安全需求，高热密度数据中心不仅需要采取更有效、更节能的动态冗余设计，更快速、更可靠的监控管理，还需要有响应时间更短、更充分的备份冷源。

目前，对高热密度数据中心还没有准确的定义，高热密度的范围也在随着计算机技术和冷却技术的发展而不断变化。通常认为，超级计算中心是典型的高热密度数据中心。目前，当数据中心内单机柜发热量高于 10kW 时，常规的下送风冷却方案就难以满足散热要求，该数据中心可以视为高热密度数据中心。不能以传统思路看待和处理高热密度数据中心，不只是需要对传统数据中心的散热形式加以改进，甚至需要更加高效的新型冷却技术的支撑。

9.2　高热密度数据中心散热解决方案

数据中心的散热过程可以整体简化为一个传热过程，服务器内部发热元件为热源，室外环境为冷源，中间的各个换热环节可整合为一个热阻 R，则数据中心总换热量 Q 与冷热源温度有以下关系：

$$Q = \frac{T_{hot} - T_{cool}}{R}$$

式中　T_{hot}——服务器内温度（热源温度）；

　　　T_{cool}——室外环境温度（冷源温度）。

在换热量需求升高的同时，要保证服务器温度满足需求，则需要减小热阻 R 以保持 T_{hot} 不变。一般来说，换热环节越少，传热热阻就越小。例如，采用传统送风形式的冷却方案，热阻较大的环节是冷风与服务器之间的对流换热热阻以及送风过程中冷热掺混产生的热阻。将数据中心整体作为冷却末端单元进行送风冷却的送风形式，是机房级数据中心冷却方案，若想缩减以上传热环节，则需要考虑缩小冷却末端。

另外，空气作为常用的传热介质，其体积热容较小，在换热量较大的情况下，需要很大流量的空气去满足换热需求。同时，空气与固体表面之间的对流换热系数较小，这也是空气与固体表面之间传热热阻很大的主要原因。若是以水或者制冷剂作为传热介质，则能大大提高传输热量的效率。另外，制冷剂与固体表面间的换热过程为两相换热，沸腾与冷凝换热可以令这一传热热阻降低数个量级。

因此，高发热密度数据中心解决方案主要依靠缩小换热末端单元与采用高效传热介质两种手段。常见的数据中心冷却形式一般分为机房级、机柜级和服务器级，即分别以机房、机柜、服务器为最小的冷却末端单元，末端越小，传热环节越少，越适合更高发热密度的数据中心。

当然，在考虑减小散热热阻的同时，还需要综合考虑效益、能耗、可靠性、安全性、可扩展性等。

9.2.1　机房级冷却方案

前面提到，对于更高发热密度的数据中心，传统机房级冷却方案很难满足其散热需求。但是，在发热密度提升得并不极端的情况下，仍能通过对旧形式的改造来提升其容纳更高发热密度服务器的空间。

这里以 ASHERA 出版的 *High Density Data Centers* 一书中给出的一个案例为对象进行分析。这一案例是美国国家环境预测中心的数据中心，图 9-2 所示是这个数据中心的平面分布图。数据中心整体长 22.4m，宽 25.4m，共有 7 台精密空调，51 个机柜，其中 49 个机柜放置的是 IBM p690 服务器，2 个机柜则是满载的 IBM p655 服务器。经过单独测量，49 个机柜的平均发热功率为 7kW，装载 p655 的 2 个机柜的平均发热功率则高达 25kW[3]。

数据中心整体采用的是地板下送风形式，机柜采用背靠背摆放方式构造冷通道，减少不必要的气流掺混，冷通道中的架空地板上带孔。为了满足高发密度的需求，数据中心曾做过一次改造，额外增加了一台精密空调，并且对架空地板下的结构进行了变更。

原来底部的冷空气从精密空调送出之后，会从其他地方散逸，产生较大的冷量损失。因此，对架空地板下的水管进行了绝热保护，并对必要的地方进行封堵，构造良好的送风通道[4]。

经过测量风量与温度，这一改造大约使精密空调的送风风量提升了 50%，每个机柜的平均进风温度大约降低了 5℃。效果非常显著。在改造完毕后，对每一个地板出口及机柜的

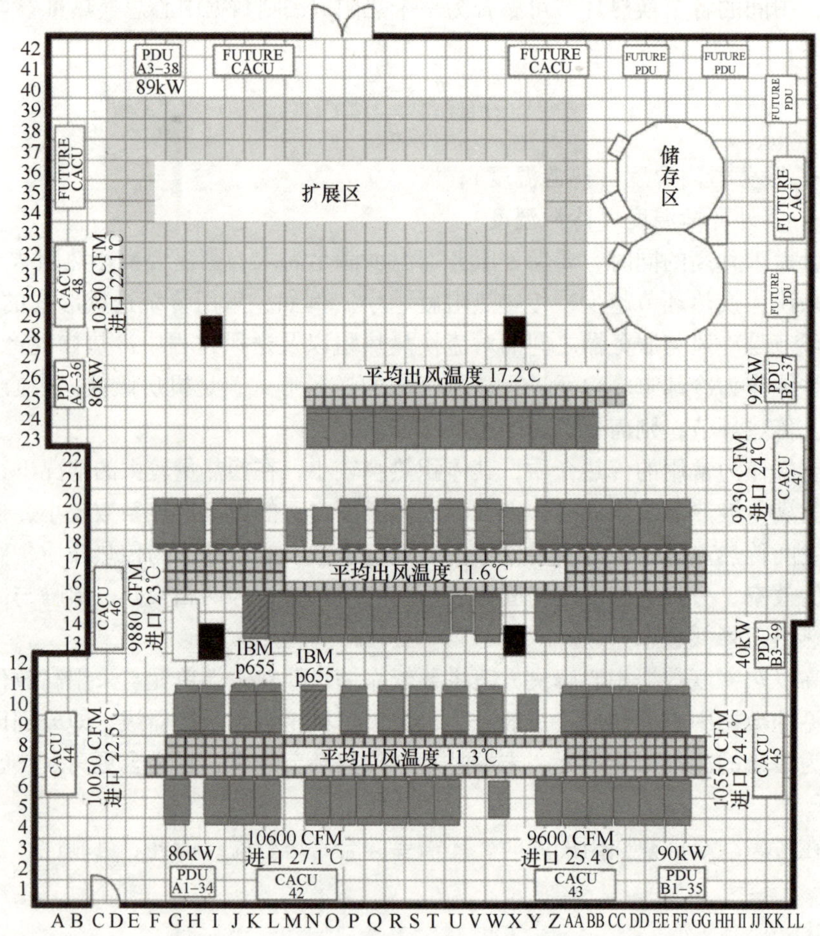

图 9-2　数据中心的平面分布图

进风温度又进行了详细的测试，其中有代表性的结果如图 9-3 和图 9-4 所示。

图 9-3 所示为第 5 列对应机柜测试结果，从上至下分别是机柜的发热功率、对应送风地板的出风量、从电缆通道送入的风量、总风量、机柜的进风温度。从图 9-3b 来看，通过送风地板的送风量总体来说比较均匀，这应该和封堵改造有直接关系。但是从图 9-3e 中可以看出，两端机柜的进风温度较高，这应该是由于两端的热风存在回流现象，与两端机柜的进风掺混后所致。若进一步将冷通道封闭，应该可以进一步提高冷量的利用率，减少此类回流现象。

图 9-4 所示第 9 列对应机柜测试结果，其中包含发热密度高达 26kW 的机柜，为 N 排对应机柜。尽管这个机柜的发热量几乎是其他机柜的近 4 倍，但很明显官方故意没有在这个高热密度机柜两侧放置其他机柜，这样可以让高热密度机柜相对密集放置的机柜多吸入将近 2 倍多的冷量。

综上所述，美国国家环境预测中心对下送风形式数据中心中架空地板下的结构进行了合理改造，优化了送风通道，显著提升了 50% 的送风量以及降低了 5℃ 的送风温度。并且通过对高热密度机柜的合理放置，保证了其得到充足的冷量。

因此，在发热密度提升得不明显的情况下，仍能通过改造的方式提升传统数据中心容纳

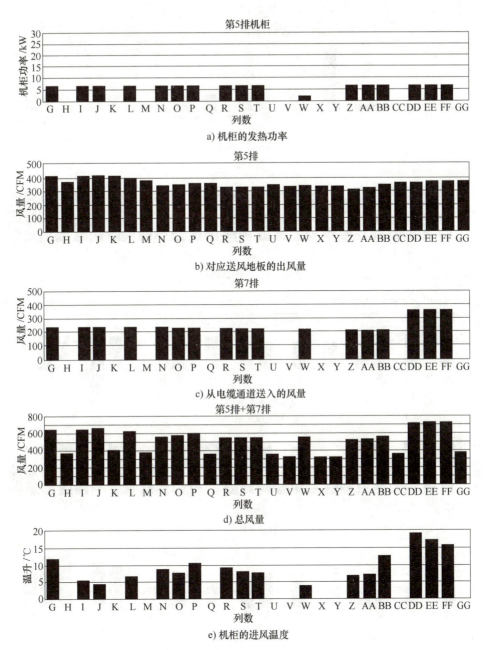

图 9-3　第 5 列对应机柜测试结果

高热密度服务器的空间，但这种方式无法大面积地密集使用，并且改造过程比较繁杂。

9.2.2　机柜级冷却方案

机柜级冷却方案是使空调设备小型化并与 IT 设备紧密耦合，以更小的占地面积、更短的送风距离，提供更大的冷却能力。

1. 热管背板机柜

热管背板机柜是以机柜为最小冷却末端单元，将换热末端整合在机柜背板上，换热器与

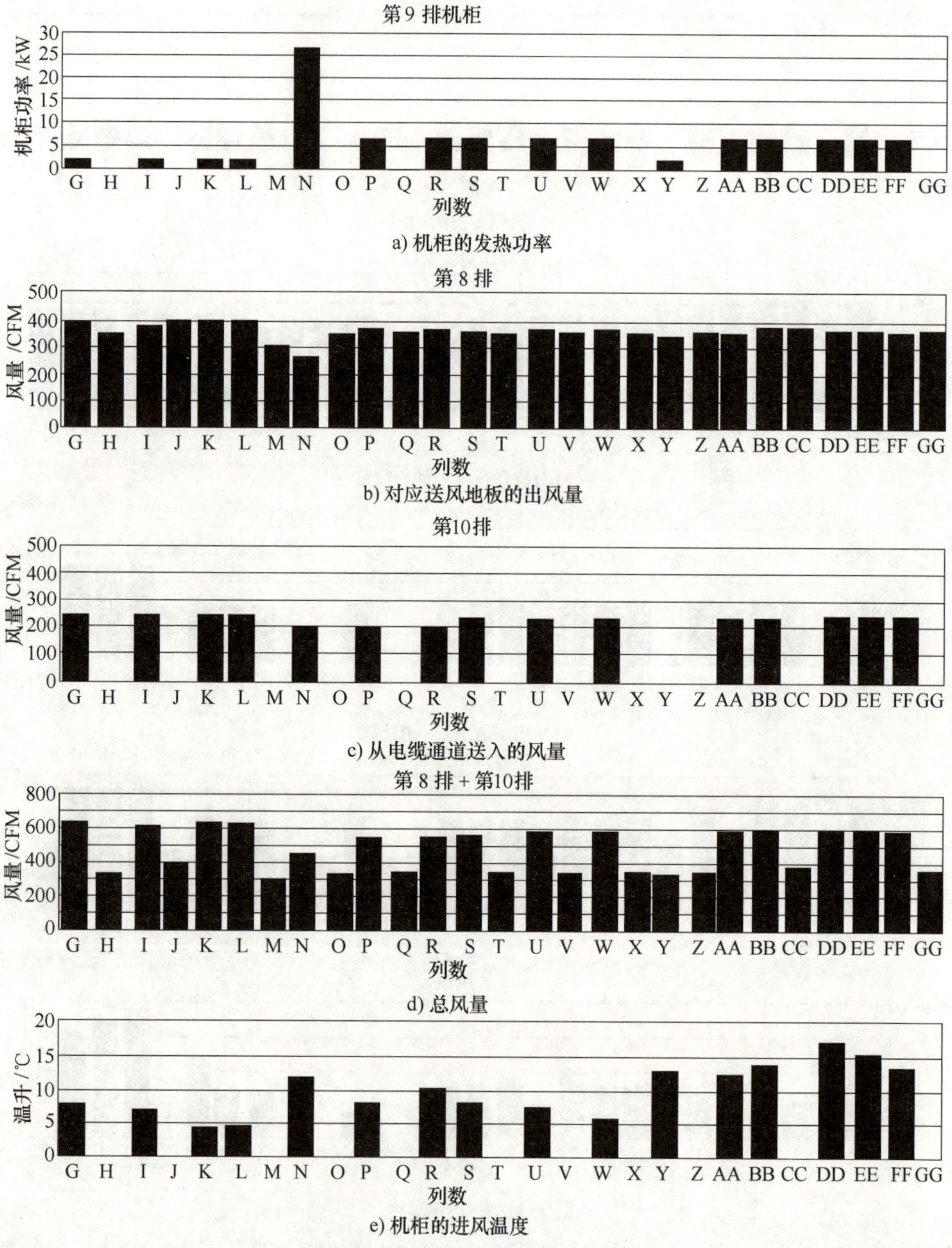

a) 机柜的发热功率

b) 对应送风地板的出风量

c) 从电缆通道送入的风量

d) 总风量

e) 机柜的进风温度

图 9-4 第 9 列对应机柜测试结果

室外冷源连接，实现高热密度机柜的散热。如图 9-5 所示，机柜内的换热器与室外的冷凝器构成一个热管回路，回路内的冷媒在机柜背板（蒸发端）上吸收设备排出的热空气的热量相变为气态，气态冷媒沿热管上升至室外的冷凝器（冷凝端）中释放热量转化为液态，新生成的液态冷媒再在重力的作用下沿热管流下，并最终回到蒸发端完成循环[5]。

相对于水冷背板，热管背板的换热效率更高，空气侧的流动阻力更小，更轻便、更安全，因而应用也更普遍。热管背板按有无独立的风机可分为主动式和被动式两类。被动式热管背板没有风机，热空气靠服务器风机驱动排出，能耗低，噪声小，但受限于严格的流动阻力要求，其换热量较小。主动式附有小型轴流风机，可提供更大的散热能力。由于空间限制和可操作性要求，主动式热管背板的换热能力通常在 10kW 左右[6]。图 9-6 所示为以氟利昂为工质的主动式热管背板机柜实物图。

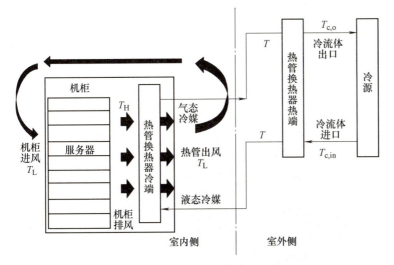

图 9-5　热管背板机柜冷却系统示意图　　　　　图 9-6　热管背板机柜实物图

　　从冷却气流上看，热管背板与机柜内的服务器是串联运行的，背板对服务器的散热风机形成了一个背压。为了不影响服务器散热风机的正常运行，热管背板除了采用精巧的换热设计外，也需要进行精确的自动控制。

2. 行间空调

　　行间空调是指小型化、扁平化，与服务器机柜并排运行的前后通风的空调。与传统的机房空调上下循环的气流组织不同，行间空调与服务器机柜的气流为水平循环。行间空调从后部吸入热风，水平掠过换热器排出热量，从前部吹出冷风供侧面的服务器使用。图 9-7 所示为典型的行间空调结合封闭热通道和气流遏制系统的高密度服务器机柜散热解决方案。

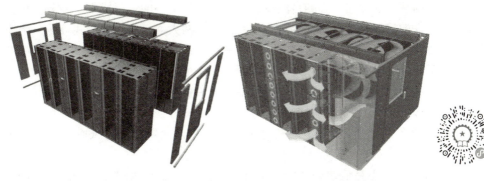

图 9-7　行间空调散热系统的组成和气流组织示意图（微信扫描二维码可看彩图）

　　由于直接利用服务器机柜前后的维护空间作为冷却气流的循环通道，彻底摆脱了架高地板的送风限制，极大地缩短了送风距离。因此，行间空调特别适用于高热密度服务器的散热。再加上便于实现自然冷却节能，行间空调在高热密度数据中心中得到了广泛应用。

行间空调的体积不宜超过服务器机柜的体积，受此限制，常规的前后送风行间空调的制冷量为 20~30kW。对于超级计算机等发热密度更高的 IT 设备，采用计算机设备和空调设备的紧耦合协同设计，通过全定制的行间空调，可以更进一步地提高散热能力。图 9-8 所示为天河 2 号超级计算机，其具有独特的左右通风串行封闭循环散热架构，采用定制冷冻水型行间空调，单机柜的散热能力超过 100kW。

图 9-8　采用定制行间空调的天河 2 号超级计算机（微信扫描二维码可看彩图）

机柜级冷却系统虽然将冷却末端单元缩小到了机柜级，但这种方式仍然存在空气与服务器以及空气与换热器之间的对流换热，这限制了机柜级冷却系统可冷却发热密度的上限，尤其是难以实现大功率芯片的有效散热。

9.2.3　服务器级液冷方案

服务级冷却即在数据中心中，以服务器为最小冷却末端单元的冷却方式，服务器级液冷往往比传统强迫风冷方案更为复杂、昂贵，但可以更好地实现大功率元器件的可靠散热，也更方便实现高热密度数据中心的自然冷却，降低数据中心的运行成本。服务器级液冷按冷媒与发热元器件的接触关系，分为接触式和非接触式两大类。对于接触式液冷，绝缘介质的冷媒与电子元器件直接接触，通过对流和沸腾带走热量，如全浸式液冷、喷雾式液冷等；对于非接触式液冷，冷媒在封闭的金属腔体中流动，通过导热和对流带走热量，如水冷。

水冷散热的形式有多种，如水冷冷板型、水冷散热器型、带导热部件的水冷散热器型，但其本质上都是导热加上管内强制对流换热。水冷又可分为全水冷与部分水冷，部分水冷是指对如 CPU 等发热密度很高的元器件采用水冷，其余元器件仍为风冷；全水冷则是对全部元器件都采用水冷。图 9-9 所示为部分水冷式服务器。

水冷的设计核心是低热阻水冷换热器的设计与实现。既要通过各种强化换热措施提高换热能力、减小换热热阻，又要通过对流道的优化来减小流动阻力，还有考虑加工性和焊接等制作工艺，因此水冷换热器通常是水冷散热设计中的难点与亮点。此外，水不是绝缘介质，在服务器级也不宜再设置回路的冗余，因此安全性和可靠性也是水冷散热的难点。

浸没式冷却是一种将服务器整体直接浸入换热介质中的服务器级冷却方案。这种冷却方式往往抛弃了以往的机柜形式，直接将服务器置入装有换热介质的容器中。图 9-10 所示为浸没式冷却样机。

浸没式冷却的原理如图 9-11 所示，服务器的发热元件将完全暴露在冷媒当中，冷媒与芯片表面直接进行相变换热后转换为气态并上升，最终与顶端的冷凝器接触后又冷凝为液态，回到冷媒池中。

浸没式冷却在保证高效换热的同时消除了水的潜在威胁，但这种冷却方式对冷媒要求较高，首先需要冷媒在低压下沸点低并接近常温，同时要求对电子元件无任何影响。另外，因为浸没式形式与一般机柜形式迥异，需要对服务器甚至数据中心进行一定的改造。

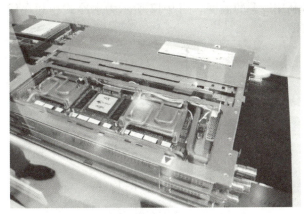

图 9-9　部分水冷式服务器（微信扫描二维码可看彩图）

图 9-10　浸没式冷却样机（微信扫描二维码可看彩图）

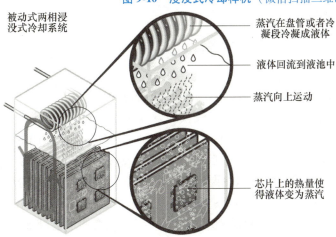

被动式两相浸没式冷却系统

蒸汽在盘管或者冷凝段冷凝成液体

液体回流到液池中

蒸汽向上运动

芯片上的热量使得液体变为蒸汽

图 9-11　浸没式冷却原理示意图（微信扫描二维码可看彩图）

371

水冷式冷却与浸没式冷却都是利用液体工质直接对服务器内的发热元件进行冷却，这种方式不仅令服务器级冷却可以适用于发热密度更高的数据中心，直接对高温热源进行冷却，还能提高可利用冷源的温度。图 9-12 所示为水冷式冷却在使用风冷冷端与水冷冷端时的设计温度分布图[7]。

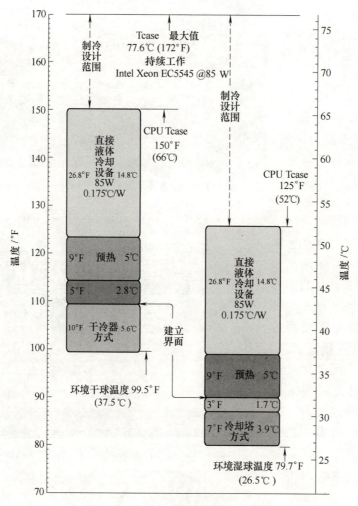

图 9-12　水冷式冷却设计温度分布图

可以发现，直接对温度高达 77.6℃ 的 CPU 进行冷却，在室外环境干球温度为 37.5℃ 或湿球温度为 26.5℃ 时，水冷式方案仍有较大的设计温差富裕。这就说明服务器级冷却方案的运用使得数据中心冷却系统基本可以全年利用自然冷源对服务器内的 CPU 进行冷却，这将在保证高热密度数据中心高效散热同时，大幅降低数据中心的冷却能耗。

图 9-13 所示为液冷及传统的风冷混合式冷却方式，该冷却方式使得服务器 60% ~ 70% 的主要热量通过接触式制冷带走，30% ~ 40% 的剩余热量通过非接触式制冷（传统模式）带走。由于 30% ~ 40% 散热元件的热流密度不大，可以用较高的水温带走显热，这时，由于制冷设备温度提高较多的冷水，其性能会更好，同时，自然冷源的利用时间就会更长，甚至可以取代传统的主机冷却模式，系统的能效也就更高。

服务器冷板的冷却分为针对服务器整体或者针对芯片进行冷却两种模式。也就是说，服务器的所有热量通过导热至冷板进行换热，冷板中的冷却介质可以在吸收服务器的热量后，

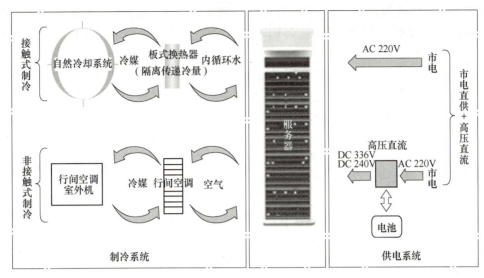

图 9-13　液冷及传统的风冷混合式冷却方式

以显热或潜热两种模式带走服务器散发的热量。显热模式通过动力循环直接导入冷板中，潜热模式则通过黏性力及表面张力来实现冷却介质对热量的转移。服务器冷板结构上分为蒸发段和冷凝段两部分，通过其他介质将室内的热量带到室外。图 9-14 所示为液冷板式换热示意图，它分为三个部分进行换热：①内循环主要负责将服务器的热量带出来；②内外循环之间采用换热器进行间接热交换；③外循环负责将热量进一步排至大气中。这个案例是将室内的换热和室外的换热独立设置，室外的系统可以选择开式系统，冷却介质可以通过蒸发冷却，温度降低到接近湿球温度，由于湿球温度低于干球温度并存在一定差值，可以延长自然冷源的利用时间。但是，开式系统存在冷却水污染及在北方某些区域使用时发生冻结的风险。根据需要，可以将开式冷却塔换成闭式冷却塔，减少中间换热器及外循环水泵，根据所

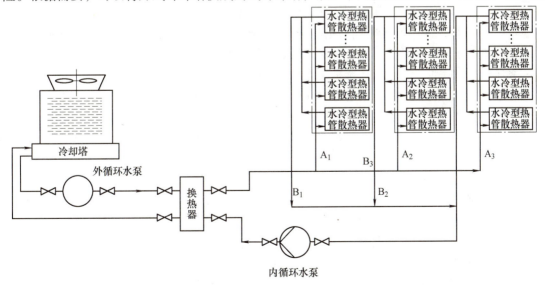

图 9-14　液冷板式换热示意图

在地区选择不同的冷却介质，北方地区需要选择防冻液，以防止冷却介质冻结。闭式系统也会牺牲湿球温度带来的节能效益，对于不同地区，应进行综合考虑并比较系统形式和配置。

总之，服务器级冷却方案通过进一步缩小换热末端的方式，提升了可适用的高热密度数据中心的发热密度上限。同时，服务器级冷却系统对高温热源（CPU 等）直接进行冷却，提高了可利用自然冷源的温度，有助于减少数据中心的冷却能耗。然而，服务器级冷却方式相对来说更复杂，需要制冷与服务器制造及机柜制造企业密切配合，其造价更高，实施、运行和管理更困难。

9.3　5G 供电与供冷技术

2019 年我国正式进入 5G（第五代移动通信技术）商用元年。在移动通信技术发展历程中，1G 实现移动通话，2G 引入短信和无线应用协议 WAP，3G 开始音视频与互联网应用，4G 奠定移动互联网根基，到了 5G，不再一味追求人人通信的体验速率，而是更强调实现万物互联，满足物联网、边缘计算、行业应用的需求[8]。相比于 4G，5G 具有更高速率、更低时延、更大连接等特点，网络特性的变化同时也带来了网络配套设施的变化。

移动通信基站是移动设备接入互联网的接口设备，也是与移动通信终端之间进行信息传递的无线电收发信电台，是移动通信网络中最关键的基础设施。由于单基站覆盖范围有限，为实现大范围的信号覆盖，运营商会部署大量基站。随着 5G 通信建设的进行，基站向高频段发展，单基站覆盖的范围变小，覆盖相同面积相对 4G 基站所需数量增加，此外，由于 5G 通信大带宽、低时延、广连接的要求，5G 设备功耗约为 4G 设备的 3~4 倍，5G 站点建设面临供电不足与供冷不足等问题。

9.3.1　5G 供电技术

5G 设备功耗的增加对站点供电系统提出挑战，现网站点调研结果显示，约 15% 站点市电容量不足，约 30% 站点电源容量不足，约 80% 站点电池备电容量无法满足叠加 5G 设备后的备电时长要求，约 90% 站点无法满足高功率 AAU（有源天线单元）在拉远时因线损压降导致的供电需求。在 2G、3G、4G 时代，站点电源建设缺乏长期规划，导致多套电源叠加建设、系统运行效率低、电源运行维护工作量大等问题。

车联网、无人驾驶、智能制造等物联网业务，需要高即时性网络。从网络结构上看，服务器将会从数据中心下沉到接入网机房及站点，以降低通信过程中的时延影响[9]。随着MEC（移动边缘计算）下沉，将要求站点及通信机房不仅满足传统 CT 设备直流供电及备电需求，同时也要满足 IT 设备交流供电与备电需求。此外，部分关键站点也会部署视频监控等设施，从而需要 AC12V、DC24V 等多种供电制式。

1. 通信能源技术发展趋势

近几年，以电源高密、锂电、光伏、AI 及数字化为代表的新技术正加速进入通信能源领域，并带来了巨大的系统性能提升。

（1）电源高密　通过结构及功率技术改进，电源持续向高密化演进，有效节省安装空间。

（2）锂电　相比于铅酸电池，锂电池在能量密度、寿命上具有明显优势，目前广泛应用于电动汽车、储能设备、终端设备等，锂电池在通信站点的部署最近两年也在快速增长。

（3）光伏　光伏能技术日益成熟，发电成本持续降低（明显低于火电发电），通过部署光伏来降低通信网络能耗也成为趋势。

（4）AI　AI 技术逐渐兴起，其在图像识别、生产控制等领域的优势，将能够广泛应用于通信站点供电系统，实现站点供电自动化控制，进而提高站点能效以及站点的可靠性。

（5）数字化　目前包括传感、Cloud、IoT 在内的技术，在各行业的应用已经成熟。通信站点设备数字化，可实现站点信息在线、问题在线处理、提前处理等，有效提升站点运维效率。

2. 5G 站点供电创新方案

（1）方案介绍　针对 5G 站点供电的诸多问题，可应用数字智能供电产品，包括智能 MIMO（多输入多输出）电源单元、智能锂电池单元[10]，如图 9-15 所示。

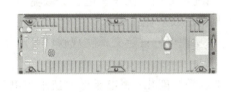

图 9-15　数字智能供电产品

1）智能 MIMO 电源。智能 MIMO 电源可支持市电、太阳能、风能、电池储能、直流电源等的多路能源输入，并根据不同负载供电需求进行调压输出以满足多种类型设备的供电需求，同时支持市电削峰、叠光、错峰用电等。

2）智能磷酸铁锂电池。智能磷酸铁锂电池能够智能动态管理充放电，保障电池的安全使用；实现新旧电池智能混用，提升资源利用率；智能动态调节备电容量，满足通信设备的备电需求。

3）智能配电。输出配电可以根据负载功耗和数量按需配置输出开关，能够智能对每个输出分路进行电压、电流和电能等参数进行采集计量，实现用电精细化管理；可对每个输出分路进行远程上下电控制，实现按需供电。

应用数字智能供电产品，针对市电电源容量不足的情况，一方面通过叠加新能源进行补充，另一方面通过智能削峰实现市电与储能能量协同，智能调度多种能源输入，避免市电电源的改造；针对直流电源容量不足的情况，智能整合现网直流电源余量，多路电源智能互补满足 5G 供电需求，避免直流电源改造；针对原有电池组备电时间不足的情况，采用备电容量动态匹配算法，锂电池与原有蓄电池组智能混用，共同保障 5G 备电时长要求，避免电池组的更换[11]。产品部署及应用方式如图 9-16 所示。

（2）设计理念

1）多能源融合应用：将市电、新能源、存量电源等多路能源整合到一套系统中，实现多能源输入及智能调度，优先利用新能源以及低成本能源。可接入存量电源余量，降低建设

375

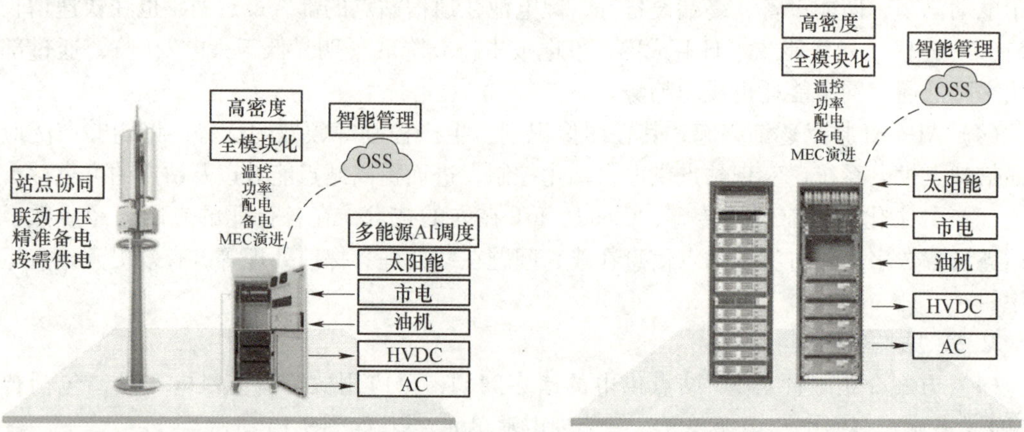

图 9-16　产品部署及应用方式

投资。在输出配电方面，实现多电压等级输出，匹配多业务设备供电需求。

2）电源设备数字化：引入数字化供电技术，将信息处理技术与电力电子技术深度融合，实现电源功能可软件定义，实现软件可定义的多输入、输出电源产品，灵活满足各类场景的供电需求。

3）电池设备智能化：将电子电力技术与电池技术融合，根据电池的特性和状态对充放电进行动态管理与控制，实现恒压充放电智能控制、动态智能调整备电容量、智能混用按需配置等功能应用。

4）构建智能化运营体系：构建从平台到系统、系统到设备的智慧化供电运营体系，实现对通信基础数字化管控，智能巡检运维，降低运营成本。同时使站点能源具有自学习、自诊断、自维护、自更新的特性，推动站点能源的应用智慧化。

9.3.2　5G 通信供冷技术

通信机房内除配备通信设备和供电设备外，为满足设备的散热要求，同时配有空调设备。无论是通信设备还是空调设备，均会消耗大量电能。据统计，每年运营商的基站耗电量与数据中心耗电量相当，而空调耗电量占基站总耗电量的 30%～40%。由于 5G 设备高功率的特性，未来空调用电所造成的供冷能耗问题将更加突出。

除能耗问题外，设备散热问题也会逐渐凸显。为降低 5G 站点建设成本，运营商在原有站址集中部署更多数量、更高功率的通信设备，尤其用于 5G 通信的 BBU（基带处理单元）。目前大量 BBU 集中安装于单个机柜内，如图 9-17 所示。经测算，单个机柜内设备总功率将会高达 10kW，超过单个服务器机架的总功率，而 BBU 的耗电最终会转化为热量，单机柜热密度的突增将导致设备散热不足。此外，设备的散热方式也影响了散热效果。目前主流的 BBU 的散热方式为设备的左侧进风右侧出风，或右侧进风左侧出风，出风口的热风往往会由于机柜侧壁的阻挡最终回流至进风口，使得热风再次被吸入造成冷热气流短路，机柜内的流场如图 9-18 所示。柜外冷风由于阻挡、风压不足等因素无法有效送入 BBU 进风口，会造成散热问题进一步恶化，机柜内部甚至机柜附近区域局部过热，严重影响 BBU 的散热效果[12]。

图 9-17　基站机房内 BBU 集中布置实物图

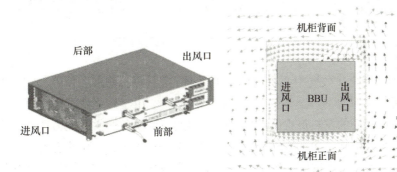

图 9-18　BBU 实物图及机柜内流场俯视示意图（微信扫描二维码可看彩图）

　　通信机房的空调设备一方面要满足通信设备的散热需求，避免出现局部热点，另一方面要减少制冷能耗，节省电费开支。而当前 5G 发展所面临的散热及能耗问题为供冷方式及供冷设备提出了更高要求。对于供冷方式，除了传统的房间级冷却外，还有优势明显的机柜级冷却，也出现了设备级冷却方案。对于供冷设备，除了使用传统的电压缩式制冷系统外，结合自然冷源利用技术的供冷设备也有所应用。

1. 通信机房特点

　　通信机房如基站、汇聚机房等，与数据中心机房相比，由于使用功能、建设位置、建设条件的差异，其制冷方式、空调设备有所不同，无论采用何种方式、使用何种设备，均应首先符合机房的建设及使用要求。

　　（1）设备类型多样　机房内往往存在多种类型设备，包括无线设备、传输设备、电源、电池、空调等。不同设备的发热量不一样，有些设备发热量较大，有些设备发热量小，有些设备基本不发热，造成整个机房内部热量不均匀。此外，不同设备的工作环境要求不一样，如 BBU 的正常工作温度上限在 50℃以上，而铅酸电池的正常工作温度要求在 25℃左右。此外，机房内的温度环境还要满足维护人员的舒适性要求，因此，对于通信机房的空调系统，需要满足多样化的制冷需求，空调设定温度较低，为 26～28℃。

（2）机房空间狭小 由于通信机房数量多、分布广，有大量机房布置在居民楼内或办公楼的居住层或楼顶，大量设备布置在有限的空间内，如图 9-19 所示。空调的安装空间较为有限，机房内较难有空间放置体积较大的空调设备和布置管路，同时安装位置较为局限，空调末端往往靠墙布置在某个角落，且并不像数据中心一样有底部空间安装架空地板并且有顶部空间安装送风管路，因此机房内往往难以做到较为理想的气流组织。空调设备需要具有空间占用少、系统简单、布置灵活、送风覆盖范围大的特性。

图 9-19 机房内设备及机柜布置实景图

（3）设备不断变化 数据中心机房的空调系统往往是先规划后建设，而因基站的建设与使用特性，通信机房的空调设备往往是先建设后调整。由于网络建设的需要，设备在不断进行增加与替换，设备的发热量也会随之变化，因此空调设备的供冷能力往往滞后于设备的散热需求。尤其是当前随着 5G 建设的进行，机房内高功耗设备数量迅速增加，而且逐年变化，空调制冷能力严重不足的问题突出。究竟是沿用传统的供冷方式增加空调数量，还是采用新方式满足高功率设备的散热需求，同时符合机房建设及使用的要求，是当前需要考虑的重要问题。

2. 房间级冷却方式

（1）房间级空调设备 目前通信机房的主要冷却方式是房间级冷却，在机房中布置基站定制型空调或舒适型空调，向机房整个空间送风来满足设备散热需求，如图 9-20 所示。由于机房内整体发热量不大，因此制冷系统结构简单，空调室内机置于机房内，室外机置于

图 9-20 机房内空调实景图

机房外，冷媒为制冷剂，设备布置及系统架构如图 9-21 所示。无论是在过去还是未来，使用上述空调设备实现房间级冷却方式具有其存在的必要性。如前所述，机房内设备类型多样且分布在整个机房空间，同时机房空间狭小无法布置空调送风系统，使用布置灵活、系统简单的空调末端形式，就成为机房内设备散热的必然方式。

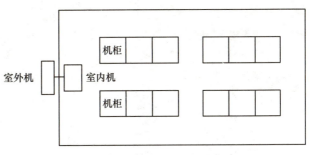

图 9-21　房间级空调布置及系统架构示意图

（2）房间级冷却存在的问题　虽然房间级空调能够满足许多设备的散热、透过围护结构结构传热量的消除、维持室内温度及湿度的基本要求，但对于高功率设备的散热却存在许多问题。

房间级空调的冷却效率偏低。首先，房间级空调的冷却原理为"先冷环境、后冷设备"，由空调末端将冷空气送入室内空间，冷量再传递至设备附近，进而送入发热设备进行冷却，由于送风距离的存在，空调冷量利用率不高，冷却效率较低；其次，机房内为冷、热气流掺混状态，冷空气在传送过程中由于热空气的影响其温度不断升高，送至设备时空调送风温度已升高几度甚至十几度，最终送至设备入风口的温度偏高；此外，由于空调在机房中一般布置于边缘区域，造成送风的不均匀，靠近空调的设备获得的冷量较多，远离空调的设备获得的冷量较少且周围空气温度偏高，一旦高热密度机柜安装位置及机柜内部设备安装方式不合理，机柜内部空气流动不畅，极易出现局部热点甚至造成机柜整体过热。

房间级空调能耗在高热密度场景下会大幅增加。首先，高热密度机柜由于空调冷却效率低造成机柜内部过热，将会使机柜附近区域形成局部过热区域，此时空调回风温度将会持续偏高，难以降至空调设定温度，最终造成空调长期持续运转，空调能耗增加；其次，机房内为冷、热气流掺混，冷空气在传送过程中由于热空气的影响其温度不断升高，送至设备时冷却空气温度已明显升高，为了弥补这部分传热损失，空调送风温度需要设置得更低，从而造成较高制冷能耗；此外，由于机柜内部及房间内温度过高，如果机房内已有空调无法满足温度控制的要求，运维人员将会增加机房空调的数量，但由于柜内空气流通量不足的本质问题并未解决，增加空调即使能够在一定程度上降低温度，但效果并不明显，反而进一步增加了空调能耗。

（3）局部气流优化技术　为解决高热密度机柜的过热问题，可在房间级冷却的基础上，通过改善机柜内部空气的流通性来降低柜内温度。主要有两种方式：第一种方式是强制通风，通过在机柜内部或在机房内安装风机，利用强制通风方式将热风排出柜外，如图 9-22 所示；第二种方式是气流引导，包括在设备间增加气流引导装置将冷风由前部引导至侧面，或改变设备安装方式使空气流向由左右流向变为上下流向，以减小空气的流动阻力从而增加设备进风量。

上述方式能够在一定程度上改善高热密度机柜的过热问题。以柜内增加风机的方式为例，通过强制通风，相比于仅依靠空调送风而不改善气流的传统冷却方式，机柜内部的过热问题能够有效缓解，甚至比增加空调数量的改善方式的效果更好，如图 9-23 所示。

a) 柜内增加风机　　　　b) 柜外使用风机　　　　c) 增加引导装置　　　　d) 改变安装方式

图 9-22　高热密度机柜散热解决方式

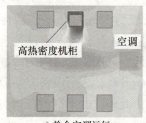
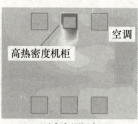
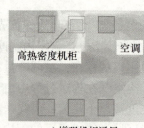

温度/℃
60
50.6
41.2
31.8
22.4
13

a) 单台空调运行　　　　b) 两台空调运行　　　　c) 增强机柜通风

图 9-23　三种散热方式对比（微信扫描二维码可看彩图）

（4）自然冷源利用技术　供冷的方式除采用传统空调电压缩式制冷的方式供冷外，还可在室外环境条件适宜的情况下直接利用室外自然冷量向机房供冷，从而降低空调设备的制冷能耗。目前应用的有直接通风技术与间接换热技术两类。

直接通风技术通过引入外部空气，并经过过滤向机房内提供冷空气，并排出内部热空气。该技术对空气的洁净度要求较高，适用于风沙不频繁、无腐蚀性气体的地区，如贵州、广西等地，使用时注意需要对过滤设备进行清洁。对于具备水源条件的基站，特别是水量充沛的南方地区，可在通风的基础上增加喷淋装置，使外部空气经过通风口时利用水的汽化潜热进一步降低空气温度，同时起到过滤除尘的作用，如图 9-24 所示。

间接换热技术通过增加热管或换热器等换热元件，使机房内高温空气与机房外低温空气之间实现热交换，从而为机房提供冷量。由于室内空气通过风机实现封闭循环，并不与室外空气接触，因此对室外空气洁净度的要求并不是很高。应用热管的换热技术利用室内外温差通过封闭管路中工质的蒸发、冷凝循环将机房内热量传递到室外[13]，包括分体式热管及整体式热管两种形式，如图 9-25、图 9-26 所示。热管蒸发段内的工质吸收机房内热空气的热量，由液态蒸发为气态，同时将机房内的空气冷却；气态工质经过冷凝段被室外空气冷却从而释放热量，由气态液化为液态，最终流回到蒸发段，如此循环往复，实现由室内到室外的热量转移。

图 9-24　应用直接通风技术的机房

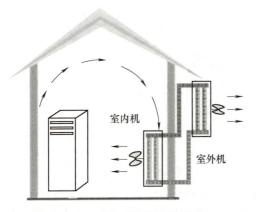

图 9-25　分体式热管应用原理

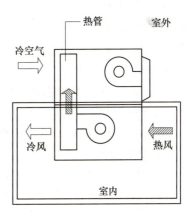

图 9-26　整体式热管应用原理

集成热管的空调设备，可以通过一定的方式，来提升设备的散热效率及热管的换热效率。通过在机房内将机柜并排布置，将空调置于机柜一侧，并进行物理阻挡，可以实现机房内冷空气与热空气的隔离，从而提升热管蒸发段的温度，利用自然冷源实现设备散热，如图 9-27、图 9-28 所示。

图 9-27　应用列间热管空调的机房实景

图 9-28　机房内部布置俯视示意图

3. 机柜级冷却方式

尽管使用房间级冷却方式并辅助一些改善方法能够解决高热密度机柜的过热问题，却难以有效降低空调能耗。降低空调能耗最为有效的方法有两种，第一种是提高空调设定温度，第二种是提升制冷系统能效。对于房间级冷却，由于机房内仍然是冷、热空气掺混状态，空调送风温度与设备入风口处的温度有所差异，空调的设定温度较难进一步提高；此外，机柜内的大量热量最终仍需要由机房内的空调进行处理，而目前机房空调设备的能效为 3.3 左右，难以进一步提高。相比于房间级冷却方式，机柜级冷却方式在上述方面则有更大优势。

（1）机柜级空调设备应用于基站机房的机柜级空调系统分为室内机与室外机两个部分。室内机安装于机柜的柜门、侧面或底部，并与机柜内部空间连通，室外机置于机房外，冷媒为制冷剂，设备布置位置及系统架构如图 9-29 所示。机柜空间

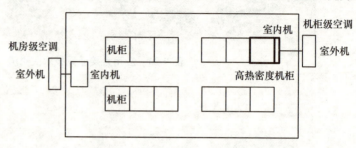

图 9-29　机柜级空调布置及系统架构示意图

封闭，机柜内部空气形成封闭循环，机柜级空调室内机仅对机柜内部供冷，热量直接由机柜级空调转移至机房外部环境。

（2）机柜级冷却的优势　机柜级冷却方式应用于通信机房，在温度控制以及降低空调能耗方面，均具有极大优势。

在温度控制方面，由于空调末端贴近发热设备，机柜级空调几乎全部的冷量都能得到有效利用，提高了散热效率。依靠空调送风口压力，冷空气能够有效流入设备，减小了空气流动阻力。设备出风口温度即柜内最高温度更加接近空调回风温度，通过控制空调回风温度，可以精确控制柜内最高温度，有效消除局部热点。

在减少能耗方面，首先，机柜级冷却方式能够提高空调设定温度，通过机柜内部的结构设计可以做到冷、热气流分区，冷、热气流混合程度减小，设备入风口温度能够更加接近空调送风口温度，空调设定温度得以提高；由于机柜封闭，机柜级空调仅需要满足柜内设备的温度要求，而通信设备如 BBU 的允许最高工作温度为 55℃，大大高于机房内 26℃ 左右的温度要求，因此机柜级空调的设定温度能够大幅度提高。此外，由于空调回风温度大幅提高，柜内环境与室外环境的温差增大，热管技术应用的优势更加明显，利用自然冷源可显著提升制冷系统能效。

同时，在机房建设方面，机柜级空调仅针对高功耗设备进行供冷，且系统结构简单，并未对原有空调及机房进行大幅度改动，建设工程量及投资并不大；由于集成在机柜上，并不会占用太多机房空间，甚至比机房级空调的占用空间要小很多，从而可以节约机房空间来安装通信设备柜，对于安装于柜门或侧面的空调，可以节约机柜内部空间来安装通信设备；机柜空调由于结构简单，室内机主要部件仅有蒸发器及风机，因此可以做到模块化设计，当机柜内设备数量增多或发热量增大时，满足冷量按需扩容的要求。

（3）技术关键点

1）柜内气流组织的构建。通信机房无法做到像数据中心一样通过构建送、回风系统实

现冷、热气流分离来提高散热效率及制冷能效，只能通过在机柜内部进行结构设计实现有序的气流引导，一方面需要做到冷气流与热气流分离，另一方面尽量减少空气流动阻力保证设备的进风量，同时要满足柜内不同进、出风方式的设备的气流引导要求。气流组织构建的效果有三个关键因素，一是提升机柜的密闭性，尽量减少与柜外的空气交换量；二是增强冷气流区与热气流区的隔离性，尽量减少不同温度空气混合的程度；三是保证柜内温度场的均匀性，避免出现过热区域与过冷区域。

2）热管技术的应用。目前通信机房的制冷方式为传统的电压缩式制冷，空调能效在3.3 左右，而利用自然冷源的热管技术可将空调能效大大提升。尤其是基站机房内出现高热密度机柜，机柜内的设备的允许温度上限较高，机房围护结构外就是自然环境，这为热管技术的应用及其节能潜力的发挥提供了便利条件。此外，热管应用于通信机房的另一个优势是能够实现通信设备应急散热。当机房内市电中断时，空调的风机依靠直流供电仍可运行，依靠热管的换热能力，可将柜内大量热量转移至室外环境，从而实现不间断散热，保证通信设备的正常工作。

3）变频技术的应用。如前所述，通信机房内的建设情况往往不断变化，随着网络建设的进行，单个机柜内设备的数量会逐渐增加，单个设备发热量也可能不断增加，因此单个机柜的发热量会不断变化。在选配机柜级空调时要考虑到单个机柜发热量达到最大时的散热要求，但建设初期柜内设备不多、发热量并不大，因此机柜级空调的额定冷量可能比机柜内设备的实际发热量要大很多。如果使用定频空调，会造成空调频繁启停，内部温度会出现较大幅度波动，而变频空调可以使柜内温度保持稳定。根据实测结果，使用定频空调柜内温度波幅约为 10℃，由于波幅较大，为保证不超过允许温度上限，定频空调需要将设定温度调低，而变频空调的温度波幅约为 1℃，设定温度可以更高，且变频空调能效更高，因此能耗也会更低。

4）温度的合理控制。提高空调的设定温度能够有效降低空调能耗，对于机柜级空调，其设定温度与内部设备的实际情况密切相关。由于机房内的情况复杂多样，温度的设定应根据柜内的设备布置、数量、发热量、允许工作温度、气流组织、温度场均匀性等具体情况来确定，做到在满足所有设备的温度要求的前提下尽量提高空调的设定温度。此外，在机柜内安装设备时，应考虑到设备热量的差异性做到合理布局，使发热量大的设备靠近空调送风口，发热量小及不发热的设备可布置在距离送风口较远的位置，从而可以将空调设定温度提高。

（4）实际应用案例　机柜级空调设备首先在数据中心应用，为解决单个服务器机架的高热密度问题，数据中心的解决方式是使用机架式空调，空调室内机作为模块与服务器一起安装于机架，空调模块安装于机架底部，冷风从机柜底部送出，在机柜前部形成冷通道，送入设备吸热后成为热风，机柜后部形成热通道，热风最终在机柜底部送入空调模块进行处理，气流组织如图 9-30a 所示，设备实物如图 9-31 所示。由于可以有针对性地解决高功率设备的散热问题，因此近些年也被用于通信机房的高功率机柜内。但该种方式占用柜内空间，从而会减少设备安装数量。由于空调制冷量与蒸发器换热面积及风机风量相关，要达到较大制冷量，必然会占用较多空间。此外，由于冷风从机柜底部送出，最终流回底部，冷风较难送入上部设备，因此容易形成底部气流循环，因此柜内温度场均匀性并不理想。

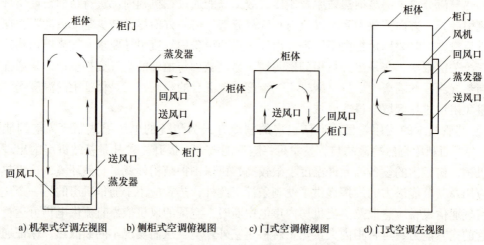

a) 机架式空调左视图   b) 侧柜式空调俯视图   c) 门式空调俯视图   d) 门式空调左视图

图 9-30   机柜级空调气流组织示意图

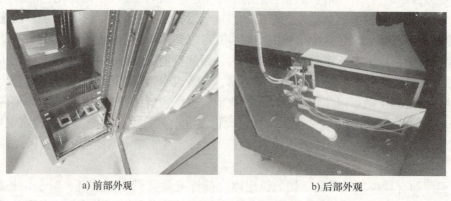

a) 前部外观   b) 后部外观

图 9-31   机架式空调外观

　　侧柜式空调是另一种应用机柜级空调设备。空调室内机作为模块集成于机柜侧面，冷风从机柜侧边送出，在机柜前部形成冷通道，送入设备后成为热风，机柜后部形成热通道，热风最终在机柜侧边送入空调模块进行处理，气流组织如图 9-30b 所示，设备实物如图 9-32所示。为避免冷气流与热气流掺混，机柜内部整体空间进行双 L 型冷、热通道设计，同时，在设备之间布置导风隔离装置，将从前部流入的冷风与从另一侧流出的热风隔离，并使冷风流动方向由前部转为左侧顺利送入左右流向设备，如图 9-33 所示。由于空调模块置于机柜侧边，不占用柜内空间同时可实现较大制冷量，满足整柜高功率设备的散热要求。由于在整个高度方向上均可送出冷风，因此温度场均匀性有明显改善。由于空调模块的蒸发器与风机置于柜外，蒸发器面积可以做到更大，风机数量可以更多，风量可以更大，因此制冷量可以大幅提高。此外，还可以将热管集成于空调模块，利用自然冷源为设备降温，从而降低空调能耗。将空调模块置于侧边的另一个优势是可以在机柜另一侧可并列安装多个机柜，机柜的整个前部空间形成冷通道，机柜的后部空间形成热通道，从而实现一个空调模块为多个机柜供冷，冷、热通道如图 9-34 所示。由于多柜可提供足够的空间能够装入整个机房内的设备，因此可以取消机房空调，从而大大减少冷量浪费，降低空调能耗。采用此种建设方式可以使整机柜也就是机房 PUE 降低至 1.2。

图 9-32　侧柜式空调应用案例

a) 双 L 型冷、热通道设计　　　　b) 导风隔离装置设计

图 9-33　冷、热通道设计示意图

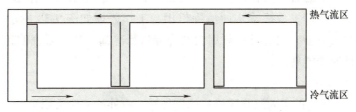

图 9-34　多柜并柜冷、热通道俯视示意图

除侧式空调外，将空调室内机集成于机柜柜门的门式空调也已有应用，如图 9-35 所示。冷风从柜门左侧送出，在机柜左侧形成冷气流区，送入设备吸热后成为热风，机柜右侧形成热气流区，热风最终在柜门右侧送入柜门进行处理，气流组织如图 9-30c 所示。由于在整个高度方向上均可送出冷风，因此温度场均匀性较好。浙江省测试结果表明，采用门式空调制冷方式并集成热管系统，全年机房的空调总用电量可减少 2500kW·h。

门式空调的另外一种应用形式是将空调蒸发器作为模块安装于柜门，从而可以针对局部过热的设备实现更加精准的制冷，如图 9-36 所示。冷风从空调模块下部送出，机柜前部形成冷通道，送入设备吸热后成为热风，机柜后部形成热通道，热风最终在空调模块上部送回进行处理，气流组织如图 9-30d 所示。由于冷风正对设备送入风压较大，通过配置导风装置，可以使设备具有较为理想的散热效果。广东地区的测试结果显示，采用该种方式可以使机房的空调总耗电量降低 30%。

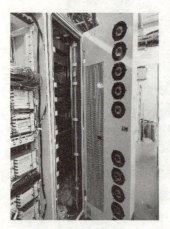

图 9-35　门式空调应用案例

图 9-36　门式空调模块应用案例

4. 设备级冷却方式

按照目前通信设备的运行情况来看，BBU 的实际运行功率已超过 5kW。实际上，已投入使用的 BBU 仍预留了一半以上的功能模块安装槽位。也就是说，未来随着网络建设的进行及 5G 业务的应用，BBU 的运行功率将出现上升趋势，单个 BBU 运行功率将超过 1kW 甚至有可能接近 2kW。如果按当前普遍的建设模式，单个机柜集中安装 10 个 BBU，那么单个机柜的热密度将急剧增加。液冷技术将成为解决高热密度问题并降低制冷能耗的有效手段。

针对 BBU 散热的液冷系统已有所应用，如图 9-37 所示。系统采用喷淋式冷却方式，使液体工质从 BBU 一侧流入，流经芯片将热量带走，最终从另一侧流出。安装时采用设备竖装方式从而可以使工质通过重力作用流动。被加热的工质通过泵最终输送至室外冷却单元，通过风冷方式将工质冷却，最终输送回液冷机柜，工作原理如图 9-38 所示。由于液体工质的温度高于室外空气温度，因此可仅利用自然冷源进行冷却，整个系统的耗电部件仅有泵与风机，可明显降低制冷能耗。

5. 室外站空调技术

通信基站分为有机房的室内站与无机房的室外站。室外站一般采用机柜、集装箱及简易机房的形式。集装箱及简易机房内由于存在较大设备安装空间，可将舒适性空调装入内部实现供冷。对于室外机柜，内部仅预留通信设备及供电设备安装空间，空调采用室内机与室外机一体化集成的方式，安装于柜门，如图 9-39 所示。机柜内部冷负荷一方面来自设备发热量，另一方面来自室外空气温度传递及太阳辐射热量。柜门内侧的空调蒸发器吸收柜内空气热量，通过冷媒转移至柜门外侧的空调冷凝器，最终将排出至柜外环境。此外，对于全年气候较为凉爽的地区，可采用空气-空气热交换器的形式，通过柜内空气与柜外空气的热交换将热量排出。

间接蒸发冷却技术也可与简易机房进行融合应用于室外基站，如图 9-40 所示。在室外基站建设面积允许及具备水源的条件下，将间接蒸发冷却设备布置于机房一侧，设备的一侧引入室外空气，经处理后从另一侧送入机房，为机房内设备供冷。

图 9-37　应用于 BBU 散
热的液冷机柜

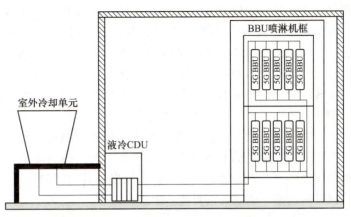

图 9-38　液冷系统工作原理

图 9-39　室外机柜空调外观

a) 机房基站外部实景　　　　　　b) 站内布置俯视示意

图 9-40　应用间接蒸发冷却技术的室外基站

　　目前室外基站的另一种建设形式是使用刀片式设备，如图 9-41 所示。目前刀片式 BBU、刀片式 PTN、刀片式电源、刀片式电池等已有应用，设备可直接安装于室外杆上暴露于自然环境，从而可以取消室外机柜，由于设备可以利用自然环境实现散热，从而可以取消机房空调，提升整站的能效水平。

目前各运营商已经开始 5G 网络规模建设，在建设过程中如果仍采用传统的建设方案将会造成大量的能源基础设施改造，大幅增加建设成本和建设周期。因此，应按照"柔性、智能、高效"的设计理念设计 5G 供电系统，从传统方案各子系统独立设计转变为面向整站系统的一体化设计，从聚焦部件性能转变为聚焦整站性能，运用更多的智能技术加速绿色能源的规模应用，推动网络的极简运维。此外，机柜级冷却将会作为解决高热密度问题的重要方式，自然冷源利用技术会作为降低制冷能耗的有效手段，尤其是未来高热密度机柜在通信机房中的占比逐渐增大后，将逐渐发挥其节能的潜力，成为提升机房整体能效的重要技术手段。

图 9-41　刀片式设备外观

思考题与习题

9-1　高发热密度数据中心的散热解决方案有哪些？

9-2　目前常见的服务器级冷却方案主要包括哪些？

9-3　水冷式冷却的设计温度是如何分布的？

9-4　通信机房的特点是什么？

9-5　房间级冷却存在的问题有哪些？

9-6　机柜级冷却的优势有哪些？

参 考 文 献

［1］ASHRAE T C 9. 9. Committee. Datacom Equipment Power Trends and Cooing Applications ［M］. 2nd. Atlanta：ASHRAE，2012.

［2］ASHRAE T C 9. 9. Committee. Liquid Cooling Guidelines for Datacom Equipment Centers ［M］. Atlanta：ASHRAE，2006.

［3］ASHRAE T C 9. 9. Committee. High density data center ［M］. Atlanta：ASHRAE，2008.

［4］KHOSROW E，GERARD F J，FLEISCHER A S. A review of data center cooling technology，operating conditions and the corresponding low-grade waste heat recovery opportunities ［J］. Renewable and Sustainable Energy Reviews，2014，31：622-638.

［5］田浩. 高产热密度数据机房冷却技术研究 ［D］. 北京：清华大学，2013.

［6］DING T，CAO H W，HE Z G，et al. Experiment research on influence factors of the separated heat pipe system，especially the filling ratio and Freon types ［J］. Applied Thermal Engineering，2017，118：357-364.

［7］COLES H，ELLSWORTH M，MARTINEZ D J，et al. 'Hot' for Warm Water Cooling ［M］. Washington. DC：［s. n.］，2011.

［8］李正茂，王晓云，张同须. 5G 如何改变社会 ［M］. 北京：中信出版集团，2019.

［9］陈孟尝，潘桂新. 中国联通 MEC 边缘云架构与部署实践 ［J］. 移动通信，2020，44（7）：36-41.

［10］李玉昇，刘宝昌，何茜，等. 面向 5G 站点供电技术应用探讨 ［J］. 通信电源技术，2020，37（s1）：1-4，28.

[11] 罗永强，孙雪莹，王海东，等. 5G 网络基础配套建设方案探讨 [J]. 通信电源技术，2020，37（z1）：5-10.

[12] 王未，李玉昇，张瑜，等. 汇聚机房设备散热问题分析及方案探讨 [J]. 通信电源技术，2020，37（z1）：166-170.

[13] 涂壤，李震，刘晓华，等. 基站围护结构性能及空调系统性能优化分析 [J]. 暖通空调，2011，41（12）：46-49.